谢林著作集

先刚 主编

启示哲学(上卷)

Philosophie der Offenbarung

〔德〕谢林 著 王丁 译

图书在版编目（CIP）数据

启示哲学. 上卷 /（德）谢林著；王丁译. —北京：北京大学出版社，2022.5
（谢林著作集）
ISBN 978-7-301-26277-1

Ⅰ.①启… Ⅱ.①谢… ②王… Ⅲ.①谢林（Schelling, Friedrich Wilhelm Joseph von 1775—1854）–哲学思想 Ⅳ.① B516.34

中国版本图书馆 CIP 数据核字（2022）第 060717 号

书　　　名	启示哲学（上卷） QISHI ZHEXUE（SHANGJIUAN）
著作责任者	〔德〕谢　林（F.W.J.Schelling）著　王　丁 译
责任编辑	王晨玉
标准书号	ISBN 978-7-301-26277-1
出版发行	北京大学出版社
地　　　址	北京市海淀区成府路 205 号　100871
网　　　址	http://www.pup.cn　新浪微博：@ 北京大学出版社
电子信箱	pkuwsz@126.com
电　　　话	邮购部 010-62752015　发行部 010-62750672　编辑部 010-62757065
印刷者	北京中科印刷有限公司
经销者	新华书店
	890 毫米 ×1240 毫米　16 开本　30 印张　347 千字 2022 年 5 月第 1 版　2022 年 5 月第 1 次印刷
定　　　价	119.00 元

未经许可，不得以任何方式复制或抄袭本书之部分或全部内容。
版权所有，侵权必究
举报电话：010-62752024　电子信箱：fd@pup.pku.edu.cn
图书如有印装质量问题，请与出版部联系，电话：010-62756370

目 录

中文版"谢林著作集"说明 …………………………………… 1

谢林晚期哲学中的基督教概念(代译序) …………………… 6

启示哲学(上卷)(1844) ……………………………………… 1

人名索引 ……………………………………………………… 422

主要译名对照 ………………………………………………… 431

中文版"谢林著作集"说明

如果从谢林于1794年发表第一部哲学著作《一般哲学的形式的可能性》算起,直至其1854年在写作《纯粹唯理论哲学述要》时去世,他的紧张曲折的哲学思考和创作毫无间断地延续了整整60年,这在整个哲学史里面都是一个罕见的情形。[①] 按照人们通常的理解,在德国古典哲学的整个"神圣家族"(康德—费希特—谢林—黑格尔)里面,谢林起着承前启后的关键作用。诚然,这个评价在某种程度上正确地评估了谢林在德国古典哲学的发展过程中的功绩和定位,但另一方面,它也暗含着贬低性的判断,即认为谢林哲学尚未达到它应有的完满性,因此仅仅是黑格尔哲学的一种铺垫和准备。这个判断忽略了一个基本事实,即在黑格尔逐渐登上哲学顶峰的过程中,谢林的哲学思考始终都处于与他齐头并进的状态,而且在黑格尔于1831年去世之后继续发展了二十多年。一直以来,虽然爱德华·冯·哈特曼(Eduard von Hartmann)和海德格尔(Martin Heidegger)等哲学家都曾经对"从康德到黑格尔"这个近乎

[①] 详参先刚:《永恒与时间——谢林哲学研究》,第1章"谢林的哲学生涯",北京:商务印书馆,2008年,第4—43页。

僵化的思维模式提出过质疑,但真正在这个领域里面给人们带来颠覆性认识的,乃是瓦尔特·舒尔茨(Walter Schulz)于1955年发表的里程碑式的巨著《德国唯心主义在谢林后期哲学中的终结》。①从此以后,学界对于谢林的关注度和研究深度整整提高了一个档次,越来越多的学者都趋向于这样一个认识,即在某种意义上来说,谢林才是德国古典哲学或德国唯心主义的完成者和终结者。②

我们在这里无意对谢林和黑格尔这两位伟大的哲学家的历史地位妄加评判。因为我们深信,公正的评价必须而且只能立足于人们对于谢林哲学和黑格尔哲学乃至整个德国古典哲学全面而深入的认识。为此我们首先必须全面而深入地研究德国古典哲学的全部经典著作。进而,对于研究德国古典哲学的学者来说,无论他的重心是放在四大家的哪一位身上,如果他对于另外几位没有足够的了解,那么很难说他的研究能够多么准确而透彻。在这种情况下,对于中国学界来说,谢林著作的译介尤其是一项亟待补强的工作,因为无论对于康德、黑格尔还是对于费希特而言,我们都已经拥有其相对完备的中译著作,而相比之下,谢林著作的中译仍然处于非常匮乏的局面。有鉴于此,我们提出了中文版"谢林著作集"的翻译出版规划,希望以此推进我国学界对于谢林哲学乃至整

---

① Walter Schulz, *Die Vollendung des deutschen Idealismus in der Spätphilosophie Schellings*. Stuttgart, 1955; zweite Auflage, Pfullingen, 1975.
② 作为例子,我们在这里仅仅列出如下几部著作:Axel Hutter, *Geschichtliche Vernunft: Die Weiterführung der Kantischen Vernunftkritik in der Spätphilosophie Schellings*. Frankfurt am Main 1996; Christian Iber, *Subjektivität, Vernunft und ihre Kritik. Prager Vorlesungen über den Deutschen Idealismus*. Frankfurt am Main 1999; Walter Jaeschke und Andreas Arndt, *Die Klassische Deutsche Philosophie nach Kant: Systeme der reinen Vernunft und ihre Kritik (1785—1845)*. München, 2012。

个德国古典哲学的研究工作。

中文版"谢林著作集"所依据的德文底本是谢林去世之后不久,由他的儿子(K. F. A. Schelling)编辑整理,并由科塔出版社出版的十四卷本《谢林全集》(以下简称为"经典版")。①"经典版"分为两个部分,第二部分(第11—14卷)首先出版,其内容是晚年谢林关于"神话哲学"和"天启哲学"的授课手稿,第一部分(第1—10卷)的内容则是谢林生前发表的全部著作及后期的一些手稿。自从这套全集出版以来,它一直都是谢林研究最为倚重的一个经典版本,目前学界在引用谢林原文的时候所遵循的规则也是以这套全集为准,比如"VI, 60"就是指所引文字出自"经典版"第六卷第60页。20世纪上半叶,曼弗雷德·施罗特(Manfred Schröter)为纪念谢林去世100周年,重新整理出版了"百周年纪念版"《谢林全集》。②但从内容上来看,"百周年纪念版"完全是"经典版"的原版影印,只不过在篇章的编排顺序方面进行了重新调整,而且"百周年纪念版"的每一页都标注了"经典版"的对应页码。就此而言,无论人们是使用"百周年纪念版"还是继续使用"经典版",本质上都没有任何差别。唯一需要指出的是,"百周年纪念版"相比"经典版"还是增加了新的一卷,即所谓的《遗著卷》(*Nachlaßband*)③,其中收录了谢林的《世界时代》1811年排印稿和1813年排印稿,以

---

① F. W. J. Schelling, *Sämtliche Werke*. Hrsg. von K. F. A. Schelling. Stuttgart und Augsburg: Cotta'sche Buchhandlung, 1856—1861.
② *Schellings Werke. Münchner Jubiläumsdruck, nach der Originalausgabe (1856—1861) in neuer Anordnung*. Hrsg. von Manfred Schröter. München 1927—1954.
③ F. W. J. Schelling, *Die Weltalter. Fragmente. In den Urfassungen von 1811 und 1813*. Hrsg. von Manfred Schröter. München: Biederstein Verlag und Leibniz Verlag 1946.

及另外一些相关的手稿片段。1985年,曼弗雷德·弗兰克(Manfred Frank)又编辑出版了一套六卷本《谢林选集》①,其选取的内容仍然是"经典版"的原版影印。这套《谢林选集》因为价格实惠,而且基本上把谢林的最重要的著作都收录其中,所以广受欢迎。虽然自1976年起,德国巴伐利亚科学院启动了四十卷本"历史—考据版"《谢林全集》②的编辑工作,但由于这项工作的进展非常缓慢(目前仅仅出版了谢林1801年之前的著作),而且其重心是放在版本考据等方面,所以对于严格意义上的哲学研究来说暂时没有很大的影响。总的说来,"经典版"直到今天都仍然是谢林著作的最权威和最重要的版本,在谢林研究中占据着不可取代的地位,因此我们把它当作中文版"谢林著作集"的底本,这是一个稳妥可靠的做法。

目前我国学界已经有许多"全集"翻译项目,相比这些项目,中文版"谢林著作集"的主要宗旨不在于追求大而全,而是希望在基本覆盖谢林各个时期的著述的前提下,挑选其中最重要和最具有代表性的著作,陆续翻译出版,力争做成一套较完备的精品集。从我们的现有规划来看,中文版"谢林著作集"也已经有二十二卷的规模,而如果这项工作进展顺利的话,我们还会在这个基础上陆续推出更多的卷册(尤其是最近几十年来整理出版的晚年谢林的各种手稿)。也就是说,中文版"谢林著作集"将是一项长期的开放性

---

① F. W. J. Schelling, *Ausgewählte Schriften in 6 Bänden*. Hrsg. von Manfred Frank. Frankfurt am Main: Suhrkamp 1985.
② F. W. J. Schelling, *Historisch-kritische Ausgabe*. Im Auftrag der Schelling-Kommission der Bayerischen Akademie der Wissenschaften herausgegeben von Jörg Jantzen, Thomas Buchheim, Jochem Hennigfeld, Wilhelm G. Jacobs und Siegbert Peetz. Stuttgart-Band Cannstatt: Frommann-Holzboog, 1976 ff.

的工作,在这个过程中,我们也希望得到学界同仁的更多支持。

本丛书得到了国家社科基金项目"德国唯心论在费希特、谢林和黑格尔哲学体系中的不同终结方案研究"(项目批准号20BZX088),在此表示感谢。

先　刚

北京大学外国哲学研究所

北京大学美学与美育研究中心

谢林晚期哲学中的基督教概念（代译序）

这是谢林著名的"启示哲学"（或译为"天启哲学"）的第一个中译本，在长期的翻译工作结束之后，写"译者序"总是令人百感交集。按惯例，我会依次介绍谢林"启示哲学"（Philosophie der Offenbarung）课程文稿的版本，重申我为什么坚持"启示"而非"天启"的译法，同时我也会讨论从什么角度出发，谢林对于近代哲学的批判与体系建构会引向以"神话"和"基督教"为主要论题的晚期哲学——我一直都在避免因为一些语词和修辞，就让人以为谢林是一个"浪漫主义者""神秘主义者"乃至"非体系性的思想家"——，最后我也想略微提一下在2020年初这本书的最后校对期间，我所经历的武汉封城。

本书译自一般所谓的谢林著作全集（Schelling, F. W. J. *Sämmtliche Werke*.14 Bände, hrsg. von K. F. A. Schelling, Stuttgart: Cotta, 1856-1861）。除了"全集版"之外，"启示哲学"还有1831/32年谢林第一次讲授启示哲学的"原稿版"（*Urfassung der Philosophie der Offenbarung*, hrsg. von Walter E. Ehrhardt, Hamburg: Felix Meiner, 2010），基于1841/42柏林大学冬季学期由听众通过"速记"非法

出版的讲课内容报告和克尔凯郭尔笔记编纂的"1841/42年版"（*Philosophie der Offenbarung 1841/42*, hrsg. von Manfred Frank, Berlin: Suhrkamp, 1993），现在该版本也有了英译本（*Philosophy of Revelation 1841-42 and Related Texts*, trans by Klaus Ottmann, New York: Spring Publications, 2020）。就写作风格来看，1841/42年版由于来自听众速记，因此可以说基本上毫无"文采"可言，仅仅是内容的粗糙记录。而"原稿版"和"全集版"则直接出自谢林本人之手，因此在语言上有着他晚期特有的明晰和优美。就内容来看，这三个版本相差不大，其中的细微差别或许对于谢林的文本演变研究有一定的意义，但在此无法展开。

尽管在编辑和出版上，不得不以"谢林著作集"中的某一卷的方式出版"神话哲学"或"启示哲学"，但事实上这些内容并不是"著作"，而是"讲课稿"，所以通常都会以引号而非书名号用在其上。事实上我们可以看到，"神话哲学"和"启示哲学"中要讨论的那些神话和宗教的材料，在《论人类自由的本质及相关对象》《世界时代》《世界时代体系》讲座（*System der Weltalter*, hrsg. von Siegbert Peetz, Frankfurt am Main: Klostermann, 1990）等文本中都有出现。所以我们可以认为，尽管为了方便起见，学界通常以1809年为界划分了"早期谢林"和"晚期谢林"，但即便承认这一区分，在"晚期谢林"缺乏"著作"而只有"讲课稿"和"手稿"的情况下，也应该认为其思想是连续的，而且处在一种多维度—对话—应时性的阐发中。所以我并不认为，"启示哲学"的汉译"填补"了谢林晚期哲学的"空白"，相反，应该如谢林自己强调的那样认为，对于"神话"和"启示"的考察,实际上是自己对于"否定哲学"和"肯定哲学"之区分的"具体应用"。单从汉译的"谢林著作集"来看,这一区分在1834年的《为维克多·库桑先生哲学著作所作序》(载于《近代哲学史》,先刚译,北京大学出版社,2016年)中就已出现了(实际出现得更早,即在1827年的"世界时代体系"讲座中就已经出现了),而且如前所述,谢林早在1831/32年就已经开始讲授"启示哲学"了,只不过我们眼下的这个译本用的是他1844年的"全集本"文稿而已。此外,谢林之子也在文稿的编者前言里强调:"谢林从1820年代就开始了关于'肯定哲学'的讲座。在这些演讲中(有些演讲甚至就源自"世界时代"),哲学的展开已经提升到了'启示'这条线索上。"(XIII, VII)所以无论如何,我都希望读者能够重视——这也是我向来在一切公共场合都会强调的——谢林"世界时代"哲学的意义,并且把谢林的整个所谓"晚期哲学"都视为"世界时代"方案在不同层面和不同程度上的进一步展开。

所以从这个由谢林儿子"钦点"的事实出发,我们绝不可以把"启示哲学"中的"启示"理解为某种"神秘的天启"——尽管这种观点曾经长时间充斥着我们的意识,让人以为谢林的"智商"仿佛在晚期倒退了——,而是应该如谢林自己强调的那样,把它视为哲学必须考察的一个对象领域,而对这个对象的充分考察反过来也能够证实,对"否定哲学"和"肯定哲学"的区分是合理、充分、无所遗漏。实际上笼统地看,所谓"启示哲学"指的就是"在哲学中考察的基督教",正如"艺术哲学"就是"在哲学中考察的艺术"。对此,我希望从《启示哲学导论》中已经引出的关于"肯定哲学"的具体论域和法则出发,从一个特定视角来详细阐发从中走向"启示哲学"的必然步骤,并表明这一步骤实际上早就蕴含在谢林所谓的"早期哲学"中。所以我认为,就此问题而言,我对自己下面这篇文章的长篇引用是不无助益的。①

长久以来,谢林哲学遭受的误解主要集中在他的晚期哲学中,尤其体现在对他晚期的"神话哲学"和"启示哲学"这两个名目的望文生义和想当然里。这种曲解带来了双重的尴尬。一方面,对于谢林这样一位曾经参与过德国唯心论的理性体系建构,却在晚期表面上看起来大谈特谈"基督教"的人,最轻率的判词莫过于诸如"他在晚期陷入了'宗教哲学'或者'基督教哲学'的'玄想'中","谢林晚期哲学是一种由'神圣直观'奠基的存在论"云云。这种轻率的判断往往跟黑格尔在《精神现象学》里对谢林的著名判词——"黑夜里的牛"——联系在一起,仿佛正是因为谢林哲学中那些被黑格尔判为"浪漫""非理性"和"神秘"的特质,使得谢林在晚期"堕落"入"启示哲学"或者"基督教哲学"是自然而然的,因为毕竟从名目上来看,"启示"也好,"基督教"也好,都是"非理性的"。但这种判词的轻率在于,无法说明谢林作为德国唯心论的创立者之一,何以仅仅会因为这些来自他人评判的似是而非"浪漫因素"而堕落为一个"基督教哲学家",换句话说,仅凭黑格尔的判词,根本就无从把握"启示哲学"在谢林晚期哲学中出现的内在必然性。而尴尬的另一方面在于,那些轻率地把谢林晚期哲学判作"基督教哲学"的人只

---

① 下面这篇文章以《谢林晚期哲学中的基督教概念》为题,发表在《基督教文化学刊》第46期上。

消亲自看一看谢林自己的论述,就可以发现谢林从来就没有把自己晚期哲学的原则建立在任何典型的"基督教哲学"前提上,相反,谢林始终都在强调,重要的是用哲学来把握基督教。① 确切说,是用他视为自己晚年为哲学做的"更大贡献"的"肯定哲学"(positive Philosophie)来把握包括基督教在内的一切宗教:"宗教的真正概念和内容正是由肯定哲学发现的,也就是说,宗教概念和内容是不可已经被预设为前提的。"②

但另一方面,以基督教为主题的"启示哲学"确实构成了谢林晚期哲学中的核心论题之一,所以关键在于,在首先避免误解谢林晚期哲学是一种如黑格尔所说的"神秘主义"后果的同时,也要避免认为,谢林要求的对于基督教哲学式的把握,是一种对宗教,尤其是对基督教的"复归"或者"逃遁"。因此重要的是理解谢林晚期的哲学概念,尤其是"肯定哲学"概念,在谢林看来,自己最终的哲学是这样一种哲学:它"意愿在其展开过程中—并把握丰富的整个人类世界,进而也愿意—并把握基督教这个宏大的历史现象,并将它把握为自身的一个环节"③。而这里所谓的基督教,并非"根据通常的观点……是一个大约从一千八百年前开始出现在世界中的历史现象",相反,"真正的哲学和基督教哲学是同义的表述……必须在一切事物之先为基督教本身构造一个比通常观点更高的理念",此外,"必须把基督教表达为真正的普遍者,也就是为世界奠定根

---

① 谢林:《启示哲学导论》,王丁译,北京大学出版社,2019年,译者序,第6页。
② 同上书,第189页。
③ 同上书,第190页。

据的东西"①。可以看到,就算要说谢林晚期哲学确实是"基督教哲学",那么这里所谓的基督教也绝非"通常观点"意义上的基督教,相反,既然这种"真正的基督教哲学"就是"真正的哲学",那么它就并不直接来自现成的基督教,而是来自"更高的理念",这个理念就是"为世界奠定根据的东西"。换句话说,这种意义上被等同为"真正的哲学"的"基督教哲学",并非是以基督教教义为基础的哲学,而是超越了现有的基督教,从一个奠基性的更高理念出发,并能把握作为现成现象的基督教的哲学。因此可以说,这种意义上的"基督教哲学"是一种元(meta)—基督教的基督教哲学。

因此,要理解谢林晚期所谓的"基督教哲学"或"启示哲学",必须首先明确他晚期哲学的基本旨趣,如此才能理解这种仿佛在定义上"自相矛盾"的哲学——"一种同时超出并把握基督教的基督教哲学"究竟意味着什么。在谢林看来,要得到这种哲学,就必须"把哲学的概念拓展到先前的界限之上"②。之所以要进行这种拓展,原因在于,尽管"基督教在现代已经被纳入哲学把握的对象中了……但一切纯然的逻辑性体系都无法做到这一点,除非人们不仅剥夺基督教的外部特质,而且也剥夺其内在的历史性特质",在谢林看来,包括黑格尔在内的所有当时的哲学对基督教的把握,都是对"基督教唯理论化的尝试"③。也就是说,那种能把握基督教的哲学是一种具有"历史性特质"的哲学,在这种哲学的视野中,那种

---

① 《启示哲学导论》,第191页。
② 同上书,第193页。
③ 同上。

作为"为世界进行奠基"的"理念"、超出作为现成宗教的基督教也恰恰在于这种历史性。因此,谢林晚期的"基督教"概念首先指向的就是这种得到了"界限拓展"的历史性哲学。

一、神话与基督教——体系的两重面相

如前所述,如果不是仅仅追随黑格尔的判词,而是严肃对待谢林在晚期对于哲学的"拓展",那么就要看到这种拓展的必要性。这种必要性固然可以从多个角度来理解——比如对于自己先前"绝对同一性"体系的修正,对于先前未曾言明的各个体系细节的展开,对于黑格尔批判的回应,对于泛理性主义的总体批判等等①——,但就前述的那种需要被拓展为具有"历史性特质"的哲学,以及谢林自己在阐述对这种哲学的建构时的提示来看②,仍要注意到在谢林哲学中,"体系"与"历史"这两个德国唯心论的基本要素间关联方式的独特性。阿克谢尔·胡特(Axel Hutter)对此总结道:黑格尔的体系构建指向的是一种"理性的历史",而谢林的则指向一种"历史性的理性",其中关键的地方在于,是把历史视为主体通向并实现自己的发生过程场所,还是把历史视为在本原上就根本不同的力量交替上演的场所③。换句话说,"理性的历史"是一

---

① 关于这些角度,可参见拙文:《存在,历史与自由——谢林晚期哲学的基本问题》,载于《哲学研究》,2020年第9期,第98—107页。
② 谢林,2019年,第199页:"我暂先提醒大家注意我在《学术研究方法论》中涉及神学的几个讲座。"
③ Axel Hutter, *Geschichte Vernunft*, Frankfurt am Main: Suhrkamp, 1996, S. 11-12.

种能把历史理解为具有"思辨式同一性"的理性自身以"狡计"的方式自我实现的过程。而"历史性的理性"则意味着理性自身的历史性和有限性,以及对于理性之上的更高历史法则的指明。而这种更高的历史法则,能够让历史在保持自身同一性的同时允许历史主体的变更,进而避免一种尽管在表面上呈现出历史演进的假象、实则是相同者永恒复返的单一主体历史哲学。关于这一点,卡斯佩(Walter Kasper)在对比谢林和黑格尔的历史哲学中就有所总结:

> 在黑格尔思想中,晚期谢林已经指明了正在来临的虚无主义:纯粹必然的思想就是必然运动的思想……一切变化只不过是相同者的漫长复返;太阳底下无新事。精神就是在自身中的轮转,开端和结果都是一体……这种思想已经离尼采的"相同者的永恒复返"相去不远了。①

也就是说,如果历史的主体是单一的,那么由此展开的"历史"实际上在一切环节中都是相同者对自身的"复返"。因此,如果要克服这种可能带来虚无主义危险的"历史哲学",那么在对"历史"的建构中,必须把非历史的本原或者主体纳入自身中,也就是说,让那种作为某一主体自身之展开的"历史"能被纳入一个更高的

---

① Walter Kasper, *Das Absolute in der Geschichte*, Mainz: Matthias-Grünewald, 1965, S. 148. 关于谢林晚期哲学与虚无主义问题,可参见雷思温:《面相实情本身——谢林的经验论与虚无主义问题》,载于《学术月刊》,2020年第12期,第14—22页。

视野中被考察。换句话说,鉴于"理性的历史"和"历史性的理性"的区分,可以看到谢林在晚期哲学建构中有意识地注意到了这样一个问题:体系自身不能直接就是历史的,否则就会落入"相同者的永恒复返"的虚无主义危险中,体系必须在自身中包含与"历史性"维度平等的"非历史性"维度,并能在更高的层次上把两者统摄到自身中。只有这样,才能让黑格尔意义上的历史展开自身有其对立的可能性,并使这种展开作为被选择的可能性之一而获得其意义。

在1803年的《学术研究方法论》中,谢林谈到基督教的时候就强调了这一点:"在基督教里面,整个宇宙被直观为历史……这个普遍的直观构成了基督教的根本特征。只有通过基督教与古希腊宗教的对立,我们才能够完满地认识到这一点。"[1] 在谢林的语境里,"希腊宗教",也就是"神话",是指无限者或者说理念在有限者中的直接呈现[2],这种呈现方式使"神话是一个封闭的、以理念为象征的世界,而理念作为实在的东西,只能被直观为诸神……无限者在有限者之内被直观到,并通过这个方式从属于有限性"[3]。也就是说,神话本身就是一种对于作为存在整体的宇宙的"非历史性"总体叙事,在这种叙事里,不存在一种像黑格尔那样有限—无限的否定性内在扬弃的思辨展开,这是一种封闭和稳定的世界图景。而基督教则与之相反:

---

[1] 谢林:《学术研究方法论》,先刚译,北京大学出版社,2019年,第174页。
[2] 谢林:《艺术哲学》,先刚译,北京大学出版社,2021年,第30页。
[3] 谢林:《学术研究方法论》,先刚译,北京大学出版社,2019年,第175页。

反之，在一个直接以自在的无限者为对象的宗教那里，情况完全不同，也就是说，有限者不是无限者的一个独立自足的象征，毋宁仅仅是无限者的一个隐喻，并且完全从属于无限者……在基督教这样的宗教里……根本不会把有限者看作无限者的一个象征，不认为有限者具有独立的意义。既然如此，(无限者和有限者的综合)只能取材于那种落入时间之内的东西，亦即历史，因此基督教按其最内在的精神而言具有一种最高意义的历史性。①

因此，基督教的"历史性"恰恰在于对神话中有限者与无限者间关系的颠倒。在神话中，无限者"寓于"有限者，因而在自身得到肯定的同时也成为对无限者的"象征"，在这种结构中，并不存在对于无限者彼岸式的理解，因而这是一种非历史性的"一即一切"的体系结构。而基督教则与之相反，在其中"一即一切"的方式则在于，无限者必须要经过整个历史才能得到完满的实现，因此没有任何有限者能在其中得到稳定的存在，有限者的存在并不在自身中，而是在无限者中。所以"在基督教那里，神性东西已经不再在自然之内启示自身，而是只能在历史中被认识到"②。如果说，"一即一切"是德国唯心论在体系建构上的基本要求，那么谢林在这里对于神话—共时体系和基督教—历时体系的区分，则是对唯心论体系构造考察中一个常被忽视的问题：如前所述，体系的展开非得以历

---

① 《学术研究方法论》，第176页。
② 同上。

史—历时性的方式进行吗？事实上，这也是黑格尔和谢林争论的核心问题。总的来看，如果按照黑格尔的体系方案，即同时作为实体的主体以自身差异化的方式实现自身，进而构造"一切即一"的否定性自身关联逻辑体系，那么这种体系就跟谢林在这里说的"基督教"一样，只可能有"历史性"的维度。也就是说，既然这种体系跟基督教一样，必须通过自身的全部历程才能彻底实现自身的本原、法则和全部内涵，那么在这整个过程中，一切有限者也就同样"不具有独立的意义"。此外，如果体系只能以这种本原/主体的自身差异化展开为其唯一实现法则，进而只能显现为"历史性"这一种展开维度，那么某种意义上可以说，这种展开是盲目且无意义的，因而是不自由的。

综合前面的讨论可以看到：如果说"神话"和"基督教"代表着对于宇宙，也就是存在总体的不同"直观方式"，进而产生了对于"大全一体"非历史性和历史性两种构造方式间的对立，那么首先可以说，这两种构造方式具有同等地位。其次，如果说单一历史主体有不可避免地导向虚无主义的危险，那么克服这种危险的方式绝不在于仅仅回归一种非历史性的体系建构，而是在于同时把两者保持在一种更高的视野中，在这种更高的视野中，存在整体的非历史性呈现方式和历史性呈现方式作为两种平等的体系建构可能性，能产生一种从它们各自出发都无法进行的意义互补，而这种互补也产生了"更高把握"的可能性，以及较之于作为对于"宇宙进行历史性直观"和神话之对立面的基督教所具有的那种"历史性"更高的"历史性"：

基督教的历史学建构只能从这样一个普遍观点出发,即整个宇宙(即使我们把它看作是历史)必然按照两个不同的方面显现出来——这个对立是近代世界针对古代世界而树立起来的……古代世界是历史的自然方面,因为其中占据支配地位的统一体或理念,是无限者在有限者之内存在。古代世界的终结点……只能在这种情况下出现,即真正的无限者进入有限者之内……基督……充当着两个世界的分界线。①

从这里可以看到:1. 对于基督教的"历史学建构",也就是以更高的、如前所述从"为世界奠定基础"的"理念"出发、自身具有"历史性特质"的那种等同于"真正的基督教"的哲学出发对基督教进行的把握,要求同时把整个宇宙的非历史性—神话显现方式和历史性—基督教的显现方式把握在自身中。2. 因此可以看到,等同于"真正的哲学"的"基督教哲学"本身不仅需要为作为古代世界图景的神话提供说明,也要为作为神话之对立面的基督教提供说明。3. 基督本身作为"两个世界的分界线"就意味着,基督在自身中既包含了神话—非历史性的法则,也包含了基督教—历史性的法则,更包含了从前者向后者过渡的法则。4. 因此,基督本身既是"神话的",也是"去神话的",既是"非历史性的",也是"历史性的",而基督的这种双重性与基督教的双重性则构成了一种对应关系。

可以看到,谢林关于基督教历史建构的讨论并不单单出现在他似乎"堕入了宗教神秘主义"的晚期,也并不源于那些遭到黑格

---

①《学术研究方法论》,第180—181页。

尔驳斥的思想特征的"自然展开"。相反,在1803年的"早期哲学"里,在对神话与基督教这两种具有同等地位的关于整体的呈现方式的讨论中,就已经可以看到谢林在体系建构上对非历史性—历史性的同时关注,而非仅仅以一种历史必然性来展开体系。因此,即便在晚期的"启示哲学"系列讲座中,谢林强调要用一种"更高的哲学"来把握基督教之际,他也并没有超出1803年对于神话—基督教这两种世界的基本呈现方式的划分,因为把握基督教同时也意味着把握神话。现在我们也可以看清,前面说的谢林晚期关于"基督教"的哲学是一种"历史性哲学"的含义了:1. 建构性的、最高意义上的"基督教"的历史性在于,它能够对历史的世界观,也就是具体的基督教的产生进行说明,因而是一种让历史得以可能的奠基性理念,它的"历史性"并不在于自身就是"历史的",而是将"历史"这个维度包含在自身中,因此可以说,它的"历史性"在于自身的"元—历史性"。2. 这种"元—历史性"本身并不直接就是"宗教的",但能够为宗教—历史性提供可能性。3. 这种"元—历史性"使得谢林要求的这种"真正的基督教"自身,同时也关联着一种能抵御会带来"相同者的永恒复返"的虚无主义危机,不同于黑格尔的"理性的历史"的体系筹划。

二、重提本原问题与先天证明批判

从另一方面看,要把握谢林晚期哲学中具有"元—历史性"维度的基督教,则需理解谢林晚期哲学对于"本原/开端"概念在德国唯心论中的恢复。尽管众所周知,在《精神现象学》的序言中,黑格尔通过"实体就是主体"的著名命题仿佛"一劳永逸"地消解了德国唯心论在体系建构中难以处理的"本原"问题:不需要为一个自在且纯粹的体系开端保留一个"本原"的位置,否则就会陷入在费希特那里,作为本原的"绝对自我"与具体的经验自我相对立的问题,或者谢林那里"绝对同一性"作为本原无法说明具体对立的产生的问题。只要放弃"本原"这个设想,把体系的开端和法则直接以"实体就是主体"的方式融入体系自身的运动中,进而把关于"本原"的构想指责为一种"神秘"或者"抽象",最终以思辨的方式"扬弃"关于体系开端的问题,那么德国唯心论追求的"大全一体"体系构想,也就完全得到了一种理性的内在论的实现。① 在这种体系方案中,一切都存在并运作于自身以历史的方式展开的理性中,在理性之外无物存在,"历史"本身和"理性"一样,成了一个不可再行追溯的直接被给定的东西。因此尽管个别地看,一切事物在理性之中都可以得到言说,但总体来看,理性自身以及作为其基本运作机制的历史自身是盲目的。而这一点,在谢林看来正是黑格尔哲学最终没有说明的问题。在黑格尔的体系中:

> 整个世界仿佛都是置身于知性或理性编制的重重网络之内,但问题始终在于,世界是如何进入这些网络之内的,因为在这个世界里面,很明显还有另外某种东西,某种相比于纯粹

---

① 参见拙文:《本原的二重性与统一——论谢林最终的哲学方案》,载于《云南大学学报》,2019年第4期,第13—20页。

理性而言多出来的东西,甚至可以说,有某种突破着这些限制的东西。①

换句话说,黑格尔取消体系本原的代价就在于,固然可以论证一切唯有在作为理性自身的思辨式"大全一体"结构中才有其存在,但它无法说明这种"在理性之中"存在是如何发生的,也就是说,如果理性无法从自身出发说明,何以自身就是已然存在着和运动着的,何以一切已然在它之中得到了理解,那么由理性所贯穿的存在总体乃至"存在"这个事实自身就成了未经说明的。因此,如果放弃关于体系本原的问题,那么整个体系乃至存在的事实都会重新成为可疑的。所以尽管在表面上看,谢林晚期哲学的核心问题是对莱布尼茨问题的重复:"为什么毕竟有某物存在,为什么无倒不在?"但这个问题的整个背景和针对的问题,不再是存在的最终根据问题,而是这种泛理性—历史的体系得到确立之后,必定会产生的"对世界的真正根基完全绝望"和人们"徒劳地期望有某些新的东西发生"②。也就是说,如果在体系自身的建构中强行放弃作为体系开端的本原问题,那么世界,也就是合理且能在理性中得到理解的总体无法得到奠基,而且出现的一切也不过是理性的法则自身的不断复现。所以绝不可以把谢林在《精神现象学》之后对本原问题的恢复视为自身的止步不前甚至"倒退",而是要将之视为德国唯心论在还没有彻底终结之际,在面对黑格尔的理性总体化

---

① 谢林:《近代哲学史》,先刚译,北京大学出版社,2016年,第173页。
② 《启示哲学导论》,第47页。

方案之际的一种内在修正。

既然这种在"内在修正"背景下出现的对于本原的重新确立，必须放在体系自身的奠定问题下面来理解，那么实际上可以看到，谢林在这里的突破就在于对开端问题更深层次的揭示。黑格尔在《精神现象学》中对"开端—本原"概念的"扬弃"可以认为是一种为避免费希特与谢林之前的"本原疑难"，而对此进行的"内在化"处理：

> 开端、本原或者绝对者，最初直接说出来的时候，仅仅是一个普遍者……没有陈述出包含其中的内容……比这些词语更丰富的东西，即便只过渡为一句话，也必须包含一种必须被重新收回的自身转变，即一种自身中介活动。①

也就是说，如果在把本原理解为体系开端的同时，也把这个开端理解为已经在体系之内进行着运作的开端，那么黑格尔的处理方式诚然是合理的：在整体中仍保持为开端的本原毫无意义，如果体系是本原的展开，那么本原必定展开且已然展开，它不能始终保持为一个抽象的"普遍者"，而是必须通过自发的展开，也就是通过成为"一句话"而进行自我中介，并由此得到自身实现。这种做法同样也出现在《逻辑学》中。简言之，在黑格尔看来，本原如果要实行自己作为体系开端的作用，那它就必定是"已经开端的"，也就是扬弃了自己作为"开端"的抽象性，已经展开了自身的东西。在这

---

① 黑格尔：《精神现象学》，先刚译，人民出版社，2013年，第13页。

种意义上,"已经开端"的"开端"也就没有必要还为它保留这个"开端"的位置了。因此,只要在体系之内,在"大全一体"的构造之中来理解开端或者本原,这里总会遭遇作为体系内在开端的"先天的完成时"。从这一点出发,对比前述的谢林对黑格尔的批判可以说,谢林要批判和追问的就是体系内本原/开端的这个"先天完成时",也就是说,要追问本原何以为本原,即追问"开端之开端"。

因此,谢林在《精神现象学》之后对于本原问题的重新确立,并非简单地回归到黑格尔之前的思想层次上,相反,如果说黑格尔意义上的那种自身已经具有一种"先天完成时"、自身已经展开为体系的内在性开端"已然开启"了,进而已然伴随着这种"自身中介活动"已经在自己的历史中展开了,那么前述谢林的那种具有"元—历史"维度的基督教理念,以及重新树立的本原概念就内在地联系在了一起:既然"元—历史"的维度一方面涉及历史—展开的体系建构的前提,另一方面也涉及非—历史的可能性,而对于本原问题的重新确立,则关涉那个已然开端于体系中的内在性本原自身的开端问题,那么这两个方面实际上都指向同一个问题——本原作为开端,如何开启?换句话说,如果黑格尔的内在性方案已然默认了本原的开启是一个"先天完成时",那么这个问题可以进一步表达为:本原何以成为本原?本原如何把自己"完成"为本原?本原如何让自己"历史地"存在?要追问本原何以成为本原,就要追问本原在何种程度上能够不是本原,也就是追问开端自身在何种情况下能够不—开端,能够非—历史地存在,而这一问题不仅直接涉及黑格尔体系的根本结构,更涉及整个近代哲学中的上帝概念。

从上文可知，黑格尔能够消解开端问题的前提在于，他揭示出体系内的开端是已然"先天完成"的开端。而这种开端的"先天完成"就在于本原已然进入了"自身中介"的活动，或者说，本原已经通过对自己进行谓述而进入了命题式的思辨结构，也可以说，"先天完成"的内在性体系本原总是已经"及物的"(transitiv)，即已经关联于谓述—存在活动的本原了。① 因此，如果要追问世界如何进入理性，追问先天完成的本原如何已然是内在的，实际上就是要追问，本原自身如何转变为"及物的"，或者说，本原如何与存在发生关联，而这首先就要讨论，本原是否能够与存在无关。唯有在本原能够无关于存在的情况下，它与存在关联的发生，即黑格尔的理性—历史的方案才能得到自身最后的奠基，进而"大全一体"的历史性展开才能得到意义说明。

在谢林的近代哲学批判谱系里，这种对于本原自身的"及物性"的理解实际上贯穿了整个近代哲学，它首先体现在笛卡尔对上帝存在的先天证明里，接着体现在黑格尔的《逻辑学》开端中。如前所述，在谢林看来，黑格尔的逻辑学开端实际上是一个已经"开端了的"，即卷入了具体的后续展开过程，因而已经不再需要确保自身作为开端、仅仅以指向一个已然产生的现实世界为自身规定的暂时性设定。而笛卡尔则把作为一般上帝概念的"完满的存在"跟"必然存在"直接等同起来，但事实上整全的推论应该是："完满

---

① "及物的"这个表述是谢林从"世界时代"时期开始对于整个近代哲学存在概念的一种基本刻画，他认为自己的"肯定哲学"要做的事情之一就是论证存在的"不及物"面相，以及从"不及物"的存在向"及物的"存在过渡的情况。参见 F. W. J Schelling, *Grundlegung der positiven Philosophie*, hrsg. von Horst Fuhrmans, Torino: Bottega D'Erasmo, 1972, S. 137。

的存在只能必然存在",因为它"不能偶然地存在"①。所以综合这两点可以看到,一方面,真正意义上"神"的概念一方面并不直接等同于"完满的存在",另一方面也不直接等同于"必然存在","神"总是要比这两者更丰富,也就是说,真正意义上的神的概念不在先天证明所能把握的范围内,先天证明把握的仅仅是某种断裂性的东西,即"如果上帝存在着,那么他(作为完满的存在)是一种必然的存在"②。也就是说,整个先天证明要发挥效用,须有三个前提:1.上帝存在着;2.上帝是完满的存在且是必然的存在;3.那个是完满存在的东西,同时也是必然存在。因此,先天证明中包含的"只能"——"不能"揭示出了"完满存在"和"必然存在"之间的一种张力关系:第一,"完满存在"可以不同于"必然存在";第二,两者可能具有一种外部关系,因为"只能"并不把"不能"排除在可能性之外,也就是说,先天证明只是某种更高可能性中的一种情况;第三,当"完满存在"是"必然存在"之际,实际上发生了一种更高的权能关系,也就是说,在先天证明中,联结这两者的那个"是"不是一般意义上的逻辑连词,而是意味着一种事件的发生,即"完满存在"能够就是"必然存在",那种与此并列的"不能"被这种"能够"排除在外了。因此,综合谢林对黑格尔和笛卡尔的批判,以及"本原""开端""神"这些说法在哲学史上的交互语义来看,可以认为:1.关于"本原何以为本原"的问题,即本原何以"及物化"的问题,实际上可以视为与先天

---

① 关于谢林对黑格尔和笛卡尔的批判,仍可参见拙文:《存在,历史与自由——谢林晚期哲学的基本问题》,载于《哲学研究》,2020年第9期,第98—107页。
②《近代哲学史》,第19页。

证明何以可能的问题是等同的。2. 因为先天证明在自身中包含着"完满存在"这个理念,而这个理念自身就是世界自身的逻辑网络,或者说"存在整体"的理念。3. 既然先天证明最终所涉及的问题是"必然存在"何以能是"完满存在",并且这两个方面还包含着一种彼此"能不是"的关系,那么神的概念实际上也涉及先天证明中的这一张力所揭示的那个事件,也就是说,神的概念是先天证明作为其结果的更高意义上的事件的产物。4. 所以可以看到,本原的"先天完成时"问题与先天证明中神的"先天完成时"——因为在先天证明中,神的概念被认为是不言自明的,但可以看到神的概念反倒是两个并不必然相同的要素统一的结果——问题处在完全对应的关系中:前者意味着一个理性的网络能够以黑格尔的方式进行展开,后者意味着这种展开是"必然存在"的,即思想不仅与它自身中的作为展现自身的谓词的存在,而且也与在它之外的作为它自身实存之基础的存在构成了最终的统一。① 对理性网络或者说"完满存在"进行构造的哲学,也就是运作在"先天完成"的本原中的哲学,谢林将之称为"否定哲学",即以黑格尔的否定辩证法为代表,把能够以逻辑方式展开的整体理念进行理性建构的哲学,而为"完满存在"自身的存在奠定基础的哲学,则被称为"肯定哲学"②:

---

① 至于谢林所说的理性—思想之外的存在这一构想是否合理,需另外讨论,这一点实际上也构成了晚期德国唯心论的一个持续争论点。对此可参见先刚:《重思谢林对于黑格尔的批评以及黑格尔的可能回应》,载于《江苏社会科学》,2020年第4期,第161—169页。
②《启示哲学导论》,译者序,第10页。

> 在(思辨的)展开过程中,理性并不拥有任何为它自己而在的东西……也不能开启任何东西。但只要肯定哲学恰恰使那个在否定哲学中作为不可认识者而驻足不前的东西得到了认识,那么就此而言,肯定哲学正是通过帮助理性……让在否定哲学中已经屈服的理性重新挺立了起来。①

也就是说,既然理性运作在"先天完成"的本原中,那么它就无力把握本原何以"先天完成",同样,既然先天证明也运作在已然产生的神的概念中,它也就无力追问神何以为神。而与之相应,既然本原的"先天完成"需要追问,那么先天证明中已然完成了的神的概念也需追问。因此,如果说在谢林看来,"否定哲学"和"肯定哲学"两者一起才构成完整的哲学,那么与此对应,"先天完成"的本原和关于本原何以"先天完成"的追问,先天证明中的神之概念和神何以进入先天证明中的两个要素间的基本关联,也与之一道构成了一个完整的、确实进行了"界限拓展"、能"为世界奠基"的哲学的固有面向。而不管是本原的"先天完成"还是先天证明中得到揭示的张力,也都指向了一个在"存在学"和"神学"这两个"否定哲学"所运作的领域中——这个领域也是一般意义上作为体系展开的历史所运行的领域——无法得到论说的维度②,即"开端之开端"与"神之为神"这对一体两面的问题。而这个问题则引向了谢林晚期

---

① 《启示哲学导论》,第210页。
② 可见海德格尔所揭示的形而上学的"存在—逻辑—学"的两重复合体,完全体现在谢林在对"否定哲学"进行批判—论说时所涉及的黑格尔—笛卡尔的基本定向中。

哲学中建立在后天证明上的神的概念与基督教概念。

三、后天证明与基督教概念

而既然整个先天证明和黑格尔意义上"已然开端"的本原,构成了整个先天—理性的展开领域的前提和界限,而不管是"已然开端"的本原还是先天证明中的神的概念,都是某种比之更高的"事件"的结果:在本原的"先天完成"这个事件中,涉及本原自身不直接"及物地"在存在中展开的可能性,而在先天证明中,则涉及"完满存在"不是"必然存在"的可能性。因此总的来看,尽管在及物性本原的自我展开和先天证明的领域内,这两者对于其中的后续环节来说必定是"先天的",但就两者自身而言,它们绝非"先天的",而是更高意义上"后天的"。因此,一切先天性的东西——不管是已然开端的本原还是神——实际上都是对使它们得以可能的那个事件,也就是"开端之开端"和"神之为神"的"后天证明"。从这一点出发,一个建立在本原的"先天完成"上的理性展开结构自身的意义,也就不再囿于自身之内——相反,正如谢林的黑格尔批判揭示的那样,这种内在的自身展开反而说明不了其意义——,而在于从更高的视野来看,这种内在的展开作为后果,实际上正是在对其前提进行一种"后天证明":

在先者从它的后果出发被认识,却非以现行于其后果的方式被认识。("后天证明"这个词中的) a posteriori [从后天出发]中的介词 a 在这里的意思并不是 terminus a quo [起点],a posteriori 在这里的意思是 per posteriori [通过后天之物],通过其后果,在先者被认识。①

换句话说,只有看到理性——本原自身展开过程在自身内的先天性,和其自身得以可能的后天性,才能理解谢林引入"肯定哲学"的必要性。而谢林晚期哲学中著名的"不可预思之在"(das unvordenkliche Sein)或者说"绝对的在先者"概念,也就是为了说明这种必要性而引入的。如果说,通过"肯定哲学"的视野,可以认为有一个本原尚未成为本原,并且神也尚未作为神的状态,那么在这两个问题已经合二为一的情况下可以认为,"肯定哲学"的出发点,就是某个完全处在已然运作的理性之外的东西:

> 如果肯定哲学并不从某个处在思想中的存在者出发……那么它就会从先于或者外在于一切思想的东西出发……但现在,这个外在于一切思想的存在,既超越于一切经验,也同样先行于一切思想……如果它过渡入(思想中的)存在,那这只可能是一桩自由行动的后果,进一步来说,行动本身只可能是某种纯粹经验性的东西,它根本上只能是后天可认识的东西。②

也就是说,这种本原尚未作为本原运作的状态,指向的是"一

---

① 《启示哲学导论》,第183—184页。
② 同上书,第181页。

桩自由行动",而整个先天领域自身的运作,在更高的视野中,实际上就是作为"经验性的东西"在为这个自由行动进行"后天证明"。因为本原之为本原和神之为神,作为"自由行动"的后果,不可能从前本原的状态中得到先天论证,只能通过"肯定哲学"带来的视野提升而看到本原自身中的"尚未"和"完成"的两重维度。或者也可以说,不管是本原还是神,都是"肯定哲学"和"否定哲学"考察的相同对象,只不过前者考察的是它们的前—自身状态,后者考察的是它们的自身运作。因此,如前所述,对于"元—历史性"问题的追溯,实际上正落脚在对本原/神的两重考察上。在这里并没有两个不同的对象领域,也没有要在理性的边界之外再去构造某种神秘的、仿佛超出理性的存在领域,而是仅仅考察理性的边界——本原与神——自身的不同状态。因此,"元—历史性"问题最终也就与理性自身的现实性运作问题合二为一了。而既然肯定哲学要考察的是本原自身的"尚未",那么它的出发点当然一方面也就不可能仍是思想中的存在了,或者说,它的出发点不是以思想为其自身可能性的存在——不管是理性中的存在还是逻辑中的存在——,因而也就是不再作为一个谓词的存在。而另一方面,如果说构成整个理性—"先天完成"领域之前提与边界的,是"思想与存在的同一性"这个基本法则,那么作为对这一领域进行考察的"肯定哲学"的出发点,当然也就是一个"先于或者外在于一切思想的东西"了。

因此,围绕本原—神来看,它们同时拥有先天性和后天性,而相同者自身先天性和后天性之间的转化,也给出了"元—历史性"

得以展开讨论的空间。而既然肯定哲学是从神和本原的"尚未"状态出发,那么它"从中出发的东西并非先天地就是神,它唯有后天地才是神"①。只有从"尚未"到"已经"的"事件"发生了,神或者本原才是如其所是的东西:"是神的那个东西并非某个自然存在物,不是某个自明的东西;它是一种事实性的存在物。"②在这个意义上,谢林所谓的"后天证明"并非传统意义上在一个"思有同一"的领域之内,以经验和概念之间在此领域中必然具有的对应关系进行的经验性证明。相反,这种证明是一种对于本原自身的"元—历史性"——在此意义上也可以将之称为"原初时间性"的"成为自身"的"事件"——的证明:

> 在先的东西是神。这个命题的意思并不是:在先者这个概念就等于神这个概念;它的意思是:这个在先者是神(jenes Prius ist Gott),这并非据概念而言,而是据现实而言。③
>
> 就世界而言,肯定哲学是先天科学,但这种先天科学是从绝对的在先者出发被推导而得的;就神而言,肯定哲学则是一种后天的科学和认识。④

因此总的来看,在"肯定哲学"和"否定哲学"的双重考察视角,仅仅是着眼于本原和神而言的,谢林并没有取消整个哲学的基本

---

① 《启示哲学导论》,第182页。
② 同上。
③ 同上。
④ 同上书,第184页。

追求,尤其是德国唯心论的基本追求,即把世界视为本原的展开,因此较之于它而言,"肯定哲学"当然是"先天哲学"。但既然"肯定哲学"源于对整个先天领域自身的"已完成状态"的追问,进而是为了指明在先天性本原——神的运作中,它们自身的"完成时"作为一个"自由的事实"总是伴随着先天领域的运作,那么对于本原——神而言,它诚然是一种"后天科学"。而这种"后天科学"的后天性就在于它"提醒"着"否定哲学"在先者"是"(ist)神,谢林在这里对于"是"做的强调也正表明,"肯定哲学"所进行的"后天证明"的对象,正是这个"元—历史性"和"原初时间性"的"存在事件"。因此,既然本原自身的重新确立是与"大全一体"的体系方案生死攸关的问题,而这一问题也需要"肯定哲学"通过"后天证明"来对之进行补充。那么从这个角度来看,体系自身的展开也就不能是纯然思辨式的,而是要引入这种"后天证明":

> 肯定哲学,以有证可考(urkundlich)的序列从这一在先者中得出的先天之物或者出现在经验中的东西,不再是作为如否定哲学所得出的那种可能之物,而是作为现实之物……并且绝对的在先者自己应被证明……必须被证明的乃是这个在先者的神性,即它是神,也就是说,证明神的实存。①

可以进一步看到,"肯定哲学"对"神的实存"的证明方式不是其他,而是世界的展开和理性的运作。"在先者是神"就意味着,本

---

① 《启示哲学导论》,第183页。

原的"尚未"状态被克服了,它的开端发生了。因此这种证明一方面固然不同于传统的先天证明,但也更不同于传统的后天证明,"肯定哲学"所提供的这种证明的"后天性"恰恰只有通过德国唯心论的"大全一体"体系建构,及其最终揭示出的"原初时间性"才可能理解。但也正如前文所述,这种"后天证明"也需要一种不同于理性自身思辨式展开的"叙事",即一种能够同时"有证可考"的,同时也把关注本原的"元—历史性"和"原初时间性"的"肯定哲学"维度纳入自身中的"叙事",而这种"叙事"正是神话与基督教。早在讲授"肯定哲学"与"启示哲学"之前,谢林就在《世界时代》中问道:"为什么在最高科学里面,已知的东西不能像任何别的知道的东西一样,被直接简明地叙述出来?"等到了一个"黄金时代","真理又将成为故事,而故事又将成为真理"①。因此,整个以基督教为其考察对象的"启示哲学"并非以现成的基督教为其权威的东西,它"不是其他,正是对肯定哲学自身的一种运用"②。而之所以神话和基督教会提供这种"肯定哲学"所需要的叙事,一方面在于"基督教的本质性要素恰恰就是它的历史性要素……我把它称为更高的历史性要素,因为基督教的真正内容是一段神性者自身交织入其中的历史,一段神性的历史"③,另一方面则在于"基督教要以异教为自己的前提"④。而在异教与基督教的更替历史中,发生的则是在

---

① 谢林:《世界时代》,先刚译,北京:北京大学出版社,2018年,第292页。
② 《启示哲学导论》,第235页。
③ SW, XIII, S. 195.
④ Ebd, S. 183.

人类意识历史中复现的原初历史性事件。①

因此总的来看，不管是神话也好，还是现成作为宗教的基督教也好，都是作为"肯定哲学"所要求的那种特有叙事的补充被纳入哲学体系的。而之所以"肯定哲学"的叙事作为一种开启"元—历史性"维度的叙事同时也被视为"真正的基督教"，恰恰在于基督教的核心在于"解救"，也就是基督教带来一种与人的生存息息相关的解救者的理念。②因此，当作为解救者之叙事的基督教在"肯定哲学"的更高维度中充作叙事素材的时候，哲学自身的叙事也就得到了意义说明和补充。如前所述，谢林之所以要引入对基督教的考察并非是由于基督教本身，而是由于理性—历史思辨式体系展开自身可能带来的虚无主义危机，及其前提的未经言说。而不管是神话还是基督教，其一方面涉及的固然是人类意识的具体历史性状况，但另一方面更涉及对世界整体进行合理性言说的前提，在这种视野下，哲学自身并没有简单地退回到神话或者基督教中，而是通过一种作为"后天证明"的辅助性叙事来治愈时代：

> 我们的时代在忍受着巨大的恶疾，但**真正的**治愈手段并不在那些抽象的、取消一切具体之物的概念中，反倒直接蕴含在对流传下来的东西的复兴中，而流传下来的东西之所以成

---

① 在谢林晚期哲学中，神话/异教被认为是本原的原初时间性中的"尚未"状态在人类意识中的重现，而基督教则是历史重新开启在意识中产生的"现象"，因此神话/异教与基督教的关系，就是本原自身"成为"自身的历史在人类历史中的重演，这一点需要另外专文考察。
② SW, XIII, S. 194.

了阻碍,仅仅是因为从各方面来看,它都不再被人理解了。①

一种有生命力的哲学,并不存在于概念自身的运动中,那只是概念自身运动所造成的生命假象,如果概念运动"遗忘"了自身得以完成的前提,那么就需要一种对"流传下来的东西"的"记忆"来对它进行历史性维度的补充,只有如此,概念才不会沦为"取消着一切具体之物"的抽象东西。在沃格林看来,谢林对于要"恢复"流传下来的东西的强调并非"复古",而是在于揭示出,如果人类对于自身生存历史的"记忆"尚未完成,那么科学自身的意义也就不会得到确立。②因此,对于本原自身的确立尽管一方面要引入一种用以支撑肯定哲学的"后天证明"的叙事,但另一方面也要看到,正是这种源自哲学在更高维度上的自身奠基的意愿,才重新给予了神话和基督教作为"流传下来的东西"的生命力——既非思辨性内在展开的哲学给了基督教生命力,也不是相反——,而谢林声称的"把哲学的概念拓展到先前的界限之上"或许正是就这种为哲学和宗教进行"复苏式"的拓展来说的。在当代哲学的视野下,这种"补充性叙事"越来越多地出现,但或许也应该重视谢林这种补充性叙事的初衷:哲学与宗教的共同"元—历史性"根基及其永恒同盟。

希望我的这篇文章能提供一种学理上的稳靠性,来说明谢林

---

① SW, XIII, S. 178.
② 沃格林:《政治观念史稿·卷七》,李晋、马丽译,贺晴川、姚啸宇校,华东师范大学出版社,2019年,第260页。

为什么会讨论"启示"这个主题,至少我希望,从此以后有识者不会再大而化之地以为"启示"就是某种神秘的"天启",而谢林晚期的"启示哲学"就是直接以某种神秘之物为自己起点的无厘头哲学。至于"启示哲学"中的具体内容,我会在下卷出版时再另写一篇译者序。作为译者,我认为其中关于神话和宗教的内容讨论是非常精彩和有趣的,但作为学者,在我看来更重要的不是"有趣",而是认识到任何一种叙事背后的严肃性及其事关生存经验之事实的急迫性,我想这既是谢林在德国唯心论后期进行"神话哲学"和"启示哲学"这种"补充叙事"的必要性所在,也是我们在日常生活中需要警惕和自省的。

我对这部书的翻译始于2019年,2020年初开始校对,当时正值武汉出现新冠疫情,城市封锁。在封城前不久,我刚刚去过位于汉口的协和医院,所以在事先得知将要封城之际,我选择留在武汉,担心自己万一感染会连累家人。在封城期间,我印象最深的是小区每到半夜都有人哭喊,住在距我一公里远的同事李明书博士表示他也能听到,这无疑令因为疫情而焦虑的神经更加崩溃,好在诸多师友的问候、鼓励和帮助陪我熬过了那段艰难的时光。至少我可以说,若不是每天在校对这部书稿,从谢林的文字里得到了许多力量,我那时的精神状态或许会更差。有一阵子我感到自己很不舒服,就把译稿发给先刚主编,说我要是牺牲了请他帮我继续校对,先刚主编发来了66.66元的红包让我不要自己吓自己。现在回忆这些事情或许会莞尔一笑,但当时确实是严肃的。武汉的新冠疫情缓和之后,对于这个事件出现了源自不同观念的叙事,让我深感事实或许在观念面前不堪一击，一切斗争最终的场所都是观念，而这一点也是谢林此书中揭示的深刻主题。

  我从2011年开始读谢林的"启示哲学"（包括前面提到的全部三个版本），我并没有想过自己会成为它的中译者，所以我在此仍要感谢主编先刚教授对我的信任，感谢编辑王晨玉同志长期以来对我们的支持和帮助，感谢所有给予我帮助和鼓励的师长朋友，也感谢我的学生翟筱雨、解颖、陈翔从读者的角度帮我完善了译稿，希望精神和科学与我们同在。书中有三种注释，分别来自谢林本人，"经典版"全集编者K.F.A.谢林和译者，每一种均有标识，加上了"作者原注"、"编者注"和"译者注"的字眼，供读者分辨。

王 丁
2021.8.21

谢林著作集

启示哲学（上卷）

1844

F. W. J. Schelling, *Philosophie der Offenbarung, erster Teil, in ders. Sämtliche Werke*, Band XIII, S. 177-530. Stuttgart und Augsburg 1856—1861.

目 录①

第九讲	绪论：神话哲学与启示哲学的关系	3
第十讲	论一般哲学本原：潜能阶次	25
第十一讲	论三重潜能阶次间关系	53
第十二讲	论精神、神性与自由	73
第十三讲	论创世的可能性：神性中的他者	98
第十四讲	论创世与时间的开端	132
第十五讲	论三位一体与神性位格	153
第十六讲	论人类的规定与堕落	185
第十七讲	论人类堕落的后果，神话的开端	208
第十八讲	神话哲学综述	240
第十九讲	论神话与秘仪：德墨忒尔与狄奥尼索斯	275
第二十讲	论秘仪的仪式	315
第二十一讲	论秘仪的内核：狄奥尼索斯的三位一体	335
第二十二讲	秘仪与希腊精神	374
第二十三讲	秘仪的未来指向：未来之神，向启示的过渡	398

---

① 各讲标题系译者自拟，序号承接《启示哲学导论》。——译者注

第九讲　绪论：神话哲学与启示哲学的关系

先生们！我现在开始的演讲，一定程度上可以看作我迄今全部演讲的**目标**，它所包含的，是由先前的各个展开过程已经预备好的成果，在座的许多人，都以极大的毅力和爱一路追随我到这里。我迄今为止所有的演讲都处在一种内在的联络中，并且都以对一个最终体系的逐步展开为导向，这一最终的体系不仅会满足眼下的，或者较之于实际更偏重形式的求知欲，而且也足够强大，在将来也能够承受生命的考验，它不会反倒落入看着现实的种种宏大对象渐渐在眼前褪色、最终蒸发在虚空中的危险，毋宁说，这一体系会凭着持续前进的生命经验和对现实本身愈发透彻的认识，赢获强大坚毅的力量。

如果，像许多人断言的那样，德国当下的哲学几乎已经失去了它先前引起的大部分兴趣，如果甚至还有许多人不满地避开哲学，仿佛这门科学在生命的种种宏大要求面前根本就没有成熟，进而只用徒劳的希望麻痹自己，那么人们或许恰恰就不会觉得，这种感受是如此费解或者不公道，因为直到现在，哲学还根本没有达到**真正的终点**，达到一种信念，凭着这种信念，人们能够在（之后的）生命的一切情况下也保持正直刚毅。但对哲学的参与仍始终是一种极为普遍的情况,尽管较之于关心哲学真正的内在状况,许多人更关心它过去和当下历史的外部琐事,促使他们关心哲学的根由,与其说是真正意义上的求知欲,不如说是好奇心。

我完全确信,直到现在,还没有任何哲学到达了**事情自身**,也就是说,还没有任何哲学成为**现实的**科学,相反,哲学一直陷在朝向事情自身的预备中。特别是现代的德意志哲学,就像一篇还没结尾、仍在让著作一直徒劳巴望的序文。

近来有个法国人说得极对:到目前为止,哲学只是人类生命的若干条**切线**,它们触及人类生命,却从它的边上溜走。但现在,在德意志人身上可以看到,真正的哲学所能做到的,远比只触及生命要多得多。哲学必须深深钻入生命中,必须成为中心点,以便能使所有的力量运转起来。

或许,从未有过一个时代像当今这样,有着如此多伴随着世界的撕裂而彻底自我撕裂的人。这种撕裂的原因主要包含在下面这种看法中,即真正的教化仿佛在于去教人生活在一个全然普遍抽象的世界里,然而这种生活境况——不仅一切自然的东西,而且一切人类的东西都要身处其中——毋宁是一种最高地乃至无限地依赖种种条件的境况。尽管我们的时代一方面已经偏离了一切肯定性的、有条件的、被给予的东西,仿佛世界能够完全从头开始、重新得到产出似的,但不可否认的是,时代在另一方面也显示出了对现实极富生命力的强烈向往,正如从这种力求中就可以明白,大抵就是那些普遍抽象的表象在压迫着现实。在这一点上,大多数人都处在一种值得同情的错误中。我们的时代在忍受着巨大的恶疾,但**真正的**治愈手段并不在那些抽象的、取消着一切具体之物的概

念中，反倒直接蕴含在对流传下来的东西的复兴中，而流传下来的　XIII, 179
东西之所以成了阻碍，仅仅是因为从各方面来看，它都不再被人理
解了。此外，在这样的一个时代里，那种自身从未在现实中得到认
可的哲学诚然不可能产生影响。为了能不缺乏作为其时代之教化
的必然要素的现实，哲学自身必须探入现实中，就像是要把自己固
定在现实这个中心上，这并不是为了摧毁现实，而是为了让自己能
够去使用真正的现实所固有的强大坚毅力量。

　　但总的来看，人类的生活只是围绕着国家和宗教这两极运转
的。**伏尔泰**有句话说得极有道理：不敢去把生活的这两极牢牢把
握在目光中的人只不过是懦夫。但还有一类人，在表面上用哲学
的方式来处理那些宏大的对象，这种人比那些全然无视这些对象
的人更糟糕，也就是说，当人们以为，重要的是**建立**一个国家或者
一种宗教，而不是在其历史的现实中把握两者时，情况会更为糟
糕。假如，像一个法国教派所以为的那样，建立一种宗教是可能
的，那么这种宗教仍需把另一种宗教预设为前提。我们可能还不
曾摆脱我们被置入其中的时代。那两种力量——国家和宗教——
同样也处在**如此**紧密的内在联结中，所以没有一方可以脱离另一
方产生真正的影响。国家只不过是外显出来的东西，若没有一种
隐微的东西，它不可能持存。而这种隐微的东西就是得到了把握
和理解的宗教。在这种宗教中，国家的创立者会发现曾存在于历
史上最自由的城邦，也就是曾存在于雅典中的净化仪式，而雅典的
公民在厄琉息斯的奥秘中也发现过同样的净化仪式。因为正如在
这些奥秘中，有一种绝不可以踏入当下的未来得到了指明，同样，
在基督教的秘仪中，也有另一个王国被指明了，它调节着当下境况

中的一切不平和不均,却仍不可能踏入当下的境况本身中,因为这个王国是永恒延续的王国,所以并不在时间中有自己的领地。

那些视宗教为无物的人,视宗教阻碍着他们改善世界的意图的人,真的知道得到了把握和理解的基督教会产生怎样的后果吗?世界将第二次得到解放,一切可以被视为有正当性且具有神性的要求将获得一种跟纯然的理性预设全然不同的、不可抗拒的力量。许多人也预感到了这种东西,他们感觉到,古老的东西已经过去,并且既然过去之物已经过去,那它就不可能再次复兴。这些人都渴望某种诸如基督教这样的东西,但他们所渴望的,如他们所言,是第二种代替了旧基督教的新基督教。但如此一来,人们或许就会问这些未来的宣告者,他们已经认识了人们说要实际地去认识的基督教了吗?他们首先已经理解它了吗?显然,对这些人来说,基督教只不过残余了一点纯然的外在力量苟延至今,如果它已经转化为了内在的力量,并得到了理解和把握,那它肯定会以一种全然不同的方式发挥作用;他们所指望的那个未知的新基督教,难道不正是未知的基督教自身吗?对他们来说,基督教现在是什么呢?对他们来说,基督教只不过是某种与其他东西**相并列**的东西,因而**必定**同时也是一个未被理解的东西。因为与其他东西相并列的东西只能是未被理解的。但基督教就其**自然本性**而言,比仅仅作为经过和立于其他东西之旁的东西要**更加丰富**。所以——我不怕说出下面的话——作为某种与其他东西**相并列**的基督教仅仅是**狭隘的**。因为其他东西,比如说哲学,已经包含了某种比仍在它身旁的基督教远为强大的力量和范围,或者说,在它身旁的基督教只能忍受:如此一来,基督教必定不想再与哲学**并列**,它必定会借着哲学来让自己对自己变得通透；它必定要成为对我们而言的一切，亦即比如说，它必定也要说明世界，而不是把说明世界的任务独留给哲学；它必定要在这种**内在的**意义上成为普遍之物，而不是只力求在外在的意义上成为自身。借此，下面这回事情也就同时得到了说明，即关于启示哲学的讲座也要考虑**大众**，人们对此当然一般也不会怀疑，因为比如说，对某种肯定宗教在意义、价值和效用上的争论已经遍及全部的社会阶层，已经侵入一切社会关系，致使一些人不可能再去希望参与公共事务管理，或对民众产生影响，甚至也不再希望与民众真正地一起生活，这样的人对所有这些事情并没有获得那种如今被要求、亦即奠基在事物的普遍联络上的、因而也就是哲学性的洞见。

但我所宣告的，不仅是启示哲学，而且我同时还要宣告，启示哲学是从神话哲学中产生的，是紧随其后、以神话哲学为基础的。我把现在进行的讲座看作我先前那些讲座自然且必然的后果。但启示和神话之间可能有什么彼此共同之处呢？神话的宗教是多神教，因而是错误的宗教，而启示宗教是一神教，并且就我们所有人都在这一点上意见一致而言，一神教就**此**说来至少是真正的宗教，也就是说，**唯有**一神教才是真正的宗教。那么真的和假的宗教，光与暗还能有什么共同之处呢？就这一点来说，难道还可以假定，启示哲学是由神话哲学奠基的吗？这不就意味着要去假定，真正的宗教本身是由错误的宗教奠基的吗？

我首先要强调：错误的宗教，如果它确实是错误的，那么它也正因为如此就不等于绝对的错误宗教，不等于全然地缺乏宗教，也就是说，既然多神教以某种方式仍是有神论，那么错误的宗教也仍以某种方式是宗教。因为根本上来说,错误并不在于对真理的全然缺乏;某种彻底缺乏**一切**真理的东西,甚至根本不配有"错误"这个名称。错误只不过是被颠倒和毁坏的真理自身,所以错误的宗教只是被毁坏和颠倒的真正宗教,也就是说,比如异教就不是基督教的绝对对立物,相反,它只是被颠倒和毁坏的基督教。这就让许多人甚至认为,异教或者神话宗教中的各种表象可以完全只从对启示真理的毁坏和不完善的流传出发得到说明,也就是在基督教这个基础上得到说明。因为基督教在基督之前就已经在世界中存在了,它甚至跟世界一样古老。从这一关系中就可以得出下面的结论,即真正的和错误的宗教在真正意义上的本原或者要素其实并无区别。只不过这些要素的位置在真正的和错误的宗教中彼此不同。

但甚至更难以看清的是,错误如何可能在某种意义上竟是真的前提。在一切意图达成某个被预设为前提的目标的运动中,这一目标是真正意义上被意愿的东西,据此,也就是这一运动的**本真**意义,亦即它的**真理**。如此一来,在达到这一目标以前,先行的全部运动环节恰恰由此就表现为通向此目的的纯然手段;作为手段,它们只不过是纯然表面上的东西,而不是真的东西,就此而言,尽管它们可能是为了目的或者说是为了真的东西被采纳的,但它们也是某种可能的混淆和错误的原因。因此我们可以说,在这样的运动中,先行的东西并非真的东西,也就是说,它们是真的东西的前提。整个自然就是这样一种运动。整个自然的**目标**并非自然,而是超越于自然的东西,也就是被视为精神、据其精神本质而言的人类。就此而言,人类是整个自然的真理。自然的**真理**恰恰在于这样一些本原的完满协响，它们在人类之外，在冲突和彼此间的张力中显现，并唯独在人类中才找到自己的统一性。无机的自然（各种元素在其中不断争斗）是有机自然的前提，而有机自然则是人类自然的前提。也就是说在这里，非**真**之物，即先行于真的东西，就是阶次和阶梯，自然超越了它们而向着真的东西前进。无机自然和有机自然中的要素是相同的，只不过它们的位置不同。在有机自然中起着支配性作用的东西，在无机自然中是被压抑的，反之亦然，在无机自然中处在高位的东西，在有机自然中则处在低位：也就是说，无机自然是被颠倒和翻转的有机自然。据此，在这里被颠倒的位置是先行的，而恰当的位置是后起的。

XIII, 183

　　但就人类的**认识**而言，在直接的、并就此而言未经考验的真理，和通过克服错误而得以增强的真理之间，仍有一种特别的区分，也就是说，前一种真理始终都有要去面对其对立面的危险。伊甸乐园里的人无疑处在真理中，但这种真理并非人自己赢得的真理，也就是说，是未经检验、**已然在面临**诱惑的真理。所以引诱才必定会出现，进而人类才能被它诱惑，并以这种方式从真理**中**跌落，但人并不会永远失去真理，而是总有一天在走完一切的歧路之后，重新赢回作为得到了确证的、由经验巩固了的、进而不会再失落的真理。如此说来，错误实际上以此方式就是真理的前提，尽管它并非就其自身而言的真理或绝对真理的前提，但仍是作为自身得到了认识，即作为自身得到了巩固的真理之前提。但人类归于启示的**那种**真理，并非一种根据启示的确凿无疑就直接被给予的真理，也就是说，并非那种没有先行的错误的真理，相反，启示的真理是一种得到了增强的、已然克服了错误的真理，进而就此而言，它同时也是一种更为确定和明确的真理,较之于直接的和原初的真理,人类意识更喜欢这种得到了增强的真理;正如基督所说,跟九十九个不用悔改的义人比起来,天堂更为一个悔改的罪人而欢喜。① 既然**这种对真理的**认识是启示的结果,即它是一种得到了增强或者中介的认识,那么就此而言,它就现实地**以错误**——确切地说,并不是某一个人的错误,而是整个人类的大错误——也就以异教为自己的前提。所以当人们宣称神话哲学是对启示哲学真正的奠基时,这话根本就没有什么不堪入耳的。

对神话和启示哲学间关系的这种一般性分辨,我还要补充一个决定性的理由,即基督教自身也把异教说明为自己的前提。因为它恰恰把基督的主要工作说明为使人摆脱黑暗的强力,亦即摆脱**盲目的**、人类在异教中曾经屈于其下的强力。在这一前提下,即异教并非人类的发明或者某种偶然之物,**在**盲目的强制这个前提下去说明异教和神话的种种表象时,我们的神话哲学和启示是完全相符的。基督教的主要善举就是使人从异教中解脱出来。但要评判一桩善举的实在性,要根据它从我们这里卸去的重担的实在性来进行评判。一种使人得到解脱和摆脱的活动的实在性,跟我们从中得到解脱和摆脱的那种强力或者强制的实在性相当。因此,基督教的实在性只能在异教的实在性已经先得到了认识时,在与之相当的程度上被认识。也就是说,即便在这一方面,异教或者神话也是启示的前提,进而神话哲学——它恰恰在对异教的实在性进行证实(因为哲学只跟实际的东西打交道,而不跟纯然的人类

---

① 《路加福音》,15:7。——译者注

偶然的发明这类东西打交道）——就是启示哲学的前提。为证实这个命题，我现在补充如下（第三种）理由。

在"启示"这个概念中，无论如何都包含着对人类意识与神的某种**特别**关系的设想。这一关系绝非某种人类出于**自然本性**就会处在其中的关系。这一关系被明确说明为一种**秩序之外的特别**关系。恰恰因为这一点，这种关系也并非人与神的**原初**关系，也不可被设想为一种**持存不变的**、不可改变的关系。相反，人类的本质在其中被设想为能接受启示的那种境况，明确地被阐述为一种**暂时性的**境况，从下面这件事情出发就可以澄清这一点，即一切为先前的各种启示辩护的人只是在为了某一特定**时期**而断言这些启示自身（甚至比如说，最严肃的启示信仰者如今也不再承认有任何启示了），而那些信奉最完满的最终启示的使徒自己，也只是宣告了一个属于更高认识的时代，在其中不再有先知的预言和愿景，一切属秩序之外的特别境况的现象——这种境况是为了启示之故而预设的——不会再发生了。 XIII, 185

人类意识在启示中被设想的处于其中的那种关系，既不是**原初的**，也不是**普遍的**、延伸到一切人身上的，更非**永恒的**、**持存不变的**：也就是说，这一关系只能建立在一种事实性的、经验性的，进而处在紧绷状态中的意识境况上。如此一来，为了能把握启示，人们必须首先把握这种纯然紧绷的、并恰恰因此纯然暂时性的**境况**。但为了能充作启示理论的基础，这种意识的特殊境况必须1）能在独立于启示的情况下得到指证，以使说明不陷入循环，因为这一境况作为纯然**事实性的**境况在任何情况下只能以历史性的方式得到证实，所以它必须2）通过一个独立于启示的**事实**被证明。这一独立于启示的事实恰恰就是神话现象。也就是说在神话哲学中,下面这一点会得到指明,即神话和神话表象的出现唯有从人类意识自身在**秩序之外的特别**境况出发才能得到说明,如此一来就很容易指明,这种秩序之外的特别境况包含了启示得以被现实设想的唯一条件,恰恰是这一境况要求启示并使之得以可能。

让神话和启示的关系可以从中得到考察的第四个观点是,启示一般来说都被视为某种**超自然的事情**。但超自然的东西只是一个相对的概念,它把自然的东西,也就是它凌驾于其上的东西,或者说它所**克服**的东西预设为前提:若无这一点,超自然的东西就至少不会**现实地**——作为现实——存在。也就是说,启示宗教这一超自然的东西把**自然**宗教预设为前提。但我们该如何指证这一点呢?这一点当然要从神话出发——或者更确切地说,从种种神话表象在其中产生出来的运动,即其**进程**出发——来说,但从神话出发绝不意味着,神话进程对人类而言是**自然而然的**,因为我们刚刚说过,神话是以意识秩序之外的特别境况为前提的。但与此相关的无疑是下面这回事情:在神话的产生过程中,意识诚然是从它与神的原初关系出发被设定的,但正因为这一点——通过这种绽出自身——意识就屈从于一个进程之下了,通过这一过程,意识应被带回到这种原初关系中,正如当人身体的某个器官从它真正的关系中绽脱出来的时候,它就即刻屈从于一个被称为疾病的进程下了,但此进程的本真趋向是把偏离了真正关系的器官复原。就其本原而言,疾病并非某种自然的东西,但恢复重建的进程是自然的。神话进程的情况也是如此;这一进程不是其他,正是宗教意识的再生过程(因为意识应通过这一过程恢复它与神的真正关系),

也就是说,这种意义上的神话进程跟疾病一样,是一种自然进程,由此,在这一进程中自行产生的宗教,亦即在神话中自行产生的宗教是一种以**自然的方式**自行产生的宗教,**如**其所是的神性自身并没有参与其中。对启示自身的说明与此也是完全一致的。使徒保罗把异教称为**野生的**,也就是纯然自然的、自发的、没人照料而长成的橄榄树,相反,犹太教则是由启示而产生的宗教,所以保罗把它比作**得到了良好培育的**橄榄树。据此,启示和神话的关系似乎就可以定义为超自然宗教和纯然自然地自行产生的、仿佛野生宗教间的关系。但我已经强调过,在与自然的东西的一切联络或关系之外无法设想超自然的东西。无论如何,唯有在它战胜了自然的东西的地方,唯有就它穿透了自然的东西而言,超自然的东西才会存在并得到认识,正如唯有当光穿透与它对立的黑暗时,它才被认识。在神话中,作为自然性的运作原因或潜能阶次的本原,跟在启示中表现和突显为超自然原因或潜能阶次的本原,是同一个本原。也就是说,如果这一潜能阶次自身不把自己作为仿佛自己外显活动之质料的自然性本原,那它也就不可能显现**为**超自然的潜能阶次。如此一来,唯有自然宗教首先存在,超自然宗教才能紧随其后出现,并从前者那里得到自己的素材。如果**各位**想把神话宗教的特质思索为多神教,把启示宗教的特质思索为一神教,那么**各位**或许——补充一点,先前已经强调过,宗教和宗教之间在真正意义上,即据其实体和内容而言,是不可能有区别的——会说:只存在同一个神,同一个神既对处在分裂中的,也就是对处在其潜能阶次间互相对立的张力中的神话意识显现,也对通过启示而得以清明、处在其原初统一性中的意识呈现自己。在前一种意识中,

XIII, 187

被颠倒的一神教就是多神教，在后一种意识中，一神教则被恢复了。在前者中，处在其潜能阶次之分裂中的神仿佛被设定在了自己之外，成了显白的（exoterisch），在其神性之外的、自身表现为纯然自然的神；在后者中则相反，在其潜能阶次统一体中的神是隐微的（esoterisch），是就其自身而言的、如其所是的超自然的神。也就是说，如果**统一体**作为真正意义上的**本质**穿透了分裂，那么**真正的神**，即就其自身而言的、**作为**自身的超自然的神，恰恰就是以此方式而显现和启示自己的。因为根本上来说，启示这个概念，或者说"启示自己"这个概念已然把一种原初的幽暗预设为前提了。唯有首先已然**被遮蔽**的东西才可能启示自己。真正的神，即处在其超自然状态中的神，唯有通过穿透幽暗或者被遮蔽状态，才能启示自己，对意识来说，神是通过下面这回事情被置入被遮蔽状态的，即在意识中，只有被分裂开的潜能阶次在运作（这些潜能阶次只是神外部的、自然的、显白的东西）。因而从这一点出发，下面这回事情就清楚了，即人类历史不能即刻就以启示开启，人类的一切认识和教养也不可能从一开始就源自启示。首先需要说明的是那个被遮蔽状态。原初的人类并不处在启示急迫且可能的关系中。他的意识与神性存在自身是融为一体的：也就是说，如果启示应当突显，那么人类意识必定首先已经自行异化了。这种在神自身，即**真正的神**面前异化的意识恰恰只存在于神话中。也就是说，神话，或者不如说，被神话附着的意识**自身**才是可能的启示之前提。

在"启示宗教"这个词的本真意义上所假定的体系（因为在它非本真的意义上，人类精神的每一种更高表现，每一种英雄般的行动，对人类认识的每一种新的拓展也都可以被叫作启示，正如已经强调过的,在这种宽泛且非本真的意义上把启示作为某种特别的东西来讨论,其实是一种毫不费力的轻浮之举)——如果启示在更为严格和特殊的意义上被看待,也就是说,如果它意味着人类和神的某种并非纯然观念性的,而是实际性的关系——那么这种假定了前述意义上的启示宗教的体系,就可以被称作超自然主义。但我们对超自然之物的说明已经指明,存在着一种错误的超然自然物,或者不如说,存在着一种对它的错误设想,这种设想主张,超自然之物可以从自然之物中被完全撕扯出来。可若无其相关项,像超自然、超世界这样的概念都是不可设想的。如果不同时在与世界的关联中被设想,就不存在超世界的神。通过这种把超自然之物从自然之物中绝对地撕扯出来的行为,恰恰只会产生非自然之物。如此一来,先前居于统治地位的哲学,即那种认为神性并不能够过于远离和异化于全部自然,因而同时也以为必须否认**自然**中的**一切**神性之物的哲学,实际上除了非自然的神和无神的自然,根本就无所产出。此外,确实还存在一种非自然的超自然主义,它诚然就是通常的那种纯然形式上的正统教义体系。但我并不因而就否认:在眼下的处理中,我的意图正是,使在惯常的处理中只可能以**非自然的方式**出现,因此一切正直自由的精神必须以最高的理解力才能去亲近它的那种超自然主义自身,通过那种不可拆分的联络(我已经表明,它是与自然之物并处其中的),成为某种自然而然的东西。

XIII, 189

我认为,现在对于神话相对于启示所处的位置,以及神话哲学之于启示哲学所处的位置,已经说明得足够充分了。不过在这里我要强调,所有在这种暂先的说明中只可能以不确凿和不确定的方式表达的东西,在我们之后向科学自身的过渡中,会得到自己全然彻底的规定性,所以我其实完全是有意这样安排这个演讲的次序的,尽管它关联于先前的讲座,但我也会让那些即使没听过我最近演讲的人理解我。

到目前为止,我要证明的都是,启示哲学要以神话哲学为前提,至于随后的一些进一步的强调,我则希望它们能使讲座的意图更加清楚。①

接下来我先要做一番回顾。我把自然的——也就是自然地自行产生的——宗教概念归给神话,进而把**这个**意义上的自然宗教跟启示宗教对立起来。尽管启示宗教和自然宗教之间的这种对立稀松平常,但我所说的这种对立是以另**一种方式**构造的。为了不产生任何混淆,我得对此说明一下。也就是说,通常来讲,谈到启示宗教,人们就会把它跟自然宗教对立起来,谈到自然宗教的时候,也同样会把它跟启示宗教对立起来。但在这里,对自然宗教的理解是完全不同的,也就是说在这里,就自然宗教是纯然理性、科学,或者说尤其是哲学的产物而言,它才是宗教;一言以蔽之,自然宗教在这里被理解为唯理论宗教。在这个意义上,自然神学(theologia naturalis)才是以往形而上学的一个部分。如果只是在这一点上驻足不前,那后果当然就是,启示宗教只会与从**理性**或者**科学**中推导而来的唯理论宗教相对立。这样一来,宗教也就有了两重源泉,要么是理性,要么是启示。但如果在人类自身**中**,除了

---

① 后面的内容跟到目前为止的内容一样,都是对"神话哲学导论"第十讲关于启示和神话间关系内容的进一步阐述。——编者注

理性再无其他宗教的源泉，那么人类因而也就会彻底缺乏**自己特有的**宗教本原；因为理性绝非宗教认识的特有源泉。理性间接或直接地是**一切**认识的源泉，而非为宗教认识所特有；如此一来，对宗教而言，似乎和对几何、逻辑乃至一切类型的科学而言一样，只有唯一一个相同的源泉了。这种反思很可能就是下面这件事情的原因，即有一些人特别想让**感觉**成为人类之中特有的宗教本原。借着感觉，尽管表面上看起来，一种独立于理性的宗教源泉似乎是真的被给予了，但它仍始终不是**特有的**源泉，因为众所周知，感觉也是许多其他东西的官能，甚至是某种极其偶然之物、流变之物、个体之物和两可之物的官能，所以在一个完全以唯理论为思想导向的时代，把感觉视为最高的东西恰恰是没有合法性的。如果宗教哲学不该纯然只是形而上学或者普遍哲学的一个部分，如果它确实应该是一种特殊的哲学科学（它就是以此为目标才存在的），那宗教的特有本原就是不可或缺的。但这种**特有的**本原只可能是一个既独立于理性也独立于一切**知识**的宗教本原，这个独立于一切知识的宗教本源，也还必定要以一种不仅观念性的，而且**实在性的**人神关系为前提。假设，神话如我们假定地那样，是自然地自行生产性的宗教，那么我们必须承认，在人类中，还存在一个**自然地**就是宗教性的、原初的、natura sua［从自然本性出发］设定着神的本原。也就是说，如果一个**这样的**本原仿佛就其自然本性和本质而言，必须去成为神的设定者，那么——当它从它在其中是神之设定者的原初关系中走出，通过一个必然进程又回转到此关系中时——，唯有通过这个设定着神的**自然**本原，人类才会仿佛在一切思想与知识**之先**原初地就被神拘禁和约束着，唯有通过它，自然地

XIII, 191

自行生产着的宗教,也就是神话才会得到说明。但为了能使自己得到理解,启示的理论需要**另一种**原初的、不同于人类在**自由的**知识和思想中所拥有的那种人神关系。为了把握启示,同样也必须假定一种原初实在性的人神关系:我说的是,一种**原初实在性的**关系,它并非凭借启示才产生,而是已然现成存在了,因为这一关系才是启示的前提,**"实在的"**是一个普遍的表达,它可以被把握为:a)等同于神话的自然关系, b)等同于启示的位格关系。① 在这里,依据一种全新的规定,**各位**也就看到了,为**神话**哲学奠基的东西,如何同时也为启示哲学奠基。

但根本上来说,伴随着现在已然赢获的完备展开,通过启示而产生的宗教的整个位置也自行发生了变化,因为它现在不再仅仅与所谓的理性宗教对立,而且同时还与那种只有在真正意义上才能被如此称呼、在神话中我们必定会认识到的**自然**宗教相对立。我们关联于宗教的概念体系,迄今还是不完备的;它纯然只由两个概念构成:1)自然宗教,但它其实只是唯理论的或者说**科学的**神学,进而根本上还是哲学, 2)启示宗教。除此之外,依照我们的展开过程,有三个概念必须得到区分:a)自然宗教,即神话, b)超自然宗教,即其内容通过启示而产生的宗教, c)自由的哲学认识的宗教,它

---

① 如果我们要探究,为什么惯常的观点无法理解神性的启示,那么最切近的结论正是,因为在神性的启示中——如果它不该在一种纯然非本真的意义上被理解——预设了一种神与人类意识间的位格性关系。然而这种位格性的关系,据其普遍概念而言,自身只是一种实在性的关系,并且只是由于在神话中已然存在着一种作为盲目的——从神的方面来看非位格性的——神人关系,所以这种关系才能在启示中被提升为位格性的神人关系。位格性的关系以非位格性的关系为其前提。若无纯然自然的关系先行,那儿也不会随后出现位格性的关系;反之亦然:位格性的关系通过先行的自然关系才能得到把握。——作者原注

并不直接等同于理性认识。也就是说,每一种哲学认识都等同理性认识,而非相反。因为要点恰恰在于,只存在一种超越于自然的哲学认识。

伴随着这一**完备的**划分,"肯定宗教(positive Religion)首先就是跟唯理主义对立的"这整个立场也就一道发生了改变。因为唯理主义被称为这样一种努力,它不想从任何其他除了纯粹唯理论宗教之外的宗教,从任何其他**存在**,进而也不想从任何除了在理性之中的神和在他与理性的关系之外的其他关系出发,不想在自由的知识或者在通过理性推论而产生的宗教之外进行认知。①

然而迄今为止,唯理主义只是恰恰在开始跟启示宗教对立的那一刻起,才在此程度上仿佛达成了自己的目的。但现在已经不再如此了;因为从现在开始,跟它对立的同样还有自然宗教,也就是说,依据我们对神话的说明,自然宗教同样也不是一种唯理论的、通过纯然的理性而产生的宗教,相反,毋宁说它是通过一个独立于一切理性的宗教本原才得到认识的。

这才是现在真正的划分。最高的类是宗教本身,紧随其后的类是 a)科学性的宗教,b)非科学性的宗教,在这个类之下,还存在两种非—科学性宗教的属,亦即并非通过科学而产生的宗教:①自然宗教,即神话;②超自然的或者说通过启示而产生的宗教。只有现在,启示宗教才能在真正意义上得到定义。众所周知,要真正下一个定义,必须给定 genus proximum [最近的类] 和属差。但由

① 尽管还得区分主观的和客观的唯理主义;主观的唯理主义等于理性推论性的宗教,即等于启蒙。这两者通常都是以这种方式而不同的,但在当下的这种关系中,两者其实完全相同。——作者原注

启示而产生的宗教的 genus proximum 并非宗教本身,而是非—**科学性的**,即并非通过理性而产生的宗教;而其属差则由它与神话的区分得到规定,它与神话一道,都处在相同的最近的类,即"非—科学性宗教"这个概念下,而它是通过下面这点与神话区分开的,即启示宗教的内容是一个超自然的过程,而**神话**的内容则是一个纯然自然的过程或者说进程。这样一来,启示宗教的完备定义就是:它属于"非—科学性宗教",即并非通过科学,而是通过一个**实在性**过程而产生的宗教这个类。但它的特殊之处在于,它并不以一个自然过程,而是以一个超自然过程为其本源和内容。

依据对这一完备的划分进行的展开,我仍要强调,这三个概念构成了一个有内在关联脉络的链条,任何个别的环节都不能从中单独拎出来。一种**完备的**宗教哲学,绝不可以纯然只跟以科学的方式产生的宗教打交道。对于科学的和非科学的宗教而言,哲学的宗教自身必须反过来把自己生产**为**第三者,生产为由这另外两个概念中介而得的东西。所以这三种宗教概念首先要在它们真正的、历史性的关系中得到呈现,而这同时也是它们自然产生的关系。他们间真正的关系如下。自然宗教是开端和最初的宗教,对人类历史的某个时代来说,它也是**普遍的**宗教。作为这样一种宗教,纯然自然的宗教同时也就是必然的、盲目的、**不自由的**宗教,如果在其最深刻的意义上来看这个词,它也是迷信和盲信的宗教。启示则是一个过程,通过它,人类从盲目和不自由的宗教中解脱了出来,也就是说通过这一过程,自由的精神性宗教——也就是具有自由洞见和认识的宗教——才得到中介并得以可能。如此一来,如果一种哲学的宗教学说要把那种原初的系缚状态和从这种状态中**获得解救的过程**排除在外,也不想去重视它们,那它就会全然缺乏支撑,进而成为非历史性的。

此外,通过神话和启示出现的宗教,都共同处在一种与理性宗教的对立中,这一点似乎已经从前两者共有的命运出发得到了说明。因为人们怎样长久以来就已经开始尝试,找借口——这只不过是纯然的、确切说仅仅临时性的外装(Einkleidung)——把一切启示宗教特有的东西从中除去,进而以这种从中除去一切构成它与纯然理性宗教之区分的东西的方式,来对启示宗教进行抢劫,简言之,人们怎样彻底通过把启示宗教中历史性的内容排除在外,来尽可能地把它**唯理论化**,也就恰恰以同样的方式早已开始尝试,在通常的说明中同样也把神话唯理论化,其做法就在于,人们意图把一切它所特有的东西,尤其是它所具有的历史性要素,也说明为纯然的外装,进而只想留下科学的,比如自然科学的(物理学的、宇宙起源学的)概念来作为神话的本真内容。基督教也是一样,在这种处理方式中,这个曾经构成**民众**生死关怀的终极信仰,现在也被消解在了纯然的哲学中。而那个我们把神话安置于其中的领域,即盲目地、也就是纯然自然地自行产生的宗教的幽暗领域,也正是以此方式变得对近代而言**陌生疏离**。在此之后,以非—科学的方式,即并非产生自理性的宗教的一个方面,也就是神话的方面就以这 XIII, 195
种方式被误认了,而它的另一方面,也就是通过启示产生的宗教,也同样不可能得到更恰当的认识。从庸常的、在对**世界**的说明中已然把一切历史性要素排除在外的唯理主义立场出发,就算把各种神话表象假定为真的,它们也仅仅呈现出最荒谬和最违逆理性的各种表象错综纷乱的图景。对任何一个纯然只知道庸常的唯理论立场且以之为背景的人来说,基督教的历史性内容肯定显得荒唐且有失体统,而各种神话表象与之相比也不遑多让。长久以来,基督教的历史性要素都没有被说明为异教式的(并不是指外部事实,而是更高的事实,比如基督的先行存在,即在世界之先的实存,他作为神子与神的关系),基于这一点,基督教的历史性要素就已经作为某种我们时代的理性不再能够与之相统一的东西了。但基督教的本质性要素恰恰就是它的历史性要素,这并非那种庸常的历史性要素,比如它的创立者生于奥古斯都时代,被彼拉多处死,相反,这种历史性要素是基督教真正意义上的基础,进而也是它特有的内容;比如神子为了赎回人类而成人这一理念。我把它称为更高的历史性要素,因为基督教的真正内容是一段神性者自身交织于其中的历史,即一段神性的历史。如此一来,一种糟糕的、全然取消基督教特质的说明或许就是下面这种,即它意图把**教义要素和历史性要素**区分开,只把**前者**视为本质性要素和**真正意义上的**内容,却把历史性要素视为纯然的形式或者外装。历史性要素并非某种对基督教学说而言偶然的、可有可无的东西,相反,它就是基督教学说自身。在剔除历史性要素之后仍残留下来的教义要素,比如关于一种即便唯理论神学也晓得的关于位格神的一般学说,或者基督教道德,并不会构成基督教的特殊性,也不会成为它与众不同的标志;它仍待说明的与众不同的标志,毋宁正是历史性要素。基督教的这一如此彻底超出庸常概念把握范围的历史性要素,何以**同时**也是一种教义要素,也就是说,何以能够是客观**真实的,**迄今为止的各种立场根本就无法把握这一点。即便在这种关联中,神话哲学也是对启示哲学必要的预备。但神话哲学并非在一种不同于历史性形式和外装的内容中,来指明启示哲学中的教义要素,相反,它恰恰是在其历史性要素自身中来进行指明的。教义要素和历史性的这种同一性,先前在神话中是怎样得到指明的,现在在基督教中必定也同样会得以保持。神话该怎样**在真正意义上得到彻底理解,**——**真正的**意义,真正的教义性要素就该在得到了真正意义上理解的神话中(或者说在如"神话"这个字眼所指的那样得到理解,而绝非以比喻的方式被说明的神话中)得到探寻——,也该以同样的方式对待基督教。

此外,即便在那些仍然承认了基督教中历史性要素价值的神学家里,也有一些人对于其历史性要素的实在性缺乏清晰的了解。比如说,人们可以在一位著名神学家那里发现这样的幼稚观点:一种特殊的乃至最高且有计划的智慧,只能在下面这回事情中得到认识,即为了传播自己的**学说**,基督教的创立者只选取了那种**只能**在**历史这种形式**中,也就是绝不能用抽象—科学的方式来报道这种学说的工具,如此一来,这种学说也就成了如此形式单一的,只能在历史性的形式中传播的了。甚至还有一位普朗克先生[①]就以这种方式大放厥词说,大可问问那位令人尊敬的人子,如果弃置历史这种形式,他的学说究竟还剩下什么。不管普朗克是不是真把基督教的历史性要素视为一种纯然偶然的形式,既然他这么说,那这恰恰仍是本质性的要素,并且即便是保罗这样的使徒中最有学问和最精敏的辩证法家,也不可能以其他方式来报道这一本质性的东西。根本上

[①] 这里指戈特利布·雅各布·普朗克(Gottlieb Jacob Planck,1751—1833),德国新教神学家和历史学家。——译者注

XIII, 197　来讲,只谈基督的**学说**是不合乎事情的。基督教的首要内容正是基督自身,并非他说的话,而是他之所**是**和他之所为。基督教并非直接就是**学说**,它是一桩事情,具有一种客观性,而学说始终只是对这桩**事情**的表达,如果人们可以说,在先前某个时期,对基督教的理解之所以变得晦暗不明,首先是因为,由于**事情**和为了对抗事情在当时得以持存的那种客观强制力,认识和学说退让得**过多**,那么就必须承认,在某个晚近的时期,由于已得强调并且在争执中被左牵右扯的**学说**,真正意义上的**事情**,事情自身完全退回到了黑暗中,所以基督教又遭到了更大的损害。所以,我只是想强调,眼下演讲的意图绝不旨在学说,比如人们有时也称为"**思辨性的**"教义,相反,我可以说,我的意图单单指向事情自身,我会尝试,在自开端以来不仅把握着人类,而且还把握着创世自身的宏大**普遍**历史的关联脉络中,来阐述事情自身,并使它能得到理解。

　　现在我认为,在这样一节纯然的导论中,讲到这个程度已经可以证明,若无一种被预设为前提的神话哲学,启示哲学就是不可设想的。但我在这里并不会在其材料的整个广度上来报道神话哲学,而是只从中突出对启示哲学来说绝不可缺的部分。如果错误和正确的宗教种种真正意义上的**原因**或者**本原**,或者按我自己的说法,这两种宗教的种种**要素**必定相同(因为通常来说,错误的宗教根本不再可能是宗教),那么我要说明的,恰恰只是神话中的**范型性要素**,也就是神话中在真正意义上进行着运作,或者具有引发作用的本原。在我的演讲中,绝没有哪一部分是纯然的重复,即便是普遍哲学的那部分,也绝不是重复,因为我马上就会在一切**当下的**关联中,也就是在与一种可能的启示哲学的关联中,来阐述一切。

第十讲　论一般哲学本原:潜能阶次

即便我的系列演讲所关联的是一个特别对象,我也始终在尝试这样来安排我的讲座,即使它们同时可以被视为对更高的哲学自身的亲历。出于这个习惯,我这次当然也不会有所遗漏。我不会把在先前的讲座里亟待理解的内容仅仅默默地预设为前提。也就是说,我其实**不会**预设**任何**前提,不预设任何诸如逻辑构造力(这是思考和理解每个演讲,乃至研究逻辑自身不可或缺的能力)这样的东西。也就是说,我开始演讲的方式就是,每个能跟上我的人,都要完全从头开始。所以我会从哲学的那些最初开端出发,然后把它们引到一个点上,从这个点出发,进入这一演讲的特殊对象的直接过渡得以可能。

如果把哲学说明为全然从**头**开始的科学,那么这一点首先可以**主观地**来理解,也就是说,在哲学中,人们必定会以任何方法回溯到认识最可能的**最小值**上,甚或回溯到全然的无知上。尽管在任何一个时代里,每一个走向哲学的人或许都会如此,但是,那种在一个激发着一切、谈论着一切,却几乎没有甚至绝没有达到明晰性的时代的影响下,塑造了自己的首要概念的人,或许就尤其需要非常多的预备训练了,这首先是为了从他纯然偶然地被塑造的概念之迷乱,错误的思想结合习惯,或者说把一切搅和得不清的语言用法习惯中摆脱出来,进而以此方式变得对真知有感受力。但这种其主观的必要性显而易见的预备训练,并非处在自己客观性中的哲学,哲学自身绝不害怕甫一登场甚至就以自己的名义说出**最高的**要求。它并不把自己宣告为一门只是碰碰运气,而不在真正意义上去对自己所意愿之物进行知识考察的科学,或者大抵也可以说,这种科学是故意以下面的方式开启的,即盲目地主动去屈从一切从某种特定的构想扭合中而来的东西;相反,哲学毋宁把自己宣告为这样一门科学,它眼前有一个明确的特定目标,它意图达成一切具有规定的东西,它绝不想把与明确的意愿相冲突乃至矛盾的东西坚持认作真的或者正确的,也不想屈从在它们之下。因此,哲学所提出的要求,首先毫不掩饰地是对它自己提出的;它从自身出发所渴望的,是可以得出或者说满足某种确凿的东西。甚至纯然的观望者也不会对哲学可能产出的东西无动于衷,即便他不对事情借以达成的手段做评判,他也会对**事情**做评判。塞万提斯讲到过一位来自欧卡纳的画家,当人们问他在画什么,他答道"来什么画什么"。在这个故事里,绘画仍享有很大的自由。是画教堂还是(像很多荷兰画家那样)画厨房,抑或是画伟大英雄的事迹甚至年集,都可以满足画家的职业要求。但哲学的情况并非如此。即便在那些通常根本就不要求自己进行哲思的人中,也没人会承认,某种比如说本质上非伦理的、在自身中取消了一切伦理根基的学说是哲学,就算这种学说以非比寻常的机巧,以前后一贯的结论披着真理的外皮被报道,这些人也相信自己不可能被它征服。许多著作家(通常来看,与其把这些人归为哲学著作家,不如把他们归

为受大众喜爱的著作家)都满足于首先从伦理方面来攻击哲学体
系。但如果他们并不亲自参与构造伦理方面的科学要素,只是默
默从旁走过,甚或无动于衷,那他们所表明的,无非就是"进行着思
索的理智大抵也可以把本质上非伦理的东西搞成真的"这种稀奇
看法。如此一来,他们终究就走向了这样一步,即把理智跟一切他
们称作更高认识的东西置入全然敌对的关系中,尤其是把理智跟
宗教和伦理信念对立起来,这就最终导致了下面的结论,即如果他
们眼中的哲学非要把自己看作最具宗教和伦理品质的哲学,那它
就得让自己极尽可能地不受理智的影响。但人类鲜有不处在社会
组织中的。人们可以坚持让自己确信,并且有**义务**确信,一切非伦
理的东西就其自身而言并且在其根底上已然是非理智的,反之亦
然,最高的理智所认识的东西,恰恰据其最内在本质而言必定是伦
理的,进而是与一切伦理要求相一致的①。

　　所有人至少在下面这回事情上都是一致的,即哲学必须产生
出某种**理性**的东西。因而所有人也就以此承认了一个目的和一种
意愿。关于理性的东西,可能自行浮现出的问题并不是人们是否
意愿它,而是在既定的情况下,理性的东西是**什么**。因为人们尽管
可以断言,一切现实之物,只要是真正的现实之物,终归**以某种方
式**必定是理性的,但如此一来,这种理性的东西在许许多多情况下
就仍是一种被无限中介的东西,所以现实之物不可能凭着纯然的
理性——或者如人们喜欢说的——凭着纯粹的理性得到如其所是

XIII, 200

---

① 关于这一点,可以参考谢林"柏林首讲"中的类似说法。——编者注。(《柏林首讲》文本载
　于《启示哲学导论》,北京大学出版社,2019年。——译者注)

的认识。在许多情况中,理性的东西只不过是凭借必然的强制,从事物当下已然被置入的秩序中得出的。也就是说,**纯然的**理性不足以认识现实之物,对现实情况的知晓,也就是**经验**,必须补充进来。如其所是的世界看起来绝不是纯粹理性的作品。在它之中有许许多多东西看起来也绝非纯然理性的后果,反倒只可能是自由的后果。就此而言,人们始终都可以凭更大的确实性说,只要哲学的意图是理性的东西,那它的意图也同样包括伦理的东西。

想要得出哲学,这种意愿存在的**实情**,就算不达到清晰的意识,至少也作为一种**冲动**在运作,它把哲学驱迫向一个确定的目标,这种意愿更是一种伦理性的意愿,人们还可以从另一种状况出发,即从现象出发进行下面这种推论,在哲学的种种事情中,或者说在哲学性的体系中,所遭受的说它是非真理或者错误的指责不同于在其他任何一种知识中遭到的指责。因为谁要是想以自己的哲学体系攻击另一种,那他根本上不仅攻击的是别人的理智,而且同时也攻击了其**意志**。由此得出的结论就是,在哲学的种种争执中,向来都可以觉察到一种特有的激情。谁要是被诊断出,在他的哲学中,正当性,也就是在真正意义上应达成的东西还没有达成,那他始终就会因而觉得自己同时在道德价值上被贬低了,正如下面这句诚然无比正确的话说的:其人如何其哲学就如何。

"哲学"这个名称就已然包含了这样一点,即它本质上是一种**意愿**。哲学意味着爱,意味着对智慧的追求。也就是说,并非任何一种包含着随便怎样内容的认识,而是唯有是智慧的那种认识才能满足哲学家。普通的语言用法自身就区分了智慧和聪明。知道去规避**坏事**的人是聪明的。就此而言,聪明是某种纯然否定性的东西。它诚然对一切人类事务都是必要的，对哲学也是必要的，甚至是全然首要的。Initium sapientiae stultitia caruisse [不是傻瓜是智慧的第一步]。规避错误需要极大的谨慎和丰富的经验，甚至还需要一点真正的油滑，因为引致错误的误导实在数不胜数，对没有经验的人来说，仿佛在每一步上都被各种误导环伺。但就这一点来说，聪明纯然只有手段上的意义。一般来说，人们把这样的人称为聪明人，即他既懂得去精明地**选择**实现其目的最简明稳靠的手段，也懂得去精明地运用，至于要实现的是何种目的，伦理的还是非伦理的，这些手段就其自身而言是应受谴责的还是应被赞同的，对聪明人来说都一样。也就是说，聪明只合于那些就其自身而言非本真的目的，因为非伦理的东西绝不可能是真正的目的。人们绝不会认为，那种想要以非伦理的手段达成非伦理目的，或者用非伦理手段达成就其自身而言可敬目的的人是有**智慧**的，这样的人绝不会极目望到**真正的终点**上，即在真正意义上最终且终极的审查中**应该**是的东西上，相反，这种人只盯着眼下唾手可得的东西。也就是说，智慧所指向的是那个最终唯一持存不变的东西，或者能够持存不变的东西，它就是**真正的**终点，即并非自身纯然稍纵即逝，而是**持存不变**的终点。也就是说，智慧以对这一真正终点的认识为前提。但若无对开端的认识也就没有对终点的认识，不能找到自己终点的东西，比如一种闲谈，其实根本也就还没找到自己的开端。也就是说，智慧把一种从真正的开端出发直至真正终点的认识预设为前提。从他实存的一开始，人类就发现自己仿佛被抛入了一条河流，这条河流独立于人自顾自地流动着，人不可能直接反抗这种流动，而是只有先**忍受**它；尽管如此，人并没有注定像

XIII, 202

一个僵死的客体那样纯然被这条河流席卷或者拉扯,人应当学着去理解这种运动的意义,以便在此意义中使这种运动自身能为己所用,而绝不是以种种徒劳的努力去阻碍它,人还要能够进一步地去明确区分,照此意义,什么是独立于人而发生的,或者什么是违逆于人而发生的,这不是为了直接否斥后者,而是为了把可能的恶自身掉转为善,进而把展开应不存在之物的力量或者能量自身用到真正的运动上。但假使,人类由于某种可能最深刻的研究确信,这一运动在其开端之际就是全然盲目的,并正因此要么不存在终点,全然无目的地进展至无限(历史没有目标),要么终点只不过是一个盲目的、作为某种盲目必然性之结果而达至的终点,如此一来,人类或许随即就会(如果他不愿像斯多亚主义者对抗不可抗拒的命运那样做不自然的对抗)决定,去主动屈从于这种冷酷无情、不可避免的运动,进而在**自己的**行动中尽可能地紧贴它,但**这一**决断所显露出的品性,与其说是智慧不如说是聪明。也就是说,如果人类的生活应是智慧的,或者说,以智慧来安排的,那么他必须预设,在那一运动自身中也存在智慧。如此一来,他就可以借着自由的自身意愿,也就是作为有智慧的人投身于此运动中并服从它的秩序。

如果人类渴望自己的认识是**智慧**,那他就**必须**预设,在这种认识的对象中也存在智慧。有一条源自希腊哲学最古老时代的公理:"认识者和被认识者的情形是相同的",反之亦然。全然不具备认识要素的东西也根本是不可能被认识的,也就是说,它根本不可能是认识的对象。一切是认识之对象的东西之所以是,唯有它自己已然在自身中承载了认识者的形式烙印才如此,每一个懂得把康德认识论理解为某种比通常的那种更富精神的认识论的人都必定清楚这一点。智慧也是如此。如果在事物的客观过程中没有智慧，那对人类而言也没有智慧。也就是说，作为对智慧的追求，哲学的首要**前提预设**就是，在对象中，亦即在存在中，在世界自身中，存在着智慧。"我渴求智慧"，这句话的意思就是：我渴求一个凭着智慧、预见和自由设定的存在。哲学所预设为前提的，并非一种仿佛巧遇的偶然存在，而是一个从一开始就凭着智慧、预见，也就是凭着自由而产生的存在。从这一点出发才能引出下面的一般性讨论。哲学的意图根本就不可能是在某个已然生成的存在中驻足不前，哲学必须能**超越**这一存在，**超越**现实的、已然生成的偶然存在，以便能把握它。

借此，我也就同时把**各位**置入了哲学真正意义上的开端中。哲学的开端是**先于**存在的东西，也就是先于现实存在的东西，现在我请**各位**把**自己的**注意力完全转到"**先于**存在的东西"这个概念上。但情况现在看起来就像是，先于存在的东西，就其**先于**存在而言，其实自身仍是无，也就是说，较之于之后将会存在的东西而言是无，或者说，在跟我们刚刚已经超越的现实之物的关系中，它是无。但尽管已经超越了存在，我们仍恰恰是在它与存在的关联中考察先于存在的东西，因为对我们来说，没有其他去规定或者认识这个东西的手段。但既然我们其实并不是首先为了去了解就其自身而言的先于存在的东西自身，才去思想或者说设定它的，而是为了从它出发去把握存在，所以对我们来说，有充分的理由把它暂先关联于存在来进行规定。但从存在来看，它是完全的**未来**，它尚不是存在者，而是**将在**者。就此而言，哲学的起点并不是已然存在者，而是将在者，而我们紧接下来的任务正是钻探到它的本质中，

XIII, 204

或者说,依据"绝对的未来者"——即"将在者"——这个概念来进一步地规定它。但现在看起来:据其自然本性而言,至少在我们最初的思想中,将在者除了是**直接的能在者**,不可能是其他。之后的情况当然会不同,但恰恰这个直接的能在者可以作为例子来说明,在哲学中,不要依赖最初的构想,每个构想唯有通过最后的成果才能得到检验。对**直接的**能在者所能设想的,除了那个**为了**去存在,除自身之外根本不预设任何其他前提的东西以外,再无其他,它也就是那个为了去存在,除了**意愿**(wollen)之外就无须其他的东西,处在存在与非存在之间的,正是意愿,此外再无其他。

我把这一开端再重复一遍。

XIII, 205　　对渴望被引入哲学的人的首要要求就是,他要越过现成的和已然持存不变的存在,把自己转置到一切存在的**源泉**那里。对此,他可以像《浮士德》里的那个学生那样回应道:

我愿依于此源泉,
但请告诉我,我如何才能通达它?

这也就是在问,为了能思想存在自身的源泉,为了使我对这一源泉的设想能拥有一个现实的内容,我该如何着手呢?我清楚地看到:一切我们用以**规定**已然**现成**存在的概念,必定也可以运用于存在的源泉。起码这是现有的对它进行规定的**唯一**手段。尽管先于且外在于一切存在被设想,但这一源泉仍然不是与存在无**关联**的。存在的源泉只能被规定为诚然尚不是存在者,但**将**是存在者的东西。这个尚不是存在者,然而据前提预设来看**将**是存在者的东西，与存在的进一步关系就是：它可以是能在者，我请各位在思考这个概念的时候，不要以为它仿佛是被用在偶然事物上的；这里所指的能在者，不是一种依赖性的或者有条件的能在者，而是无条件的能在者。"将在者是没有任何中介的直接能在者"，这话说的就是：为了达入存在，除了**纯然的意愿**，能在者无须其他。意愿这个概念在这里之所以是合理的，是因为一切"能够"(Können)其实都只是一个安静的意志，就此而言，每个意愿无非就是已然运作起来的能够。在哲学中，人们区分了潜能和现实。处在潜能状态的植物——即处在纯然可能性状态中的植物——是胚芽；而自行展开的，或者说已然展开的植物则是现实中的植物。但这里讨论的能在者并非像植物胚芽这样的有条件的能在者，而是无条件的实存之潜能，它是无条件且无须进一步中介地能从潜能过渡到现实的东西。但除了在意愿中，我们不认得其他从潜能向现实的过渡。就其自身而言的意志是最卓异的潜能阶次，而意愿则是最卓异的现实。从潜能向现实的过渡无一例外的都是从不意愿向意愿的过渡。如此一来，直接的能在者就是那个为了去存在，恰恰除了从不意愿过渡到意愿之外，无须其他的东西。对它而言，存在恰恰在于**意愿**；在其存在中，除了意愿，再无**其他**。若无现实的、始终得到进一步形态塑造的意愿，一切现实存在都不可能被设想。某物存在，即某个事物**存在**的实情我只能在下面这点上来认识，即它通过把他者从自身中排除出去，来**坚守**和**断言**自身，它对抗着每一个试图侵入自己或者挤压自己的他者。我们把绝对不进行对抗的东西称作**无**。凡是**某物**，必定在进行着对抗。"对象"这个词自身——我们用它来刻画我们认识中的实际之物——的本真意义，除了**对抗**，再

XIII, 206

无其他，所谓对象，其实就是对抗。但对抗其实只存在于意愿中，唯有意志才是那个真正意义上的对抗者，确切地说，就是在世界上能无条件地进行对抗的东西，因而它才是真正意义上不可克服的东西。甚至神——人们也可以说——除了通过意志自身，也不可能通过其他东西战胜意志。

我们在事物之间觉察到的区分，并不在于可能乍看起来的那样，一些是**绝对**无意志的，另一些则与之相反，是被赋予了意志或者说在进行意愿的。事物间的区分其实只在于意愿的**方式**。比如说，所谓僵死的躯体所意愿的其实只是**自己**，它仿佛已经被自己耗尽了，并恰恰因此无力指向外部，当它没有被刺激的时候，它就被自己填满（因而它必定就是一个空虚之物），被自己充满，所以，它恰恰除了是被充满的空间，即被充满的虚空，被充满的意愿以外，就不再是什么了，因为一切意愿其实就是一种空虚，一种缺乏，仿佛像是一种饥渴；僵死的躯体通过由某种纯然自身性的、在自己身上把自己耗尽并因而盲目的意愿得以持存。僵死的躯体满足于自己，只意愿**自己**。动物，包括富有生机的植物，都被认为具有一种对光的渴望，它们意愿某种外在于**自己**的东西，而人类则意愿某种超越于自己的东西。动物由于其意愿被吸引到自身之外，而人类则在真正的人类意愿中被提升到自己之上。

XIII, 207　　要区分纯然的自然性对抗，即一个躯体对入侵自己的东西做出的对抗，和人类意志对压迫甚或最刺激的诱惑进行的对抗，对这两种对抗进行区分不是对力量自身进行区分；这该如何设想呢？在这两种对抗中，力量都是相同的，都是意志，但在纯然自然性的对抗中，意志是盲目的，而在道德对抗中，意志是自由且得到了思虑的，哪里有一种具有强大且明确特质的力量正在参与，甚至哪里有一种仿佛具有盲目特质的自然本性正在形成（它以同样的确凿性和明确性，如同一种盲目意志一般地在运作），哪里通常就存在着道德对抗。也就是说，意志是无处不在的，在整个自然中，从最低到最高的阶次里都有它。**意愿**是全部自然的根基。但原初的能在者——对它而言，从不存在向存在的过渡就是从不意愿向意愿的过渡——**在**其存在**中**，恰恰除了已然具有活性的、仿佛**被点燃**的意志以外，不可能还有其他。"不意愿"是一团**静息**的火，而意愿则是**被点燃**的火，正如我们自己在日常生活中也会谈到意愿和欲望之火。所以，原初的存在就存在于被点燃的意愿中；在哪里一切先前静息、就此而言纯然潜在和不可感的存在使自己变得可感，尤其在有机自然中的一切最初的存在—产生的地方，那里就存在着点燃这种活动，或者说伴随着点燃这种活动。

为了看清最初规定的意义和全部分量，所有这些讨论都是完全必要的，这个最初的规定就是：**先于**存在的东西，或者说，**将在者**（它其实还没有得到完全规定，我们首先要做的正是尝试去规定它），是**直接的能在者**。但在应该把直接的能在者理解为什么得到说明以后，很容易看清下面这点（我要借此过渡到一个新的规定上），即以此方式得到规定的先于存在的东西，其实并非一个去**存在**或**不**去存在的**自由者，**也就是说，（因为在它身上只涉及存在和不存在）它根本不可能是自由者。我说的是：如果**将在者，**除了是直接的能在者之外不是**其他，**那么它就不可能是**自由地**自行运动入存在的东西。因为这样一种直接的实存之潜能毋宁是必定**自然地**自行提升入存在的东西；它实际上根本就没有过渡还是不过

XIII, 208

渡入存在的**选择**；它不会被任何从存在而来的东西阻挡，或者说也不可能被阻挡，如果没有发现它总是已然**完成了过渡**，我们反倒得吃惊了；实际上，我们不可能把它保持为**实存**的潜能，正因为如此，我们也不可能把它保持为**将在者**，它似乎始终都已然是存在者了，确切地说，很容易看清，它始终都已然是**盲目**的存在者了。因为下面这点很容易理解，即当意志一旦已然自行提升和点燃，它就不再**与自身等同**了。它不再是**能够**存在和不存在的东西，而是**不再能**(konnte)①存在和不存在的东西。这种巨大的颠覆仿佛不可设想。我们所讨论的一切，即**不再能**存在和不存在的东西，只不过是一个偶然的存在者，但恰恰对偶然的存在者来说，它的存在就成了必然，也就是说，它成了不再能够**不**存在者，进而也就成了这种意义上的**必然**存在者。正如人类在行动**之前**是一个仍能自由地对待这一行动的他者，在行动完成之后，它就成了对这个人自身而言的必然性，对他翻转了过来，**并使他屈从于自己**，同样，处在存在**中**的直接能在者也不再是纯粹的本质（本质正是那个还没有被任何存在吸引，还没有执于存在的东西，也就是自由地朝向存在的东西），如此一来，处在存在中的直接能在就不再是自由于存在、无一存在的本质了，而是仿佛被存在击中和俘获的东西，是被设定在了**自己**之外，也就是被设定在了自己的能够之外的东西，是仿佛已经失落了自身，不再能回到自身中的东西，这个意义上的外在于**自己**的存在者，就像人们在同样的意义上关于某个人说的那样，他处在**自己**

---

① 这里用的是"能够"(können)的过去时，表示曾经能现在不能，故译为"不再能"。——译者注

之外，也就是说，他对自己无力，他已经丧失了自己的能够。(此外)人类挥霍什么也不该挥霍他的能够，因为人真正的力量和刚强就在于此，他在自身中作为**能够**而保藏起来的东西，恰恰就是他身上不死的、绝不会失落的珍宝，他应从中汲取力量，而不是去耗尽它。XIII, 209 如此一来，被设定在**自己**之外，即在自己的能够之外的直接能在，就是对自身无力者，对自身无知无觉者，τό εχιϛταμενον[立于自身之外者]，是由错误的绽出而被设定在自己之外的东西，进而是在此恶劣意义上的实存者。

  直接的能在者，尽管它仍是存在的**源泉**，可一旦它主动提升入存在，那后果就是，尽管它是存在者，但已经终止是存在的源泉了，进而也就不能重新成为源泉了；这里说的就是：facilis descensus Averni [下地狱容易]；sed revocare gradum [重返人间] 似乎恰恰就不可能了。它现在是不再能够**不存在**者。但**真正意义上的**自由并不在于能够去**存在**，也不在于能把自己表达出来，而是在于能够不去存在，能够不把自己表达出来，正如较之于其所为，人们更多的是在其所不为上认识深思熟虑者的。**作为**是其所是者，即作为纯粹的能在者，它绝不可以被俘获在现实的存在中。也就是说，它始终只是消耗着自己，即丧失着自己的存在者。它被置于尖顶上，在那里，它仿佛一刻也无法维持自己。如此一来，我们甚至都不能把我们从中出发的这个**实情**——开端是能在者，也就是说，能在者**始终如一地存在着**——果断地说出来。将在者**是**能在者，同时也不是。也就是说，如果它不自行运动，不提升入存在，那它就是能在者，可如果它不这样，进而使自己可能成为自己的对立面，即盲目的存在者，那它就不是能在者。可既然它就是能够这样，既然对它来说,自行运动入存在是**自然的**,那么,如果不是由一种与此运动相对立的意志阻挡住了,它岂不是向来就总已完成了过渡吗?也就是说,如果绝对地假设,能在者根本无法**纯然地**,或者说**单独地**被保持下来,那我们也就绝不会再碰到**作为能在者**的能在者了,我们随即只会在**存在**中发现它,作为一个存在,它仿佛吞没了自己的开端,仿佛把作为意志、作为原因的自身主动消灭了,作为这样的存在,我们甚至恰恰因此都不会知道它的开端。

也就是说,如果我们想把将在者**如其所是**地来设想,把它**作为**能在者保持和设定下来(这是我们首要的意图),那么我们就不可以**只**把它设想为能在者,我们必须表明,较之于**仅仅是能在者**,将在者是**更为丰富的**。当我们说:将在者,或者说本质(因为本质就是仍然外在且超越于存在的东西)时,即当我们说:本质直接地是能在者时,我们并没有言之凿凿地说,它不会比能在者更为丰富。但现在产生的问题就是,除了是能在者以外,将在者还能是什么呢?我们现在就来讨论这个问题!

我们之前是像下面那样 primo loco[在第一位上] 把将在者设定为**仅仅**能在者的,也就是在双重意义上:把它设定为非**存在者**,并进一步把它设定为只能进行过渡者,作为这种东西,他有一种与存在的**直接**关系。但这种**直接的**关系也可以再次被设定。它与存在的进一步关系只可能是一种间接的关系。如果它在第一位上,即在它与存在直接未经中介的关系中是能在者,那么它 secundo loco[在第二位上] 只能被规定为**非能在者**。但如果我们不同时把它规定为能在者的**对立物**,那凭上面的规定其实什么也没说。但**就能在者也是非存在者**而言,它的对立物是**纯存在者**。

为了彻底弄清这一点，请**各位**思考下面的问题。

我们已经把**先于**存在的东西规定为能在者。但能在者现在把自己表明为不能独立保持的东西，表明为真正意义上的 natura anceps[两可的自然]。正因为如此，我们就要过渡到第二重规定上。也就是说，我们这一过渡的**意义**或者意图在于，把能在者**作为**能在者保持下来，保护它不过渡入存在。我们把它**作为**能在者来意愿，意思就是：我们意愿它作为 potentia pura[纯粹的潜能]，作为纯粹的能够，即无**存在**的能够保持不变。但只有当它仿佛由存在替换，能够**接纳**存在，自行**牵引**存在，而存在也就因而成为一个纯然被牵引的东西，当将在者自身就其自身而言且先于自身已经就是这一偶然的存在，即在没有它自己参与的情况下，就是纯**存在者**的时候，上述那点才是可能的。作为**纯然**的能在者，它会先于一切思想地，或者像德语出色地表述地那样，以不可预思的方式过渡入能在；如此一来，它就不能**纯然只是**能在者，或者说，**就其作为能**在者保持不变而言，在此保持不变**中**，它同时也是**纯粹的**，亦即无限的、不被任何"能够"限制的**存在者**。这是我们展开过程中一个新的点，对此我还是想插入一段关于哲学过程的提示，也就是说，哲学过程这一运动中的每一环节唯有在离开此环节之际才会得到完全的理解，人大抵也是如此，当他离开自己先前的生命阶段并过渡到下一个阶段时，他才会比处在前一阶段**中**的时候，更好地把握这一阶段，所以在哲学中也当如此，在这里，恰当的理念只能前后相继地产生出来，要想完全理解个别细节，必须先期待整体。

现在**各位**在此过渡中势必会发觉的首要困难无疑是下面这点。**各位**会问我：那个我们刚刚假定先于且超越存在的东西，或者

XIII, 211

说,那个我们到目前为止除了将之说明为,除了必须被设想为**先于**且**超越**于存在的东西外,不作他说的东西,是如何恰恰仍同时被规定为**纯存在者**的?既然如此,关于这一点,我就要提醒大家下面这几点了:也就是我们绝不可以以为,那个先于且超越于存在地被设想的东西,正因为被如此设想,就根本**不**能以任何**方式**被设想为存在者。它只不过较之于后来绽脱的存在而作为无,但在自己之中它并不是无,它是**存在的**,并唯有在之后将会存在**这个**意义上才不存在。正因为能在者是能在者,它就恰恰已经不是无了,它是非现实的存在者,是仅仅并非在自己**之外**的存在者,正因为如此,它就不是不在自己**之中**的存在者,毋宁说,它正是仅仅在自己之中的存在者,即纯然处在原初状态中的非对象性存在者。它就像一种还没有把自己表达外化出来的意志那样存在着,如此一来,从外部来看,这一意志也就等于 0,故而没人知道它,对任何人来说,它都不是对象性的,也就是说,它就像处在原初状态中的意志,即在自己外化活动**之先**的意志那样存在。对**这类**存在,为了更轻松地理解它,我们可以不使用现在被滥用在一切类型存在上的"存在"一词,而是完全可以用**本质**(Wesen)这个词,可惜的是,在德语里这个古老的动词已经被弃用了(在过去的时候还有人在"曾在"[gewesen]这个形式中来用这个词),我们可以把这个非对象性的存在,这个因此并非完全**不**存在,而是仅仅纯然处在原初状态中的存在者,称为纯粹的**曾在者**(Wesende)。那么如此一来,我们称为"纯存在者"的那个东西的存在,反之就是纯粹**存在着**的存在。但现在的情形就是(这是我要讨论的第二点),两者是相同的,或者说,纯然的能在者,就其是能在者,即对**现实**存在作为**无**而言,恰恰同时也是**下**

XIII, 212

面这种意义上的**纯**存在者,即我们同样也把后者理解为对现实存在者而言的**无**,因为现实存在者不是**纯**存在者,这正是因为,前者是从潜能向现实过渡而来的。也就是说现实存在者在自己之中有一种从潜能阶次身上而来的否定,它并非纯粹**肯定性的**,因为先行于它的潜能阶次就在对它现在所**拥有**的存在进行否定,它不可能摆脱这种否定,它始终都是从否定转变为肯定的东西,也就是说,它以否定性的东西为自己自始至终的前提预设。相反,**纯**存在者(在我们的意义上)是肯定性的存在者,在它之中绝没有任何来自否定的东西。既然现实存在者并非**纯**存在者,那结论就是,**纯**存在者反过来也不是**现实**存在者,相对于现实存在者,它反倒恰恰表现**为**无,而纯然的能在者也是如此。

既然彻底弄透**纯**存在者这个概念是本质性的,那我就还要从另一个方面来阐述这个概念。

我们先前已经把纯然的能在者比作尚在静息,即不去**进行意愿**的意志。不去意愿的意志诚然作为**无**;就此而言,每种意愿,每种欲求仿佛都产生自无。如果在我们身上产生了一种欲求,那就是在先前一无所有的地方,突然有了一种存在**在此**。所以我们之所以觉得自己被某种欲求催逼,是因为它占据了一个先前自由的、我们在其中觉得自己自由的空间,当我们再次摆脱了这一欲求时,就仿佛松了一口气。能在者中蕴含着欲求和意愿的胚芽。能在者是能够**去意愿**的意志,但**能够**去意愿的意志是作为无而存在的。可如果尚未**进行意愿**,但**能够**去意愿的意志作为无,那么能够**不去**意愿的意志必定更加等同于无。能在者和纯存在者之间的关系也正是这样。能在者等同于能够意愿的意志,**纯**存在者等同于完全

XIII, 213

无意愿或者无欲求的意志,即全然泰然让之的意志,它不必去**意愿**存在,因为它自发地,即就其自身而言且先于自身地,仿佛在**没有自己**的情况下,自身就是存在者了。如此一来,**纯存在者**甚至比能在者距现实存在更远,而后者仿佛处在朝向现实存在的直接时机中(如果借用医生的说法);我们之所以**首先**要讨论能在者,接着才讨论纯存在者,是因为这整个次序是由距现实存在的近和远来规定的。能在者离现实存在最近,**纯存在者**则更远。既然在**纯存在者**中没有潜能阶次,那么很容易看清,它也必须被**设定**在 statum potentiae[潜能的位置] 上,以便能够从潜能向现实过渡。也就是说,为了能够**现实地**存在,纯存在者必须将**某个**把自己设定在潜能位置上**的东西**预设为前提,也就是说,在自己的存在中被**这一前提**否定。如此一来,纯存在者也就不是**直接的**能在者,也就是说,它不是能够现实存在者,但能在者自身,为了能现实地存在,不用把任何东西预设为前提,因为它**自身**就是潜能阶次。我们同样也可以反过来,从纯然**间接**能在者这个概念中演绎出**纯存在者**这个概念。将在者自然而然地肯定就是或者首先是直接的能在者。但如果它**不纯然只是**能在者,那它在进一步的规定中当然就不能还是直接的,而只能是纯然间接的能在者。但**仅仅**间接的能在者是什么呢?答:是在其中没有能够,没有潜能阶次的东西,也就是纯粹的现实。**这个东西**,为了能从潜能向现实过度,也就是为了能现实地存在,必须首先被设定在潜能中,因为它自发地并非潜能阶次。

但在现在做此规定的当口,可能会出现一个衍生问题,尽管现在无法在完备的关联脉络中立即回答它,但我也不想拒斥这个问题,因为它或许会引起一些人的疑虑。

也就是说，人们或许会问：将在者在第二个层次上可以被设想为**纯粹的**，无限的，仿佛无意志的意愿者，这是如何**可能**的呢？因为困难在于，每一个意愿——在其中意愿者都在**自行意愿自身**——，当然不可能在没有一种从潜能向现实的过渡的情况下被设想，因为**自行意愿自身**的东西，都是从作为纯然潜能阶次或者可能性的自身中出发，走向作为现实的自身的。如此一来，**纯粹的**意愿者在自身中就是**没有**这种过渡的，正因为如此，它就只能是完全不意愿**自己**的东西，也就是说，它仍是一个**意愿者**，只不过它意愿的是一个不同于**自己**的他者。**纯粹的**意愿者不**可以**意愿**自己**，它必须是一种绝对非自身性的意愿，如此一来，它的道路也就是离开自身走向他者。但这个他者是哪来的呢？这不难回答。

请**各位**思考下面的问题。将在者，就其纯然是能在者，也就是最邻近存在的东西而言，既没有什么处在**存在**中的东西，也没有什么处在朝向存在的**可能性**中的东西先行于它，就此而言，它没有任何**先行于**自己的东西，它缺乏对任何意愿的假定，这一情形就像人们有**某些**能够去意愿的**东西**，完全**单**就这一方面来看，能在者表现为贫乏和困乏自身，如此一来，如果它意愿，它就只能把**自己**作为自己，作为**这一能在者**来意愿，如此一来，它其实也就注定**不能**去意愿，注定始终保持为**纯粹的能够**，保持为非意愿和纯然的意志。但**既然**将在者并非纯然的能在者，而是纯存在者，那它的情况又是完全不同的。因为作为**这一**纯存在者，它诚然是以先行于自己的纯然能在者**为**它自己的，也就是说，它在无须把自己作为自己去意愿的情况下，也拥有某种能去意愿的东西。人们当然同样也可以说：如果它把自己**作为**能在者来意愿，那么它当然也是在意愿

XIII, 215

自身。这完全正确。但它所意愿的并非作为自己的自己，它并不意愿作为**纯**存在者的自己（以这种回向自身的意志，只会败坏作为纯存在者的自身），它不意愿自己作为**纯**存在者，而是把自己意愿为能在者，并据此把自己意愿为一个他者。而这对它来说，恰恰**唯有通过下面这一点**才是可能的，即它**先于**自己地拥有作为能在者的自己，纯**存**在者，或者说必定是纯**意**愿者的东西（两者是同一回事），在意愿中不需要把自己作为自己来意愿。在自己**之先**不拥有任何东西的意志，当它不保持为纯粹的意志时，只能成为有自身的意志。非自身的东西不可能在第一位上得到设想。如此一来，上面的那个常被抛出的问题也就能暂时以这样的方式回答了。因为作为**纯**存在者的将在者**如何**，或者说以怎样的方式意愿**自己**为能在者，这一点在紧接下来的讨论中才能完全厘清。所以现在首要的事情就是去指明，**纯**存在者，或者用完全对等的说法就是，纯粹且无限的意愿者跟现实存在者和现实意愿者比起来，始终都表现为**超存在者**（Überseiende），如此一来，当我们说：将在者正因为是能在者，故而在这一考察的第二个层次上**也一样**是纯存在者时，就并无矛盾了。

但我们现在要过渡到另一种发问上。到目前为止，我们只讨论了能在者和**纯**存在者的概念及其相互关系。我知道，对刚刚入门哲学的人，或许也可以说，对已经习惯了另一种完全不同哲学的思想与言说的方式的人来说，这一讨论不容易理解，对他们来说，这种其实并没有一直前进，而是逗留在概念规定上的讨论根本就没有吸引人的地方。因为每个人其实只有通过结论才会得到这种讨论吸引人的地方，人们会通过这一结论看到，这些概念是用来干什么，它们会把人引向哪里，尤其会看到，一个把其对象作为**未来者**来讨论的展开过程，一个从一开始仅从将在者出发的展开过程（如此一来，将在者在此程度上也就是纯然在**概念**中现成存在的东西，"概念"这个词尽管是在殊为纷杂、殊为混乱的意义上被使用的，但除此之外，它还具有某种比如跟知识或者认识相对立的特性，简言之，堪当概念之概念的，唯有尚未存在者，即未来者这一概念。也就是说"将在者"是最卓异的概念，迄今所展开的规定只不过是对这个最卓异的概念进行的各种规定，也就是说，这些规定自身就是这个最卓异的**概念**，在它们之外，不存在其他规定，不过**这一点**要之后才会详细讨论），但一个在**这种**意义上从概念出发，也就是从纯然的未来者出发，现在还没有驶向存在者的展开过程，会尤其让人觉得困难，因为学习者所处的状态就像是在黑暗中被引导，在这种情况下，他看不到事情会在何处变得明朗，不过常言道，为了给自己打气，知道路要通向何方是公平正当的要求。但是，先生们，一方面恰恰应该学会欣赏并享受这些概念及其规定，唯有如此，一个人才能表现出他对哲学的品位，即便他还不知道这会为他带来什么或者会把他引向哪里，但他就是对**就概念自身而言**的讨论有兴趣，另一方面必须知道如何去控制那种马上就想看到目标的不耐烦；亚里士多德就说过：学习者必须相信，——当然这并不是说，学习者必须永不止息地并且仿佛永远只用相信就行了——，而是必须相信，只要他仍是学习者，即在他完备地得到教授，达成目标以前，他就仍是学习者。所以也请**各位**相信，请**各位**信赖将会获得的成果，在我为**各位**完满地解说清楚理念以前，我不会放弃这一事关宏旨的理念（已然达成的概念的对象就是理念）。对此，**各**

XIII, 217

位必须给我时间,并且多给我些时间来一步一步走下去,而不是跳跃。

　　现在我们其实已经到达这样一个点,在这里,我们的讨论已经渐渐走出昏暗的密林,迈入更为自由的敞开之境。但首先横在我们面前的有两个问题。我先重复一下我们仍一直逗留其上的那个命题。即据其最初规定来看是能在者的东西,恰恰在其第二重概念或者这一绝对概念的第二重**规定**上是纯存在者,或者说两者是**同一个东西**。到目前为止我只说明了这个命题中的两个极端情况,就像人们在逻辑中表达的那样,我只说明了被联结到此命题中的两个概念,也就是能在者和纯存在者这两个概念。现在更关键的是说明命题中的结合活动,也就是系词自身,也就是去说明,在这里被断言的同一性是一种**怎样的**同一性。当我说,是能在者的这个东西,即使在不同方面看,在另一个方面来看,恰恰也跟那个**是**纯存在者的是同一个东西:这里的这个**是**是什么意思呢?当我说,是能在者的和是纯存在者的是**同一个东西**(即便**不作为**同一个东西,也是同一个东西)时,我就以此方式道出了直接的能在者和纯存在者**之间**的同一性。这种同一性该**如何**设想呢?众所周知,有许多能去思考彼此不同之物间同一性的通行办法。借着对这一问题的回答,对同一性的思考势必会变得更加明朗。随后我们会踏入第二个问题:借由从能在者到纯存在者的这一演进,到底赢获了什么?从这一点出发,只需再迈出几步就能通向理念自身了。

　　那么现在马上转到第一个问题上,在命题"能在者也**是**纯存在者"中,这个**是**,也就是在这里被断言的同一性该如何理解?因为结合活动当然能以不同的方式被设想。比如说像是下面这样：**将在者**，也就是尚且未来的存在的主体——我们也可以这样来称呼它——，这个主体是用了**两次**才得到设定的，一次是作为能在者，另一次是作为纯**存在者**，所以这一本质的这两个形态尽管彼此补充（比如说，若无纯存在者，能在者就无法被保持下来），但这两个形态似乎是彼此**外在**的。不过这绝非我们的意思。较之于**实体性**的同一性，这里的同一性毋宁必须在**最为严格**的意义上被理解。这里的意思并不是，能在者和纯存在者每一个都是独立**自为**的存在者，亦即每一个都被设想为实体（因为实体就是独立**自为**且自身持立于另一个实体之外的东西）。它们并非自身是实体，而只是对唯一的那个超现实之物的规定。也就是说，意思并不是能在者在纯存在者**之外**存在，而是说，这同一个东西，即这同一个实体，在其统一性中是能在者和纯存在者，却并不因此就成为两个实体。我们并没有设定 1+1，而是始终只设定了一，但这个一并不因为它同样是能在者和存在者就终止为一，**在其统一性中**，这个一是能在者**和纯存在者**，也就是说，它在一定程度上是自己的对立物。但现在**各位**就要问了，这两者是如何可能不在彼此之外，即如何能不彼此排斥的呢？如此一来，这个问题的重点在我看来就是去指明，不管是否对立，两者实际上仍**不**互相排斥。

我已经强调过，既然**将在者**是先于且超越于存在的，那么对它的这些规定同样也只关联于未来的存在。如果我们现在可以表明，这些规定跟未来的，亦即现实的存在比起来，表现得完全相同，那么我们恰恰借此也就表明了，它们也是彼此相同且**不**相互排斥的。其中的第一点我们根本上已经指明了。即我们已经指明了，不仅**单单**能在者跟**未来的**存在者比起来表现为无,而且纯**存在者**也是完全如此。某个东西当然会从自身中把另一个东西排除出去,但自身是无的东西,是不会被任何其他东西排斥的。从这一点出发,下面这回事情也就清楚了:这两个概念并不彼此排斥,纯然的能在者和纯存在者都只是对同一个东西的规定,而非两个独立自为、有自身性的存在者。

然而为了使这一抽象的证明更为直观,我们还可以从一些方面来做进一步阐发。

我已经指明,我们可以把能在者——就其纯然只是能在者,进而不过渡入现实存在而言——规定为**不去意愿**的意志,而把纯存在者反过来规定为纯粹且纯然的,仿佛无意志的意愿者,规定为没有意志先行于它的意愿。但我同时也指明了,**纯粹**且仿佛无限的意愿者跟不意愿者一样,**其实**都是不去意愿的,也就是说,都不会从不意愿过渡到意愿。两者的共同点在于,都不能从潜能走向现实,从不意愿过渡到意愿。不进行意愿的意志是纯然的潜能阶次,就此而言,它不向现实过渡,而**纯然**且无限地在进行着意愿的意志则是**纯然的现实**,就此而言,它也不从潜能阶次向现实过渡,并且唯有在这一过渡发生的地方,我们才感受和认识到现实之物的在此,如此一来,能在者和纯存在者就有完全等同的超现实性,由于这一完全相同的纯净性,他们也就不会彼此排斥。我在这里用的"纯净性"这个表达,一定程度上跟"超现实性"是同义的。我要借此机会使**各位**记住使得眼下立场完全清晰的东西。

一切非纯净性(我们每个人都在所有有限的存在中,感觉到的都是某种非纯净的东西,即某种由混合和混杂而来的东西),**一切**

非纯净性其实都是这样来的，即在该纯然是潜能阶次的东西中，有现实被设定，或者说在该纯然是现实（纯粹的现实）的东西中，有某种来自潜能阶次（来自**非现实**、**非存在**）的东西被设定。在这种情况中，现实和潜能阶次彼此相互限制和混杂，但当两者处在其纯粹性中的时候，就只有在两个方面**同样**无限且完全等同的纯净性了。所有的东西，只要它是**某个**存在者，就是一个由潜能阶次和现实，存在和非存在混合而成的东西，它既非纯粹的潜能阶次，也非纯粹的现实，反而同时是这两者，确切地说，每个存在者都以**别样**的方式同时是这两者。因而，一个存在者也就会把另一个排斥在外，但不管是纯粹的能在者，即纯净的潜能阶次，还是纯存在者，即纯净的现实，都不是**一个**存在者①。如此一来，它们也就不会彼此排斥。而表明这种非排斥性，就是刚刚所报告的内容的意图。但因为这一点是作为本质性的一点，所以我**仍然**要从另一方面来阐述相同的内容。

我们把**将在者**首先规定为能够在自己之中自行把自己提升为存在，或者如我们已经说过的，能够为存在而**点燃**自己的东西，如此一来，从根本上来说，它也就是能够自行**提升**者。（下面这句话的意思可以帮**各位**来思想这个规定："凡是自我高举的都会被降卑"。②）纯存在者则是能够不把自己提升入现实的东西，因为它已经是现实了。但纯然**能够**自行提升者和能够**不**自行提升者是同一个（也就是说，它们可以在同一个实体中被设想）。我们也可以说：

---

① 见"神话哲学导论"，第 290 页。——编者注（为德文版"谢林全集"编者 K. F. A. 谢林，下同不另注。——译者注）
②《马太福音》，23: 12。——译者注

直接的能在者是**只能够自身性地**存在的东西。但纯然只能够自身性地存在的东西并不是**存在者**,而非自身性的东西也是**一样**。**各位**肯定都明白这一点。如此一来,纯然只**能够**自身性地存在的东西也就不把非自身性的东西排斥在自己之外。而在这个程度上,在两者间还存在着一种完全相同的无自身性 (Selbstlosigkeit)。那个只能自身性地存在的东西,跟那个据其自然本性的非自身性的东西,即**能够**绝无自身性地存在的东西,在此程度上都处在相同的非自身性中。当其中一个过渡入现实存在,而保持在纯粹潜能位置上的是另一个时,两者才会**变得不相同**。也就是说,两者并不彼此外在,相反,在没有任何扰乱,也没有任何可认识的差异的情况下,能够自身性地存在的东西就处**在**那个据其自然本性的非自身性的东西**中**。作为纯**存在者**的本质,是出离自己、**不意愿自身**的意志,这种意志是不接纳自身或者说**不**寻求它自己的意志,因此恰恰就表现为**无能的**意志,就像一个以纯净的爱为自己本质的人,他就仿佛是纯粹的、不能主动拒绝任何东西的善良意愿,这样的人在一个满是矛盾的世界里必然表现得无力,并仿佛无力抵抗任何东西。我们已经把纯存在者说明为纯粹或者说**无限的**意愿者。但相对于它自身而言,这个无限的意愿者也是一个**不意愿者**,因为它诚然不**自行意愿自身**,也就是说,相对于它自身而言,它就等同于**不意愿**者,即纯然**能够**意愿者,因而纯存在者和能在者是等同的。**纯粹的意愿者**之所以作为无,恰恰是因为它不自行接纳它的自身,不使自身发挥效用,但纯然**能够**自行意愿自身者就其并没有现实地去自行意愿而言,也作为无而存在。**纯存在者**之所以是纯存在者,正是因为它是对存在无能者;倘若它**存在**,倘若它**现实地存在**,那它就必定会走出现实，进入非现实，进入潜能，亦即退回到自身中。但**它从自身出发**是做不到这一点的。它不能自发地成为非现实。要做到这一点就需要一种对抗。但如果纯存在者自身表现为从自身出发对存在无能者，那它就仍不能与纯然的**能在者**相区分，因为纯然的**能在者**跟能够**不**存在者是一样的。也就是说，如果能在者和纯存在者是**同一个东西**，那么在这个东西中，就不会存在两者彼此对立的相互排斥，所以这两者也不会彼此消解，相反，这两者处在实体性的同一性中。这就是统一体中的二重性，也就是说，存在的是二，然而在这种情况下实体仅仅是一，进而这个一是处在二重性中的统一体，也就是说，它在实体上只是一，但也并不因此有损于在存在上是二。二重性不在统一体之外，统一体也不在二重性之外。至深至静的大海也是能够掀起惊涛巨浪的大海，但这并非两片海，而是同一片海。最健康的人在自己身上也负有生病的可能，但健康和能够生病的人并不是两个不同的人，而是同一个人，其中一个并不把另一个排斥在外。据此，能在者和纯存在者也就完全同样地并非两个不同的主体，而只是同一个主体；其中一个并非另一个，不过其中一个之**所是**也是另一个之**所是**，亦即两者是同一个实体。能在者自身并非**纯**存在者，纯存在者也非能在者，然而其中一个之**所是**也是另一个之**所是**，也就是说每一个都是同一个实体。那么主要结论就是：我们在能在者和纯存在者之间设定的**同一性**，并非那种发生在不同要素间或**同一个**整体不同部分间的统一性或结合活动；因为将在者并不是据其一部分而言是将在者，据另一部分而言是纯存在者，相反，能在者是完全的主体或实体，纯存在者也是同一个完全的实体，正如能够生病的人和健康存在的人是同

XIII, 222

一个人；那么反过来：能在者并非整体的部分，而是自身就是整体，纯存在者同样也不是整体的部分，反而自身就是整体。

各位当然不可能现在马上就完全弄清楚这些，但**各位**仍需去体会体会，当我们现在不再把能在者和纯存在者作为对象，而是作为一，即其中一个全然也是另一个时，通过这一最终的规定，我们整个探究的立场究竟已经发生了怎样的变化。显然，通过这一规定，我们被提升到了一个更高的立场上，我们眼下所获得的是某种跟先前不同的东西。如此一来，现在也就是时候讨论第二个问题了：借由从能在者向纯存在者的这一进展，所赢获的究竟是什么？

我会先从一个普遍的观点出发来回答这个问题，然后再来细究。

第十一讲　论三重潜能阶次间关系

很明显,首先要做的是进行下面的反思。不同的存在者,或者 XIII, 223
如我们习惯说的,不同的事物并不是通过存在自身(一切事物都分
有它)来彼此区分的,而只是通过存在的**方式**来彼此区分,这一点
大家是完全明白的。从这一点出发,随即就可以通过一个被颠倒
过来的推论得出下面的结果,即**那个唯一的**存在者无处不在,并且
在一切事物中都是**同一个东西**,进而是完全跟自己相同的。这个
最高的概念,也正是这条道路上的障碍,正如柏拉图已经说过的,
特别是当没有经验的年轻人走到无处不在的一这个概念上时,首
先会觉得喜出望外,伴随着这个概念,一切区分都在他面前消失
了,他把这一概念视为珍宝,他仿佛惊喜地以为自己在这个概念身
上赚到了,直到他最终后知后觉地经验到,凭这个概念根本无法开
启任何东西,不会有离开它,或者说借着它去更进一步的工具,人
们只是借着这一概念在同一个点上一直打转,并最终仿佛被绕晕,
这就像亚里士多德关于埃利亚学派主张的统一体(这个概念恰恰
就是那个在一切中自身等同的存在者概念,在一切中它都是同一
个东西,这个概念实际上也构成了巴门尼德的本原,不管怎么对它
进行花式修正,它归根到底都是彻头彻尾的埃利亚学派的学说)所

XIII, 224 说的那样，它只会惹人头晕目眩，根本提供不了任何帮助，比如不能得出任何现实的知识。但当人们获得了下述洞见时，即巴门尼德的这个无所产出的概念（每个初学者对这个概念有所偏爱）即刻就被彻底扫除了：即存在者直接地或者说在第一重规定上只能是能在者，如此一来，能在者就只是存在的一种**方式**，而非那种无法借以开启任何东西的荒凉不毛的存在，如此一来，僵死的存在者概念也就随之转化为活生生的，能够向前进展的存在者概念。巴门尼德根本就不可能拒斥下面这点，即存在者直接地只能是能在者；但通过这一点，存在者也就终止作为空虚的绝对的一了。所以柏拉图也极为强调非存在者这个概念，通过我们的能在者这个概念，非存在者这个概念自身才获得其整全的含义。也就是说，能在者不仅就其是非**存在者**而是其自身，而且也就其突入**现实**存在（**如果**它自行提升入存在）随即就是非**存在者**而言，也是其自身，因为能在者的规定，是就其自身而言不去存在的东西，是应不存在者，如此一来，如果它存在，那就始终只会表现为有待去否定，而非有待去设定的东西。也就是说，借着这一点，那个消灭着一切区分、恰恰因而也消灭着科学自身的统一体从一开始就被打破了。因为在被规定为能在者的存在者那里驻足不前是绝对不可以的，通过叙述从能在者向纯**存在者**的过渡，我就已经充分指明了这点。基于我们展开过程中的这一关系，我之后会再回到巴门尼德和埃利亚学派的抽象统一体上来。通过已经提到的这些，从现在起我就要从普遍的观点出发来阐述，借着我们固定下来的二重性（也就是统一体中的二重性）所赢获的是什么。但现在我必须特别地指

XIII, 225 明当我说：那个**直接**是能在者的东西，据其第二重规定恰恰也是

纯存在者时,对这一关系而言,或者说对能在者自身的这个规定而言,什么被赢获了。为了得到更充分的理解,我要在下面先来讨论这个问题。那个单独被设定的纯粹实存之潜能——即便只是一瞬间——始终都要首先在全然的不意愿状态,进而恰恰也在其对自身的无知状态中被设想。因为如果它自行接纳了自身,自行意愿自身(为了知道自己,它必须自行**意愿**自身,把自身对象化,若没有意愿这是不可设想的),一旦它自行意愿自身,它就会终止为纯粹的潜能,成为一个与自身不等同的他者;如此一来,被独立设定的有自身性的意志要么只好保持在不自知中,要么只好失落自身。这就好比某些处在不自知状态中的人类品质,如果无罪知道自己是无罪,它也就不再是无罪了,同样,如果想刻意优雅,那优雅就不再是优雅了,比如说,世界上最令人反胃的莫过于刻意做作的天真。但恰恰因为我们必须把能在者规定为赤裸的、纯然的实存之潜能,它也就不能把自己作为自身来包含或者说保有,因为每一个无条件的、不被任何东西抑制的潜能阶次,自发地或者说出自其自然本性地就意愿自己成为现实。因而正如已经表明的那样,它无法作为潜能阶次被保持住。但我们现在要处理的既不再是能在者,也不再是纯存在者,而是那个一,也就是那个彻底地,亦即以全然不可分的方式同时是前两者的那个一。如此一来,这个一,通过是纯**存在者**,它也就支配了作为能在者的**自己**,进而使自己摆脱了作为盲目且不可阻挡地欲求进入存在的能够。因为能在者的**自然本性**就是越出自身;它就是**两可的自然**,或者说,是不能自行固定的东西,是无规定者,也是漫出自身界限者,因为它作为能在者,同时也是自身的对立面,也就是说,它也是不能不在者,是盲目地过

XIII, 226 渡入存在的东西。它仿佛是在**现实**存在中被设定在一切界限之外的存在（所谓能够，就是界限，亦即对存在的否定），也是被设定在**能够**之外的存在，它不再被任何东西保持，是无限制者，也就是柏拉图意义上的 ἄπειρον [无定者]。但这一无定者也是先于存在的，在这里，它也是不能自行限制自身者，即不由自身限制者，它只可能由一个他者来限制，进而在这种对能够的限制中得到保存。它是不由**自身**限制者：就此而言，它是哲学的最高对立物，也是审慎并因而完全指向被限定之物和稳固之物的科学的最高对立物。如此一来，如果它是不由**自身**限制者，那么其结果愈发就是，它必须由一个他者来限制。Quod non continere potest se ipsum, debet contineri ab alio [不能通过自身而保持者，就要通过它所不是的他者来保持]。能在者并非自身保持者，并非由自身限制而保有自身者，也非由自身而得到满足者①。因而产生的后果就是，**就能在者独立地绽脱**，进而借此打破了平静**而言**，它也是一切不满和不快的源泉，甚至在这一方面来看，它也是**灾厄**。然而这只是暂时的！恰恰因为它是不由自身限制者，所以它必须由一个他者来限制；这个他者据概念的次序来看不能还是直接的能在者，而只能是**间接的**能在者。但正如我已经指明的，从纯然间接的能在者这个概念出发可以得出纯存在者这个概念。也就是说，对不由自身限制的能在者进行限制的，正是纯存在者。但这个存在者不可以在能在者**之外**，也不可以**这样**来设想，即它把能在者作为一个**不同于自己的他者**来限制，相反，是能在者的东西恰恰也是纯存在者。据此，限

---

① 见"神话哲学"，第 50 页。——编者注

制能在者的其实并非纯存在者,而是那个同一者,就其是能在者而言,既然它也是纯存在者,那它就是由自身限制,并被保持在对能够,对非意愿的限制状态中的。借由这一点,对我们来说,这个一也就直接把自己提升为了**自行据有自身者**,支配自身者,倘若它在其统一性**中**同时也是双重之物,那这根本就不可能据有自身。所以,比如说巴门尼德的一——它只是直接的或者实体性的一——,就其自身而言是盲目的一,同样,所有其他可以**通过下面这点**跟巴门尼德的本原区分开的本原也同样是盲目的,即它在自身中包含向存在前进的急迫性(虽然这一点其实始终只是就能在者说的),但即便是这种本原,只要它在自身中不同时包含某种跟这一前进相对抗的东西,就仍只能是一种盲目的本原,它只能展开一种必然的,却非自由的运动。那么,我们通过从能在者向纯存在者的这一进展,进而通过被设定在两者间的同一性所赢获的,就是作为能在者的一对作为纯存在者的它自身的支配。我们也可以换个说法:作为纯存在者的一以作为能在者的自身为自己的基础和主体。"主体"这个词在本真意义上来看,就是 pro eo quod subjectum est alii [在跟某物的关系中作为基础进而进入非存在的东西]。

XIII, 227

当那个一把自己设定为作为能在者的主体,也就是说,设定为作为纯存在者的自身的根据,它也就恰恰借此使得作为能在者的自己成了作为纯存在者的**自己的潜能阶次**,如此一来,它也就不再是自身的潜能阶次和可能性了,也就是说,它不再是它自己的存在的潜能阶次了。绝对地被设定的能在者,诚然只能是它自身或者说它自己存在的可能性,即只能是**及物** (transtiven) 意义上的能在者。就**此**而言,它作为能在者仿佛被吸引到了自己外面,即自己的本质之外。但当那个一使能在者成为作为纯存在者的**自己**的主体，即成为**自己**的能够和可能性时，能在者恰恰也就由此从作为它自己的可能性或者说作为**它自己的存在**的可能性的**自己**中被抽离了出来，得到了解脱；当它被设定为另一个存在的可能性时，它就不再是自己的可能性了。

在这里，我把主体概念和潜能阶次或者可能性概念处理为完全**等价**的。这两个概念实际的一样性 (Einerleiheit) 可以通过下面这个简短的思索得到澄清。在某一关系中是纯然**主体**的东西，恰恰因而就是在此关系中自身应不存在的东西。但**自身**应不存在的东西——它并不因此就是无——只能是另一个存在的潜能阶次或者可能性。能在者应该不再是它自身（它自己的存在）的主体，我们也可以说，不再是它自身的前提，它应当是存在者的前提（主体）。在这一情形中，它仿佛就不再是它自身了，**它自身**作为独立自为的存在者全然消失了，进而当我们现在想道出能在者时，我们就必须说：能在者不是能在者，而**是**纯存在者。正如我在先前的展开过程中已经指明的那样①，这就是这个"是"（即系词）在每一个切实地道出了某些东西（而非重言）的命题中的意义。A **是** B 的意思就是：A 是 B 的主体。在这一点包含两重意思：1)即便没有 B，A 也是独立**自为**的某个东西，也就是说，A 还能够是某种不同于 B 的东西；2)只要它还是一个能独立**自为**的存在，并因而还能够不是 B，那我们在说"它是 B"的时候其实就是一种强调，比如说，**某一株**植物最终只有通过下面这点才能使自己对我而言变得可见或可

---

① 见"神话哲学"，第 53 页。——编者注

感，即它成为质料，因为若无质料就既没有颜色也没有香气或者某种能觉察到的东西。也就是说，比如当我说我在这里看到的是一株天竺葵的时候，那这一表述之后的主体其实是成为植物的质料。但这一质料即便不是植物也是**某种东西**，植物可以被摧毁，但质料持存，相对于形式，质料都是一样的，在某种样态中的质料还是一种 ἄπειρον [无定者]，也就是说，它就其自身而言能够不是**这株**植物，反而能够是另一种，甚或还能根本不成为植物。只有如此，我才可以强调性地说：它**是**这株而非别的植物。在这一陈述中：A **是** B，或者说 A 是 B 的**主体**因而也就包含了下面两点：1) A 能够是某种不同的东西，或者说，能够不是 B。但是 2)正因为它能够是某种不同于 B 的东西，所以它使 B 存在，也就是说，一个相对于 B 而言"能够—别样—存在"的东西就成了 B 的纯然潜能阶次或者可能性，唯有**这样**，或者说唯有以**此**方式，它才**是** B。

在阿拉伯语中，"是"（系词）是用一个跟我们德语里的"能（能够）"完全同义的词来表达的。这一点可以由下面这回事情说明，即在阿拉伯语的各种有亲缘关系的方言中，这个词恰恰同时就有主体、基础、奠基者、固定者的意思。唯有从这一含义出发才能进一步地说明，何以在其他所有至少我熟悉的语言中，动词 sum [我是] 接第一格，而唯独阿拉伯语跟它们相矛盾地接第四格。阿拉伯人不说 homo est sapiens [人是聪明的]，就人们可以理解的意思来看，这个表达其实并没有道出真正意义上的关系：人类完全且根本只能是聪明的，他在自身中没有对立的，即不聪明的潜能阶次，而我们都知道情况并非如此，因为否则的话，这个命题就会成为纯然的重言命题。若没有在主词中预设与谓词相对立的潜能阶次，一切陈述都将只会成为重言命题。因为比如说,"明亮是明亮"这个陈述,是无须加以确保的。除了就其自然本性而言黑暗的东西,什么**能够**明亮起来呢？或者说,若无就其自身而言对明亮的吸引,什么东西又会是黑暗的呢？恰恰除了无知,人们又能从何处出发来说,知识活动**存在着**呢？因为知识活动自身,亦即除了是**纯粹的**知识活动以外绝非其他知识活动的那种知识活动(没有对立潜能阶次的知识活动),恰恰因此不可能在"知识活动"所特有的意义上是知识活动,也就是说,一种知识活动,就像我们关于**那个唯一的存在者**所说的一样,正因为它并非某一个存在者,并非一个在其所特有的(或者两可的)意义上的存在者,所以才恰恰是那个唯一的存在者。阿拉伯人的说法是跟所有常见语法对着来的：homo est sapientem。这里的第四格表明,在阿拉伯人这里,"是"和"能"是同义的,因为"能"这个动词,据事情的自然本性来看支配的就是第四格,所以在一切语言中它都支配第四格。如此一来,"人是聪明的"这句话的意义就是：人类承载着聪明这个谓词,人类只是承载者,只是聪明这种存在方式的**主体**,唯有就人已经把在自身中与此相对立存在的潜能阶次设定**为**纯然的潜能阶次而言,他才是聪明的,只有把"聪明"吸引为谓词并支配它,人才**能**以此方式作为"聪明的"存在；因为所有对于另一个东西表现为潜能阶次或者主体的东西,也对它所吸引的东西一定程度上有所支配,也就是说,对所吸引的这个谓词,进而对吸引活动本身,即**如此去存在**或**不**如此存在这个行为,亦即对排斥或撤回这一谓词的活动进行着支配。这一表达还可以这样来说明：能在者不再是**它自身**,而是纯存在者。能在者的殊异性,或者更恰当地说：它的本己性(这个词是根据希腊词

ἰδιώτης [私人的] 来构造的)，仿佛消失了或者说被取消了，进而不再得到表达了。也就是说，通过这一关系，它从自己的本己性中，亦即从其自身中，被解救出来。情况并不是，它似乎完全成了无，因为它只是从**那种**对自己本质的偏好中解脱了出来而已，这一偏好会使它被吸引到自身之外，唯有在此偏好中，才同时蕴含着它的自身性和本己性，以及它把自己与其他东西进行区分的要素，正是通过这一要素，它才**能够独立自为地**存在。也就是说，通过这一与纯存在者的关系，它反倒从其自然本性中的偶然方面，即仅仅作为不可排除之物的自然本性中解脱了出来。因为它的本质在于作为纯净的能在者，但这不是为了去存在，而是恰恰为了保持为**能够**而在。据其**本质**，也就是**就**其作为本质持**存**而言，它是**不及物**的，在自身中持存的能在者。但只要及物的能在者其实是不被意愿的偶然之物，不及物的能在者就不可能把它排除在外。通过与纯存在者的关系，能在者就从这种仅仅不可被排除，亦即其本质中的偶然方面中解脱了出来。也就是说，通过这一关系，它反倒被移置入自己真正的本质中。它现在是纯净的能在者，而非处在与存在的**对立**中（在其两可性中它对立于存在），相反能在者对它自身而言就是存在，能在者自身成了存在，或者说，能在者被尊为存在了。也就是说，通过存在者，能在者被引回到了其本质或者说自身中，与**它自身相等同地被设定**（这是确定性—确凿性的最初开端），因为能在者从其自然本性出发就会是与自身不等同的东西。除了被交还给自身，重新被引回自身，对一个遭受了由自身产生的乖离的存在物而言，没有其他更高的愉悦。对每一个更优秀的人来说，被引回到自己的内心就是一种愉悦；唯有**真正的**友谊才为我们保有这

XIII, 231

种愉悦。在歌德的笔下浮士德的精彩独白中,他呼求最高的精神并说道:最高的精神给了他所祈求的一切,并特别地说道:

> 把壮丽的自然作为我的王国,
> 赋予我感觉和享受的能力;

浮士德接着又补充了几句话,每个致力于比较解剖学研究的人都会因此而受到鼓舞:

> 你为我前导,指引着富有生机者的序列,
> 教会我去认识谧林、天空和水里的同胞。

浮士德之后就谈到,所有这些令人受用的壮丽事物,都是造物主赋予他的精神和力量的,所以这一自我对话中最优美的部分就是,把所有这些自然提供给他的愉悦设为他在自己的内心中寻得的东西,因此他就接着说道:

> 你向我展示我自己,
> 至深奇迹的奥秘在我胸中自行开启。

当被引回自身中之际,能在者恰恰使非**存在**成了存在,也就是使非**外在的**存在自身成为存在,但恰恰当它把自身感受为无的时候(感受为无的意思就是,感受为对外部存在的全然缺乏),它作为无也就是咒语(魔法,这个词跟我们德语中的**力量**、**可能性**,进

而跟潜能阶次是同义的),作为无,它是魔法和把无限的存在者吸引向自己的潜能阶次,所以能在者并没有接纳一个独立自为的存在,而是在纯存在者**中**据有自己,就如同在另一个不同的自身中据有自身,这个自身并非作为**一个**存在者,而是恰恰作为**无限的**存在者。能在者必须自身是无,以便那个无限的、浩瀚无际的存在者对它而言成为**某物**。恰恰在最高的不等同中存在着最高的等同,因为每一个——只不过是以对立的方式——都是另一个;正如先前已经指明的,在两者中存在着完全相同的无自身性或者自身的单独性:就它在能在者中而言,它并不意愿**自己**,因为它根本就**不**意愿,而是保持始终处在非意愿,即纯粹的实体性中;就它在**纯**存在者中而言,尽管它在进行**意愿**,进而其实就是纯粹的意愿,但它并不意愿自身,而是只意愿能在者。所以情况就是,两者处在**纯粹的**——而非部分的——彼此对立中,每一个都是对另一个的纯粹否定,其中一个的否定方式是非**外在地**存在,另一个则是不在自身**中**,或者反过来,其中一个通过不作为客体,而另一个通过不作为自身的主体,使得彼此不可能互相排斥。因为比如说有两个存在者,它们每一个都是自身的主体和客体,那它们就会互相排斥,但纯粹的主体不会把纯粹的客体排斥在外,纯粹的客体也不会把纯粹的主体排斥在外,进而**两者**就能是同一个东西。在这种情况下,恰恰从这种**纯粹的**对立出发,就会得出(我再次用到了这个表达)彼此间最高的接纳。

XIII, 232

正如那个一使能在者成为作为纯存在者的自身的主体,那么它作为能在者自身也同样以纯存在者为客体。据其第二重规定,那个一之所以是**纯**存在者只不过恰恰在于,它以作为能在者的自身为自己的前提预设，唯有**通过下面这点**，它才作为纯存在者，即作为处在第二重自身中的东西被提升到自身之上，因为它之所以是纯存在者或者**无限**的意愿者仅仅在于，它拥有某种自己可以把自己向之交付的东西，它能够以出离自身的方式去意愿，进而无限地去意愿这个东西。

我之所以有意在这一关系上多逗留一会，是因为接下来的一切都是由这一原初关系规定的。请**各位**把下面的情况设定或者假定为可能的，即一旦能在者突入存在（这能如何且以怎样的方式发生，我们在这里诚然还看不到，但请**各位**把它设定为可能的），那么它接下来也并不会终止为纯存在者的主体，这一点我们在另一重联络中也已经提前讲过了，即便在现实存在中，能在者也仍会始终表现为有待否定的东西。

如此一来，现在对我们来说，同一个本质一方面是能在者，而另一方面是纯存在者。但我们现在要思索下面的问题。作为两方中的任何一方，其中一方都是对另一方的相对否定。作为能在者，它是对存在的否定，但并不是绝对的否定，而只是否定自身中的存在。作为纯存在者，它同样是对能够的相对否定。就此而言——两方中的**任一方**单独地或者特殊地来看——它是一个片面之物，因为它作为能在排斥存在，作为纯存在者则排斥能在者。但当它作为纯存在者**自己**以能在者为主体，或者说——这一点绝不可被设想为某种特殊的行为——当它作为纯存在者自己以能在者为其主体的时候，它就因而作为能在者被阻挡了，自己也就成了**客体性的**，能在者也由此终止作为纯存在者的主体了。但恰恰是这一关系向我们表明，在两者的任何一个当中，都不实际地存在**真正的终**

点,也就是说,都不存在我们可以驻留其上的东西;我们看到,不管是作为能在者还是作为纯存在者,同时是两者的那一本质都不是**那个**真正意义上**应该**是的东西。因为作为能在者它反倒明确地被设定为非自身的存在者,或者说,并非**为了**自身去进行意愿的存在者,而这也是因为,它被设定为了纯存在者的主体。但作为这一主体,它也并非是为了它自身被设定的,而只是为了作为主体的能在者,在其主体性或者主体化中得到保存才被设定的,如此一来,很显然不可能在这里驻足不前。因为不管是作为能在者还是纯存在者,我们都不能把它看作为了自身的存在者,看作那个能够或者说**应当**真正意义上是意愿之**目标**的东西。当我们从能在者出发进展到纯存在者时,所意愿的其实既不是能在者也不是纯存在者,我 XIII, 234 们意愿的是一个第三者,或者确切地说,意愿将在者作为第三者,也就是作为那个将在者在其中是**为了自身而进行意愿的**存在者的东西。

但它又如何能作为这个第三者存在呢?我们已经指明了,将在者作为每一个——作为能在者或作为纯存在者——都是片面之物。现在,通过能在者和纯存在者是同**一**个本质这一点,这个一也就把片面性在自身中取消了,它通过是纯存在者而摆脱了作为能在者的片面性,而通过也是能在者而摆脱了作为纯存在者的片面性。如此一来,这个一也就由此持立于中心点,并作为摆脱了片面存在和片面能够的**自由者**而存在了;但既然它唯有以**预设**前两者为**前提**的方式,才能从两者中的片面性中摆脱出来获得自由,那么它其实同样也是**前两者**(因为如果我们把前两者在构想中弃置不要,那除了下面这点不会有任何其他后果,即我们必须又得从头开始；对我们来说，将在者始终首先只会是直接的能在者），也就是说，既然唯有就它把前两者预设为前提而言它才能摆脱它们获得自由，并且它自身也是前两者，那么它唯有作为第三者才是自由于这两者的，由此进一步得出的结论就是，它作为第三者也可以反过来被规定为自由于片面"能够"和片面"存在"的**自由者**。

但眼下这只是一个否定性的表述。为了找到肯定性的表述，我请**各位**思索下面的事情。

因为不能过渡入存在，能在者只是一个片面的东西，它没有把作为潜能阶次的自身取消掉，也就是说，因为在它之中，现实排斥潜能阶次，而潜能阶次也排斥现实。我们可以说：**绝对地**来说，同时是潜能阶次和现实这**两者**的才是能在者（所以它作为潜能阶次或者能在者的存在自身又是一种潜能性的存在，因为它作为能在者，并非不可能有对立面，进而它只是以可能或假设的方式是能在者自身，也就是说，当它不过渡入存在时，才是能在者。我请各位只把这一点视为纯然的补充说明），因此绝对地来说，能在者是那个能够是潜能阶次和现实**两者**的东西，但如果它是**潜能阶次**，它就不能是**现实**，如果它是现实，它就终止作为潜能阶次。它的片面性就在这里。但纯存在者甚至可以说**只是**现实，也就是说，它从自身中彻底排斥了潜能阶次，它不像能在者那样是两可的自然，而是断然的、纯粹且纯然的存在者，在它之中没有潜能阶次，而**其**片面性就在于这一点。如此一来，第三者——据我们的规定它是自由于**两者**之片面性的自由者——只能是那个在其中，现实不排斥潜能阶次，潜能阶次不排斥现实的东西，也就是那个跟**纯**存在者比起来，在存在**中**不终止为潜能阶次，而是**始终保持为**潜能阶次，而跟

XIII, 235

能在者比起来，它必定不会为了始终保持为能在者或者潜能阶次而放弃存在，简言之，第三者必须被规定为能够**去存在且不去存在的名副其实的自由者**，因为它在运作中或者说在意愿中，并不终止始终保持为运作的源泉，即始终保持为意志，所以，它也就没有必要为了能够是潜能阶次或者意志，去成为纯粹的非—**意愿**。或者说——用另一种表述——如果我们把能在者规定为主体，纯存在者规定为客体，那么第三者就是那个既非纯然的主体，亦非纯然的客体的东西，相反，它是不可拆分的主—客体，也就是说，如果它过渡入现实存在，那在其客体存在中它也并不终止为主体，并且为了能是主体，它也不必放弃作为客体存在，即作为存在者而存在，所以第三者就是能够不失落自身者，依于自身而持存者，简言之，就是能够作为自身而存在着的能在者。这才是我们在真正意义上意愿的东西，进而也就是我们本来所意愿的东西。

但即便在**这一点上**，在向这第三重规定的进展中，多角度的讨论也还是必要的。

所以我还要强调下面两点：

1）即便是凭着这个第三者，我们仍始终处在**超越**现实存在的情况中（因为即便在这里，存在也始终是作为一个未来的存在被讨论的）。我们把第三者规定为那个**如果**它是存在者，也不终止为存在**之源泉**的东西。也就是说，我们还是跟它一起处在超越于存在的情况中。

2）即便是能够作为自身而存在着的能在者，也仍是一，这是对一的第三重规定，而非一个有自身性的存在者。我们以这三个概念设定的，绝不是三个处在彼此之外的东西，绝不是三个独立自为的东西,我们设定的并不是 1+1+1,而始终只是一。我们并不拥有三个本质,而是只有**唯一一个三重性的**本质,它只不过有三个方面而已,或者不如说,客观地来表达的话,这就是在说,这个一仿佛呈现了三重被看到的面向,三重面貌。纯然的能在者和能够作为自身而存在着的能在者并不彼此排斥,其中一个就如同另一个,并且既然纯然的能在者和纯存在者也彼此不排斥(这一点已经指明了),那么这三者都不会互相排斥,也就是说,它们不是三个独立自为的存在者,而只是对同一个东西的三重规定。能在者,纯存在者,和能够作为自身被设定的能在者是同一个东西(numero unum idemque)。

我们关联于未来的存在把直接的或**纯然的**能在者规定为应不存在者,而把能够作为自身存在着的能在者规定为应在者,这个规定对它是恰当的。但只要应不存在者仅仅是应不存在者且不是现实的,它就不会与应在者不同,而反倒是相同的,由此,应不存在者就隐藏在应在者中,当它过渡为现实存在时,它才使自己与应在者不同,正如孩子的恶仍隐藏在善中,并且在长大后才会从中绽脱,然而在此我仍要强调,这个例子只能被理解为类比,而绝不可以为下面这种看法提供理由,即应不存在者可以被设想为恶的本原。正如已经说过的,只要它始终保持在潜能的位置上,它就跟应在者是**一样的**,可如果它从这一位置中绽脱了出来,那它即便在这种情况下也没有被说明**为**应不存在者。尽管我们已经强调过,由于那一原初关系,在现实存在中,应不存在者会遭受否定,也就是说被否定。但恰恰由于这一点,唯有当它再次从潜能的位置走出并提升时,它才会被说明为应不存在者,才会如其所是地**被说明为**应不存在者,在这个时候,它才可以被称为恶,单从这一点出发就可以明白,恶自身唯有在受造物中才是可能的。

下面要强调与我们先前关于能在者和纯存在者间关系所进行的讨论对应的第三点。我们已经把能在者说明为主体,进而也就把纯存在者设定在与能在者的关系中,在其中,纯存在者被设想为朝向主体的谓词。但主体是内在的,谓词是外在的。可既然能在者是纯存在者的主体,那么就这个一就是能在者和 (+) 纯存在者而言(-A 加上 +A),它就是作为不可拆分的主—客体的自身的主体,如此一来,主—客体仿佛就是本质最外部、最显明的部分,而纯然的能在者则是**最内在**、隐藏得最深的部分。

这三个概念只是对同一个东西的不同规定,但恰恰由于这一点,比如说,唯有这个东西已然被先行规定为主体了,它才能被规定为客体,而唯有已然被规定为主体和客体,它才能被规定为主—客体。不过从这一点出发,下面的事情也就清楚了,即主体、客体和主—客体间的差异并非一种实体性的差异,而只是规定上的纯然差异。尽管不可拆分主—客体是我们真正意义上**意愿**的东西,但它不**可以**直接被设定,它之所以是那个在存在中保持为潜能阶次或主体的东西,不过是因为它在存在中也不可能意愿**自己**。但那个在自己之先没有任何东西的第一位的东西,当它过渡入存在时,只可能意愿**自己**,它在两重意义上才是仅仅独立**自为**的能在者,即要么是那个只能够作为自身的客体而存在的东西,要么是那个只能在对其他一切东西的摆脱中存在的东西。而对第二位,乃至第三位的东西来说(两者都是不可能独立自为存在的),跟它们自己的前提预设相分离都是不可能的。

XIII, 238　　在被规定为不可拆分的主—客体,即作为名副其实地能去存在和不去存在的自由者的第三者中,我们才有我们所意愿的东西,也就是那个可以驻留其上的**真正终点**。凭着第三重规定,将在者得到了**完成**,凭着这一规定,我们也就达到了作为在自身中得以完结的绝对者,在其本真意义上被理解的绝对者,就是 id quod omnibus numeris absolutum est [在各个方面都得到了完结的绝对者]。因为绝对者这个概念是同样与空洞的永恒和空洞的无限概念相对立的。我称作空洞的永恒的,是那种在其中没有任何来自开端和终点的东西的永恒;但相反在那三重规定中,开端、手段和终点都被给予了,而且它们并不彼此**外在**,而是相互内在。同样,空洞的无限性概念也把一切有限性都排斥在外了;然而在这三重规定中,绝对者相对于它自身或者说在自身中是有限的,尽管从外部来看它是全然自由或者无限的;**自由**的东西绝非一个未被限定者,相反,在任何情况下唯有被限定的东西才是**自由的**;因为自由者是**被把握的**同时也是**未被把握**的:就它是一个彻头彻尾地得到了规定的东西而言,它是被把握的,就它无须服从任何一个单一的形式或规定而言(否则它就会在服从某一规定的情况下排斥其他规定),它是未被把握的。如此一来,在这一点上,形式单一且空洞的存在者概念就彻彻底底地被扫除了,取代它的是一个得到了剖分的、在自身中同时具有复多性和单一性的存在者。只有存在的主体一开始就被设定为能在者,也就是被设定为对**存在**的否定,进而只有一种与主体所具有的"能够"相对等的否定才与之对立,那么从巴门尼德所理解的那种单一之一出发的道路,从一开始就走入了歧途。我们所设定的第一位的东西已然等同于一,但并不等同于全，在此意义上，它也就相当于 0。一切存在的最终主体诚然要比仅仅作为一 (unum quid) 要丰富，但这并不是由于它在通常意义上是无限的或者普遍的实体，而是由于它是**全体**（因为每一种得到了闭合且在自身中完成的多就等同于总体，等同于全体）。将在者，即一切存在的主体，必定是全体，但它并不处在某种**质料性的**彼此外在状态中，不作为 1+1+1，不会使这些要素表现为一的**部分**。因为部分始终都是与整体不同的东西，就此而言可以假定，整体比部分更为**丰富**，它所包含的，也同样比这一部分或其他部分（某一部分还会排斥其他部分）要**更多**。唯有在彼此相互排斥的地方才存在部分。但在我们这里，这种排斥恰恰并没有发生，相反，**每一个**都是整体。能在者并不外在于存在者，也不外在于作为自身被设定的能在者。三者中没有任何一个**外在于**其他两者；也就是说我所考察的**东西**，始终都是整体。部分——如果人们就是想说部分这个词——在这里自身就是整体而且不比整体更少，反过来，整体也不比每一部分更多。这就是得到了完成的精神性之物的特质。在精神性之物中，开端并不外在于终点，终点也不外在于开端，终点在哪里，开端恰恰也在哪里，进而开端在哪里，终点也正好在哪里，这就像基督在描述圣灵①时用风的吹动来比喻的那样：风任意吹拂（也就是说，对风来说每个点都是一样的），你听得到它的响动，但你不知道它从哪来，要到哪去，也就是说，在风中你无法把开端和终点分离开，在任何地方，风既是开端也是终点，它路径上的每一点都可以被视为开端和终点。据此，如果这种作为我们在

XIII, 239

---

① 在德语中，"圣灵"和"精神"是同一个词 Gesit。——译者注

"将在者"中设定的统一体唯有在精神中才是可设想的,那我们借此所赢获的"将在者"就是**精神**,确切地说,这里的精神是——作为**全体**——得到了完成的,在自身中完结并在这种意义上绝对的精神。

但现在伴随着精神这个概念,彻底的转折也突然出现了。

第十二讲　论精神、神性与自由

我们的全部努力都是向着找到**先于**且**超越于**存在的东西而进发的。然而我们之前只能把它暂且**关联**于存在作为**将在**者来考察。这就逐步把我们引向了**纯粹的**能在者、纯存在者和在现实中，即在存在中仍是潜能阶次的存在者这三个概念。就此而言，这三个概念表现为对**将在**者的必要规定，也就是说，如果将在者应被作为其自身得到保持和设定，如果它应被固定住以指向它自己的未来，也就是不盲目地进展到自己的将来中——否则就仿佛会颠覆自身，进而以此方式失落自己——，那这三重规定就是必要的。但很明显，这三个概念不能在质料性的彼此外在状态中被设想，而是只能被设想为对同一个精神的不同规定。因而将在者也就被规定为了精神，我们也可以说：**作为自身**被设定和固定的将在者是精神，确切地说，是得到了完成的精神。但现在很容易看清，伴随着这一点，整个考察自行**颠倒**了过来。得到了完成的精神是不再需要从自身中走出的，在自身中彻底完满和完结的精神。就此而言，它现在也可以不再被规定为**未来**存在可能的源泉或原因了，它必定首先被规定为**自身存在者**，进而不必再纯然关联于另一个可能的存在来考察，而是自然地首先关联于自身来考察了。到目前为止，对我们来说，那三个概念诚然只能被看作未来存在的潜能阶次、可能性或者说在先者。能在者自身是未来存在的直接可能性或者可能的源泉，而纯存在者——尽管只是间接的——也仍是存在的间接源泉。纯存在者是间接的——但也仍是间接的能在者；因为很容易预见到，如果我们所说的那个**直接的**能在者是纯存在者的根据、主体，如果它从所假定的关系中走出，成为一个有自身性的存在者，成为客体性的，那它就会把纯存在者设定在潜能的位置上，在这种情况下，纯存在者也就同样表现为一个能在者。通过关联于能在者，一切也就都是能在者。就此而言，我们的这三个概念统统都表现为未来可能存在的潜能阶次。但在得到了完成的精神中，它们都不再能作为**自身**被考察。在得到了完成的精神中，直接的能在者不再是能在者，正如我们先前说明的那样，能在者身上的偶然方面，也就是及物意义上的能在从它身上被解开了，如此一来，在潜能阶次的统一体中，也就是在得到了完成的精神中，所有这些潜能阶次也就不再是未来存在的潜能阶次了，也就是说，它们根本就不再是潜能阶次了，而是作为精神自身，亦即精神自身的种种内在规定。潜能阶次退回到了精神自身中，现在，**精神**是第一位的东西，是在先者（因为精神绝非由潜能阶次组构而来的——精神是各潜能阶次先于且超越于质料的统一体；精神——尽管诚然并不是据时间，但据自然本性来看——**先于**潜能阶次），**精神**是潜能阶次的在先者，就像柏拉图说的，我们是把潜能阶次当作支架和踏板来使用的，以便攀升到精神，但在我们达到了精神之后，我们就把梯子抛在了身后，我们构想的次序也就自行颠倒了过来：在某个瞬间，表面上是在先者的东西会成为后来者，反之亦然，总之，在先者成了后来者。但为了从一种普遍的观点出发来指明这一颠倒，我要强调，到目前为止，我们的整个哲思活动都只是一种假设性的。如果有一个存在，那么存在者**自身**就是一个**必然的**构想。在它与存在的直接关系中，它是直接的能在者等等（我不想把整个规定的序列再重复一次），但这整个序列，正如**各位**亲眼所见，都基于"如果有一个存在或存在者"这个预设。如此一来，从这一点出发也就清楚，对存在者，亦即对最终脱去了一切差异的存在之实体**的**构想，并非一个就其自身而言必然的构想，而巴门尼德或斯宾诺莎的拥趸则把它冒充为一个必然的构想，相反，这不过是一个相对必然的构想；因为如果我想要一直走到一切思想的边界上，那我就必须把"根本就不存在任何东西"承认为可能的。最终的问题始终都是：为什么毕竟有某物存在，为什么无不存在？我不可能凭借对现实存在的纯然抽象来回答这个问题。也就是说，为了避免可能出现这样的假象，即现实之物是由抽象的存在者奠基的，相反，这个抽象的存在者才是由现实之物奠基的。在我走向那个抽象的存在者之前，我必定总是得首先承认某种现实性。但诚然，一切现实存在者都处在多重怀疑中，人们甚至可以说，哲学恰恰就是以对当前或者说现成存在者的实在性进行怀疑而开启的。但这一怀疑始终都要关联于**眼前这个**现实之物，关联于这个当前的特定存在者，比如那些人们惯于称作唯心主义者的哲学家，就否认身体性事物的实际性实存，但怀疑的问题，以理性的方式来说，始终都只有**这样的**意义，即**这个**现实之物，比如这个身体性的现实之物，究竟是不是**真正的**现实之物，也就是说，这种怀疑根本上是把**真正的**现实之物自身预设为前提的，怀疑所意愿的，只不过是不要让纯然假象

XIII, 242

性的东西被视为真的。假如加诸个别存在者或个别的现实之物之实在性上的怀疑所具有的，只是**下述**意义，即怀疑现实之物的实在性本身，那巴门尼德的拥趸就会放弃比如说巴门尼德自己的前提预设了，也就是"抽象存在者"这个前提预设。如果他没有先行地拥有某个现实之物，他就没有理由给出抽象存在者这个概念。如此一来，在最终的审查中，哲学的前提预设始终都不是某个抽象之物，而是一个无可置疑的现实之物。这个最终的现实之物不可能在本原中被觅得，本原自身只是纯然的可能性，是未来存在的纯然潜能阶次，而这一现实之物恰恰只可能是精神。精神是先行于一切可能性的现实性，它并不是先于自己，而是**后于**自己地拥有这些可能性，也就是说，这些可能性之为可能性是精神后于自己才拥有的。因为在精神自身中，可能性都是现实性，也就是说，是作为分有着**精神**之现实性的现实性而存在的（而非自身作为现实之物）；但这些可能性并非**精神的**可能性，而是另一个有别于精神的存在的可能性，唯有就这些可能性被设想越出了精神**之外**而言，它们才是可能性；作为另一个其他存在的可能性，它们会后于现实地，ex post [从后天出发] 或者 post actum [在现实之后] 凸显出来。

这些可能性是存在的本原，但它们绝非精神或者**其**存在的本原（并非因为本原存在才有精神，而是反过来，因为精神存在，才有本原），相反，它们是**下面这种**存在的本原，这一存在是我们从一开始就意图说明的，而这一存在也要求得到说明。实际上，这个存在就是这些本原；这些本原是全部被生成的存在真正意义上的开端，ἀρχή [本原、始基]。哲学自然**首先**且首要地就要去确保存在的这些直接本原。哲学的根本意图就是，把握和说明并不在自身中拥有其可把握性的存在,因为这种存在从一开始就自行呈现为**非—
原初**的存在。但在这种说明中,层次上的递进当然也是存在的。
但首先必须清楚的是,要必须区分存在的那些无疑直接的本原,在
通常具有种种不同样态的存在中,这些本原仍始终会反复出现并
表现为相同的东西。因此,哲学的整个最初时期,也就是希腊哲学
时期,很大程度上就是向着对这些本原的探求而进展的。而最终
在其纯粹性中探寻这些本原,则是近代哲学经过了长久的历程才
把自己提升到这个层次的。比如说,当笛卡尔把整个世界还原为
物质和思想这两个绝对的对立面时,那么不管是物质还是思想,都   XIII, 244
不是存在的真正 ἀρχή,也不是存在的纯粹本原。同样的情况在斯
宾诺莎具有思想和广延两重属性的实体那里也是一样,莱布尼茨
所树立的作为物质和精神世界唯一本原的表象力,也落入了同样
的窠臼。近代其他的哲学,特别是那些支配着课堂的哲学,都放弃
了探究存在的这些直接本原,尽管首要的任务无疑是把存在还原
到其直接的本原上,因此人们不可能指望,能从现成且被生成存在
的无意义的广袤和广延出发,直接地——没有本原中介作用地——
达至最高的原因自身。在经验性存在和**最高的**,亦即本真意义上
的原因(手段性的原因因而只能被称为非本真的)之间起着中介作
用的,正是 ἀρχή,即存在的直接本原。但近代哲学并没有去把握这
些本原,而是只把它们当作进行主观性中介活动的纯然**概念**。比
如似乎对近代哲学来说,神和世界只要对借由这些概念而产生的
思想而言得到了中介,就万事大吉了,至于神和世界是如何能客观
地联络起来的,这个问题可以先搁一搁,反正在这种主观中介的视
野下也不重要。

既然在这一点上，我认为先前的哲学是凭着纯然的知性概念才得以攀升到最高原因的，并把这一点归功于知性概念，那我就要趁此机会强调，如果只想把我们这里的存在之本原视为纯然的**范畴**，那就大错特错了。人们想要揭示的或许是下面这点：我们称为能在者的东西，除了是普遍的、可用于一切事物，甚至最个别的具体事物之上的可能性**概念**，就不是其他了。要是有人以为，我们称为纯存在者的东西，就是康德的现实性范畴，而应在者就是必然性这个普遍的知性概念，那就是彻头彻尾的误解！能在者并非普遍的、可以笼统地用在具体之物上的可能性概念，它其实根本就**不**是普遍者，相反，它是最高的特殊者；能在者是那个不认识与它相同之物的可能性，是最卓异的可能性，即原初可能性，是一切生成活动，进而就此而言也是一切被生成的存在的第一根据。

先前的哲学认为，凭着纯然普遍的知性概念就可以对世界和神之间的关系进行中介。当康德指明了这种处理方式的虚弱无力和根本行不通的时候（这种处理方式不可以算在康德头上），他就由此不自觉或者说无意地，开启了客观科学的道路，在客观科学中重要的不再是，在没有任何对现实联络之洞见的情况下，把神和世界的关系对我们纯然处在普遍之物或者概念中的认识进行中介，相反，重要的恰恰是去看清现实的联络自身。第一个促动人们重新去获得现实的 ἀρχή [本原] 的，是费希特，他的做法是把自我和非我对立起来，这一对立显然比思想和广延的对立所把握到的更多。然而当费希特所理解的自我，除了是人类的自我（这已经是一个最高的具体之物了）之外再无其他的时候，人们就不可以说，在此区分中，一个真正的存在之**本原**被给予了。但这一区分仍然指引着真正的本原。自然哲学首次重新回到了纯粹的 ἀρχή 上。因为自然哲学的方法是,指明在现实的存在中,在任何地方,都碰不到纯粹的客体性之物或主体性之物,相反,即便在**那个**整体上被规定为客体性之物,或者用费希特的话说,被规定为非—我的东西那里,比如说在自然中,主体性的东西也具有本质性的且必然的份额,反之亦然:在一切主体性的东西中,也有客体性的东西,也就是说,主体性的东西和客体性的东西在任何东西中都没有彼此排斥,所以,恰恰凭着这一点,"主体和客体"也就切实地被设想为了纯粹的本原,即从现实的存在中摆脱了出来,成为真正的 ἀρχή,当存在的直接本原以此方式被再次觅得时,对哲学来说,从纯然的主体性概念中走出来,进而在自身中接纳现实世界才首先得以可能,而在此之前,哲学都是试图凭借主体性概念去对一切进行中介的,而从主体性概念中的走出,无疑是自笛卡尔以来哲学中发生的最大改变。在其整全范围中的现实世界成了哲学的内容,而哲学做到这一点的方式就是,把世界把握为一个从自然的深渊演进至精神世界的最高处的进程,其层次或者说环节只不过是主体性之物不断攀升的环节,在其中包含着主体性之物相对于客体性之物不断增大的比重,从这里出发,走向绝对原因的下一步仍是悬而未决的,而绝对原因恰恰只能被规定为赋予或者给予主体性之物对客体性之物的持续胜利的原因。

也就是说,在这些存在的本原被发现的同时,始终还有其他的东西也被发现了,确切地说是这样的事情,即人们同时也确保和认识到了本原的完备性:**这些本原都是唯一的**,在它们之外没有其他本原可被设想的本原;一切关系实际上都**是**在它们之中被给予的,先于且超越于存在的东西,只有通过拥有这些关系才能指向存在。最接近存在的东西只可能是直接的能在者,为了去存在,除了去意愿它无须任何东西,因而就**此**来说,它已然被规定为意志了,只不过是仍在静息的意志。紧随能在者之后,才可以设想纯然间接的能在者(这里的存在也就是意愿),关于它很容易指明,据其自然本性,它只可能是纯存在者,唯有被设定在潜能中,也就是说,唯有以一个它由之被设定在潜能中,并作为纯存在者被否定的东西为前提,它才可能成为一个**现实的**存在者,才可能从潜能向现实过渡。**除了**这两者以外,作为只能通过前两者的中介而得,并恰恰因此只能作为第三者而进入存在的东西,只能作为纯粹的能在者,即作为朝向和进入存在的纯净自由来设想,作为存在的进入者,它既不是第一位的东西(因为在存在中它反而终止为潜能阶次),也不是第二位的东西(在现实存在中它反倒会尝试把自己重建为纯存在者,会尝试去取消作为潜能阶次的自己)。但随即能轻易得到进一步指明的是,这三个存在的潜能阶次只有在同一个东西中才可能被设想。因为比如说,纯存在者只能被设想为对能够的否定,而这一对能够的否定唯有作为对实体或主体的第二重规定才是可把握的,而这一实体或主体据其第一重规定来看,已经是能够了;同样,第三潜能阶次只能被设想为对片面的能够和片面的存在的否定。但即便是这一双重否定,也唯有**作为**对主体的第三重规定才是可能的,而据先前的规定,主体已然是片面的能够和片面的存在了。也就是说,只存在**唯一一个**主体,它是这三者,进而在此主体中被设想的统一体,只可能是一种精神性的统一体,也就是说,主体自身只可能是精神。通过 ἀρχή [本原] 的多重性,我们就能够成功地从巴门尼德的那种纯然实体性和抽象性的统一体出发达至精神统一体了。但直到这个点上，我们的整个展开过程只是一种纯然假设性的。**如果**有一个存在出现，那么它只可能在这一规定序列中出现。但究竟为什么会出现一个存在呢？最初的**现实性**是在精神中被给予我们的，关于它，当然可以说：如果存在一个理性的或者自由设定的存在（两者是一个意思），那么精神必定存在；但我们绝不因此就把握到了精神的绝对必然性，我们也绝不是从理性出发把精神推导出来的。因为我总是可以问：为什么理性存在而非理性不存在？绝不是**因为**存在一个理性的存在，才有精神（尽管据我们最初的进展过程来说可能看起来就是这样），而是相反：唯有因为精神存在，才有理性的存在和理性自身，正因为如此，关于精神我们只可以说，它**存在**，这个意思正是，精神无根据地**存在**，或者说，它独立地存在，因为它在没有任何先行于自己的必然性的情况下，就是始终存在的。

通过到目前为止的整个展开过程，我诚然已经表明了：如果有一个理性的存在存在，或者说它应当存在，那么我必须把精神预设为前提。但精神存在的**根据**始终都不是借由这一点被给予的。假如理性存在和理性自身能被无条件地设定，精神存在的根据才会由理性给出。但情况恰恰不是这样，因为绝对地说，**没有**理性，没有理性存在，跟有理性和有理性存在是同样可能的。如此一来，理性的根据，或者更切地说，理性的原因，自身毋宁是在完满的精神中被给予的。并非理性是完满精神的原因，相反，唯有因为精神存在，才有理性。凭着这一点，一切哲学的唯理主义，以及一切把理性提升为**本原**的体系，在根基上就被摧毁了。唯有因为完满的精

XIII, 248

神存在,才有理性。但精神自身是根本没有根据的,因为它就是存在着的。但从这一点出发,也不能像人们惯于说的那样得出以下结论,即精神是绝对不可被证明的。相反,整个(肯定)哲学不是其他,正是对绝对精神的证实。精神没有在先者,相反,它自身就是绝对的在先者,因而不可能从任何其他在先者出发达至精神。因为如果我们在这里把那些存在的**本原**(正如我们称呼它们的那样)当成阶梯那样来达至精神,那么我们最终必定会看清,它们只是**为我们**而在的,并且也只是为了一个入门的(教学的)目的而在的,但客观地来看,也就是从精神自身的立场出发来看,关系自行颠倒了,进而这些本原反倒成了**结果**,成了精神的后来者。① 也就是说,尽管绝对精神可以**通过**这些本原被证明,但精神之所以通过它们得到证明,不在于它们作为精神的在先者,而在于它们作为精神的

---

① 从这一点出发得出的结论就是,纯粹唯理论哲学必须放在对肯定哲学自身的直接宣讲前面,后者并不需要去寻求存在的本原,因为在其中,本原诚然已经被给予了,在出版作者体系的这一部分时,作者关于这一点所留下的暗示其实具有这样的意图,即迄今再次得到了展开的、建构着"存在者"的种种概念在此不用重新且特别地得到树立,也不用再次回到借由已被觅得的理念而出现的转折点上,而是直截指向对纯粹唯理论哲学的阐述,特别是指向为肯定哲学而做的各个演讲(包括"论永恒真理的源泉"),进而以此方式把整体处理为已由先行环节证明过的东西。此外,从眼下的这个(并没有把唯理论哲学预设为前提)的阐述出发人们可以看到,如果纯然唯理论的展开过程,或者说,如果纯粹理性科学要被限制在借由对存在者之要素,即原材料的演绎上来导向那个是存在者的东西(存在者自身),那它自身只会满足在肯定哲学内部教学性的、奠基性的任务,但它们并不可能是独立的科学,不可能是把一切吸引到自己中心的普遍科学,跟纯粹的唯理论科学一样,这种科学不可能是哲学。不过我仍要提醒,除了在这里给出的对三个本原的演绎之外,还有另一个演绎(它是在柏林1841—1842年冬季学期关于"启示哲学"的演讲上被使用的),在这个演绎中,本原并不是首先独立地或者说从自身出发的,而是**直接**从神(A^0)出发被演绎的,这一尝试会排在下一卷出版。——编者注。(编者在这里指的文本就是"对肯定哲学本原的另一种演绎",见谢林:《启示哲学导论》,王丁译,北京大学出版社,2019年。——译者注)

后来者,也就是说,根本上来说,精神只能从后天得到证实。这一点当然(在导论①中已经指明了)不可以在**下面的**意义上被理解,在此意义中,人们通常都把物理神学(physikotheologischen)的证明称为对神的后天证明。因为在此证明中,是从自然的合目的性和在整体和个别物中存在的一切自然物的合目的设定出发,推论到具有自由意志和**理智的**事物之开创者的。也就是说,在这里,人们尝试从后来者,从被视为结果的东西出发,达至在先者。但在真正客观的哲学中,完满的精神反倒是通过下面这一点得到证实的,即从作为在先者的精神出发演进**到**其结论,也就是演进到作为后来者的精神之功业与行动上。在物理神学证明中,世界被当成了**证明**的在先者,进而神成了后来者。在我们这里则与之相反,完满的精神反过来是在先者,作为后来者的世界则是从它出发而达至的。从这一点出发,清楚得出的结论就是我之前已经讲过的:着眼于世界来说,肯定哲学是先天科学,即完全从头开始,仿佛在有证可考的序列中,从在先者出发推得的一切科学,但着眼于精神来说,肯定哲学则是后天科学。

哲学的本原正是其对象;**就此而言**人们可以说:哲学的本原包含在其**终点**中。因为哲学不是其他,正是其本原的实在化过程。如此一来,如果人们在第一位和最高的东西被设定为完满的精神之后,不能从它出发更进一步,亦即达至现实世界,那么单凭这种设定当然只是徒劳无功。评判哲学是否强而有力,并不能看它挥霍了多少概念来为其本原进行奠基;哲学的强而有力展现在下面

XIII, 250

---

① 130页,注释1。——作者原注。(这里所指的"导论"是"启示哲学导论"。——译者注)

这点上,即它理解借由其本原要去做什么。**以为不可能**找到把存在把握为被自由设定和意愿的存在的道路,这是一种无能,或者说是轻率的看法,如若不然,存在就只可能是理性的存在,即真正的 κόσμος [宇宙] 了,我是说,人们身处其中的这种无能,或者说,人们在这种无能中过于慷慨地把自己的主体性所受的限制转嫁到了人类精神本身上,这种无能曾让人类精神自身相信,把自己主体性所受的限制转嫁到精神本身上的做法是一个必须达成的目标,所有人为矫揉造作的体系都是这种无能的产儿,根本上来说,通过这些体系,人们只是在试图绕开和遮蔽真正的使命。唯有切实走上了自由地把握存在的道路的人,才能通过下面这点**指明**这条道路,即他已经把完满的精神证实为了哲学的本原。我们现在恰恰就在概念中踏上了这条道路。

在绝对精神中,当然肯定可以找到需要说明的存在的一切潜能阶次,但精神并不会直接把它们作为存在的**潜能阶次**来包含,而是把它们作为它自身,即自己的存在的种种规定来包含;它们只有间接地才可能呈现为不同于精神的另一个存在的潜能阶次。在精神中,它们并不作为及物的,而是作为内在的规定,它们并不处在向外翻转的状态中(即朝向未来可能的存在),而是处在向内翻转的状态,所以它们并不作为一个与精神不同的他者,而是作为**精神自身**存在。很容易看清,绝对自由的精神必定同时是完满的、在自身中完结的、满足于自身的、无须任何己外之物的精神,也就是说,它必定是绝对的全体。但这一全体必定在精神中是一个向内反转的,亦即纯然关联于精神自身的全体,因为假如精神中的全体自身是直接关联于一个外部(与精神不同的)存在的全体,那么在这一点上就无疑会包含走出自身的急迫性。完满的,因而绝对自由的精神只可能是超越于一切特殊存在、不系缚在任何东西上、不欲求任何己外之物,或者说不被任何己外之物吸引、无须任何己外之物,反而在自身中得到了完结和完成的真正全体。这一全体据其**内在的**或者说肯定性的意义来看,只会以下述方式展现自己。

XIII, 251

完满的精神是 1) **自在存在着的**精神:据此,它首先根本就是**存在着的**,在这种情况下也就根本谈不上某个越出精神、从中出走的存在,这种意义上的精神自然已然是存在着的精神了。但在另一方面,精神直接地或者首先是**自在的**,亦即不**出离**自己,不作为自己的客体而存在着的精神。大部分人都觉得把握这第一个概念很难,因为一切把握都存于一种自行—对象化的活动中,但在这里重要的恰恰在于,在其非对象性中设想绝对的非对象之物。人类大抵可以把握,通过他自己的思想的运动可以达至哪里,但这第一个概念恰恰只有在非—运动中才会被把握并切实地得到设想。人们大抵可以说,这里所指的完满精神是作为处在全然自身弃绝、对自己绝对无知状态中的**纯粹自身**,因而在此情形中(如果知识是跟存在对立的),它仿佛是最纯粹的,但也恰由此最难接近的存在,是处在最纯粹的自发存在位置上的存在,理智无法在这个存在面前赢获任何东西,唯有在理智**沉默**的时候,它才能道出这一存在,唯有理智不去意愿认识它的时候,才能认识它。因为这一存在并不能像在其他认识活动中的对象那样,只要人们走出自己就可以得到认识,相反,它毋宁是持守在自己**身上**、静息在自身中的存在,这就像印度的婆罗门,他们试图通过自己所受的训练使自己得到最高的沉思或安宁,他们甚至还有一种教人如何向内吸气,或者说教人如何持守在自己身上的特殊训练法,如果想要认为,这些婆罗门或者说他们的前辈有一种对理念的知晓(这种知晓就是在这里应被展开),那么也必须假定,发明这种或许现在随随便便就可以掌握的训练法的人,只是想借此指明,神性中这个最深邃、最内在并仿佛与一切相隔最远的一面,该以怎样的方式得到确保,实际上,这一面并不处在一种向外膨胀或者向外呼气的状态中,而是仅处在思想最抽离(抽回)并仿佛绝对的向内吸气状态中,进而在一定程度上也是**可被感受的**。不过我们也得牢记,关于婆罗门,不需要废太多话;只用知道,每个人都可能受到朝向这种学说的指引,此外必定存在着始终听任它,以确保自己处在自己纯粹自**在**存在中的精神就够了。

但完满的精神并不仅仅是自在存在着的精神(因为它是全体);它又是 2)**为自身**而存在着的精神。

在一个本质作为独立自为的本质,即作为自身的客体存在之前,它必定已经自为存在着了。**为自身**而存在着的,即作为自己的客体而存在着的精神是以自**在**存在着的精神为前提的。精神是独立自**为**存在着的精神,这句话的意思就是:它是为了作为自在存在着的自己而存在着的精神。

正如自**在**存在着的精神并非**独立自为的**,为自身而存在着的精神也不是自**在**的。独立自为的精神毋宁是在自己之外、以出离自己的方式而存在着的精神。如果作为自**在**存在着的精神是绝对的内在者、隐蔽者,进而仿佛是它自身的不可见的部分,那么作为独立自为存在着的精神(也就是为了自在存在着的精神而存在的精神)恰恰就是精神的外在者,即仿佛相对可见的部分。

很容易看清，在精神的这一**形态**中，正如我们可以称呼它的那样，并没有**私己意志**。独立自**为**存在着的精神的自然本性恰恰只是，为了**自己**，也就是为了自在存在着的精神而在的，仿佛要把自己全部**交给**它。如此一来，我们就可以从另一个方面说，**自**在存在着的精神的自然本性只是为了让精神的另一重形态为了它而存在。一方仿佛在另一方中遗忘了自己。也可以说，双方中的任何一方都不是为了自身而在的：自**在**存在着的精神只不过是为了自己作为能去拥有独立自**为**存在着的精神而在的，独立自**为**存在着的（也就是非自在的）精神则只是**为了**自己能被交付给自在存在着的精神而在的。容易看清，如果人们只把存在理解为交付着自己的、显明的、外在于自己的、出离着自己的存在，那么独立自**为**存在着的精神就是纯粹地**存在着**的精神，在其中，根本就没有任何来自非—存在的东西。它存在，并且**彻底**且纯然就是存在。如果在存在的这个意义上停留，那结论就是，在同样的意义上，自**在**存在着的精神则是一种对存在的绝对放弃，它是空洞的非存在，但这种意义上的非**存在**只是另一种意义上的存在；自在存在着的精神之存在只是隐蔽的——正如我们之前说的——非对象性的、抽回到自身中的、单独在自身中存在着的、纯然曾在着的(wesende)存在。对自在存在着的精神，我们已经用到了下面这个表达：它处在绝对的自身弃绝中，即对存在，也就是外部存在的绝对弃绝状态中。在此弃绝状态中，因为精神只是**纯粹的**自身，所以它纯然只是**它自身**，仿佛是一个没有任何谓词的主词。而正是这一纯粹的自身性把自己呈现为绝对的非自身性。因为自身唯有在使自己发挥效用，想为自己找到或者创造一个谓词的时候，它的自身性才开始存在。

但在独立自为存在着的精神中,跟自在存在着的精神相同的非自身性状态,只是以另一种样态存在而已,独立自为的精神自身仿佛没有自身,而是在自在存在着的精神中拥有其自身,它单单只是为了后者而存在的。这是一种完全片面的遗忘自身,在此状态中,两者各自的根源都被彻底无视了。也就是说,在这两个方面上,只存在一种全然相同的纯粹性和无限性;因为**自在**的和独立自**为**的精神,每一个在自身中都是无限的,尽管它们相对于彼此来说是有限的,毕竟一个不是另一个。

但我们也**不能**在作为精神第二形态的纯然独立自为(因而不是自**在**的)存在着的精神这里驻足不前。因为这两个形态中的任何一个,都存在着对在另一个形态中被设定的东西的相对否定。唯有当在两者中**被分裂**的东西在那个一中**被统合为一**,才会达到完满性。因此完满的精神还是3)**在自在**或者作为主体存在的状态中独立自**为**存在着的精神,即作为主体的同时自身也是客体的精神,所以它并不像先前那样处在两个分裂的形态中:在一个中它**仅仅**是自**在**的,在另一个中则**仅仅**是独立自为的,在一个中**仅仅**是主体,在另一个中**仅仅**是客体,但是现在,它在同一个形态中以不可分裂的方式,也就是在能够不现实地分裂为二的情况下,同时是主体和客体,就像人类精神在意识到自身和**拥有**自身的时候,在一定程度上是二,即主体和客体,但并没有**现实地**分裂为二,尽管具有二重性,但它仍然保持为一,即**完整的**主体和**完整的**客体,既没有混淆两者,也没有让两者彼此限制或相互混淆。

那两个起先分裂,但终究相聚的规定,即纯然自**在**和纯然独立自**为**的存在,在"自依存在"(bei sich seyn)这个概念中得到了统一。自**依**的存在者并**不**是**必然**自**在**的存在者（即绝不可能出离自己者），它同样也不是必然且**仅仅**出离自己的存在者，它根本就不是能够自**在**存在者（也不是在其第二形态中的精神），相反，自依的存在者正是那个在对自己的出离中也**存在**，即能走出自己、外化自己，但也并不因而更少地自**在**地存在的东西，进而也可以反过来说，它是**自在地**存在的，但也并不因而更少地能走出自己，人类精神也是如此。如此一来，现在的次序就是这样的：完满的精神是 a) 仅仅自**在**存在着的精神，b) 仅仅独立自**为**存在着的精神（因此，它跟自在存在着的精神无所关联），抽象地看，它只是那个能够在自己之外存在着的精神，因为它不是为了作为自己的自己，而只是为了自**在**存在着的精神而存在的，c) 自依存在着的精神，即据有着自身的精神，确切地说，是在不失落自己的情况下据有着自身的精神，因为主体和客体在它之中被不可分裂地统合为一了。诚然，我们现在肯定会说，这个最后的形态就是完满的精神。但这个说法只是说：在这个最后的形态中，精神得到了完成，才切实地是完满的精神。除此之外，我们仍然不能单独且脱离另外的形态来设定这一最高的，或者说处在这一最终形态中的精神。因为 1) 精神直接地只**能**是自**在**存在着的精神，接着才在第二重形态中是独立自**为**存在着的精神（因为会独立自为存在的东西必须首先自**在**地存在），进而唯有当精神已然是自**在**和独立自**为**存在着的精神时，它才仿佛不得不在第三重形态中同时是自**在**存在着的和独立自为存在着的精神，即作为主体—客体和客体—主体而存在的精神。如果它能返回，那它首先就只会是客体，或者说，如果它在自己之先**没有任何东西**，那它就只会是主体；唯有主体和客体这两者被精神所保存,唯有精神既是纯粹的主体也是纯粹的客体,对精神来说在一之中同时是**主体和客体**才是可能的,现在对精神来说,除了被规定为在一之中同时是主体和客体的东西,就没有其他规定了。

2)**假如**可以**直接地**把精神设定为不可分裂的主—客体,那么通常来说,根本就不可能借由它开启任何东西,它必定会作为自身完全驻足不前,并因而仿佛是**无力的**,而这正是因为主体和客体在它之中是不可拆分的。我们切不可以在眼下这个展开过程中忘记下面的事情,即完满的精神从自身中走出的情况还没被谈及,也就是说,或许会有某个精神之外**存在**的情况还没被谈及,但将在者,或者我们现在也可以说,**将在的精神**,已然隐藏在完满的精神**中**了。但现在,自依存在着的精神凭借其不可分裂的统一性根本开启不了任何东西,它单靠**自己**仿佛是完全无力的。但完满的精神是不系缚在任何个别存在形式上的精神,它必定不是**单一之物**。这一点才使绝对自由精神的概念获得了完满。我们在第一重形态中认识到的,只是一种单一的存在样态(也就是纯然曾在着的存在),在第二重形态中认识到的是另一种存在样态(也就是在自己之外存在着的存在),在第三重形态中我们认识到的也只是一种存在的**样态**而已。也就是说,绝对自由的精神不可能系缚在**这些**样态上,因为它们——即便是最高的样态——只是存在的一种单一样态而已。尽管我们为了进一步刻画存在的样态,有理由说:在第三重形态中的精神是作为自身存在着的精神。因为在第一重形态中,精神是纯然自在存在着的精神,正因为这一点,它不可能是**作为**自身存在着的精神,因为这个"作为"所表达的,始终都是一种向外设定,一种向外放置。正如常言说的:某个人把自己**作为**自己呈现或者展示了出来；也就是说，在"作为"中，比如在"**作为** A"中所包含的，始终都不是纯然的 A **存在**，而是那个**作为** A 被认识到或者可以作为 A 被认识的东西。但所有这些在纯然自**在**的存在中都是相反的。纯然的自—在反倒退回到了深渊中，它恰恰就是未得认识之物，或者说在非—认识中才能被纯粹认识到的东西。与"作为"联结在一起使用的"存在"一词的意思始终都是对象性的存在。纯然自在存在着的精神因而也就是并不**作为**自身存在着的精神（这个命题对后面的内容来说很重要）。进而纯然对象性存在着的精神（第二重形态）不仅是不作为**自身**的精神，甚至还是**不**等同于作为自身的精神（因为它是在自己之外存在着的精神）的精神。第三重形态中的精神才是作为自身存在着的精神。它同时也是不能不是精神的精神。但正因为这一点，它还是**系缚**在一种形式，或者说**系缚**在一种存在的样态上，也就是说，它不是绝对精神；因为绝对精神超越于一切存在样态，它是它所意愿的东西。绝对精神是那个从自身出发、从它**作为**精神的存在出发仍然自由的精神；对**绝对精神**而言，即便是**作为**—精神—存在也只是存在的一种样态或方式；这一点——也就是甚至不系缚于自身——才给予了精神绝对的、超越的、浩瀚无际的自由，对这一点的构想我在之前的系列讲座上已经表达过了，这一构想第一次把我们的思想和认识所容括的一切拓展到了如此大的程度，以致它让我们感觉到，我们现在就依于最高者而**在**，我们达到了那个不可设想有比之更高的东西的那个最高者。自由就是我们的最高者，就是我们身上的神性，我们把它意愿为一切事物的最终原因。如果我们不能把完满的精神同时作为绝对自由的精神来达到，那我们甚至都不会去意愿精神；或者不如

XIII, 256

说,对我们来说,完满的精神同时就是绝对自由的精神。

如此一来,如果完满的精神只是纯然作为自身存在着的精神,也就是说,如果它纯然就是第三重形态,那它就不会是完满的精神了。完满的精神超越于一切存在的样态,它超越于其中的每一个样态,甚至超越于最高的样态。它绝对的超越正在于这一点。

XIII, 257

完满的精神因而也就是,1)自**在**存在着的精神,2)独立自**为**存在着的精神,3)在自**在**中独立自**为**存在着的精神。我们把**最后这种精神**断言为**作为自身**存在着的精神,在此断言中已然蕴含着下面这点,即唯有凭借这一规定,**真正的**终点,也就是得到了完成的精神才得以达成。因为唯有在开端摆脱了其否定性,从它自身中被呈现出来,进而得到客观地设定之际,真正的终点才会达成。在其第三形态中的精神仍然是自**在**存在着的精神,只不过现在精神在自在存在状态**中**同时也独立自为地存在着。也就是说,这第三个形态只是从主体性中被呈放出来、得到了客观设定的开端;作为自身存在着的精神其实就是已然把自己提升到自身之上、被放置出来的最深深渊。

自行占据着自身的精神再次成了开端,也就是说自**在**存在着的精神,同时也作为独立自**为**存在着的精神存在。在其中,每一本质自行得以完成的运动环节,也就是精神自行完成过程的运动环节是:1)纯粹的**自在**存在,2)出离着自己——在自己之**外**的存在,3)返回自身之中,把自己作为纯粹的自身重新赢获,自行据有自身的存在。只有已然走出了自己的东西,才可能走**向**自己,进而才真正并切实地拥有自身。同一个精神,在第一重形态中是纯粹的、不自知的**自—在**,在第二重形态中则走**出**了自己,但它也恰恰由此而**进**

入自己（也就是**通过**作为中介者的第二重形态进入自己），进而才是得到了完成的精神。唯有通过再次回转入自身中，一个本质才可能是据有着自身的本质，唯有在自行——据有——自身中，它才得到了完成。

在其自**在**存在中的精神是纯粹的中心，是没有任何外显的纯粹主体，在独立自为（作为客体）存在中的精神是离心的或者说边缘的，**在**自在存在**中**独立自**为**存在着的精神，进而反过来也可以说在独立自**为**存在中（在客体中）自在存在着的精神是以离心的方式被设定的中心，或者反过来说，是被设定为中心的离心者或者边缘者。进而当精神借由第三重形态得到了完成时，我或许就已经以实际上最质朴——如我所希望的——且完全明白的方式把各位引向了哲学的最高理念。不过对我来说，仍有些讨论需要补充。

要讨论的**第一点**紧接着刚刚已经讲过的内容。因为我们现在已经——在完满的精神中——再次把开端和终点区分开来了。实际上**没有**开端且没有终点地存在只是一种不完满的状态，而不像人们设想得那样是完满的。比如说一项既没有开端也没有终点的精神工作，无疑是不完满的工作。所谓完满者，就是在自身中已得终结者，确切地说，是就各个方向来看都得到了终结的东西，而它得以完满的方式在于，不仅有一个真正的开端，也有一个真正完满的终点。因此如果神学家把神的最高完满性理解为他既没有开端也没有终点，那这种说法就只该被理解为一种绝对的否定，否则无法理解。神的完满性的**真正**意义（我在先前的一个演讲①中已经强

---

① "神话哲学"，第42—43页。——编者注

调过了)只能是,神并无其开端的开端,也无其终点的终点,他的开端自身并没有开启,他的终点也并未终结,也就是说,并没有终止为终点,神的开端是永恒的开端,终点也是永恒的终点。那么如此一来,在其纯然自在存在中的精神就是永恒的开端,在其作为自身存在中的精神就是自己永恒的终点,而之所以如此,不过是由于它作为完满的精神,同时就是开端和终点。

但尽管我们——这是**第二个**必须讨论的点——已经在完满的精神中设定了开端和终点(我们以怎样的方式论证了完满的精神同时是两者,这是显而易见的),但我们仍然需要注意的是,这一点不可以这样来理解,即仿佛在完满的精神中,有某些东西先行,有某些东西紧随其后;相反,我们必须说:在完满的精神中没有在先者也没有后来者,也就是说,开端是跟终点**一道**被设定的,终点也是跟开端一道被设定的。完满的精神不可这样来设想,即仿佛它是由这三重形态逐步统合起来的,仿佛它**首先**是自在存在着的精神,然后是独立自为存在着的精神,最后是**在自在中**独立自为存在着的精神。情况并非如此,而是恰恰相反,因为这三重形态中的任何一个若无其他两个就什么都不是,所以整体就像是一下子——仿佛在电光火石间——被设定的。这一点并不妨害,开端、手段和终点**内在于**这一魔法般的圆环。开端不可以先于且外在于终点,终点也不可以先于且外在于开端,但开端一定要跟终点一道被设想,同样终点也一定要跟开端一道被设想。

紧接着的就是**第三个**必须讨论的点:完满的精神绝不可以被设想为第四者,绝不可以被设想为在那三者之外,还**特别地**存在的一个东西。精神不以任何方式外在于那三者,除了是这三重样态,它绝不是其他，而这三者除了是精神自身之外，也同样不是其他。如果我们并非一个个地（这是不言自明的），而是在其必然（这一点很快就会讲到）且不可消解的交互关联中思想这三重样态，那我们就是在思想精神，反过来，如果我们思想完满的精神，那我们就是在把它思想为这三重样态。精神在其中任何一个样态中都是**整全的精神**，情况绝不是，似乎在其中的一个样态中存在着精神的一个部分，在另一个中存在着另一个部分，相反，在任何一个样态中，精神都是整全的精神，然而精神也不单独存在于其中的任何一个样态中，精神必然地是全体。

接着这一强调的是最后（**第四个**）必须讨论的点，也就是：并不是因为精神正是这三重形态它才是完满的精神，而是相反，唯有因为它就其**自身**或者据其自然本性是完满的精神，它才**是**这三重形态；也就是说，这一点并非偶然，相反，完满精神的自然本性就是作为这三者存在。精神是这三重形态这一实情，并非一种**质料性**的必然性，而全体也并不是通过把其中一重形态质料性地补充到另一重上而产生的，相反，这是一种精神性的必然性，或者说——如果这种说法会让**各位**更好理解——一种概念的必然性，即精神就是这三重形态。**各位**可以用下面的方式来理解这种概念的必然性。全体是以下面的方式必然是全体的，即就算我以自己的意愿，不去设想一个或两个形态，比如不去设想第一和第二形态，那么第三形态——如果仅仅在只剩下它自己的情况下，仍可被规定为精神——单独地也会是整体。这才是**真正的**、不可摧毁的精神，当精神能被拆分开的时候，任何一个部分必定还会成为整体，这就是精神所具有的必定是**整体**的必然性，即便把整体交付给个别形态，它也还是整体，比如说，如果人类精神的种种才能或者能力不把整体携裹在自己身上，进而直接地还是整体，那我就不可能从它们的总体中抽取出任何个别的能力。真正的精神必定**始终**是整体，它不仅没有部分，而且也不可能被分裂为部分，因为部分始终且必然地又会是整体。

下面这点不是讨论，而是这整个展开过程的直接**结论**，即完满的精神不可能在一种或另一种形态中独立持存，或者反过来说，没有任何一个单独的形态是完满的精神，相反，唯有就每一个形态也把握着其他形态而言，个别形态才是完满的精神。甚至第三重形态自己，尽管它是最高的、作为自身存在着的精神之形态，也仍非单独地就是完满的、绝对自由的精神。如此一来，从这一点出发也就产生了最终的规定：完满的精神必定是全且一的精神，它是全且一的，是因为它不仅是一 (unum quid)，也非抽象的一，而是真正生命性的全体；它是全且**一**的精神，因为他作为精神就是唯一的精神；因为它并非这一全体偶然的统一体，而是它必然的统一体，**正因为如此**，它才是全且一的精神。

但在整个最终的展开过程中，如**各位**所见，根本就没谈到精神之外的存在，甚至连这一存在的迹象和它可能出现的嫌疑都没有表现出来过。归根到底，我们只是把精神认识为绝对地在自身中存在着的，全然**向内**翻转的，也就是仅仅朝向自身的精神，也就是在自身中得到了完结和完成、无须任何已外存在的精神。它是通过自身、通过自己独一的 (solitaries) 自然本性而存在的，对它来说，根本就不存在任何**外在**于它的东西，它摆脱了一切可能被设想的**外在**于它的东西，是孤绝且自由的，它的**绝对**存在就是在**这种**意义上来说的;因为据语言用法来说,"绝对地存在"意思也就是:彻底自由地摆脱于一切关联或者联结。如此一来,尽管我们把这样一种纯粹当下的、不指向任何未来者的、彻底锁闭在自身中的现实阐述为精神。但我们同时也说明了,在精神中还隐藏着未来者,隐藏着将在者。但这一未来者首先如何作为一种可能之物自行展现或者凸显,在此关联中的精神如何也表现为去**存在**的自由(而不只是表现为不去存在的自由),也就是表现为能在自己**之外**实存、能在**自己**之外呈现的**自己**、能在自己之外设定一个存在的自由,表明这一点是我们紧接下来的任务。因为作为纯然完满的精神,它当然也能是系缚在自己身上并且不运动的精神。但作为精神,它不再只是纯然不去存在的**自由**,它也是去**存在**的自由,当这种精神被把握到的时候,它就不再只表现为完满的精神,而是表现为**生命性的精神**,表现为名副其实的**将在的精神**。

第十三讲　论创世的可能性：神性中的他者

完满的精神是绝对的现实,是**先行于一切可能性的现实**,**没有任何**可能性先行于这一现实。在它自身中,一切都是它自身。比如当我们在精神中把存在的第一重形态抽离出来单独讨论它的时候,要是我们以为,可以把它称为**那个**自在的存在者,这其实并不合理,它并非不加规定地就是**那个**自在的存在者,相反,它是**自在**存在着的精神,也就是说,它同样也是**这个**完满的现实。为了理解我想以此表达的东西,**请各位**思索下面的问题。**那个**自在的存在者,就它并不自行运动而言,尽管现在确实能够是自在的存在者,但它并不因此就不能够是自己的对立物。因而关于这个被如此设想的东西,我们势必会说:它是自在的存在者,同时也不是,它并非**断然地**、没有对立物之可能性地**是**自在的存在者,也就是说(跟我在之前的场合做的说明一样),它自身只不过潜在地是自在的存在者,因为潜在地或者据可能性来看,它也是非自在的存在者。但完满的精神是先行于一切可能性的现实。在完满的精神中,自在的存在者就是精神自身,它分有了精神不可预思的实存的现实性,因而它也跟精神自身一样,是断然的现实。第二重形态(为独立自为存在着的精神)和第三重形态——**作为**自身而**存在着的**精神,不再

是纯然的自—**在**,而是独立自为存在着的自—在——也同样如此。 XIII, 263

假如**另一个**存在的可能性先行于完满精神的存在,那么完满的精神实际上就既不会是绝对的也不会是原初的。它不会是绝对的是因为:如此一来它只就会凭借对**这个**存在做出的决断而存在,倘若这另一个存在没有被排除出去,它就不会存在,也就是说,倘若这另一个存在没有被预设为前提,它就不会存在。这就仿佛曾经有两种存在是可能的,一是被设定在**精神**中的存在,二是另一个精神之外的存在。但与完满的精神相对立的东西是绝不可能的,因为完满的精神绝没有不存在的时候,相反,在可能性被谈及之前,它就**存在着**了。同样,假如对完满的精神来说,它自己的可能性,也就是它现实的**当下存在**(被设定在它之中的存在)的可能性是先行的,那它就不会是真正意义上**原初**的了。因为正如之前已经讨论的,我们绝不把某个在获得现实性之前,就已然作为一个可能之物被先行把握的东西称作原初的(原本的)。人们只把那种由于是现实的,人们才获得关于它的概念的东西,也就是现实性先行于可能性的东西,称作原本的。也就是说——现在回到我们的命题上来——在神中,一切都是现实的,一切都是他自身,现在**各位**可以理解我之前说的话了:在绝对精神中,潜能阶次并不**作为**潜能阶次存在,而是作为等同于精神自身的东西存在。但也没有什么可以妨碍,**事后**, post actum[后于现实地],亦即一旦精神**自永恒**以来就在此存在(因为精神是永恒的理念,或者说,精神这一理念据其自然本性就是永恒的,也就是说,它恰恰并不如人们通常所认为的那样,它从无限的时间出发是永恒的,相反,它永恒的**方式**在于,它始终存在,只要它存在,它就是永恒的,它以永恒的方式存在,也就是说没有什么可以妨碍,在事后,也就是在精神存在于此之后,自它永恒且**先行于**一切可能性的现实存在以来,自它存在以来,**另一种**存在的可能性,也就是非永恒的存在的可能性,就已经在向处在其永恒存在中的精神**展示**并**呈现**着自己了。我说的是,这一可能性向精神呈现着自己。因为也可以**假设**这一可能性其实并不会存在,可以假设存在的反倒是它的对立面,所以,这一可能性自身也就只是在向精神**展示**自己而已,进而也恰恰通过这一点

XIII, 264　表现为仅仅**不可被排除在外的东西**,表现为自发的,亦即在没有精神的意志的情况下表现为自行呈置于前,自行出现并存在的东西,如果**精神**不意愿它,它就表现为真正意义上的**无**,**如果精神意愿它**,它才是某物。但这自然就产生了一个问题:这个可能性是**什么**呢? 或者不如说:可能性向精神所展示的另一种存在是什么呢? 下面的内容就是关于这一点的。不可否认,在非存在者中,或者说在纯然的本质中,也蕴含着一个能独立拥有存在的存在之可能性,这一附着在精神身上的可能性只不过并不先于精神的现实(这一现实的存在是不可预思的)而自行展示而已,但没有什么会妨碍,这另一种存在的可能性,即超越了本质的存在的可能性,仿佛在向完满的精神——自精神**存在**开始——表现着自己,或者让自己被它可见。如果整个统一体基于其上的本质是真正意义上的**静息**,但恰恰由此也是整体可能的运动性本原,如果纯然的本质现实地把自己从静息的深渊中提升起来,那么尽管统一体并不会由此被绝对地摧毁,因为完满的精神并非纯然以偶然的、质料性的方式,并非据纯然的**存在**而言是统一体,相反,它据其自然本性地是——正如我们已经指明的——超质料性的、精神性的,进而恰恰因此是不

可撕裂的统一体,这种统一体不允许精神以某种形态存在之际不同时也是其他形态,但恰恰因为统一体不可能自行消解或者摧毁,作为一的精神所具有各种形态也不可能绝对地彼此分离,那么,当那个可能性后于现实地在本质身上展示自己,当这一若无神性意志就不可能发生的可能性在本质身上展示自己的时候,统一体也不会被摧毁;就算其存在以此方式发生了改变或者变换,完满的精神也能够始终作为自身而存在,当这一可能性从其虚无中自行提升,一种贯穿着整体的张力就被设定了,进而在第一形态中绽脱的潜在性,就会波及一切形态上,甚至在本原进行现实的提升以前,这种情况也会发生,当潜在性(另一种存在的可能性)只是在精神身上**展示**自己时,一种对其他所有形态的**间接**潜在化也就发生了;也就是说,如果这种展示发生了,先前仅仅等同于**精神自身**的绝对精神的诸种形态,就会表现为另一种与精神的永恒存在,即与精神在概念上的存在有别的存在的诸种可能性。在此情况下,本质会自行翻转为**第一**潜能阶次,翻转为另一种存在的直接可能性,也就是翻转为距存在最近的潜能阶次,它会表现为直接的能在者,表现为第一层次、第一可能性或者第一潜能阶次(我们现在可以这么说)的能在者。但这一非存在者对纯存在者而言是**主体**,**它**是纯存在者先前相对于它而言才**存在**的那个东西。但在能在者这个已然彻底向内并且朝着纯存在者而翻转的东西中,它唯有对**纯存在者**而言才是潜能阶次,当它现在成了自身的潜能阶次(自身的能在者),它就能不再是**纯存在者的**主体了,也就是说,它能认识自己,进而退回到了自己的自身性中,也就是说,它同样在自身中获得了一个潜能阶次,**各位**也可以通过下面这种更易把握的方式来看清

XIII, 265

这一点。

纯存在者先前是那个直截向外走出的—不返回自身的存在者,正如我们所表述的,它先前就是对那个自身本己的存在纯然且单一地就是一切的东西①**给出着**自己,全然把自己**交付**和给予它的存在者。但当本质成了自身存在者时,纯存在者也就被迫**进入**了自身,退回到它自己的自身中,两者间的这种相互接纳状态也就被取消了,作为**纯存在者**的它被否定了,被阻碍了,也就是说,它不再是**纯存在者**了,因为**纯存在者**是无潜能阶次的存在者,但现在在它之中已经有了一种否定,一种阻碍,也就是说,一种非存在踏入了它之中。但既然它据其自然本性,仍并不会因此而终止为**纯存在者**,那么恰恰通过这种潜能阶次化(它由此就被设定在了潜能的位置上),它就绝不会**自由地**去运作或不运作,相反,它**必须**运作,除了**力求**把自己重建在**纯粹的**存在中,它根本不可能做其他事情,但要让这种重建发生,除非那个曾经作为主体吸引着它的东西重新成为对它而言的主体,也就是被克服到其原初的无或者自—在中,所以,不再是纯存在者的纯存在者除了力求克服从自己中绽脱的自—在,即已然成为存在者的非存在者之外,它就绝不可能做其他事情,只有这样,它才能把自身重建为它原本曾是的东西,即重建为**纯存在者**。所以当非存在者把自己展示为只**能够**以此方式存在的东西时——尽管这是暂先的,并且是在非存在者现实地得到提升以前的——,我说的是,就它展示自身这一点而言,**纯存在者**也就表现为**间接的**能在者,也就是唯有通过被另一个东西设定

---

① 这里指能在者,因为这个规定太长,特此提醒。——译者注

在潜能位置上,才能获得自身存在的东西(这里讨论的正是这一点)。如此一来,在它之中也就绽脱出了一种间接的潜在性。如果人们把这一张力设想为已然突入现实的张力,那么在此张力中,纯存在者只会作为那种表现为**必须**运作的东西而**存在**(因为它并非自由地去运作或不运作,而是据其自然本性除了作为必须去克服其对立物的意志之外,根本不可能是其他)。当它被设定在潜能中时,下面这点就是**显而易见的**,即纯存在者据其**自然本性**是纯粹的现实,对它来说,潜能阶次是陌生异在的,因此它就要极尽所能地摆脱它的潜能阶次,进而**再次**否定它由以被否定的东西。但先前作为存在中的非存在者的精神,也退回到了更深的否定中。因为即便是精神,当它获得张力的时候,也会被设定在它在**统一体**中才所拥有的存在之外;也就是说,一旦非存在者身上的那一可能性自行绽脱,精神也就会表现为另一个存在,即未来存在的可能性和潜能阶次,表现为一个能在者,但这一能在者距存在比纯存在者要更远,因为它根本就不像纯存在者那样**直接地**运作,不能自己把自己的现实重建入存在中,相反,唯有当从自己的自—在中绽脱出来的能在者由必在者克服,回到其自—在中,成为精神的设定者时,精神才能再次被设置入存在中。这种距存在最远的关系可以由纯然的**应在者**这个概念来表达。纯然的**应在者就此**而言也是一个非存在者,而且是距存在最远的非存在者。因为在**应在者**这个概念中包含了下面这点,即它并非一个自身在运作的东西,如此一来,它一旦被设定在存在之外,它进入存在的重建活动就要指望另一个潜能阶次的运作了(对应在者来说,这一运作只是中介)。据此,非存在者(但仍要注意,这个非存在者只是后来的,后于现实的),纯存在者和处在非存在中的存在者,这三重形态现在也就对绝对精神也呈现为未来存在的多重潜能阶次。第一重形态就是另一种偶然存在的**直接**潜能阶次,即**直接的**能在者,即作为第一潜能阶次的能在者,如果我们用 A 来标识能在概念,那它就是 A^1,另一个形态,即第二位的能在者就等于 A^2,第三个形态就是第三位的能在者,等同于 A^3。既然我们已经在此间得出了对纯然间接的潜能阶次切己的表述,那么我们也就不再把第一潜能阶次称为**直接的**能在者,而是把它称为**那个唯一的**能在者,进而潜能阶次的序列,就如它们在绝对精神自身中向它所呈现的那样,是:1)能在者,2)必在者,3)应在者。尚未存在者和未来存在者的一切可能的关系就包含在这三重潜能阶次中,凭这一点,我们同时也可以说:存在的一切原初范畴也得到了把握。如此一来,**各位**也就看到了,在完满的精神中等同于精神自身的东西,是如何能自行翻转为另一个未来存在的潜能阶次的。

　　原初地给出对这一普遍的潜能阶次化之动因的,或者说,给出某个绝对精神中(尚不是存在者的)存在的潜能阶次之显现动因的,即给出这一**普遍的**显现的动因的,唯有在本质身上凸显或者展示着自己的可能性。这一可能性无论如何不会在完满的精神存在之前存在,唯有在完满的精神存在之后,它才凸显为意料之外的东西(没有被先行看到的东西),它仿佛是出乎意料的东西(就算它根本就是无——这一点并不是在废话——,因为正是这一潜能阶次,之后会在我们面前再次呈现为意料之外的、突然的东西),是**未被意愿的东西**,因为它是在没有精神之意志的情况下自发凸显的;尽管它是一个先前并未被看到的东西,但它仍然并不表现为一个**不乐意**被看到的东西,一个在**此**意义上遭嫌的东西,它反倒表现为一个**受欢迎的东西**。因为当它向绝对精神展示或者呈示(另一种)存在时,如果精神意愿它,那精神就能够接纳这个存在,如果**精神**不意愿它,它就仍然是无,并且绝不会比**纯然**的可能性**更多**。也就是说,当它向完满的精神展示某种精神可以意愿的东西时——确切地说是某种真正意义上的有待意愿者——,也就是一个纯然能够存在和不存在的东西,一个偶然的东西(唯有**这种东西**才能够在真正意义上被意愿)时,也就是向完满的精神展示这个可能的意愿对象时,精神也就把自己认作意志,认作能够意愿者,进而这一**显现**(因为这仅仅只是显现,还没有实在性,这只是在完满精神**中**的纯然显现),即一个不同于精神自身的存在的最初可能性之显现,才首先把精神置入了相对于其不可预思之在的必然性的自由中,这个不可预思之在并不是精神自身给予自己的,也就是说,在其中精神并不具有自由或者意志,如此一来,这一显现才首先把精神的自身真正交给它自己,而其方式就是,这一显现把精神从其尽管**神圣**且超自然、但牢不可破的必然性中解放了出来,精神仿佛先前只是蜷缩在这种必然性的贫乏中,直到这个显现的时刻——尽管这种显现在不间断地突显,在精神的永恒存在之后,紧随其后的就是这一可能性的突显——它才得到了它的自身。我们现在得回顾先前的区分。完满的精神是 actu purissimo [最纯粹的现实],它处在一种不知道自己的对立物、吞噬着一切具体之物和一切非存在、一直在构造着存在的存在中,在这种**吞噬性的**存在中(我这么说也是可以的),作为最纯粹现实的精神就是本质,即纯存在者和作为本质的存在者。在这一点上,精神也就是**一体存在**(我请各位一定要注意这一点），即有三重形态被设定入其中的一体**存在**，**但精神并非据纯然的存在**，而是据其自然本性，因而**自在地**就是全且一的精神，所以我们也可以说，就算精神并非**现实地**，并非在存在中是一体存在，它也能够不终止为一体存在，即便它存在的最纯粹的现实被打断，它也会如此，而它最纯粹的现实正是通过一个绽脱着的具体之物，一个不知以何种方式突现的张力取消的。现请**各位**仔细琢磨我们正在讨论的**这一点**。当另一种存在向精神展现为一个**可能的**存在时，精神也就**由此**把自己认作并非纯然处在存在中、并非纯然质料性的，而是精神性的、超质料性的全一者，当精神把自己视为**精神性的**（也就是不依赖一切质料性的全一性）全一者时，它才在真正意义上把**自己**认作**自己**，认作真正**绝对的**且不系缚于任何东西（不系缚于任何存在，甚至不系缚于自己的存在）的精神，把自己认作在潜能阶次的撕裂中仍保持为全一者的精神，所以，这种意义上的精神也就是在面对下面这两种可能性时也绝对淡然如一的精神，即要么保持在原初的——无张力的——存在中，要么进入被张力撕扯开、在自身中可能绽脱的具体存在中。精神把自己认作在撕裂**中自身**不可能被撕裂的东西，认作不可被克服的一，正因为这一点，也**唯有因为这一点**，精神才能自由地设定撕裂。据**存在**而言的**统一体**或者**张力**都不会有损精神分毫，因为精神自身不会由此而改变分毫，在张力中存在只不过是精神的另一种实存形式，因为处在张力中的精神跟处在统一体中的精神都是一样实存的，只不过是以另一种方式罢了。但只有在比如对我自己来说，自己不有损分毫，反倒就我自己而言完全淡然如一的时候，才有真正的自由（我说的是：就我自己而言，因为在另一些考量中,我肯定不能那么淡定),当就我自己而言,我能够对这样或那样存在、这样或那样行动淡然如一的时候,我才认识到真正的自由。如此一来,只有在这一点上,存在者,即始终存在着的存在者才等同于彻底自由的精神,进而等同于神。在这一点上,完满的精神才不再纯然作为**不**—必然过渡入存在的精神,而是作为自由,能接纳另一种不同于它自己永恒的或者说概念—存在的存在,也就是说,它作为自由,获得了走出自身的能力,唯有在**这一点**上精神才可以自道:我将是我将是者,也就是说,我将是我所**意愿**者,**这样**或者别样存在,都纯然取决于我的意志,在这点上,完满的精神才 XIII, 270
把自己展现为**神**;在这一点上,我们才有理由把 "**神**" 这个名称赋予完满的神。因为 "神" 这个词就其自身而言只是个纯然的词语,如此一来,它是否得到了恰当**运用**也是成问题的。但如果单要谈论**这一点**的话,成问题的就是,比如 "**神**" 这个名称是可以适用于一个僵死的、不运动的、在盲目的必然性中对自己的种种规定进行默思的实体,还是可以适用于一个处在同样的必然性中,通过对一切**特定**存在的逐步否定,最终把自身呈现为纯粹之无的本原呢?对这一点,唯有语言用法,或者说原初的语言用法才能进行裁断。但正如我先前已经强调过的[①],除了真正的神自己向以色列的立法者传达以外,不存在其他对神这个名称的文献说明;当摩西问神,他该以怎样的名称向民众来称呼真正的神时,神答道:**我将是我将是者**,这就是我的名。从至少摩西时代开始,在整个《旧约》中被赋予真正之神的 "耶和华" 这个名称,除了这个意思之外并没有其他

---

① 见 "神话哲学",第47页;"神话哲学导论",第147页。——编者注

意思。①

也就是说,神处在全然的自由中,即如果向他**展示**的存在,不再持留于最纯粹的现实中,而是会成为一个其中同时也存在着张力和对抗的现实之物,那么神就处在接纳或不接纳这一存在的全然自由中,因为神并非纯然质料性的,而是超质料性的全一者,也就是说,他不管在质料性的非—统一体中,还是在质料性中的统一体中,都是一样的,或者也可以说,在这两种情况下,神并**不**更少地是就其自身而言的一。统一体是据神之自然本性而言的统一体,他作为一种超质料性的、绝对精神性的统一体,既不会被质料性的非—统一体影响,也不以质料性的一体存在为条件,因为后者反而是**精神性统一体**的**后果**。我们也可以进一步说:对神来说,是否接纳向他展示的存在是绝对自由的,因为即便神从无张力的存在中踏入被张力撕扯的存在,进而使得他的神性存在被彻底悬置,神性存在也仍**不**会被取消,因为毋宁说,恰恰**通过**这一张力自身(接下来马上就讲这一点),**通过潜能阶次间的对立**,神性的存在会被重建起来,因此,神随后也就只是把这一存在作为一个得到了中介并被重建的存在来据有,只不过神原本是把它作为一个直接且未经中介的存在来据有而已。但不管这一存在是间接的还是直接的,对神而言都是一样的,因为他的神性并不在于**如此**一**存在**,而是在于,神不可变地就是**他自身**,也就是说,神的神性在于**那个**与本质

---

① "我将是我将是者"的意思既可以是:我将是**我所意愿者**(因为 אשר [我将是我]这个词从任何意义上来看,绝没有"我将是我所意愿的东西[was]的意思");这句话的意思也可以是:(如果我们把这里的希伯来语时态理解为不定过去时)我将是**我现在所是者**,也就是说,我在将**是**的过程中仍然保持是我,在此过程中我的自身一如既往,不会改变。——作者原注

自身为一的存在,关于这一存在,古语有云:In Deo non different Esse et quod Est[在神中没有本质和存在的差别],也就是说,神的**真正**存在正是那个让"神存在"这一实情存在的东西,是那个让"神作为自身而存在"这一实情存在的东西。

在我们现在已经厘清了下面这点之后,即神的整全完满的自由在于接纳或者不接纳那个与他自身不同的存在,仍有两个问题没有解决:1)神是**如何**能够,或者说以怎样的方式接纳这一存在的,2)如果神处在接纳这一存在的情况中,他是经由什么被推动到这一情况中的? 这能如何设想? 在神之中,可以想到何种导致这一接纳的动因? 因为在道义上自由的自然本性,注定不可能盲目行动,相反,它的行动必定有其动因。

关于第一个问题,即对这一存在的接纳是**如何**发生的,说明这个问题其实就是说明,整个张力的根据,也就是神性之外存在的根据(因为直接的神性存在是无张力的存在,是最纯粹的现实)在哪里。整个张力的根据是从其自一在中绽脱出来的、已然成为具有自身性的存在者的**自一在**。但既然神据其自然本性是自在的存在者,并且因为神是自在存在着的精神,那么自在存在着的精神,也就是自在的存在者也就能通过纯然的神之意志在自己之外存在,作为这一在自己之外的存在者,它恰恰随即也就拥有了全然由神性意志所贯通的存在者的种种特性。**作为这一从其自一在中绽脱出来的本质**,它现在诚然不再是神自身,然而它也并非完全就是非一神,因为在它之中,存在注定会被克服回其自一在中、被带**回**到其自一在中的可能性,所以在它之中仍有神之存在的可能性或潜能阶次,也就是说,它至少潜在地是神。

XIII, 272

在这里——为了理解进一步的展开过程——殊为必要的是，接下来注意"潜能阶次"这个词。我们已经看到，完满的精神在其存在的样态上是如何首先自行呈现为潜能阶次的。也就是说在这种情况下，对完满的精神来说，潜能阶次也就是不同于精神当下存在的**另一种**存在的可能性，这种可能性就是潜能阶次。但在**现实的**存在中，它们不再是直接的神性存在的样态，而现实地是一个不同于神性存在的存在之样态，它们重新表现为**潜能阶次**，表现为**可能性**，也同样表现为有待重建的神性存在的潜能阶次或中介者，那么如此一来，**内在地来看**，它们是神性之外存在的潜能阶次，当它们成为**外在的**，它们也就是**神性**存在的潜能阶次了。所以我们也可以把它们称为外部存在中的**潜能阶次**，虽然在这里，它们的意义跟它们尚且纯然内在地显现为可能性的时候是不同的。

如此一来，要再次回到真正意义上的问题节点上，下面这回事情并不会造成阻碍，即因为**神**通过其自然本性就是本质（自在存在者），进而也是隐藏于此本质中的能在者，通过神的意志，这一能在者就不再是被隐藏起来的，而是**那个**在自己之外的存在者，即ἐξιστάμενον [出于其位者]，这一点从一开始就谈到了；现在人们必须这样来设想这一点，神并不是**为了**作为神才去存在，而是为了另一个使他产生了要去达成它的意愿的**目的**去存在。因为有一种古老的学说认为，神始终都是通过对立面，διά τόν ἐναντιόν[通过对立面]来完成自己的意图的。神就**是**这个他者，这个在自身之外的存在者，神通过一种直接的意愿来实现这一可能之物，以便在这个被克服了的可能之物中成为他之将是，甚至可以说，唯有接纳这一存在,神才是**自由的**,**因为在**神之本质的第二形态上(这一形态在此关系中成了**第二潜能阶次**),神拥有用以克服这个外部存在的东西。如此一来,通过这一分辨(在此分辨中谈及的是一个**目**的), XIII, 273 我们就自然而然地被引到了另一个问题上:在接纳这一存在的情形中(我们暂时预设这一点,或者说只是把它设想为可能的),或者说,在接纳这一在自身之外存在的情形中,神做这件事的**动因**是什么呢?这该如何设想呢?

人们大抵可以用下述方式来设想从直接且无抵抗的存在过渡到有抵抗且中介过了的存在。每一个存在物,只要它在其整体性和完备性中拥有自己(但神是自永恒以来就在其整体性中拥有自身的),每种这样的存在物首先寻求的自然是在其不同的形态中分辨自己,进而去区分,是否在所有特定的形态中都去设定或者认识自己。但在神性生命最纯粹的现实中进行这种区分是不可能的,因为这些形态不可能现实地得到分辨。**自在**存在着的精神跟独立自为存在着的精神一样,都是质料性的;正如我们所见,两者都具有全然相同的无自身性。同样,在自在存在**中**独立自为存在着的精神,也等同于独立自为或自在存在着的精神两者中的任何一个,因为它自身也是自在存在着的精神,对独立自为存在着的精神而言,当然也是一样。尽管在神性生命这种纯粹的、仍未受到阻碍的流溢中存在开端、中点和终点,但开端在哪里,终点也在哪里,终点在哪里,开端也在哪里,也就是说,两者不可能被分辨开来。如此一来,在这种**纯粹的**直接性中,神不可能把握自己,或者说,他不能在自己的各种形态**中**设定和保持自身,因为在纯粹的直接性中,一个形态会直接过渡入另一个。把自己在这些形态中保持下来的徒劳努力,只可能表现为一种轮转运动,因为一切都在轮转,一切都不能把自己作为开端和终点跟**自身**相对立,一切都不能分辨开端和终点。既然人们可以进一步地说,一切轮转的,即无法找到开端和终点的运动都是**不幸的**,那么对神来说也是如此,**所以那个在神自己身上——也就是在神的存在的第一形态上——自行展示的可能性**就受到了最高的欢迎,因为唯有这个可能性才能解除神的那种轮转运动,进而成为神的手段,所以这种可能性的展示,尽管使神的一切存在形态得到了区分,但也并没有使它们发生**现实的**分离,而当神通过最初的可能性已经以中介的方式看到,这些形态并不作为它们当下所是的东西,而是作为它们能够**是**或者**将是**的东西时,也就是在一个不同于另一个,一个**现实地**在另一个之外的形态中看到它们时,神就拥有了摆脱轮转运动的手段。也就是说,**由于这一点**,对神来说,这个最初的可能性,这个 potentia prima [最初的潜能] 就是其他一切可能性的开端,所以它是受欢迎的;因为它不仅把神置入了相对于其吞噬着一切,也就是不允许任何分辨和区分的存在之必然性的自由中,而且通过这一可能性,在神中才首先产生了**认识**,如此一来,对神来说,这一可能性也就不会表现为对立物,而是表现为愉悦和永不止息的快乐的对象;当然,如果要问"神自永恒以来在忙什么",那只能回答说:这个最初的潜能正就是神自永恒以来唯一的忙碌对象、唯一的兴趣对象(我们又回到了这一点上)。但为了能从轮转运动(这是与神的原初存在一道被必然设定的)中**现实地**摆脱出来,进而能过渡入与这一运动相对立的直线运动中,除了在自身中现实地构造开端、中点和终点(目前为止它们只是潜在地彼此不同)间的不同,完满的精神也没有其他

XIII, 274

手段；因为直线正是开端和终点在其中得到了分辨的东西，相反，点则是开端等同于终点，终点也等同于开端的东西。当神把在其存在的三重形态身上瞥见的可能性提升为现实性时，他才会使开端、中点和终点实际上彼此不同。因为在这种情况下，各种形态才会一个个得到彼此现实的**分辨**，进而彼此互相排斥，确切地说就是，每一个恰恰只有在这种排斥和张力中才**是**其所是。但伴随着这一张力，一种必然从确定的开端出发、经由确定的中心点、前进至预定的终点的运动，也就是直线运动同时也就被给定了。如此一来，以此方式，出自神自由意志的、进入另一种或者说外部存在的过渡也就能得到呈现。从这一点出发，人们可以援引柏拉图《法律篇》中值得注意的一段话，——至于柏拉图，我无意去跟那些否认这部著作属于柏拉图的人争论；在**我**看来，这部著作是柏拉图式的，我自信有能力在柏拉图的著作体系中来把握这部著作；在我看来，如此狭隘地去设想一位伟大著作家的精神，仿佛他必须在一切地方都得完完全全地跟自己相同，这是不合理的，至少在我看来，对于一位两千年来都被后世尊为有"神一般的"(divinus)品性的著作家来说，"并不总是与自己相同"这一点是合适的——我是想说，柏拉图用下面的话援引了一种作为 πάλαιον λόγον[古代传说]，即很可能是流传下来、直接出自神话的最古老的哲学①：神在自身中把握着事物的开端、中点和终点，神以笔直的道路贯穿一切，因为他据其自然本性是会绕行的，希腊语是：ὁ μὲν δὲ θεός

XIII, 275

---

① 这段话先前在"神话哲学"的第 83 页引用过；在这里对这段话又做了进一步的说明，此外，作者在"论永恒真理的源泉"的演讲中，也对这段话做了专题性的解读。——编者注。("论永恒真理的源泉"见汉译《启示哲学导论》。——译者注)

ἄρχεν τε καὶ μέσα τόν ὄντον ἁπάντων εὐθεῖαν（或者如人们现在读到的那样：εὐθεῖα）περαίνει κατὰ φύσιν περιπορευόμενος（在这句话里，最后的几个词：κατὰ φύσιν περιπορευόμενος，正如现在读到的那样，肯定也可以改成 κατὰ φύσιν περιφερόμενος），然而每一个仔细钻研过这段话的人，肯定会跟我在下面几点上看法一致：1) περιφερόμενος[绕行]是从"环绕"这个词来的，这一点再清楚不过了，甚至可以说当然就是如此；2) κατὰ φύσιν[据其自然本性]这个表达要求一种**非任意的**运动（因为如果像有的人那样把 κατὰ φύσιν 翻译为：在其自然本性**中**或者在创造中进行着转化，那起码以**我**浅陋的希腊语知识难以苟同；κατὰ φύσιν 的意思只可能是：据自然本性，也就是据**自己的**自然本性，只有这样，神才会要求一种非任意的运动），而在 περιφερόμενος 中仿佛只表达出了一种任意的运动。所以，既然在这里，κατὰ φύσιν 要求一种非任意的运动，那么在 εὐθεῖαν περαίνει[笔直前进]这个表达中，所指的很明显就是一种自由的、被预先设定的、系于某一意图的运动，这句话后半部分所指的这一运动自身也要求一个对立物；但既然直线前进的对立物只可能是环绕，即 περιφέρεσθαι，那么根本就不必怀疑，这个词必须放在这里。这句话的意义就是：通过有所意愿地使开端、中点和终点彼此不同，神才会笔直前进，因为神据其纯然的自然本性就是会绕行的，也就是说，不能分辨开端和终点。然而如果要论证把直线和轮转运动这一对立运用到神性生命上的做法是正当的，也无须柏拉图的权威。因为《旧约》①中的先知也说过：מִיֹּשֶׁר

---

①《何西阿书》：14，9。——作者原注

וַיְהִי כָּכָר,主的道路是笔直的,也就是说,从开端笔直走向预先被设定的终点;相反,在已经提过的基督的比喻中,精神 (τό πνεῦμα),确切说正如整个关联脉络所表明的,在其最初的诞生、最初的实存中的精神,仿佛因其初生还没有时间过渡入另一种运动中,那么在这一点上,既然在精神的最初存在中,开端和终点无法被区分,无法被分辨,那么精神最初的存在当然可以被比作风的吹拂,也就是说,在这一点上,精神最初的或者**直接**的运动可以比作轮转性的、在自身中打转的运动。关于神之道路或者神的两条道路的构想——在刚刚提到的那段话里,柏拉图和《旧约》中观点完全一致——本来就贯穿于整部《圣经》。如果不同时承认神有一种运动,不承认他走出了自己,走出了他原本所在的地方,那就不可能认为神有一条道路。同样,特别是我在后面会详细阐发的一处文段里,对最初潜能的谈及就已经被引入了:主(耶和华)在其道路的**开端**就拥有我,也就是说 antequam ex se ipso progrederutur,在他走出自身之前就拥有我。

如此一来,以此方式大抵就清楚了神是如何从其原初存在中走出,进入另一种存在的。不过我仍要强调的是,除此之外,正如约翰·开普勒提过的,古代数学家把直线运动归给神,把曲线运动归给造物,从这一点出发,这一对立的深义——光的直线传播现象和天体的圆周运动也能对这一对立做一种外部补充说明——才彻底清楚。

在另一些或许没那么显明,却通常完全合于事情的说法中,人们可以这样来说明神的走出:其意图在于,把那个**并非**自身设定的存在(神只是**发现**自己处在这一存在中)转化为一个自身设定的存在,也就是说,首先以一个由冲突中断,但恰恰因而在其诸环节中

XIII, 277

可区分和把握的现实,简言之,就是以一个**进程**来直接替换那个神的原初存在其中持存的最纯粹现实,既然在这个进程中,原初的神性存在会得到重建或者被重新生产,那么这一进程也可以被称为一个神谱式的进程。然而关于这一意图还需注意的是,尽管它的情况诚然是下面这样,即通过潜能阶次的向外翻转,神性存在纯粹未经中介的现实会被转化为一个得到了中介的存在;然而这并不能因此就被视为真正意义上的**动机**,因为这一得到了中介的现实所产生的后果其实并不会对神造成任何影响,就算没有这一现实,神也在最初的现实中认出了自己,在这一情形中,神在其存在的整全完备性中瞥见了首先从**自己**出发(作为本质性的统一体的自己)得到了区分的诸种形态。真正意义上的动机只可能包含在这样一种东西中:如果**没有**这一得到了中介的现实,亦即如果没有这一通过潜能阶次彼此间的张力而产生的进程,这个东西就**绝不可能存在**。这样一个东西,**现在**还不是存在者,也就是说,还是纯然的未来者,然而通过以意志设定的进程,它也可能存在,所以这个东西只可能是**受造物**。如此一来,神走出自己的真正动机就应该是创世了,而那一进程也必定能被阐述为创世的进程。

在我对这一点进行详细指证以前,仍需就一般的内容做进一步的分辨。

在完满精神中纯粹的纯然本质身上——我请**各位**在这一点上回想先前关于纯然**曾在着的**存在已经说过的东西——也就是说,在这一完满精神中纯粹的**本质**,亦即纯然**本质性的**或者说自在存在着的存在身上,完满的精神看出了**另一种**超出了本质,或者说能对自在的存在起到补充作用的存在之**可能性**。我已经指明,这个在第一形态身上被看出的可能性或者潜在性是如何延伸到其他两重形态上的；如果精神的**自在**存在者可能成为在自己之外的存在者，或者说，如果精神的自在存在者被视为在**及物**这个词的意义上的能在者，那么也就存在着这样一种可能性（这种可能性尽管是更远且被中介的，但它仍是一种可能性），即精神**纯粹的**或者说纯然对象性的存在者就会从**纯粹存在**中被设定和否定在外，对前者而言，这个纯粹存在只是通过**自**在的存在者被中介的，确切地说，唯有通过**自**在的存在者来中介，因为后者对**纯粹存在**而言是主体（也就是说，它自身并非它**自己**存在的客体或者**主体**，即可能性），我是说，**纯**存在者也有可能从这一纯粹存在中被设定在外，被否定在外；如此一来，在这一情形下，它就首先自行呈现为**必在者**，也就是呈现为这样一种东西，它**随即**，或者说在所假定的情形中，并没有去运作或不去运作的**自由**，而是**必须**运作，以便把自己重建到纯粹存在中，而它现在由于**自**在存在者的自身提升，已经从纯粹存在中被排除出去了。它首先表现为必在者，这说的是：它表现为作为**第二潜能阶次**的能在者。但第三形态（完满的精神在其中是为了自身自为存在着的自—在者），经由自在存在者的自身提升，自己也呈现为**必定被排斥者**，据此，也就呈现为能被否定者，但这并不是说它能被彻底取消，而是说能被**潜能阶次化**。但如果它以此方式被潜能阶次化，被置入非**存在**的境况中，也就是被置入纯然潜能阶次的境况中，那么唯有当**自**在存在者再次被带回到其自—在，或者说被克服回其自—在中时，第三形态才可能在其原初的存在，即纯粹**自发**的存在中得到重建。但只有通过第二潜能阶次（在此张力中，它表现为必在者，即必须运作者），上述过程才能发生，据此，从其原初存在中被排斥出去的第三形态自己也就借此呈现为唯有通过**双重**中介活动才存在的能在者，即**第三潜能阶次**这个能在者，也就是**应在者**。但假如这一张力现实地发生了——它的发生直到现在只是被纯然预设为可能的——那么很容易看清，一个进程也就会与此张力**一道**被设定。这一进程的**引发性**原因也就是从其自—在——从其神秘的幽暗中——走出的自—在。**运作性**的原因则是必须力求把自己重建入其原初—纯粹的，亦即无潜能阶次存在中的第二潜能阶次；因为它由先前原初地对**它**而言是主体的潜能阶次从其存在中排斥出来了，进而自身被否定了，但它**现在自身**也成了存在者，据其自然本性，它除了作为再次去否定对**它**进行否定的自在存在者的意志之外，不可能是其他东西，也就是说，它必须再次把后者克服到其自—在中，使这个应不存在者放弃自身，耗尽自身，进而在这种情况下，它也就自发地成了那个唯一配得上去存在的资格的第三者，即真正意义上的应在者的设定者。这样一来，如果从其自—在中走出的自—在是这一进程引发性的原因，而从其无潜能阶次的存在中**被设定**在外的纯存在者是运作性的原因，那么应在者就是**终点**—原因，即这一进程的目的因。为了设想，那个开端的本原，也就是推动这一进程的本原如何再次被克服到其自—在中，我请**各位**回想先前已经指明的事情①，即在它的走出过程中，或者说当它把自己提升为现实的时候，能在者只可能表现为一种已然变得有肯定性的、被点燃的意志。但意志——正如它是唯一能够进行对抗者——也是唯一的不可克服者。可这一进程的

---

① 见本书第 207 页。——作者原注

可能性仅仅建立在下面这点上,即这三重潜能阶次尽管彼此间互相排斥,但仍不能够现实地互相分离,也就是说,这一可能性建立在它们原初的、精神性的、不可撕裂的统一性上。潜能阶次所表现的是纯然质料性的实存,存在者自身则超越于存在的纯然质料,正因为这一点,它也是不可消解的统一体,即便各潜能阶次处在张力或者对立中,它也使得它们不至于彼此分离,它迫使它们处在同一个位置上,进而成为一个进程的质料性原因,而此进程的超质料性原因则是这个统一体自身。

为了最为准确地设想在撕裂**中**仍然持存的统一体,我请各位注意下面这点,即尽管处在张力中的潜能阶次彼此相互排斥,也就是彼此独立存在,但对**神**而言,它们并不在彼此之外。神并非直接地就是潜能阶次间不可消解的统一体**自身**,神仅仅是**他自身**不可被撕裂的统一体,进而由此才间接地是潜能阶次间不可撕裂的统一体,也就是说,**潜能阶次**虽然被撕裂,但神就存在于潜能阶次中,即便他现在在潜能阶次中已经被替换,进而成了另一个东西,但他也始终是同一者,是贯穿着一切的精神。潜能阶次尽管彼此交叠,但对精神来说它们并非不可通观。潜能阶次中的实际之物始终都是神性者,在潜能阶次那里并非神性者的东西,或者说,潜能阶次由以是(纯然的)潜能阶次的东西,只是纯然附属性的东西,它并非本质,而只是显像。由此,下面这回事情就是理所当然的,即如果潜能阶次的产物是世界,那么即便是世界也并非**本质**,而只是显像,即便这个世界是一个以神性的方式被设定的显像,它也还是显像。

人们似乎长久以来都感觉到,一切都**出自**神,人们当然可以说:这一点正是人类真正的原初感觉。但人们绝没有超出纯然的**如此实情**,至多只能以辩证法的方式(也就是以纯然逻辑的方式去迫使理智)来展示这一如此这般的**实情**,却没有能力以令人信服的方式来展示它。因为关于这一点,亟待说明的是,原初的,也就是在神之中,仿佛只能被设想为处在纯粹现实中的纯净精神性生命,是**如何**能够自行质料化、实体化,仿佛以去精神化的方式,成为某种不同于神、在神之外的生命的。通过我们的展开过程,通过在作为**纯粹**精神性之物的神身上被指证的那个可能性而得到指明的东西,是迄今为止所有的哲学和神智学都无法指明的。现在我们还需更进一步!

即便在已然进入了张力和彼此在相互排斥的各潜能阶次中,神也始终实存着。潜能阶次的神性或者说神性存在尽管被悬置了,但正因为如此,神性实存的**形式**或者**方式**就成了另一种,而不是说神自身的实存被取消了。神在潜能阶次的张力和撕扯中的实存,跟他在统一体中的实存是完全一样的。但既然神作为处在彼此排斥状态下的各潜能阶次中的神,跟处在统一体中的神是相同的(处在张力中的潜能阶次只不过是被自由意愿的神之实存**形式**),那么就此而言,在每一潜能阶次中,神都是一个**他者**;他是一个不同于作为从其自—在中走出的神的他者,一个不同于作为带回者和克服者的神(这个形态下的神据其本质要把被设定在自己之外的东西带回其自在中)的他者,也是一个不同于作为应在者的神的他者,也就是说,在现在彼此排斥的三重形态的任意一个中,神都是一个他者,但他并非另一个神,因为神之为神,并不在于他是这三重形态中的某个特殊形态,而是在于,他是三个形态不可消解的统一体；所以，尽管神的存在是多重的，但并不存在多个神，相反，只有唯一的神。凭着上面的反思，如**各位**所见，我们就再次被引到了**一神教**概念上，这个概念也是一切真正宗教的最高概念，正因为如此，对错误的宗教的（客观）说明也必须从这一概念出发。我们已经在先前的演讲里单独讨论过这一概念，我在这里只是再次提醒**各位**它的要点。我们先前已经区分了概念中的一神教和作为教义的或者现实的一神教。在后者那里，潜能阶次是彼此相互排斥的，进而一种在神之中的现实的多重性就被设定了。因为神之中的这种多重性在张力爆发之前只是潜在的，所以我们就把这种情况称为概念中的一神教。但这种一神教自身也给作为一神教最终构想的现实一神教提供了基础，即神并非（像在纯然的有神论中那样）干脆就是唯一者，相反，神是**作为**唯一者的神，或者说对神所具有的唯一性的断言不可能是一种纯然否定性的，它只可能是一种肯定性的，即断定性的断言。而唯有一种多重性在某个存在物中被设定的情况下，对唯一性的断言才是断定性的，进而这一存在物的统一性也就如其所是地得到了断言。Posita pluralitate asseritur unitas Dei qua talis [断言神之统一性的方式就是设定多重性]。对神之统一性进行现实断定的条件是，神之中的多重性首先要被设定。但这种断定性的断言唯有依靠我们的概念才是可能的。因为神 a) 是自在存在着的精神，b) 是独立自为存在着的精神，c) 在自—在中独立自为存在着的精神。从这一方面来看，神诚然并非纯然否定或者排他意义上的独一者；如果我们用三个字母来标识这三个概念，那么神就并非纯然的 a，纯然的 b 和纯然的 c，而是 a+b+c，也就是说，神有多重存在，但并不存在多重的神，

XIII, 282

而这正是因为他并非作为 b 或者 c 这样的特殊样态,而是唯有作为 a+b+c 才是神,所以尽管他是 a+b+c,但并不存在多重的神,存在的只有唯一的神;如此一来,这才是一个断定性的断言。一神教作为一个**有区分作用的**概念,作为全然进行区分的学说,不可能处在纯然的否定中,而是必须处在断言中。这一断言不可能包含在下面这点中,即神本身笼统地就是唯一者;因为凭这一点所道出的,始终只是神并非多重的神,仅此而已。通常对一神教进行宣讲的错误就在于,人们自以为,在一神教这个概念中**直接**得到断言的就是统一性,然而直接得到断言的反倒是多重性,统一性唯有在与这种多重性的对立中才会如其所是地得到断言。更进一步说,如果在恰当的概念中统一性得到了直接断言,那么它反倒会直接陷入一种矛盾;这种直接的断言否认了神在作为某个潜能阶次存在时也具有的独一性,比如在作为我们刻画为第一潜能阶次的神的时候,他也具有独一性。据其存在的各形态来看,神并非唯一者,而是全体,也就是说,具有多重性(因为全体就是得到了闭合和完成的多重性)。但这一多重性首先是在潜能阶次的分离,亦即在进程中才**作为**自身凸显的:而在这一过程中,自身性随即也**作为自身**得到了展示;因为**神**是潜能阶次中的存在者,是在其中进行着运作和创造的神,作为这样的神,他并非多重的神,而是唯一的神,如此一来,在这一点上,一神教(作为学说)也就被**道出**了。从被如此把握的一神教出发,多神教才可能被推导出来。因为如果我们**不**在它们与神的关系中考察各潜能阶次,而是如它们在相互排斥中所显现的那样考察它们,那我们就必定会认识到,它们作为自身是在其神性之外被设定的,也就是说,它们是在 πνεῦμα [精神] 之外,在纯粹的现实之外被设定的,在神性中,它们自身等同于神,所以在神性的对立面中,它们并不是神,但也非彻底的**非—神**,它们只不过并非**现实地**是神,它们的神性是被悬置的,但并没有被取消,而如果多神教能得到**切实地**说明,那么说明某种**外在于**神 (praeter Deum),但在此情况下仍不是无,也并非彻底的非—神性的东西如何能够存在,则恰恰就取决于上面的阐述。这种意义上的多重性,关于其中的各个要素,人们不能干脆在随便一种意义上就说,它们不是神,也就是说,在这种情况下,把这些要素设想为多重的神的**可能性**无论如何也是存在的。**纯然的潜能阶次**(我请**各位**一定要注意这一点)恰恰只有在张力中才是潜能阶次,也就是说,只有在进程中才是潜能阶次,但当走出自己者重新被带回到自己之中时,在进程的终点(我们诚然已经把这一进程规定为神谱的进程了),在各潜能阶次再次被确立为它们的原初本质时,它们就不再是潜能阶次了,而是再次等同于神自身。以这种方式就能把握,神自身 XIII, 284 如何在人类中存在,甚至还能把握,人类据其**原初的**存在,如何就是得到重建的完满精神自身。而这一点也就把我们引向了创世进程自身。

因为潜能阶次彼此相互排斥,不过正如我已经指明的,它们仍然必须存在于同一个东西、同一个位置中,所以这种共同实存不能被设想为一种安静的共同实存。当开端这一本原——在其中,纯然的自—**在**者,即永恒的被遮掩者,神性真正意义上的神秘幽暗实实在在地得到了开显,开端的本原是注定不可见的本原——,尽管如此,当它绽脱之际,它就以排他的方式首先作用于那个在神中**对神**而言是主体的东西,即神性纯粹且**纯然的**存在者;当那个对纯存在者而言是**主体**的东西,即先前是它的设定者的东西,把自己从它那里抽离走,甚至自行转变为那个反倒在排斥和否定它的东西的时候,当这件事发生的时候,那个先前不具有任何本己性、全然无自身、在神性生命纯粹的现实中被彻底吞没的本原,现在就被迫成为一个独立自为的存在者,也就是说,经由这种排斥,它得到了假定和实体化;**通过**先前尚不存在者(也就是仅仅处在原初状态,因而没有对立和冲突的存在者)仿佛不曾预料地产生的新存在,也就是通过这个新的、带来冲突的存在(它恰恰是在先前一无所有,也就是没有冲突的地方产生的),**纯存在者自身**(即先前无潜能阶次者)被潜能阶次化了,它得到了一个潜能阶次,但也正借着这一点得到了一种在自身中的生命;正是这一否定,或者说,正是纯存在者被否定、被设定为非存在者这件事情,给予了它在一自己一之中存在,而它先前是在自己之外的存在者,这一否定使它成了**必须**存在者或者**必须**运作者,它运作的方式就是必须力求把自己重建到其原初存在,即纯粹无潜能阶次的存在中,而在那个应不存在者(尽管它现在**存在着**),也就是那个已然在进行运作的意志(其实它本不该运作)被再次带回到其虚无,即它的非意愿中之前,这种重建是不可能发生的。但正是这个意志——它其实是应不运作的意志,就**此**而言,我们大可把它称为非意志,这里的"非"跟非命、胡作非为等词语里的"非"是一个意思——,正是这个非意志,把第三潜能阶次从其存在中排除出去了。第三潜能阶次自身是不可能**进行运作**的,因为除非作为它所是者,即作为自由,**作为**纯净的精神,否则它是不会在存在中到来的,但正因为如此,它要通过第二潜能阶次的中介才能被重建到存在中,而在后者使非意志放弃自身的时候,非意志恰恰借此又成了最高者,即真正意义上的应在者、作为**自身**存在着的精神的设定者(成为它的王座)。

我们已经把第一潜能阶次规定为应**不**存在者,把第三潜能阶次规定为应在者。依据这一规定,第一潜能阶次才有可能被视为**应不**存在者,进而从这一点出发才能进一步得出,一种恶的本原因而就会伴随着这个应不存在者一道被同时纳入进程中,这一本原无论如何都不能被假定为某种神所意愿的东西。但在关于某个本原的下面两种说法间,有一种非常大的区别:它不**是**应在者(在这里,它只是没有作为应在者被**设定**),另一种说法是:它是应不存在者,也就是说,它就应该**不**存在。或许在这里用拉丁语会更加清楚,而且关于这一问题,拉丁语的表达是好是坏其实无所谓:在 quod non debet esse [不应该存在者] 和 quod debet (debebat) non esse [应该不存在者] 之间有一种彻底的区别,也就是在不应存在者和应**不**存在者之间有一种彻底的区别。唯有在**后一种**意义上,第一潜能阶次才是应不存在者。在所有被统合起来,而非能直接完成的行动中,纯然是手段的东西并非**真正意义上的**应在者,但它仍然是相对而言的,也就是关联于目的的应在者,如此一来,那个尽管注定要被克服的本原,也能是一个被神意愿的本原;这是矛盾的,"神通过手段来进行意愿"这个说法似乎同样也是矛盾的,因为每个人都会觉得这是个完全错误的命题,除非神始终都是通过手段来管理世界的。这个本原诚然只是为了能在紧随其后的进程中被说明为应不存在者才得到凸显的。既然现在它已经作为应不存在者得到了**说明**,那它的形象也就发生了改变,进而假如存在着某种力量,使这个非存在者逆着由创世得到说明的神之意志而再次被提升为**存在者**,那么无疑,这个存在者就仿佛是神性的违逆者,进而就此而言乃是恶;但在这里说的却并不是这么回事。同样,我们在这里称作非意志的东西,也不就是恶。当那个其实应该不去运作,但也由于**神性**意志而已然运作起来的意志,在现在,也就是当下**可以**运作的时候,当这个意志,在它通过那一进程才被**说明**为不可以运作者**之后**,在它通过某种神性**之外**的力量(因为神性的力量是否定它的)能够再次变得具有肯定性的时候,它才会再次称为非意志,但这种非意志已经是另一个**完全**不同意义上的非意志了。与此同时我也很想把那一进程的**一般**过程重演一遍,因为它对整个接下来的部分是本质性的,各位也能够在任何时候最清晰地回顾这一进程的关联脉络。

如果那个通过张力被设定的进程就该是**创世**进程,那么我们就必须首先把它思索为一个此地展开的、分阶段展开的进程。我们能在何种程度上论证这一预设的合法性呢?假如潜能阶次间的张力,或者在真正意义上来说,假如那个逆向者,即开端的潜能阶次(即张力的引发性原因)直接地、仿佛**一下子**被克服了,那么统一体就会在没有中间环节和可区分的环节的情况下直接地被重建。既然在此进程中所能发生的,除了它的产出者所意图发生的东西之外再无其他,那么如果我们的假定是正当的,即在产出者的意图中,确切地说,在其终极意图中所蕴含的无疑就是,使克服的过程以分阶段的,进而次第展开的方式发生。因为对于产出者自身来说,这一进程的各个环节是纯然逻辑的还是实际的,都可以等而视之;**他**知晓这些环节的方式并不首先在于,要把它们彼此相分离地设定为现实的。通过这一进程的次第展开而应达成的意图,因而只可能是一个在受造物中才能达成的意图,确切地说,它必定在最终的最高受造物中才被达成,因为唯有较之于最终的受造物,一切先行的东西才会表现为层次或者环节,它们就像并不是为了自身,而只是为了那个最终的造物而存在的。但在这个最终的造物中,什么能被达成呢？很显然,在**它**之中,那个作为进程的引发性原因,并在整个进程中在自己**之外**存在着的本原,重新被带入了自己,带入了它的**自一在**中。但正因为这一点,被重新带回到自身之内的己外存在者就是已然在走向自身者,对自身有所意识者。尽管如此,但这个自行—走向—自身的过程的本真时刻只在进程之**终点**,或者说,它唯有在进程的终点中才会与自己的本真时刻**相逢**,所以我们也可以说：整个进程不过是那个在人类（作为最高和最终的受造物）中对自身有所意识者**逐步**走向自己的过程。这个最终的对自身有所意识者因而也就会对整条道路和一切环节有所意识,仿佛也会对这个被带回到自身的过程中所有的酸甜苦辣也有所意识。这一进程的全部要素不会纯然作为可区分的,而是会作为现实得到区分且每个细节都被觉察到的进入这个最终的意识。最高的理智,得到了完成的科学仿佛就会居住在这一最终的意识中。如果我们像当今这样,再也碰不到这种处在人类意识中的科学,如果人类意识必须再次获得这种科学,而且还**力求**超越这种科学已然现实获得的成果——正如"哲学"这个名称所已经暗示的那样,哲学就是一种"力求"——,那么从这一点出发就不能得出,这样一种在自身中保藏和区分着其道路或者生成过程之全部环节的人类意识**不**是创世的原初意图。因为正是如此我们才力求那种科学,因为它本就该存在于我们之中,因为它们属于我们的本质。

XIII, 287

柏拉图已经提出了这样的学说（确切地说，这种学说甚至可以说是从古代流传下来的），即一切真正的科学都是回忆，进而一切对科学的力求，特别是对哲学的力求，就是在力求重新回忆。我们在科学中所力求的，恰恰就是再次认识我们自己，也就是认识那个曾经在我们之中存在的"人"，这就是在力求那种真正中心性的、从中心点出发对一切进行着纵观的认识，而这种力求活动自身，就是对下面这回事情不可置疑的见证，即人类意识原初地就曾处在这种认识中，并且本就该在它之中。

所以这个进程就是一个次第展开的、通过各个环节而不断前进的进程，在其中，那个由自由行动设定的张力只能分阶段地被消解。那个对抗性的、进行着抵抗的意志并不是一下子被克服的，而是逐步被克服的。这个意志在每一环节中在何种程度上被克服，取决于产出者的意志。但既然引发性的意志在每一环节中都会在某种程度上被克服，既然在对它进行着克服的另一个意志，唯有在这个被克服的意志中才会**自行实现自身**（因为这个意志的自身由于未被克服，仍在进行这抵抗的意志而被排斥在存在之外了），那么在此过程中，这另一个意志也就同样在一定程度上在每一个环节被实现了，如此一来，第三者，也就是真正意义上的应在者，就始终且必然地在一定程度上被设定了。也就是说，以这样一种方式，特定的形式和构造活动自行产生了，它们都或多或少是最高统一体的拟像，而**之所以如此**是因为，它们在自身中呈现了全部潜能阶次，乃至自身成为在自己中得到了完成和完结的真正意义上的物（οὐσίαι [存在者]）。这些物因而也就是回转到自己原初之无中的非意志的产物，然而正因如此，它们并非这个意志单独的产物，相反,它们也是另一个使前一种意志得到和解,或者按柏拉图优美的表达,仿佛在劝服着它、对它好言相劝的意志的产物,并且还因为,**在**正在被克服的意志设定最高者,即真正意义上的应在者时,被克服的意志才能够放弃自身,而应在者对它来说在整个进程中都浮现**为**目标(典范、样本),在它身上,被克服的意志仿佛才有它所指向且在自身中力求道出的东西,所以就此而言,第三潜能阶次必定处在一种**持存的**产生状态中;而每一个物之所以能获得**持存**,就是在于第三潜能阶次在它们身上展现出了一定的实际化程度(尽管它在每一个物身上所展现的实际性距它自身尚远);它完成和结束着每一个物,或者像东方人表达的那样,它仿佛在对每一个业已生成的东西进行最后的认证,它是真正意义上的**完成者**;正因为这一点,第三潜能阶次也是进程中给予运动以尺度的力(vis moderatrix),进程的各个层次都是由它规定的,这种力使每一个层次得到稳定和静息,使它们持留停驻,成为切实不同且能得到区分的环节,**第三潜能阶次**就是在前两个潜能阶次之间起着决定性作用的潜能阶次,当第一潜能阶次被第二潜能阶次在其被产出的样态上接纳时,第一潜能阶次就会遵从**第三潜能阶次**,当第二潜能阶次不再继续克服已然得到了一定程度克服的东西,而是让之**持立**的时候,第二潜能阶次也就同样在遵从第三潜能阶次这个更高者。第三潜能阶次是通过自己**纯然的**意愿,在其实并没有进行运作的情况下,把每一个生成者保持在其层次上的潜能阶次。

　　因为第一本原据其自然本性而言只有无条件持存的意志,而另一个本原只有无条件地克服第一本原的意志,所以必须有一个让前两者都屈从于自己的第三本原,前两者主动把它承认为一个更高的，并且一定程度上无法染指的本原。

据此，每一个产生出来的东西都是三个潜能阶次的共同作品，正如**各位**现在所见，这三个潜能阶次现在表现为德穆革式的(demiurgische)、宇宙的^① 潜能阶次，一切具体之物只有基于它们的共同作用才得以产生：它们自身仍是纯粹精神性的潜能阶次，即便那个盲目的开端存在者，即有待克服的**对象**，也就是整个进程的基础 (ὑποκείμενον [基底])，即便是它，在自身中也仍然是一个纯粹精神性的东西，正如一个被激起的、在我们心中被点燃的意志也仍是某种精神性的东西；我们甚至还必须注意，这一处在其被点燃的纯净状态中的意志，在它还没有通过另一个意志得到静息，还没有被它影响的时候，甚至会表现为一切具体之物的对立者，唯有在与另一个意志的关系中，它才会逐步具有质料的特性，这个意志是自然的在先者和先行者，是造物者的面貌（东方人就是这么说的）和序言，它就像《旧约》中的神一样，没有人可以看到他和在他面前**活着**，这恰恰是因为在其存在中，它是一切具体之物的吞噬者，如此一来，它才必定已然成了过去，以便受造物能够得到存在之地，所以唯有当它在真正意义上变得不可见的时候它才变得可见，也就是说，当它被覆盖上受造物的形式，也就是被其所掩饰（**通过**这一形式自身，它才变得不可见）时，它才变得可见，它是不可见的—可见者，可见的—不可见者。当我们现在把各潜能阶次把握为宇宙的、德穆革式的原因时（在这里我还是要略提一下之前做的区分，

---

① 谢林在这里用的是柏拉图《蒂迈欧》中的表达，指各潜能阶次以一种对万物进行塑造的方式成为创世的力量。——译者注

据这一区分,开端的本原是引发性的,或者我们也可以说,质料性的原因, causa quae materiam praebet,它为整个进程给出了基础,我们也可以说,它是 causa ex qua;第二潜能阶次是形式因,或者 causa per quam [指向"所是"的原因],第三潜能阶次是目的因,在 quam [所是] 或者 secundem quam [已然完成的所是] 之**中**,它作为目标,一切都指向它而发生),我们也就恰恰借此把它们设定为**相对的**在神之外的原因,这一点对接下来的内容至关重要,神性者存在于各潜能阶次中(神性者只存在于统一体中),而它们宇宙的或者德穆革的功能也能得到完全的区分。但既然在每一个产物中(不管它们离最高的统一体有多远),统一体仍以**一定的**方式得到了设定,并且因为**那个**仿佛只有在它之中,三重潜能阶次所产出的**特定**被生成之物才会具有统一性的意志,始终只可能是神性自身的意志,那么就**此**而言,在每一事物中至少都浸润着一种神性的闪光和显像,在最严格的意义上来说,**若无神性的意志,无物存在**,甚至连最卑小的事物也不会存在。

如此一来,我们从现在开始就有理由说:由自由意志设定的张力所引发的进程就是创世的历程,进而同样也有理由再次表明,先前关于一神教的讲座的结论,也就是作为体系和学说的真正的一神教,唯有伴随着创世过程才会出现,如果不同时认识创世过程,那一神教也不会得到认识。也就是说,如果一神教是真的学说,那么一种能在自身中认识自由创世过程的学说也是真的。

第十四讲　论创世与时间的开端

若无世界,神就不是神,这话在近代的意思就是:正如人们所言,如果神不已然贯穿于自然,贯穿于有限精神的领域中,那他就不是神,不是绝对精神。这句话是否定哲学所带来的常常会被提到的误解之后果,在否定哲学中,神,也就是神的**理念**,虽然以自然世界和精神世界为前提,但这很明显只是在构想中,或者在纯然的逻辑运动中,唯理论哲学唯一拥有的就是这种逻辑运动。诚然,在《自然哲学的数学原理》著名的"附释"中,牛顿说:Deus est vox relative [神是个相对的概念]。神唯有作为主宰才是神,可要是没有被他主宰的东西,他就不是主宰了。但神在世界**之先**已然是世界的主宰了,也就是作为能设定或不设定世界的主宰。也就是说,唯有**能够**成为创世者,神才切切实实地是神,但这一断言跟下面这种人所共知的断言有着天壤之别:如果**没有**世界,神就不会是神;因为神已然作为纯然潜能阶次的主宰现实地就是神了,进而即便世界绝不实存,也就是说,即便神把潜能阶次始终作为可能性保持在自己身上,神也会作为能够设定世界的神而存在。对诸如"神在人类中,或者就算不在人类中,也是在世界历史中,才获得自身意识"这样的命题,人们大抵一般都是以归谬法来反驳的,确切地说,是即刻就无条件地对之进行反驳,但这样的命题从来就没有被视为得到了承认和言之有物的哲学命题。

创世这个概念既跟下面这样的假定是对立的,即据这种假定,世界只是神性的**自然本性**的后果(而非神性意志的后果),也同样跟下面的看法对立,据这种看法,尽管神应该**自由地**决断或外化为自然,但是他自身却卷入了世界进程,或者说,自身成了进程(这两种观点之间并没有真正的区别)。尽管依据我们的阐述,世界是通过一个由神设定的进程产生的,但神自身并没有卷入这个进程,因为他毋宁是作为原因持存在世界之外的,他作为**绝对的**原因,作为causa causarum[原因的原因]超越于业已提到的三重原因,毕达哥拉斯主义者曾经就对这种绝对的原因做过规定。此外,人们也必须公正地认识到,那些把世界视为神性自然的纯然后果,视为纯然推论的神学家,他们的主要理由在于,人们不可能从其他方面以任何一种可理解的方式驳斥他们,甚至费希特也在他著名的论著中说道:关于创世这个概念,在哲学中才首次得到了可理解的言说。

但如果我们问,对可理解的创世学说而言,什么是尤其不可或缺的,那无非就是下面这个唯一的要点:如果世界不该表现为纯然神性自然的流溢,而是应该表现为神性**意志**自由设定的创造,那么根本不可或缺的是下面这回事情,即在据其自然本性的神之永恒存在,和潜能阶次的张力由以直接得到设定、世界也由以间接得到设定的行动之间,存在着某种居间的东西。若无这个居间的环节,世界就只可能被设想为神性本质直接的,进而必然的流溢了。我们已经在神在他自己本质的自在存在者身上获悉的可能性中,指明了这一作为居间环节的手段,而这一从自在存在者而来的可能性,直接把自己蔓延到了神之本质的其他形态上。我们已经强调过,这一可能性是神性认识的最初对象,进而也是那个首先(这里的"首先"是说,并不是据时间,而是据其存在的方式)——正如人们习惯说的——自永恒以来打破了神之存在的单调性的东西。当第一潜能阶次进入了朝向第二潜能阶次的关系,即当第一潜能阶次在**此**程度上被设定为肯定的,也就是说,当自身作为否定性的第一潜能阶次在**此**关系中颠倒过来把自己提升为第一潜能阶次,提升为肯定性的,那第二潜能阶次也就被否定了,由此,在神性的内部也就出现了最初的、在所有的潜能阶次中都能感受到的动荡,但各潜能阶次仍没有现实地从神性的内在性中绽脱,当第一潜能阶次在神性的内在性面前嬉戏时,其他潜能阶次也只是朝着这个仅仅暂时具有实体性的潜能阶次而踏入自己的实体性中的。因此,第一潜能阶次就是真正意义上使神愉悦的对象,并且同时也作为手段,使神在其中知悉了各个潜能阶次间彼此一切可能的位置,从而知悉将来可能的种种图景的整个序列,并知悉整个未来世界的序曲。因为当神发动它们时,它们就成了实在的根据,从这一根据中,神把在否定哲学中纯然作为可能性出现的一切环节唤起为现实,基于这一根据,神能把这些可能性的整个构造作为现实的来完成。① 未来的种种图景作为

---

① Κάλει τά μή ὄντα ὡς ὄντα [使非存在者作为存在者]({《罗马书》, 4:17):神把世界的构造从潜能阶次中,从可能性中唤入现实,在这句话里 ὡς ὄντα [作为存在者] 可以理解为,相对于**神**而言的存在者,也就是说,相对于**神**而言世界的构造并不是 οὐκ ὄντα [不存在者],即绝不存在者。对神来说,世界的构造是 ὄντα [存在者](纯然可能的东西对它自身而言并不是 ὄν [存在],但这并不妨碍,它对于另一个东西而言**是存在的**,这个东西恰恰因此具有理智)。这句话里的 ὡς ὄντα 也可以说明为:神把非存在者呼唤为仿佛存在的东西。在希伯来语中,בָּרָא [来自虚无]的意思就是从潜能阶次中唤醒(比如从安静中、从睡眠中唤醒),至于希伯来语里的"无"的意思,在多大程度上可以回溯到"潜能阶次"上,在这里无法确定,但"唤醒"的意思等同于从潜能阶次中提升,也可以见《以西结书》,36:29。——作者原注,来自1854年的日历。谢林所引《以西结书》经文为:"我必救你们脱离一切污秽,也必命五谷丰登,不使你们遭遇饥荒。"——译者注

种种外观在神面前倏忽而过,然而在确然的意志参与进来,设定现实的张力之前,它们仍非持存不变的图景。美妙的希腊词 ιδέα 所指的实际上不是其他,正是我们德语里的"外观",确切地说,它的意思有两种理解,它既是观看和目光自身,也是在外观中倏忽而过的东西。通过这一阐述,关于事物的这些永恒原型的学说——即便是柏拉图,也仍只是把它认作古代流传下来的东西——所包含的意义,无疑比通常认为的更具实际性;人们把握到,以此**方式**,理念就是神和事物之间的中介者,也就是最高的统一体和种种特殊的或者说有特定样态的统一体(我们把它们称作事物)之间的中介者。因为当人们要了解"神是**纯然**全知的"的时候,一般都会用使徒的话:γνωστὰ ἀπ' αἰῶνος τῷ θεῷ πάντα τὰ ἔργα αὐτοῦ,神自永恒以来就知道他的全部事工。① 在这些事工得到实现以前,它们就作为创世者的愿景现成存在着了。所以,一旦人类的知识和回忆重新触到那个作为一切与神不同的存在之最初动因的原初潜能阶次时,就会得到喝彩和称赞,这事并没有什么好奇怪的。原初的潜能阶次会被饰以神圣的形象,比如罗马人在普雷内斯特崇拜的初生之福尔图娜女神,未来的世界主宰宙斯,就以**孩子**的形象憩息在女神的臂弯里。**初生**之福尔图娜意味着原初的偶然之物,最初的纯然可能之物而非必然之物,它并不属于神性的本质,却也不可与神分裂,它把神存在的样子呈现给神,随即当神唤起它的时候,它也始终保留着作为纯然被假定之物的自然本性,进而始终都是一个 adsciti quid[异在之物]。作为世界的乳母,世界的母亲(因为它就是未来世界的纯然

XIII, 294

---

① 《使徒行传》,15:18。——作者原注

质料),这个原初潜能阶次在希腊人的各种神话表象中也得到了崇拜。在印度,**它**叫作摩耶(Maja),也就是在创世者眼前张开的假象(即纯然的显像,而非现实)之网,它仿佛能攫住创世者,进而迫使他进行现实的创造活动。

以类似的方式,也就是以仿佛在神性理智面前进行预演的方式,这一本原(也就是那个曾经成为现实,并把整个现实向着自己拖拽的本原),也在之前提过的《旧约》里的文段中得到过表达,那里说:"在他道路的开端,在他的事工之前,**从那时起**,主宰①就**拥有了我**。自永恒以来,自开端以来,在有大地存**在之前**,我就已经安置在这里了。在有大海和水泉之前,在群山拔地之前,我就已然就绪。在主宰立定高天的时候,我就在那里,在他为大海设定周期,为大地奠定根基(在世界体系出现的时候)的时候,我就在那里,我是他的孩子,或者说,我寄宿在他那里,在他面前,在他的地基上,我永不止息地**嬉戏**,而我最大的乐趣则在作为他孩子的人类身上。"②(最高者和最完满者)

人们或许会问,那个在其现实绽脱中表现为盲目存在者的开端潜能阶次,在这里又以"智慧"这个名目来刻画,这是如何能被设想的呢?我觉得下面这个答案是充分的,神的自在存在者正是根据,是主体,进而作为根据和主体,它也就作为就此而言的非存在

---

① 在希伯来语יהוה [耶和华] 中,古代的译经家已经表达出了其中 ὁ κύριος [君王] 的意思,所以在近代语言中,神真正意义上的名字也就跟希伯来语里的"耶和华"一样,变成了"主宰",他并非纯然的存在者,而是他**自己**的存在的主宰,并由此也是一切存在的主宰。——作者原注

② 标准译法见《旧约·箴言书》,8:22-31。——译者注

者,即神性之中原初地进行知识者(Wissende)而存在(主体始终对于它而言是主体的东西,在进行知识的关系中才持立为主体,在这里,开端这一本原诚然还不是在其绽脱状态中,而是在其内在状态中,先于一切现实存在地被设想的)。但我还是更乐意重新提一提已经得到指明的东西,即正是这一本原,在其**终点**,也就是在对它全然的带回中,是对处在关联脉络中的一切进行着知识的本原,是把握着开端、中点和终点的意识,也就是说,它实际上就是智慧。但在许多其他情况里,尤其在神话里对"智慧"这个词的用法,跟上面的说法也并不矛盾,在这种情况下,这一本原同时也可以依据那个它最终注定朝向的东西来称呼,如此一来,它也就预先被称为智慧,המכוה 了。既然知识者是现实之物的对立物,那么它就完全处在可能性这一边。一切知识活动之为知识活动,并非自身就是**存在**,而只是存在的**能够**,也就是一种对存在的忍受,一种存在的能够,或者说,在与对象的关系中,知识活动是**一种力量**,一种潜能阶次,正如就语言用法来看,在许多情况下,"知识"和"能够"是同义的;甚至在希伯来语的基本含义中,**潜能**、力量和权力是同义的。另一种不同于神的存在的潜能阶次就**隐藏**在神之中,它首先对神自身显现为某种先前并没有被看到的东西。这个隐藏在神之中的存在(它之前压根**不**存在,正是因为它首先只是可能的存在,所以它能跟神的存在彼此区分)必定是从神出发的,以便当它返回的时候,作为知识者或者说以知识的方式,在它首先以非知识的方式曾存在于其中的神之中存在。在它从神出发的走出中,这一本原诚然毋宁是对神或者神性统一体的否定者;但正是这个神的否定者,在重新将它带回神那里的过程中,反倒成为神的**设定者**,进而也成

XIII, 296

为对神的**知识者**。这一开端的本原在其潜在状态中还处在原初状态,即前置状态中,它是整个运动的在先者,但它在此情况下,并没有把自身知识为自身。在复返中它又再次回到了原初状态,但这种原初状态是对自身进行着知识的原初状态,也就是说,是对整个运动的有**理智**的状态。

理智 (Verstand) 这个词跟前置状态 (Vorstand) 原本就是同一个词,ver 这个前缀在许多动词中都有 vor 的意思①,比如 versehen 可以用 vorsehen 替换。就此而言,理智也就等同于前置,quod praeest[前置之物],也就是在先者,就此而言,前置状态 (Vorstand) 也就等同于原初状态 (Urstand)。"原初状态"这个词自近代以来用得很少,它所刻画的,正是某物从中出发的那个东西。比如说,植物的**原初—状态**是种子。而原初潜能阶次其实就是原初状态,是整个进程系于其上的东西,如此一来,它就是前置状态和原初状态,进而在运动结束的地方,就处在对整个神性运动有理智的状态中。它始终贯穿于整个运动中,尽管屈从于一种持续不断的反转,但它据其本质始终保持为相同者。也就是说,如果它从运动中被带入止息,被带入其自—在,被重新带入作为潜能阶次的自身,**那么它就不再纯然是神性存在可能的理智,而是现实的理智**。或者说,在其让它止息和把它重新带回的过程中,它被设定为神性存在的**底座** (Unterstand),即 id, qoud substat existentiae divinae explicitae [神性存在得以显明的基础]。而"底座"这个词还是理智这个词的一种变体;在德语被称为理智的,在有亲缘关系的盎格

---

① 在德语里 vor 这个前缀放在动词前表示"预先""先行"地进行这个动作。——译者注

鲁撒克逊语中就叫作底座,在英语中现在还有 understanding 这个说法。根本上来说,这些都是相对于同一个事情的同一个词,只不过"前置状态"这个变体是就其作为在先者而言的,而"理智"这个变体则是就其最后或者说最终注定朝向的东西而言的。既然我已经做了这种词源学上的强调,那我就仍想强调,这个词跟希腊词 ἐπιστήμη[知识]也有一种相近的亲缘性;这个词来自 ἐπίσταμαι,即"我知道",它是伊奥尼亚方言对 ἐφίσταμαι 的改写,它的意思同样是:我停驻在这里,同样,理智的意思不是其他,正是被带入持立的原初潜能阶次(它原初地是非持立者、非恒驻者;理智则是作为自身被设定的、借此得到固定和持立的原初潜能阶次,即从运动中回转到止息状态,进而现在自行据有着自身的潜能阶次),这个词(ἐφίσταμαι)在这里不仅意味着:我停驻在这里,而且也意味着:我对某物有力或者能支配它,因为已然成为他物之主体和底座的东西,恰恰凭着这一点对这个他物有力或者能支配它。

恰恰是同一个主体,同一个原初的能在者(它贯穿于自然的全部环节,并且在自然中在客观性的形式下显现),在其种种转换活动的最后,发现自己在人类**自我**中被重新树立为主体,就算人类不去充当仿佛整个过去遗产的继承者,没兴趣去成为一个全新运动的开端,就算人类不这么做,那个主体也会作为精神性的据有者,乃至作为一切事物的推动者处在人类之中,但即便主体失去了这种它曾经拥有的对事物的质料性**支配**,只要它在自己的位置上保持不动,那它就始终保持着对事物形式上的力量,而这正是**理智**。对理智这种与生俱来对事物的支配力量进行表达的,是各种普遍概念,凭借它们,人类现实地把握并处理着事物,比如实体、因果等

XIII, 298

概念,它们并不是从经验中才获得其约束力的,相反,它们的支配力和先天意义是出自下面这点,即理智自身不是其他,正是原初潜能阶次,是一切事物的在先者。在无视普遍的**纯粹**理智范畴的情况下,法国和英国的经验主义和感觉主义学派(洛克、大卫·休谟、孔狄亚克等等)的拥趸们势必总是陷入窘境,他们总是难逃下面这个问题:既然我们的感官总是只被个别事物影响,比如只是被这一棵树影响,在我们合乎本能地并因而无意识地处理对象时,这一对象仍然是凭借某个**普遍**概念而即刻得到称谓的,甚至一个孩子,当他在黑暗中约莫感受到某个他无法称呼的对象时,也会不加反思地脱口而出:这儿有什么东西,如此一来,这句话就像以不可思议的速度穿过了各种可能的普遍概念的整个阶梯,直至最高一级,而"存在者本身"这个概念就停留在这一级上,按照旧存在论,这个概念是 summum genus[最高的类],也就是最高的类概念。但**每一个**普遍概念都指向我们理智的力量,而理智则远远超越于一切经验的范围。我用"树"这个词所刻画的并非一棵或一百棵树,甚至也不纯然是所有**现实的**树,而是所有可能的、可思想的"树之一般"。也就是说,在这里,在概念中包含着一种超越于经验全部界限的可能性,而它只可能来自一种无限的力量,我们的理智尽管不据有这种力量,但它自身就**是**这种力量。要说明的并不在于,最高的类概念是理智与生俱来的(人们该如何设想这种天赋观念呢?),而是在于,理智,也就是唯一能够构造概念的潜能阶次,它自身不是其他,正是自行据有着自身的、已然返回到自身的支配一切存在的力量或潜能阶次,它的自然相关物只是存在本身,因此,在一切特殊的对象中,理智恰恰只是观视着存在者本身的东西,只是由于个别对象对感官产生的特殊印象才发生了变形。如此一来，正是那个盲目的，因而无理智的本原**将会**在自己被克服的过程中成为理智。一切**现实的**理智恰恰唯有在对无理智之物的支配或者统治中才表明自己。从心理学和医学的观点来看，疯狂和痴呆是不同的，但要说明这两种不正常状态各自跟正常状态是怎样的关系，就没有仅仅区分它们那么简单了。疯狂绽脱自人类本质的深渊，它并不**进入**人类，它显然就是某种潜在地已然在此、绝不进入现实的存在者，是应在人类中被克服的东西，但它始终都被某种原因推动而一直在进行着运作。在与其他某种现象的比较中，唯有疯狂这种现象能令人信服下面这种本原的实在性，这一本原是据其自然本性在**自己之外**的存在者，是被设定在自己的**潜能阶次**之外的东西，因而也是对自身无力的东西。但使人确信这一本原之实存的，不仅有上面这点，还有下述这点，即这个本原是一个在一切之中进而恰恰通常在最高的理智中也当下存在的本原，在这个本原**中**，理智诚然是作为被克服者和屈从者存在的，但理智本真的力量和刚强并不在这一本原全然不在场的状态中才显示自己，而是在对它的支配活动中才显示自己。因此，人们向来认为——尤其是一切具有创造天赋的人（恰恰是这一被释放出来、表现为疯狂的本原为这些人给予着创造的素材）——特别是诗人身上都有一种神性的疯狂（人们也可以说：他们被神性所支配），甚至还可以援引亚里士多德的名言来佐证这种看法：Nullum magnum ingenium sine mixture dementiae [没有一个天才不被疯狂侵染]。一些人以为，这话的意思是，越是疯狂就越天才，这无疑是误解了这句话。这话的意思其实是：如果疯狂没有被规制和支配，就不会有强大有力的理智，因为正如已经说过的,理智的强大唯有在它对对立物的支配中才显示自己。从这一点出发,下面这回事情同时也就清楚了,痴呆恰恰是由于那一本原所进行的全然排斥活动而产生的,对这一本原进行着支配的是理智,如此一来,痴呆只不过是疯狂的另一面,痴呆源自那个本原的非法运作,而疯狂则源自它的过度。但在痴呆中全然缺乏的,和在疯狂中全然进行着支配的本原,是同一个本原。痴呆的人缺乏他得以操劳的原初素材,通过理智对它的规制,而只有通过原初素材的规制,理智才能切实证实自己的存在。由于没有素材,理智就完全沉睡着。每一个人的内心必定已然被给予了一种原初的素材,人不可能从**外部**获得它,这种素材必定是自然本性自身的附属品,因为假如可以从外部获得这种对于一切真正的精神展开过程而言必需的原初素材,那么人们就无法看清,为什么痴呆的人会缺乏它,毕竟相同的理智素材,是从普遍的、已然开启的生命之源中流向每一个人的。各色各样的人主要还是由于这种与生俱来的理智素材而彼此各异的,而展开这一素材则是每个人的人生使命,每个拥有这样使命的人是何等的幸福!不过人们总是习惯于把理智跟**意志**对立起来:如果单就下面这点来看,即从理智中抽离出来的意志只是盲目、在自身中不识任何界限的意愿,进而是一种自身诚然无理智的意志,那这种对立是有道理的。但恰恰因为这一点,已然被带回到自身中、自行据有着自身,对自身有力的意愿也就是从自身出发的理智;就这一点而言,意志和理智仍是相同的东西,只不过有两个看待它们的方面而已。原初的潜能阶次,在其出发点是盲目的意愿,在被带回到自身之后,就是理智。理智只不过是盲目意愿的终点。人们说一种盲目的意愿不接纳任何理性、任何理智(在这里这两个词之间没区别),就这一点来看,理智就是某种意志必须**接纳**的东西,那么反过来也可以说,意志也就是理智的**主体**,在这里,在真正意义上被理解的主体一词是作为 id quod subjectum est [对某物而言是基底] 的东西;但作为理智之主体的,至少也能被视为潜在地或者说实质上能成为理智的东西。

我的本意是说明,这一本原如何能被称为智慧,如何能以便捷的方法让大家明白这一点。培根有一句广为人知的话:科学就是力量,science is power。如果科学本身就等同于力量,那么智慧,也就是一切存在的科学,只能在那个曾是**一切**存在的力量和潜能阶次的东西中存在。因此,如果这一本原在先前引用过的文段里被称为智慧,那这是完全合乎其切实的自然本性的,经由我们已经采纳的那种说明,跟先前的那种庸常的解释比起来,这段话也得到了更恰当的理解,在先前,人们把智慧理解为神性的第二位格。针对这一点,我还是要补充一些细节上的说明。

在人们之前的那种说法中,智慧是非常明确地跟耶和华,或者说跟主宰区分开的。"主宰拥有智慧",或者人们大多数时候也可以把这句话翻译为,主宰**获得了**智慧,正如人们对于某种不曾预料的东西所习惯说的,智慧降临到了主宰头上,因为智慧也不是某种先前已然在此的东西,而是后来才有的东西,即在主宰**存在**之后,它才作为另一种存在的潜能阶次而出场,或者说到来。主宰并不设定**智慧**,而智慧则把主宰预设为前提,可一旦主宰**如此**存在,智慧也会存在于此,智慧在主宰面前把自己呈现为某种主宰能够意愿或不意愿,接纳或不接纳到自己的意志中的东西。如此一来,智慧

XIII, 301

自身并非耶和华,并非主宰。主宰拥有,或者说获得智慧是"在他道路的开端",也就是说在他走出自己之前,或者人们也可以把这一点说明为,主宰把智慧作为他的道路(也就是他朝着特定目标不断向前的运动)的开端和动因来拥有。主宰拥有智慧,"在他的一切事工**之先**",这个表述是非常明确的,也就是说,即便甚至没有神,智慧也仍非受造物,仍非被产生出来的东西,进而正由于这一点,它就仿佛是神与受造物之间的媒介,因为它就是纯然的可能性,是未来的各种最初和最遥远的产生活动的素材。神并不把智慧作为**他自身**的可能性,反倒是作为一切其他在后来应当显现之物的可能性。"自开端以来,在有大地**之前**,我就已经安置在这里了。""我"在这里作为 princeps constituta sum [使产生活动得以存在的开端者] 被安置,而 princeps 这个词在这里的意思很明确,肯定指的就是"开端者",正如瓦罗 (Varro)① 在他对神话的讨论中(这些讨论一部分涉及语法,一部分还掺杂了些哲学)说道:principes dii coelom et terra,万物的开端者是天空神和大地神(各族群的神话也是以天地开辟为开端的)。瓦罗还区分了 principes deos [作为开端者的神] 和 summis deos [作为最高者的神],他认为前者属于**最初的存在**,后者属于最高的存在。② 在这个意义上,自永恒以来的智慧也就由于创世者的意志,被安置为一切生成活动的在先者和开一端者,创世者把智慧接纳为开端,接纳为起始点,他把未来生成活动的整个不可预见的进程系在这个点上。如此一来,智慧自身也就

---

① 马库斯·特伦提乌斯·瓦罗 (Marcus Terentius Varro,前 116—前 27),古罗马学者和作家,被誉为"人类中最有学识的人",与西塞罗和维吉尔齐名。——译者注
② 见"神话哲学",第 606 页。——编者注

不是神的**产出**:但在神那里,智慧是作为**孩子**存在的。这句话通常被翻译为:在神那里,智慧是工长,但这种译法跟接下来的文段不搭;"智慧在神面前嬉戏",这种描述跟孩子的形象更为一致,并且就语言这方面来说,用 nutritius,也就是**养子**来翻译这里的希伯来语也是恰当的(也就是说,智慧是真正意义上被接纳的、被收养的孩子,正如我们之前在还没有考虑过这点的时候就说过:神接纳、收养了这一可能性)。就这一点来说,必须一提的是,在《政治家》中,柏拉图也有段话谈到过**被共同抚育**的神性自然,在柏拉图的话里,神性自然作为**孩子**在神那里存在,也就是说,**并没有被驱逐出去**, intimae admissionis,仍然像在家中一样在神那里, domi quasi habita,它是神所喜爱的,"在神面前嬉戏",就像一个在父亲屋子里的孩子,也就是说,智慧仿佛一面镜子,在镜中神知悉到,**如果他去意愿**,镜子向他呈现和提供给他的未来之物就能实现,因为**自然就是**真正的可能性**总体**。在神面前,自然日复一日地嬉戏着,也就是说,为神展示着未来的、由于自然而逐步展开的创世过程的全部时日(全部重要时刻);因为神所意愿的,正是在自然中来培育他的行动的未来产物。但自然首要的旨趣在于,为神先行勾画了未来的人类,整个创世的目标就蕴含在人类中,自然自身在人类中才拥有自己最高的目标,进而只有在人类中,它才会得到最高的欢愉,因为那个普遍的**主体**,那个承载过创世所有的阶段与更迭,所有的欢欣与悲痛的主体,恰恰会在其最终的再次明朗中成为人类意识的本原,它注定在人类中走向自己,进而以此方式成为创世过程,即整个神性道路的共知者(Mitwissende)。

XIII, 303

我们先前已经在一些关于神话的讲座中指明了神话的深刻

意义;现在仍颇有必要在神话上稍作停留,关于"创世"这个论题,神话不管在意义还是内容上,都超出了《旧约》所能提供给我们的全部内容,它就像是从世界的神圣清晨而来,吹拂着我们的清新晨风。

人们必须承认,在神话的全部言语中,存在着一种**神性的**灵感,就算那些徒有虚名的下三滥地摊作家已经把"神性灵感"这个词用烂了,也不妨碍我如此评判神话。根本上来说,在我的这些演讲里,我所致力的就是把听众引回到下面这样的构想上,人们可以将之称为人类的原初构想,它们在任何时候都不曾离弃过我们,也没有变得对我们而言不可理解,就算有许多在某个瞬间看来显得非常重要的东西早已消失无踪,这些原初构想也仍会持立永存。它们是**真正**永恒的构想,ideae aeternae[永恒的理念],这些构想就像远古时期的山峰超出海平面那样,超越了时代的平庸,在时代的平庸中,一种除了庸常的机灵之外再无可称道的概念操作反倒被视为深刻的辩证法了。

现在已经得到了充分描述的那种可能性因此也就是我们必须在神的自在永恒存在和创世行动之间假定的中间环节,唯有如此,创世才能被把握为最自由的决断,除此之外,关于创世同样也应注意的是,我们不可能以任何方式先天地或者出自纯然理性地来把握它,关于它,我们恰恰只能说,它发生了,唯有如此,我们现在才能以下面的方式来阐述创世这个行动自身。在神的力量中,存在着这种在—自己—之外—存在的可能性,这一可能性向自在的神自身展示着自己,这个可能的他者始终都作为一种纯然可能的东西被保存在神那里。但支配这种可能的东西,也有权力让它(这个可能性就是神之神性真正意义上的奥秘)自由地绽脱,但这一可能性并不因此就**是**神性之外者,神的否定者,相反,愈发显而易见的是,一旦它因此成了现实的绽脱者,它就会正因为这一点而被逐步地克服,进而被转化为神的设定者,对神有所意识者。因为只有以这种方式而不是以其他方式——正如我们接下来会更加明确地看到的——神才能设定一个在自己之外的对他自身的意识,即便是更加高贵的人类精神,当它不满足于自身当下之所是,而是感到一种自然要求,要比他当下所是的更多时,他也会认识到,要实现这种要求——它是通常无欲无求的神性中唯一的要求——除了设定一个自身的他者,除了把它转化为对自己的认识者,除了在最高的精神中也预设这种要求以外,还能再做什么呢?因此,正如柏拉图所言,不幸的无能之神不配处在纯粹的现实中(我们也可以把这种纯粹的现实称为永恒的神谱),这个纯粹的现实不应当作为吞噬者而对外在于自己的一切怀有敌意,进而驻足不前,相反,这个纯粹的现实应当成为一个可被理解的、能被区分的过程,这个过程的全部环节会在一个最终的被重新带入统一体的意识中得到安放,并获得自身的统一。没有任何东西会阻碍神,恰恰把这个他者——也就是他神性原初的不可见者——在一桩最自由意愿的行动中颠倒过来,使之成为对他神性的遮掩者,因为神就是多重性的向外翻转和统一性的向内翻转,所以也能被称为 universio [被颠倒的一],然而在此过程中,**神自身**在自己之中并没有成为一个他者,尽管他同时也伪装自己,进而显得像是一个他者,在这一神性的伪装把戏或者说反讽的最后,对他本真意愿的反映会得到呈现,这就像在先知的预见中,主宰在他面前倏忽而过,首先是风暴来临,它撕裂高

XIII, 305

山,接着是地震和火焰,但主宰既不在风暴中,也不在地震和火焰里;只有在火焰熄灭之后,才出现轻柔的絮语,而主宰就在于其中。我们在自然的狂野和庞然可怖中已经见识了撕裂高山、粉碎岩石的风暴之威能,也同样见识了火焰和地震的遗迹,在大地被紧固于其根基上之前,地震是自然的事情。而在人类出现的那一刻,自然中的神性在其中再次临近的轻柔嘘气,则以自己轻柔的吹拂抚平自然的狂怒,因为下面这回事情是已得到了证明且不必赘言的,即在人类开始存在的那一刻,自然的风暴才沉默,火焰才熄灭,自然的全部环节、力量和潜能阶次在这个时候才开始谐动和鸣。

　　神不系缚在任何东西上,甚至也不系缚在他自己的存在上。我们不仅要关联于创世来承认神的这种自由(这种自由,就是从外部来看,能够成为另一个表面上不同于他内在地所是或就其真正意图而言的神),而且同样也要关联于统治世界来承认神的自由。正如创世进程自身从整体上来看,就是逐步得到揭示的神之奥秘,同样,从细节上来看,也同样存在着许多神对世界统治的奥秘。所有令人反感的东西,在世界的历程中阻碍着善的东西,从神意天恩的角度来看,都是神性的**考验**,因为除了直接让所有人自以为源乎神意的事情以走向自己反面的方式发生,还有什么能使人之决断的严肃性、使人对神之恭谦意志的坚定性得到考验呢?或许也可以这么说:如果世界上发生的东西全都遵循神的道路而发生,那么在神的道路上行走,也就是以神性的运动为自己行止的意义,就不会有丝毫技术含量了。因此,即便是神性的考验这个概念,也要以神的自由为前提,某种依照假象去做成的东西并不是神本真所意愿的。在创世过程中,倘无神性的自由,在对世界的统治中也就不会有自由和天意。所以对于真正的洞见而言，一切都取决于下面这点，即世界并不是作为神的纯然必然流溢，或者另外某个本原的必然流溢而显现的。避免下面这种看法是尤为**必要的**，即在永恒和创世之间有一个中间枢纽，一个把两者相隔离，同时使两者相互分离并对两者进行着中介的居间空间。如果人们以惯常的方式说，时间伴随着创世才开启，那么人们据此也得说，在绝对的永恒和**时间**之间存在某种居间的东西，它同时对永恒和时间进行着分离和联结。但这个处在绝对的永恒和时间之间的东西只可能是那个仍非现实地是时间，进而**就此而言**同时等同于永恒的东西，但如此一来也就有了下面这种意义上的永恒的**可能性**，即它就上述规定而言区分于绝对的永恒，但在自身中仍不存在时间的序列，因而这种永恒也就是真正的永恒。

为了把这一点分辨得更加清楚，我们还要把通常的说法，即时间伴随着创世或者说世界才开启，更加细致地探究一番。

古代的神学家们坚持断言，世界是**在时间中**被创造的。这种观点同时也是一种肤浅的有神论的标志，这种有神论也是在近代占支配地位的体系，不仅哲学家，甚至神学家都对"真正的永恒"这个更加明确的定义置之不理，并且自以为下面这种看法根本不会遭到反驳，即人们说，神自永恒以来就已然完成了创造，因为如若不然，人们肯定会反驳道，神绝不可能无所作为，也绝不可能清闲无事。但如果神确实自永恒以来，也就是从他存在那一刻以来就已然完成了创造，那么他就是依其**自然本性**完成创造的，他仿佛就成了一个必定要去进行生产和塑造的自然；这样一来，存在的只有必然的创世了。所以，为了克服这些难题，同时为这种肤浅的有神论辩解，近代的这些神学家就不再像他们古代的前辈那样说世界是在时间中产生的，而是以"时间伴随着世界才得以开启"这种说法为遁词。可如果我们更加仔细地来考察一下这个说法，那就不难看清下面的问题。若没有之前和之后，没有在先者和后来者，**时间**根本不可设想。唯有之前和之后存在的地方，才有现实的前后相继，并据此才有时间。但由此得出的结论就是，如果在前后相继的序列中，只有唯一的一个环节被设定，那就不存在现实的前后相继。只要之前并没有找到它的**之后**，只要被设定的只有环节 A，而不是 A+B，**那么**也就不存在时间，并且 A 也仍处在前后相继的序列**之外**。因此，如果**各位**把世界设想为环节 B，那么时间当然就是伴随着世界开启的，因为唯有伴随着 A+B，时间才会开启。然而这并不能得出，在世界之前没有时间，因为恰恰在 A+B 被设定之际，先前在世界之外的 A **自身**就会成为相继序列的一个环节，进而也成为时间的一个环节。通过 B，A 就成了过去，既然如果没有过去、当下和未来，就不会有时间，那么当然只有在 A 被设定为过去，也就是在某种新的、先前不曾存在过的 B 出现的时候，**时间**才会被设定。这个 B，就其首先只是一种张力而言，它自身又再次使得统一体（被重建的统一体）成了未来。如此一来，从"时间伴随着创世才开启"这个说法中就不能得出，在创世之前不存在时间，这个结论也可以反过来在**下述**意义上来讲，即在创世之前诚然也存在着一种时间，人们完全可以说，世界是**在时间中**出现的，也就是说，它只是超越于世界之上的时间之**环节**。既然这种先于世界的时间单独来看仍是一种非时间 (Nichtzeit)，那么人们就此而言也可以把它称为永恒；不过它并不是绝对的永恒。它之所以是永恒，不过是因为它仍是非时间，但还不是**现实的**时间，不过它毕竟也是**可能的**时间。为了跟绝对的永恒相区分，人们可以把它称为**前世界的**永恒。如果人们只把时间理解为世界的时间，那它正是在前面被假设的、处在绝对的永恒和时间之间的居间者。因为世界自身恰恰也是一种时间，也就是真正时间的一个环节，真正的时间并不单单是 B，而是 A+B（如果我们把未来补充进来）+C。真正的时间自身处在时间的序列中，反过来说，世界只是真正时间的一个环节，就此而言它自身也是一种时间，这就像"**货币**"(Währung) 一词其实源自"**葆真**"(währen) 一样，它指明了一种续存，而希腊词 αιών [**永恒**]①则更加直接地证明了这一点，它的意思同样也是作为**世界**的一种**时间**。

当世界这个时间作为 B 紧随 A 的时候，A 作为纯然相对的非时间，自身就被设定为了时间，进而据此也就被设定为宏大时间的一个环节。但本质性的永恒（它的对立面是：现实的永恒）绝不可能成为时间的**环节**，因为它绝不会被时间触及，相反，它不仅不被时间搅扰，而且也穿越时间自身，始终持立不动。在与本质性永恒（也就是纯净的统一体）的关系中，潜能阶次间的张力以及借此被设定的东西都表现为某种仅仅附加**于**本质性永恒的东西，某种附属性的东西，对本质性的永恒来说，这些附属物是存在还是取消都不是必要的，因为**本质性永恒**的运作穿越了整个张力；张力不会改变永恒自身分毫，也就是说，关联于后者来看，张力只是某种无所谓的东西，进而是某种**偶然的**东西，因而张力据其自然本性来

XIII, 308

---

① 这个词的原意是"一段时间"。——译者注

看,也就是非——永恒者,是出自其自然本性的时间性之物。尽管决断创世的**意志**,在神中必须被设想为一种自永恒以来,也就是自神存在以来就有所准备的意志;但这一决定由以得到实施、张力由以得到现实设定的**意愿**(现实的意愿),不**可能**是一种永恒的意愿,因为它的对象,即潜能阶次间的张力,并不是一个**永恒**有待意愿的东西,它只是为了某个目的之故,被偶然地意愿的。不仅这一意愿以绝对的(本质性的)永恒为前提,——为了现象的存在,时间仿佛给绝对的永恒打上了一个叉①,但并没有取消它,因为永恒就在时间**中**宣告着自己并**与**时间共同实存,但这种共存也并不意味着,时间能对永恒进行扩展或者增幅(因为永恒与时间中的每一个瞬间共存,在每一个瞬间中都是整体)——,而且现实的行动,因而还有现实的**意愿**也是以前世界的永恒为前提的,在这种永恒中,还仅仅作为**未来**的世界,以前文已经指明的**那种**方式,被包含在神性的想象或者神性的理智中,当现实的世界产生的时候,世界自身也就成了时间的一个环节,亦即宏大时间的一个环节,从这个宏大的时间出发来看,世界自身只是一个环节或者要素。(但既然时间仍是通过上述那种意愿才被设定的,那么在这个意义上,这一意愿就不是某种时间性的东西,它是开端的意愿。他是永恒与时间的边界,它像原初的可能性那样,是永恒与时间之间的中介者,它仿佛是质料,是基底,但并不是时间的原因。)

---

① 这就类似于海德格尔晚期的"涂画法"或者"打叉法"。谢林的意思是,因为现象的法则是时间,所以在现象中,绝对永恒以被打叉的形式,即作为绝对永恒来参与现象的构造,以不在场的方式发挥作用。——译者注

第十五讲　论三位一体与神性位格

迄今所讲的东西，构成了从现在开始要展开的内容起点。这个起点就是神在创世中的绝对自由。我们说过，在神的力量中包含着开端的本原，在神之中，这个本原只是一种纯然的可能性，也就是说，**若无**神的意志它就是**无**，神在自己本质最深处所知悉到的这一作为纯然可能性的本原，既可以被保存在遮蔽状态中，也可以被提升为现实。这个意义上的神——在其自由中，他能够把自己本质中**自在的**存在者设定为其对立面，设定为出离自己的存在者（**自一在**—存在的对立面就是出离—自己—存在）或者说设定为在自己之外的存在者——这个意义上的神就是整全的神，即在其整全的**全**——性中的神，神绝不是纯然自在的存在者，否则它自己就不会是自由的。神之自由的根基就在他不可消解的全——性中；神之所以自由，正是在于能把自己本质的非存在者提升为存在，因为他在自己本质的原初**存在者**上可以通过一条不可消解的纽带，把非存在者和存在者两者彼此勾连起来，如此一来，因为神在其本质的存在者上也一并拥有那个他据自己的**自然本性**的非存在者，这个非存在者因而也就是真正意义上的应不存在者，尽管凭借神的意志，也就是为了实现神的目的，这个应不存在者会成为

XIII, 310

存在者，但神也能够把它再次克服到其自—在和原初的非—存在中。倘若神的全——性只是一种偶然的全一性，仅仅建立在出乎其自然本性的非**存在者**的潜能上，那么全——性就会跟这种潜能一道消失无踪，不再持存，这样的话，神就没有把非存在者提升为存在的自由了。但因为神的全——性是一种精神性的，并据此不会被任何东西取消，进而不管是在质料性的非统一体还是统一体中都持存的全——性，所以神可以自由地设定或者不设定统一体的对立物。在神的权能中存在着甚至设定或不设定神性之外存在的能力，也就是说，神处在 cujus potestate omnia sunt [能够让一切存在的权能中](即 omnia quae praeter ipsum existere possunt [能够让一切自己之外的东西实存起来])，这样的神才是**整全的**神，神并非仅仅是他自己的某个形态，而是作为绝对位格的神。唯有这个绝对的位格——**一切**都依它而在——才能开**启**某些东西（我比较喜欢用这种通俗的表达；比如说，如果一个人在自己的各项事务中总觉得束手束脚，那人们就会说他无力开启任何东西，这就证明，绝对的自由其实在于能够开启某些东西），因此，这个作为万物起点的绝对位格，就是能够开启一切的位格，正因为它是一切的启动者，是真正意义上的**开创者**，所以我们也可以在哲学上把它称为**父亲**。但它并不仅仅在这种普遍的意义上是父亲，在**特殊的**意义上它也是父亲。因为当这个绝对位格把自己本质的**自—在—存在者**向外翻转的时候，它也就恰恰借此把自己本质的**纯存在者**（第二**形态**）从**那个**曾经是它的主体并且把这个**纯存在**向它进行中介的东西中排除出去了。第二形态因而也就是已然被提升到一切能够之上的东西，就此而言也是**无限的**存在者，因为对它来说，第一形态是能够,是潜能阶次,是主体。但如果第一形态自行把自身提升入存在,那么尽管它并没有取消纯存在者(因为由于神性统一体的不可分裂性,纯存在者不会被取消,不管是在潜能阶次的他在中,即在其 ἀλλοίωσις [异在] 中,还是在其原初的**纯粹**神性状态中,各潜能阶次都被神性的统一性维系在一起),也就是说,尽管纯存在者并没有被取消,但它仍然在其纯粹的、无潜能阶次的存在中被否定了,它退回到自身之内,成了一个非存在者,就此而言,它也就在自身中获得了潜能阶次,正如已经详尽指明的,它被设定为**必须存在**者,**必须**运作者,被设定为现在必须自发否定其对立物的否定者,被设定为在某种**必然**的现实化活动 (Actus) 中(它同时也是对其对立物的克服活动的现实化),把自己重新建立入原初纯粹的、无潜能阶次的存在中的东西。但现在下述**这样**的行为——即并不直接现实地去实现一个外在且独立于自己、与自己同类的他者,而是让它在一个必然且不间断的现实化活动中必然地自身实现——只能被称为**生育**。生育是对这种行为的**真正**表达,这一表达绝不是非本真的,较之于这个表达,毋宁说其他所有人对这个行为所寻得的表达都是非本真的。那个最初开启一切的位格的行为因此也就可以被称为生育,而这个位格自身在此行为中也就表现为**生育者**,因而也就恰恰表现为父亲,与之相应,另一重以此方式被设入张力中,但也恰恰因而运作起来的形态,当它通过克服对立者把自身重建入其原初存在时,它就会表现为与父亲不同的第二位格,表现为父亲所生的位格,除了儿子,不可能有其他名称可以命名这重位格。

各位看到:从我们的本原出发,我们已经找到了通向整个基督教基本学说直接且自然的过渡。如果说,我在神话哲学中已经强调过①,关于神之三一性的学说据其根据和根源而言并非特属于基督教,那么这一点在眼下的这个演讲中将会自行**显明**,因为在这里,蕴含于全——性理念中的萌芽将会在它能够展开的全部广度上为我们铺展开。

XIII, 313　　如果人们想把神之三一性看作是特属基督教的,那么人们肯定是把三一性理解为通过基督教才被引入并被供以信仰的东西。然而就算偏见最深的人也可以明白,这种说法是完全颠倒的。并不是因为有了基督教才有三一性这种理念,而是恰恰相反,因为这个理念是一切理念中最原初的理念,因而才有了基督教。基督教是一种产物,是这种原初关系的一个后果。因此,这种关系的理念自身也就必定比基督教更古老,就此而言,甚至可以说,倘若没有这个已然存在于开端中的理念,基督教很可能就不会在时间的历程中出现,所以这个理念跟世界自身一样古老,甚至更古老。这个理念就是处在萌芽中、处在端口中的基督教,因而在时间中出现的历史上的基督教,只不过是对这个理念的一种展开,若没有这个理念,不管是世界还是基督教,都不会存在。从"三一性这个理念并不特属于基督教"这一点出发也就能明白,何以人们早就想从其他地方来寻找这个理念的更多踪迹和暗示。在近代,人们甚至还更过分地宣称,三一性的理念只不过是从新柏拉图主义转嫁到基督教中的。现在看来,这种说法压根只是一种完全不尊重历史的托词。虽然在新柏拉图主义者那里确实有一种学说,叫 ἡ τῶν θεῶν

---

① 见相关卷第78页。——编者注。(也就是全集 XII 卷第 78 页。——译者注)

παράδοσις [三神传承演替说],这种学说当然也区分了三个神,按他们的说法,第一个叫作先祖,第二个叫作儿子(就这方面来看,似乎跟基督教的理念有相近之处),第三个叫作儿子的儿子,也就是第一个神的孙子,但第三个神是谁呢?圣灵吗?绝不是,而是κόσμος [宇宙],也就是世界。因此这条谱系是逐渐下降而不是升高的。以为新柏拉主义的观点可以从被糟糕理解或者被误用的基督教学说中推导出来,这种观点与其说可能有点道理,不如说根本就没道理。相反,人们早就注意到,这个理念的踪迹在一切前世界的宗教中都存在;神话哲学甚至也做出了这样的证明,即至少在质料上,神性潜能阶次在数量上的三,构成了所有我们已知的宗教观点和一些优秀族群从中得以生发出来的根源。人们早就从启示学说的某种走样的说法出发说明过这一点,也从某种纷乱的历史流传出发说明过这一点,后者很可能是那些相信神性本质中存在着三重性的异教徒,从启示的原初时代中保留下来的遗产。然而从这一点出发,人们还可以进一步推论说,这个理念毋宁是一种普遍的人类理念,是与人类意识自身一道长成的。也就是说,这种现象毋宁证明了,抛开其展开过程不谈,单就这个诚然通过基督的显现才首次被获得的理念**自身**来说,它比历史上的基督教更加古老。一般来说,这个理念是**从公元 1 世纪**(这个时候三一性理念已经被确立为普遍的基督教教义了)**起**,才开始一而再再而三地搅扰人类的心智。一部分教父早就开始尝试把哲学概念跟这种学说联结在一起。在后来的时代,在德意志人中,有两种最富整体视野的精神,已经尝试去探究这种仿佛在任何时代都得到了预感的学说的哲学意义,这两种精神首先出现在歌德身上,然后又出现在了莱布

XIII, 314

尼茨和莱辛这两位堪与歌德比肩的人物身上。在当代,在概念的三重性仿佛作为理性的必然样板由哲学引入之后,人们几乎可以说,对三一性学说的哲学演绎已经成了一种**时髦**。不过我还是得再次提醒大家,不要把从我对哲学所进行的种种展开中产生的**那个唯一**观点,跟上面那种哲学演绎混为一谈。因为:

1. 每一个对此多少有所了解的人都可以看到,我的观点**在质料上**就已经跟那种演绎本质性地区分开了。特别是如果第二位格或者说儿子被规定为自然这个实在之物(大抵是因为自然呈现出了在受难和垂死中的神性之面貌),那么这一阐述不仅就其自身而言不被允许,而且完全背离我们的观点。儿子并不是自然的直接本原,反倒是对自然这个直接本原进行着克服与和解,带回在自己之外的存在者,因而也带回失落者的潜能阶次。

2. 要强调的是,即便是三一性学说也只能纯然抽象地在概念中被把握。但那些历史性的关系并不能凭这些抽象的理解得到把握,前者也**一并**属于完备的基督教三一性学说。在所有关于三一性的哲学说明中,跟我们的观点有最大一致性的,是我在讲座过程中从莱布尼茨那里发现的说明。在反驳苏西尼主义者①(Wissovatius [维佐瓦提乌斯]②)的时候,莱布尼茨表示,本质的统一性跟**三重性**(位格的三重性)并不矛盾,莱布尼茨继续说道,"因为**精神是一**",或者用他自己的话说就是:'um una sit

---

① 是一种反对三一学说的基督教主张,起源于公元2世纪、3世纪的神格唯一论运动,以其在16世纪的代表人物苏西尼得名。——译者注
② 安德雷亚斯·维佐瓦提乌斯(Andreas Wissowatius, 1608—1678),苏西尼派神学家。——译者注

mens, quae, quando reflectitur in se ipsam, est *id, quod intelligit, quod intelligitur*, et id, *quod intelligit et intelligitur*. Nescio…an quicquam, clarius dici possit", 这就是说: 精神, 当它在自己之中反映自身的时候, 它就同时是认识者 (id, quod intelligit) 和被认识者 (id, quod intelligitur), 也就是那个**作为**认识者的同时是被认识者, **作为**被认识者的同时也是认识者的东西。或者简言之: 对自身有所意识的精神是主体、客体和主—客体, 然而在所有这些中, 存在的都是唯一的精神。认识者, *id*, quod intelligit, 跟我们所谓的自—在—存在者是同一个东西; id, quod intelligitur [被认识者], 则是作为独立自为 (作为自己的对象) 存在者的精神, id, quod intelligit et intelligitur[是认识者也是被认识者的东西], 就是在自—在—存在中独立自为存在的精神, 就算无视这种三重性, 精神也不会成为在质料上分崩离析的精神, 反倒始终是唯一的精神。然而这种说明对于最初的、仍未得到进一步展开的三一性理念有多合适, 它就离得到了整全且完满展开的三一性理念有多远。因为比如说, 就精神是认识者而言, 它还不是另一重位格, 就它作为被认识者而言也是如此, 所以在这种说明里, 并不存在三重位格, 而是始终只有唯一的一重位格。但正如我们所有人都知道的, 在三一性学说中谈论的是三重位格, 就像神学家所说的, 其中每一重位格都是独立自为地实存的, 每一重位格都有其本己的实存 (Subsistenz)。如此一来, 那种普遍且仍始终抽象的理念就不足以说明三格的三重性了, 当这种抽象理念满足于自身而止步不前的时候, 它根本上其实是无所产出的; 单凭这个理念, 在哲学上也无法开启任何东西; 为了使它在哲学上能有所产出, 下面这种构想必须被补充进来, 即那个在此理念中恰恰是纯然自在存在者的东西,也能够把自己提升且过渡到客观的、在自己之外的存在者中。也就是说,一种张力的素材、动因和可能性就蕴含在这个自在存在者中,而我所坚持的那种理念的特点(正是这一特点才确保了它对科学持续不断的影响)及其真正的强大有力也就蕴含于这一张力中;因为唯有凭这一点,统一体才会成为活生生的、在自身中运动着的统一体,而人们首先至少得看清那种从自己出发能达至三个彼此相互排斥的潜能阶次,达至一种真正**生命**的可能性。但为了能够把握作为三重位格的同一神性,这个可能性要再次开辟道路。也就是说,只有在关于潜能阶次之间可能进行彼此排斥(**尽管**在神之中它们始终保持为精神性的一)的学说中才蕴含着通向三一性学说的可能过渡。不过指明这一过渡并不单单是三一性学说的要求。即便是作为纯粹哲学性的展开,我们的展开过程也必须不断前进,直到攀升至最高的开端性理念,以便能够不再逗留于**可能**的展开过程中。然而,使我们在这里能够明白基督教的三一性理念,本来也包含在眼下这个演讲真正的目的中。因为我们的意图最终指向的是启示哲学,所以首先就要指向基督教哲学。但我刚刚已经指明,神之中的三一性这个理念绝不是基督教中的某个单独的教条或规章,相反,它毋宁是基督教的前提自身,或者说,是那个如果没有它,基督教就绝不会存在于世的东西。因此,这个理念也就表现为启示哲学的前提,若没有它,根本就不可能找到进入启示哲学的进路。潜能阶次学说,潜能阶次间的彼此排斥,以及据此被设定的进程已经足以说明神话了。不过为了理解**启示**,对整个观点进行一种更高的提升无论如何都是必需的。通过这一提升,我们才会为未来的启示哲学奠定基础。此外,在接下来要做的分辨中,我不仅要展示哲学上的必要性,而且要在哲学推论的道路上,始终同样也历史性地、确切说是有证可考地,也就是在启示的各种证据中指证已被觅得的东西。我不会纯然教条式地——在这个词的通常意义上——来行事,也就是说,我不会直接就扑向下面这种做法,即凭借所有对三一性学说已经带有经院哲学色彩的规定——像在神学中被讲授的那样——以哲学的方式把这种学说端出来。在这里,我会始终以一种更高意义上的**历史性**精神为圭臬,而这就是我整个哲学的精神。

现在我继续展开过程本身。

一旦那个据其**自然本性**的非**存在者**——正因为如此,它只能通过明确的意愿存在——被提升为存在并且使张力借此得到设定,那么那个直接被否定的、在张力中被设定的潜能阶次,也就是第二潜能阶次就会首先**仅仅**表现为潜能阶次,表现为被设定在神性生命的纯粹现实之外的东西,就**此**而言,它诚然不是神,尽管也并非彻底就是非—神。但如果这个潜能阶次克服了张力,把对立物再次带回入自身,带回到其自—在**中**,这个时候,它就成了第三者,即真正意义上的应在者的设定者和唤出者(Aushauchend),简言之,如果一切对抗都得到了克服,那么神性生命的纯粹涌流也就恰恰以此得到了重建,进而使这一切由以得到完成的那个潜能阶次也就恰恰不再作为神性之外的,亦即被设定在纯粹现实之外的潜能阶次而存在了,它又退回**进**了自己的神性**中**,但因为它曾经作为独立自为的存在者存在过,并且是通过克服对立物而实现自身的,所以它现在是作为一个有自身性的位格退回到神性中,故而尽管只有同一个**神**,也就是作为父亲的神,但这个潜能阶次现在是第二重神性位格。因为父亲是把一切设定入张力和运作中的神,就此而言也是整全的神;父亲存在于一切存在依立于其上的那个现实**之先**,是一切存在的权能者,一切潜能阶次都处在父亲的全能之下并依赖于它,父亲既能够把每一个潜能阶次自身设定为独立自为且彼此相互排斥的存在者,也能够不去设定它们,这就是父亲在一切现实之先的原因,而在现实自身**中**的父亲则是把一切设定入运作并生育儿子的父亲。但只要儿子仍然是在克服过程中,即自身实现过程中被把握的,那他就仍然没有在自己的神性中得到公开。唯有通过生育,被生者才首先被设定在**自行实现自身**的必然性中,但这一自身实现过程的现实要一直持续到完满诞生的时刻,即唯有在终点儿子才是现实的儿子,而既然这一终点也是创世的终点,所以尽管儿子在创世的开端已然被生,但在创世的终点他才作为儿子得到实现。作为现实的儿子他才现实地是第二重神性位格,并且神也并不会因此成为实体上的"二"。因为父亲原初就据有的,跟儿子现在尽管以另一种方式据有的("据有"这个所表明的恰恰是荣耀,即作为主宰存在),在实体上是相同的,父亲原初地把它据有为一个有待设定入张力和运作中的东西,随后把它现实地设定入张力并且在创世期间在张力中保有它,而儿子所据有的也不是另一个在实体上与之不同的东西,而是同一个,但儿子是把它作为一个重新被带入统一体中的东西来据有的,既然神性恰恰只存在于绝对的荣耀中(存在于对一切存在的据有中),那么如此一来,尽管父亲的位格并不是儿子的位格,反之亦然,但父亲的神性和儿子的神性是**同一个神性**,是同一种荣耀。

在这里给出的说明中，人们或许会看到一些说法跟神学中所断言的儿子的**永恒**神性相矛盾，并使之遭到质疑。但为了在此关系中看得更清楚，还是得做出一些区分。下面这几点一定要区分清楚。1)神性存在的原初形态后来作为儿子启示了自己，2)把自己启示为**作为儿子**的儿子。关于后一点，人们还得进一步区分 a) 就其仍然被掩藏在父亲**中**而言的儿子，也就是仅仅为父亲而在的儿子，b) 就其在父亲**之外**被设定为儿子而言的儿子。所以我们接下来要做的，就是依据这一二重化的区分来分辨清楚这种关系。

据此，原初神性所涉及的东西，也就不仅是儿子的神性，而且是后来作为儿子得到启示的儿子的神性，**这一相同的神性**（是儿子的那个东西的原初神性）正是通过我们的说明得到了最明确的断言。因为那个在后来，甚至在某种特定的、亟待规定的、自永恒以来的意义上作为儿子得到启示的东西，依照我们的说明，就是神性存在的**原初**形态，它以永恒或者说不可预思的方式，被交织入神性生命的纯粹现实中，它是一个属于神之神性的本质性形态。但神学家们或许会说：我们不满意这种说法，我们想要的不是儿子据本质、据他的根据而言的永恒神性，我们要断言的是儿子**作为儿子**的永恒神性。这就涉及第二重区分（也就是区分就其仍纯然在父亲之中且只为父亲存在而言的儿子，和就其作为儿子被设定在父亲**之外**而言的儿子）。然而如果我们不把迄今所假定的各个环节的整个过程再回溯一遍，那这一点就不可能分辨清楚。**各位**别嫌麻烦；即使**各位**无法即刻就预见到结论，现在要做的更确切的分辨，也会以明确清晰的结论来回报我们。

如**各位**所知，哲学思想的过程或者必然顺序是下面这样的。

首先神仅仅被设定为绝对的、完满的精神,他不处在一定要过渡到存在中的必然性中,他据有且拥有着自身,并恰恰因此而**持存着**。我们首先要做的只是努力达至这个**持存着的**、自立的精神。到这一点为止,除了纯粹的永恒,没有任何东西存在。但另一个环节则是直接紧承这第一个环节的:也就是**自永恒以来**,自完满精神存在或者持存的那一刻起,第二个环节就紧随其后,在其中,一种在完满精神之外的存在之可能性向精神呈现着自身,然而这种存在唯有通过精神——通过**它**并非稍纵即逝,而是持续不断的运作——才是可能的,如此一来,精神也就会在这之后持续据有且支配着这一存在。当这一存在的可能性向精神呈现自身的时候,精神也就已然把自己认作了这一存在的**主宰**,或者说,他就已经把自己认作了对此存在的**据有者**,尽管并不是作为现实的占据者,但仍然作为可能性的占据者。如此一来,在这种关系中,神这个概念也就即刻过渡成了父亲这个概念,也就是过渡为原初主宰、一切**原初地**处在其权能之下的父亲概念,就此而言,它也被理解为先祖,即一切存在的先祖。在这个环节中,也就是神被规定为父亲(在已经说明的意义上)的环节中,那个将成为儿子的东西,仍被掩藏在父亲**之中**作为父亲存在的一个必要形态,但它已经被父亲**认识**为将来的儿子,并作为儿子为父亲所**喜爱**,因为父亲恰恰在其中认识到了使他得以**自由地**去设定一种己**外**存在的东西,而既然**荣耀**,也就是父亲的神性恰恰在于这一**自由**,所以人们必须认识到且必定会说,即便是**在这种情况下**,儿子也是对神性,也就是对父亲的荣耀有所贡献的,或者说是对此不必可少的,或者说,即便在这种情况下,若没有儿子,若儿子还没有作为儿子被父亲看见和喜爱,父亲的神性,也就是自由(设定己外存在的自由)就是不可能的。因为这种自由为父亲提供了他存在的第二形态,也就是未来的儿子,正因为如此,父亲也就预先看到了作为儿子的儿子,并喜爱着他。

如此一来,各位也就看到了,我们在怎样的意义上断言了儿子**作为自身**的永恒性,也就是作为被父亲先行认识并喜爱的儿子的永恒性。但这个意义上的儿子恰恰是首先**相对于父亲**而存在着的儿子,他还没有从父亲中突显出来,还没有作为儿子被设定在父亲**之外**。但这一点所涉及的内容(这个问题涉及的是,儿子是如何在父亲之外作为儿子被设定的,这是我们在上面所做区分的后一个环节 b),所以我们必须以下面的方式来明确表达这个环节:把儿子设定在外的行为其实只能叫作生育,而生育根本上来讲只有在讨论"设定在外"这个活动的时候才能被设想,也就是在创世的开端**中**才能被设想。不过在这一点上,为了体现我演讲内容的真诚,我得强调,神学教义早就开始(至少更早地)讨论儿子的**永恒生育**了。尽管我刚刚已经以下述方式指明,我们所断言的,并不是在这种意义上(也就是在古代神学意义上)的永恒生育,甚至儿子的永恒性自身也并不直接构成对古代神学的反驳,古代神学不仅不排斥儿子据本质而言的永恒性,而且甚至也不排斥儿子作为儿子自身的永恒性,同样还不排斥,就儿子作为仍纯然相对于父亲而存在的儿子而言,他作为儿子的永恒性;古代神学所排斥的,只是他作为儿子、**作为**外在于(praeter)父亲、被设定在父亲之外者的永恒性。那么进一步来说,下面这点就是显而易见的,如果某个独立自为持存的本质确实可以被称为"被生育的",那么儿子,就其仍然未区别于父亲并且不具有外在于父亲的位格而言,就称不上是"被生育的",

XIII, 321

进而如果他永远与父亲**是**一，那在此统一性中，儿子就不可能同时也被父亲生育（起码"生育"这个词必定随即就会在全然非本真的意义上被使用）。有鉴于此，为了满足阐述的公平合理，我不会只满足于单单强调这一点，而是要更细致地对"生育"概念进行说明。不过在此之前，我觉得对"神性的生育"这个说法本身的自然本性和真正意义进行一些讨论也是合适的，因为我们并不是要专门谈论这一点，而只是为了对儿子的概念进行建基。基于这一点，接下来的要强调的地方我就以 b) 来标明这种插入式的讨论。但我在这里还会对需要强调的地方继续推导。也就是：

α) 唯有**整全的**神（并非某个个别形态，更不是某个个别的潜能阶次）才能被称为父亲，这一点已经强调过了。那个作为 potentia existendi [实存的潜能] 向父亲呈示其本质中的自在存在者的东西，并非生育者自身，而只是 potentia generandi [生育的潜能]，它并非父亲，而只是 τὸ γόνιμον τοῦ πατρός，即父亲的生育性潜能阶次。在由这一潜能阶次的提升而被设定的张力中，神性的存在从外部来看被悬置了，但既然整个进程所指向的是对神性存在的重建（同样，正因为这一点，这一进程也可以被称为神谱进程），并且既然这一重建过程是在潜能阶次的关系中发生的，这一重建首先是把从统一体中绽脱的潜能阶次再次带回其中，所以这个潜能阶次仿佛是为了整个进程对它的重新带回而存在的，就此而言，它就是设定着整全之神的进程的基底，Hypokeimenon [主体、基体] 和质料，所以我说，在整个进程中，这个潜能阶次就表现为设定神的质料，表现为设定着本真之神的质料，在惯常的三一性学说的种种抽象下（因为根本上来说，迄今为止的教义都是在对《圣经》中的各种表述进行抽象,而不是通过对学说总体进行把握性的见证,或者创造性的建构产生的),"设定着神的质料"这个概念因此就很可能表现为一个最陌生的概念;但要把这个概念断言为一个甚至在《圣经》中已经在字面上出现的概念或许也是不可能的,所以我在此也要强调,我之前的表达,——比如我把神性存在的纯粹现实称为**永恒的**神谱,把神性存在通过**对抗**的中介而得的现实称为已经得到了分辨、在其每一个个别环节中都可以被认识的神谱,或者也叫神谱**进程**,此外我还把**神谱**这个概念跟基督教的三一性学说联结起来,甚至还有对"神谱"这个词的使用——,我所有的这些表达都不缺少教会权威的担保。那些假托阿雷帕吉塔的狄奥尼修斯(Dionysius Areopagita)①的全部著作,尽管就它们至少肯定不出自狄奥尼修斯(在《使徒行传》中,阿雷帕吉塔的狄奥尼修斯的名字就有被提到过,他是在保罗逗留雅典期间皈依的)的手笔而言,它们无疑是伪托的,但这些文本确实属于基督教诞生最初的那几个世纪,并且对后来的权威教理的形成——或者至少对它的许多规定——都是不无影响的。而恰恰是这位阿雷帕吉塔的狄奥尼修斯在谈到父亲的时候就用到了 θεόγονος θεότης (生育着神的神性) 这个词,但 ἡ θεόγονος,也就是被神生育出的神性在他看来则是儿子和圣灵。

XIII, 323

â) 生育这个**要素**所涉及的内容,我已经以下面的方式强调过了,即当生育本真地被设想为现实地把儿子超出自己或者说在自

---

① 即伪狄奥尼修斯,现在假托于他的著作被认为产生于公元 5 世纪末 6 世纪初,其学说具有浓厚的新柏拉图主义色彩。——译者注

己之外地设定时，这种**真正意义上的**生育才可以与创世同时被设想。创世的开端也就是儿子生育的开端。但创世由以启动的那桩行为，或者说那个意愿，并不能被设想为纯然稍纵即逝的，而是必须被设想为持存着的、持续不断的，进而在**这种**意义上只能被设想为永恒的。父亲绝不是一次性地或者只在瞬间设定潜能阶次间的张力，然后旋即从中抽身而去，绝不是像人类那样从一次性做成的事情中抽身而去，因为潜能阶次绝不能再像曾经那样，从统一体中绽脱出来；基督很明确地说：我父工作到如今，ὁ πατήρ μου ἕως ἄρτι ἐργάζεται。这桩行为或者说父亲的意愿——通过它，先前被知悉为可能性的张力现在得到了**现实地**设定——尽管并不是无前提的、盲目的必然意愿——它是一种已然得到了中介的意愿——，但它也并不因此就是一种时间性的、自身在时间中被把握的，或者说被限制在某个瞬间上的意愿，相反，它毋宁是首先启动着时间的意愿——是首先划分着时间与永恒的意愿，就此而言，这个意愿自身就不可能被时间攫握，相反，作为时间的设定者，它超越于时间并且始终超越于时间之上。这一意愿，这桩行动的情形就是如此，因此，生育活动也是持续不断并且在这个意义上是永恒的。父亲永恒地，也就是说持续不断地设定着张力，进而永不止息地设定它，因此，儿子也就是永恒地，亦即持续不断地诞生的，进而以此方式，一种对克服与被克服的永恒欣喜就产生了。在**这个**意义上，我们自己所断言的圣子的永恒生育，跟神学家所断言的就并不是一回事。

要注意的第三点——我本来想在 b) 部分谈的，但它涉及 â) 部分——就是生育活动的过程，或者说它的**内在**关系。

生育本身是这样一个过程，在其中，某个存在物把另一个独立于自己,但仍跟**自己**同类的他者设定入自发(proprio actu [以本己的活动])实现自身的必然性中,而不是直接把它设定为**现实的**。因此,我们将之设想为父亲的那个绝对位格,并不是直接就把儿子设定为**现实的**,生育之为生育也并不在于**这一点**,相反,毋宁说生育是通过下面的方式发生的,即儿子(也就是那个将会成为儿子的东西)从原初存在**中**被设定**出去**、否定**出去**,被潜能阶次化,进而被设定为非**存在着的**,然后才被设定为存在着的。但正是这一否定活动,把儿子——据其本质而言,儿子是**纯粹的**,但也正因此无潜能阶次的、无能的存在者——设定入了实现自己的必然性中,也就是设定入克服对立者的必然性中。较之于存在于设定活动中,毋宁说生育反倒存在于排除活动(exclusion)中,但正是这一排除活动把纯存在者的**自身**交给了它自己——**因为**纯存在者是并不自行拥有自身的东西——,并把它设定为独立自为存在着的潜能阶次,正是这一否定活动赋予了纯存在者为了自身独立存在的力量,亦即成为现实活动的力量,若无否定活动的中介,这是根本不可能发生的;而这里所谓的现实只可能是下面这种,即当它通过把与自己对立的现实(已经被激活的意志,其实应该息止、不再运作的意志)再次克服为潜能阶次,进而以此方式把自身重建为纯粹的现实之际,它因而也就不再纯然只是被父亲生育的东西,相反,它就是儿 XIII, 325
子(这才是对这一关系而言,能够找到的最为本真的表达)。

这种从我们的本原中自发涌出的理论,跟基督本人在《约翰福音》(5, 26)中所谈到的父子关系间的一致性,是最明显不过的:因为正如父亲在自身中(ἔχει ζωήν ἐν ἑαυτῇ)拥有生命,所以他也同样**赋予了**(ἔδωχε)儿子在自身中能够拥有的生命。"在自身中的生命"所指的,正是作为本己位格的生命。父亲所拥有的这种生命,是一种作为非被给予的、原初的生命。**父亲对他所意愿的东西**——因为生命存在于能够中——有直接的**能力**,但儿子必须首先被赋予能够,被赋予潜能阶次,因为他在自身中是没有任何能够的存在,因此没有任何力量。**父亲的**潜能阶次,即神之中的自在存在者,是**直接的**能够存在者,但儿子的潜能阶次作为潜能阶次,亦即作为能够,只能**间接地**,亦即仅仅通过第一潜能阶次的排斥活动被设定。第一潜能阶次是仅仅非—自身性的**存在者**,但仍然能够自身性地存在,但儿子的潜能阶次是真正意义上的潜能阶次,它首先要**被提升**为潜能阶次,它是对自身而言彻头彻尾的非自身性之物,是根本不可能自身性地存在的东西。儿子的本质就是成为这样一种意志,这种意志并不寻求属己的东西。儿子仿佛没有自己的意志,相反,他的意志其实只不过是被置于他之中的父亲的意志,亦即父亲的**真正**意志,父亲并不能直接地展示它,因此就要把它置于第二位格,即置于儿子之中。从这一点出发,也就得出了生育概念的第二个**特质**。在人类生活中,除了父子之间外形上的相似,人们也同样乐于看到父子之间德性上的相似。在许多情况下,人们多是从父亲传承到儿子身上,或者(正如人们想要强调的,就更远的亲缘关系来看)从先祖传承到子孙身上的德性特质来认定血脉的传承。但这种传承在人类的世系繁衍中总会遭遇许多的偶然要素,对此,人们就有理由在那种一切都从中衍生出来①的原初

---

① 生育概念并不出自"**产生**"这种自然本性,恰恰相反,它出自一切关系中最高的那一种,我们在自然中称作生育的那种关系,只不过是它的一种具体形象。也就是说,自然中的生育其实只是某种形象性的东西,而非原初的生育活动。——作者原注

生育活动中指望最完满的传承关系。然而在这里仍出现了特殊的情况,即父亲不可以**直接**展示自己的真实意志,他只能够直接呈现跟自己本真所意愿之物相冲突、相对抗的东西,呈现非一统一体而不是统一体,这一点先前已经足够充分地得到了指明;但恰恰正是这一点使得父亲不得不把自己的真正意志置于儿子之中,而他做到这一点的方式就是,把他本真所意愿的东西,并非直接地,而是仅仅间接地,也就是通过第二重位格才能达成的东西,也就是他的意志,置入第二位格中。第二位格(儿子)因而就意味着 εἰκὼν τοῦ θεοῦ τοῦ ἀοράτου,不可见的神的形象,也就是父亲的**形象**①,父亲之所以不可见是因为,他自身绝不会像儿子一样踏入进程中,在父亲作为绝对原因、作为张力的设定者自身始终持存于张力之外时,儿子则一道卷入了进程中;除此之外,父亲也在下面这种特殊的意义上是不可见的,即他把自己真正的意志掩藏起来,如此一来,唯有通过儿子——就他是不可见的神的形象来说,或者如保罗在另一处②所说的,儿子是对父亲的反映和反射(ἀπαύγασμα),是对父亲**真正**本质的复刻——父亲的意志才会变得可见,亦即得到启示。倘若父亲的这一真正本质能够直接地显现,那不管是这种复刻还是反射,就都没有必要了。倘若儿子并非现实地就是第二重位格,不是父亲之外的另一重位格,那这些表述根本就是不合适的。因为会被某个他者反映和反射的东西,必须也是某个存在于进行反映者之外的东西。如此一来,在儿子之中真正意义上进行着运作

XIII, 326

---

①《歌罗西书》,1:15。——作者原注
②《希伯来书》,1:3。——作者原注

的仍然是父亲的意志,亦即父亲的真正意志。在所有关于这一点的表述中,没有任何一句话的重复频率有下面这句高:儿子从自己出发 (ἀφ᾽ ἑαυτοῦ) 做不了任何事情,除了生息在他之中的父亲为他所指明 (δείκνυσιν)①的事情,儿子不做其他任何事。

各位看到,所有这些都与第二潜能阶次的**自然本性**完全合辙,而我们已经把它视为了创世过程中真正意义上德穆革式的(demiurgische)、一切都**经由**它而发生的潜能阶次。②那么从这一点出发,**各位**也就看到了,我们关于全——一性的学说和关于潜能阶次间关系的学说,不仅包含了解开神话的钥匙,而且也包含了整个基督教从中自行展开的那种学说,进而据此也就包含了基督教学说自身。

在我现在已经说明了所有就生育概念可能看起来需要讨论的内容之后,我现在仍要 a) 更进一步地来阐释儿子的**永恒**生育这个假设。古代的神学家所理解的永恒生育,跟我们自己刚刚断言的那种永恒生育,并不是一回事;他们并没有纯然把它理解为一种在时间的开端中的生育,也没有纯然把它理解为贯穿于全部时间**持续不断地**进行着的生育,而是把它理解为一切时间**之先**的生育,πρό πάντων αἰώνων,也就是说,甚至还在时间的开端**之先**,简言之,这是一种**绝对**—永恒的生育。但下面这点也得到了廓清,即**这种**

---

① 《约翰福音》, 5:19;20。——作者原注
② 人们无法反驳,《新约》中的所有这些表述都是用在已然进入了世界的救世主身上的,进而关联于已然成为人的救世主与父亲的关系。因为既然已然成人的救世主与父亲的关系只能类比于他在成人前与父亲的关系,所以这些表述无论如何也是同样关联于儿子与父亲之间的原初关系的。——作者原注

意义上的永恒生育仍只可能是一种出自神自身的自然本性的生育。倘若在一切意志之先，通过神之存在的纯然必然性——就神是纯然**自在**存在着的神而言——，神就会在第二重形态中把自己设定**为了**自身而存在着的神，并且如果人们并不想在更加精确，反倒是更加宽泛的意义上使用"生育"这个词，那么人们大抵也可以说：通过他自然本性的纯然必然性，神——如果它被规定为自在存在着的神，正如神**直接地**也只能如此被设想——，如此被设想的神也就只会在一切意愿、一切行动之先就通过其自然本性的纯然必然性，把自己设定在第二重形态中，**或者**把自己生育为独立自为存在着的神。但倘若在这里，"生育"这个词是在如前所述的更宽泛的意义上使用的，比如一些神学家就在确立起下面这种说明方式的时候自我感觉相当良好：gignere est naturae, creare voluntatis [进行生育的是自然，而进行创造的是意志]。也就是说，儿子是由于父亲的纯然自然本性（而非由于意志，即无意志地）**被生育的**，而受造物则与之相反，是被创造的，亦即凭借意志被设定的。从生育和创造的这一对立出发，古代神学家为何重视"永恒生育"这个概念也就清楚了。众所周知，阿里乌斯①就曾经想过把儿子看作受造物，尽管是最接近神和与神有最直接关系的第一个受造物，但仍然是受造物。所以正统派随即就得说，儿子并不像受造物那样，是被父亲**有所意愿地**产出的，而是 necessitate naturae [以自然的必然性] 被生育的。但如此一来，"生育"这个概念本身在本质上就被改

---

① 阿里乌斯 (Arius，250—336)，基督教早期思想家，否认神的三一性，坚持一位神格论。——译者注

变了,因为它不是真正的"生育"概念,古代神学家说的那种"进行着生育的自然",至少不是 merae naturae [纯粹的自然],在前者那里,自发性并没有从自然概念中被绝对地排除出去。意志尽管存在,但它只是必然的在先者,结果也不是意志的**纯然**后果,而是一种与意志相结合的自然必然性的后果。但从这一点中得出的结论恰恰就是,在"生育"的本真概念中,意志和必然性两者是结合在一起的。所以**永恒的**生育在上面任何一种情况中,都是仅仅在非本真的意义上被断言的,尽管这些神学家说,儿子的生育**并非**一种纯然非本真意义和隐喻意义上的生育,而是一种真正意义上的生育。但既然这整个概念是在与"认为儿是受造的"这种意见迫不得已的争执中得到确立的(当然也能以另一种完全不同的方法来扫除这种意见),那么如此一来,这个概念(即**严格**意义上的"永恒生育"概念)也就失去了自己的重要性,所以后世的那些通常最严格和最正统的神学家早就放弃这个概念了。

XIII, 329　　坚持这样一个就其自身而言既不必要,在《新约》中也没有真正根据的概念的人,大抵肯定对各种最极端的规定或者古旧之说有一种特殊的偏好。《新约》真正断言的东西,可以从我们的本原出发得到完满的说明。必定需要断言的是 1)儿子据其**本质**而言的永恒存在。在这个意义上,使徒约翰关于逻各斯说道:ὁ λόγος θεός ἦν,逻各斯先前就是神,θεός [神],而非 ὁ θεός [唯一的那个神](因为逻各斯先前并非独立自为地就是神,而是与其他形态一道存在,ὁ θεός 所刻画的始终都是整全的、没有任何与自身相等同者的神),然而逻各斯**先前曾经是**神,是 θεός。但在这里,生育概念是无法运用的。因为被生者必须存在于生育者**之外**。在永恒的、先行于一切时间的统一体中，虽然儿子的本质仅仅被把握在神性的生命中，也从未被设定为潜能阶次，而是自身作为**纯粹的**现实，被吞没在神性生命的纯粹现实中，被把握在我们自己称之为永恒神谱的纯粹现实中，但恰恰因为这一纯粹的现实就是永恒的神谱自身，所以它也就不能被特别地规定为对儿子的生育活动。所以接下来必须断言的第2)点就是，从我们的前提出发，下面这回事情也得到了完满的说明，即自永恒以来，儿子就已经被父亲认作儿子了，就此而言，儿子是**自永恒以来，相对于父亲**并且**在父亲之中作为儿子存在**的。而恰恰唯有这一点没有在《新约》中得到进一步的表述，所以我现在要通过几处文段来证明这一点。

关于基督，使徒彼得(I, 1:20)说道①，基督 προεγνωσμένος μέν πρὸ καταβολῆς κόσμου, φανερωθείς δὲ ἐπ' ἐσχάτων τῶν χρόνων：在对世界进行建基之前（但这并不是说，在对世界进行奠基以前基督就被生育了），基督就已经得到了先行**认识**，但在最后的时代才首次得到启示。在另一些出自使徒保罗手笔的文段里，永恒的生育尽管没有被提及，但父亲在儿子**之中**所表达出的一种永恒的**先行意图**倒是被提到了，也就是说，既然父亲拥有儿子，既然父亲能够把神性之外的存在交付给儿子，把有待统治的存在让渡给儿子，那么就此而言，父亲唯有在儿子之中才能够意愿世界，或者说意愿神性之外的存在。在《以弗所书》(3:9)中，使徒保罗也以同样的方式提到了历经各个世界时代而掩藏在神之中的奥秘，这一现在已然得到了启示的奥秘就是，神的意图在于，通过基督来让一切得以回

XIII, 330

---

① 见《彼得前书》，1:20。——译者注

归,这个意图就是神在基督中所表达的永恒先行意图 (πρόθεσις),而非永恒的生育。在《提摩太后书》(1,9)中,保罗也同样谈到了一种在世界时代之前就得到了表达的先行意图,即唯有在基督之中我们才能得到赦免,但对于自永恒以来的生育却不置一词。①

如此一来,依照上面这些说明,儿子的生育这个概念不可能关联于儿子在父亲**之中**的永恒存在,而只能关联于儿子在父亲**之外**的存在。不过这种在父亲**之外**的存在,在直到父亲之外 (praeter [之旁]) 毕竟有某物存在以前,仍是不可能设想的,也就是说,唯有与创世活动**一道**,这种存在才可能设想。如此一来,创世的开端也就是生育的时刻,亦即把儿子**从自身中**设定**出来**的时刻。但除了这一点外,这个观点还可以通过使徒保罗的一句全然肯定性的,并且在我看来绝对无可置疑的话来得到彻底证实,也就是在他把儿子称为不可见之神的形象的地方(《歌罗西书》,1:15),他也把儿

---

① 唯一一处人们通常惯以引为说明"永恒生育"的地方,也就是使徒保罗(《使徒行传》,13:33)用在弥赛亚身上的、出自《诗篇》的名句:你是我的儿子,我**今日**将你生育出来。于是人们就说,永恒就是永恒的今日,永恒的存在,无过去且无时间的永恒当下,所以这里的"今日"的意思就是:在永恒中。但这是一种极为随意的说明;从来就没有用"今日"这个词来表明永恒的常例。倘若人们要在一种非同寻常的意义上来使用这个词,那么下面这种说法就会是更加自然的:"今日"的意思说到底就是当下的时间;但当下的时间恰恰是从创世开始才启动的。如果根据这一点,那"今日"这个词也同样意味着:今日,亦即伴随着当下世界时代的开端,我把你生育了出来,把你从我之中设定了出来。但如果人们把使徒保罗用在基督身上的这些词语之间的联络探究一番,那么就会得出一种更加恰切和质朴的说明。在《使徒行传》中,保罗谈到了基督的复活。而根据使徒的共同信念,基督复活的那天正是作为神之子的弥赛亚得到了**宣告**的那一天(《罗马书》,1:4)。这一天是基督的大日子,当他说:"亚伯拉罕渴望着看到**我的**这一天"时,他极有可能也是在以这一天来指自己。因此,使徒在这里所用的说法的意义很明显就是:今日我**已经**将你生育出来了——强调要放在完成时上,也就是说:今日我可以说,我已经将你生育出来了;也就是说,你今日作为儿子已然得到了外在的、公开的宣告。——作者原注

子称为 πρωτοτόκος πάσης κτίσεως, 亦即一切受造物中的首生者。但从这句话出发,当然绝不可能得出跟阿里乌斯一样的结论,即儿子自身纯然只是**受造物**。因为依据东方人的理解,头生子跟晚生的兄弟绝不可相提并论,而是作为他们的**主宰**高于他们。也就是说,在 πρωτοτόκος[头生子] 这概念中同时暗含的一点是,基督是一切受造物的主宰;**他**才是真正的继承人,也就是说,他才是被父亲所指定的凌驾于一切存在,进而凌驾于一切受造物的主宰。但在"头生子"这个表达中,同样也暗含了下面这层含义,即儿子的诞生,并不在他所主宰的东西中,即他统治的基础被设定之前。倘若"头生子"的意思是"儿子是首先被创造的",那这里肯定就会用 πρωτόκτιστος [第一个受造物] 这个词。但"头生子"的意思是:他是在一切受造物之先被生育的,因为倘若有某物会被创造,那么儿子——一切唯有**通过**他才得以被创造——必须首先是存在的,儿子自身不可能被创造,只可能被生育。但这一表述还指明了下面这点,即儿子正是作为 ἀρχή τῆς κτίσεως τοῦ θεοῦ [神之造物的本原](《圣经次经》,3,14),在受造物**之先**被生育的。毕竟对于一种(绝对的)永恒生育来说,还是得以人类的视角来讨论,不过在永恒中,根本就谈不上任何受造物,更谈不上 πρωτότοκος πάσης κτίσεως[一切受造物中的首生者]。总的来说,永恒生育这个概念在严格意义上是一种 contradictio in adjecto[自相矛盾]。因为没有任何生育活动不是把一种相对的 non esse[非存在] 预设为前提的。但唯有那种不包含先行非存在的存在才是永恒的。所以就不能得出结论说,儿子是一个受造物,但在这段话里却又不矛盾地包含了下面这回事情,即儿子的实存是一种殊异的实存,在其中，他是不可见之神的形象 (εἰκών) 的反光，因而正是这一实存，把他和不可见的神切实地区分开了，而**这一**实存正是在创世活动中才产生的。从下面这一点出发就能一清二楚地明白，这段话为何是决定性的：因为它让那些建议回避这一推论的神学家们对 πρωτότοκος πάσης κτίσεως[一切受造物中首生的] 避而不提，而是通过改换重音，把 πρωτοτόκος πάσης κτίσεως 的意义曲解为：一切受造物中第一位的**创生者**。不过 πρωτότοκος[头生子] 这个词在希腊语本身中是个极为古怪的词，它至多可能只在奥尔弗斯教中出现过，但对于《新约》的语言用法来说，这个词是全然陌生的，在《新约》的文本中，反倒只有保罗常常用到 πρωτότοκος[头生子] 这个词，它在紧随刚刚引用的文段的地方，也就是谈到基督复活的地方又出现了一次，在这里，基督被描述为 πρωτότοκος ἐκ τῶν νεκρῶν[从死亡中走出的头生子]。因此，在这个地方，"头生子" 一词跟前一处的意思是一样的，尤其是如果人们注意到，使徒保罗通常喜欢紧接着刚刚用过的地方再次用某个关键词，那这里的词义就尤为明显了。

现在我请**各位**牢记下面已得证明的几点：1)《新约》中将之称为 "儿子" 的那个存在物，是永恒地在神之中并且作为被吞没在神性生命自身的纯粹现实中的东西，它与神，即 θεός^① 一道存在。2) 从父亲在他存在的各个本己形态上瞥见了另一种存在的可能性开始，或者说，从这些形态作为潜能阶次向父亲显现开始，亦即自永恒以

---

① 据其**本质**而言，儿子在此还没有开始存在。但这并不能得出，据另一种存在（即作为潜能阶次）而言，儿子还没开始存在。——作者原注

来、自神作为**父亲**存在以来,作为未来的儿子的第二潜能阶次就在向神呈现着自己了,也就是说,父亲在自身中已然拥有了未来的儿子,在第二潜能阶次**中**,父亲已然预先认识到了儿子,进而在儿子**中**,父亲才可以在真正意义上表达世界的先行意图。所以保罗也说:一切都是在儿子**中**被创造的(《歌罗西书》,1:16)。但在上面所说的情况中,儿子仅仅首先在父亲之中存在,还没有从父亲中走出;但是3)儿子是在父亲之外(praeter [之旁])——首先作为潜能阶次——伴随着创世的开端才被设定的,唯有在儿子通过克服对立者而实现自身之后,**现实的**儿子才存在,也就是说,在创世的终点儿子才存在;甚至可以说,唯有在一个甚至更晚的时刻,儿子**作为**儿子才独立地在父亲之外(先于世界地)得到了**宣告**。

已经听过我之前神话讲座的听众,会极为自然地发现,在现在关于启示哲学的这些演讲中,我对基督学下的功夫跟先前对秘仪学说里的阿雷帕吉塔的狄奥尼修斯学下的功夫起码是一样大的。现在,在一切已经如我希望的那样得到了厘清之后,我要继续进展到一个新的讨论上,不过这个讨论只是我们整个说明的必然结论而已。

若无对被生育者的排除活动,一切生育都是不可设想的,被生育者被另一个它迄今一直分有、被吞没于其中的生命排除出来,但正是经由这一点,被生育者才获得本己的生命,进而也同样经由这一点,它才被置入了实现这一本己的生命,并借此实现自身的必然性中。如此一来,神性存在的第二形态也就通过从那种吞没性的存在中被设定出来,获得了在自身中作为独立位格存在的**可能性**;这个独立的、确切地说神性的位格存在的必要条件就是,从神性存在中被排除出来。更确切地说:这一重位格唯有首先通过下面的方式才能获得自己独立的神性,即被设定在神之外(praeter Deum [神之旁]),或者说被设定在其神性之外(对神性而言,这重位格先前并**不**具有独立的神性),当它被设定在神性**之外**的时候,它也就**在**此程度上被设定为了非—神。① 第二潜能阶次,当它作为**自身**被设定出来之际,就**纯然**只是自身,而非**同时**也是第一潜能阶次,因为第一潜能阶次毋宁是第二潜能阶次的排除者,进而后者也同样不是第三潜能阶次:但是神性并不存在于任何一个单独的潜能阶次中,而只存在于全一性中。如此一来,单独被设定出来的第二潜能阶次也就不能被称为神;但当它把第一和第三潜能阶次再次带回到它们**自身**,也就是说,当它重建了统一体之际,在创世的终点,它当然也就把自己再次呈递进了神性中,而在这一刻,通过克服对立的存在,第二潜能阶次也就同时使自己成为这一存在的主宰,而在原初状态下,只有父亲才是主宰,如此一来,第二潜能阶次就跟父亲先前一样,也获得了位格,亦即与父亲共享同样荣光(Herrlichkeit)②的儿子。这一点必定也适用于第三潜能阶次,当外在于自身的存在者经由第二潜能阶次的运作被全然克服且被耗尽之后,第三潜能阶次也就同样被重新置入了存在中。现在,第三潜能阶次作为对被克服者进行最终的据有和支配的力量,也同样是存在的**主宰**,进而也是一重位格,并且也是对同一个存在的主宰,主宰这一存在的同样还有儿子和父亲,也就是说,它是跟父亲和儿

---

① 被设定为潜能阶次的第二重位格并非截然的非—神,也就是说,据质料或者可能性而言,它仍然是神。——作者原注
② 荣光和主宰(Herr)的词根相同,神性位格的荣光就在于他有主宰存在的权能。——译者注

子完全平等的位格,也有跟他们完全相同的统治权。

下面这点也是我们之前所做的说明的一个结论:在由父亲的意志设定的张力中,神性存在的第三形态也同样被设定在了被潜能阶次化的境况中;然而它并非像儿子那样是直接被否定的,而是仅仅**间接**被否定的,所以它也就同样不能像儿子那样通过本己的运作来把自己重建入存在中,而是唯有通过儿子把存在中介给自己,但恰恰因为这一点,第三潜能阶次也就是驱使着整个运动的**驱使力**(在后来晚出的更高级的中介活动中,第三潜能阶次才作为自身显现)。使徒彼得说,那些先知就是被圣灵驱使的;**圣灵**的作用就是驱使先知把目光朝向神性的诞生,朝向神性存在的重建,朝向那个独一无二的人[①]。圣灵并不是直接的**运作者**,而仅仅是贯穿运作者(Durchwirkende),正如我们在自然中也同样把精神[②]认作这种贯穿运作者,在一切在自然中表现为合目的的东西中,在一切被催促着指向自然中的某个特定目标、特定目的的东西中,贯穿运作者的运作活动都可以被知悉到,它就仿佛是第三潜能阶次的气息。不过还可以从第二个方面来考察圣灵。在张力中,或者说在创世进程期间,圣灵跟儿子一样,都是德穆革式的潜能阶次;但在重建活动中,它也是一重神性位格。从作为德穆革式的潜能阶次的圣灵中,才产生出一切在自然自身中,亦即在必然性的王国中,宣告着**自由**或者**自由**意愿的东西,也就是宣告着一种自由本原的东西,比如动物能够做它意愿的事情,而自由不仅在诸如动物的行

---

① 指基督。——译者注
② 在德语中,"精神"和"圣灵"都是一个词,即 Geist。——译者注

XIII, 335

动这样的运动中——比如鸟儿歌唱——使得各种显而易见的变化得以发生（这些变化就像是自由在万物中的嬉戏），而且**这一自由**，也在受造物之颜色、形式和样态的种种不可思议的多样性中嬉戏着，也就是说，从各种受造物不同的习性和偏好，甚至它们的任意和喜怒无常中，都可以看到自由的运作；因为目前还没有（将来也不会有）自然科学家已经成功地揭示出，在自然存在物之链条中，绝不可能存在任何缝隙和跳跃。如此一来，在已得重建的统一体中，圣灵这一潜能阶次也重新踏入了神性中，确切地说，是在本己的、克服了外在于自己的存在者之后而产生的，也就是在**通过儿子**而被中介给自己的位格中重新踏入神性的。以此方式，我们也就到达了展开过程的这样一个点上，在这里我们可以说，尽管**三重神性位格**被现实地设定了，但被设定的仍只是**唯一的神**，或者更确切地说，在这里，整全的神性在三重彼此相区分的位格中实现了。这里存在的是三重位格，但它们既不是三个不同的神，也不纯然是同一个绝对位格的三个不同的**名称**。之所以并非三个不同的神，是因为在这三重位格的每一个中，本质性的东西或者说实体性的东西是同一的；比如说，父亲，和在儿子之中、跟儿子一道被把握的父亲，并不是另一位父亲或者第二位父亲，而是**同一位**父亲，他一方面可以从自己出发来理解儿子，同时也可以反过来。而这三重位格也同样并非纯然只是三个不同的名称。而这种误解可以通过下面这点来避免，即在创世进程中，三个潜能中的每一个都是独立自为存在着的，它们具有一种现实的多重性，所以每一个潜能阶次都是作为一个独立者重新踏入了统一体中的，第一潜能阶次作为已被克服和否定的潜能阶次，在对它的克服中也是神的设定者，第二和第三潜能阶次作为经由克服第一潜能阶次而实现的潜能阶次，被提升为了位格（在张力中，它们只是潜在的位格），进而与父亲等同。

　　我仍要补充一个需要注意的地方，它同样出自迄今为止的整个展开过程。我说过，父亲在自身中，在他本质的自在存在者中觅得的 potentia existendi [实存的潜能]，仅仅是父亲的生育力量。在**这个**意义上，实存的潜能并不是父亲，而仅仅是父亲的**潜能阶次**，因此他恰恰在开端中，进而在创世进程的进展中，仍非**现实的**父亲；现实的父亲是在已得实现的儿子之中且与他一道才存在的，但儿子只有在被完全克服、被已然带回到其自—在中的在自己之外的存在者中，也就是在创世进程的终点才作为自身得到实现。所以父亲和儿子是借助彼此而相互实现的；在儿子获得实存以前，父亲仅仅是不可见的父亲，也就是说，尽管他是运作者，但只是尚未实现的运作者，即便是父亲，也只有在被完全克服的在自己之外的存在者中才得到实现。儿子实现了**如其所是的**父亲自身，而父亲也同样给予了**儿子**去自行实现自身的必然性。要说明这一点，基督曾经说过的话①是再明白不过的：谁爱我，谁就也**会**爱我的父亲，**我们**就会到他那里去，并且栖居在他那里，μονήν παρ' αὐτῷ ποιήσομεν，即**始终存在**于他那里，在他那里安居，在他之中**静息**，所以这个人自己也得到了**静息**，不会再堕入创世进程中了（**各位**从先前的系列演讲②中就已经知道，当人类再次取消被设定在他之中

XIII, 336

---

① 《约翰福音》，14：23。——作者原注
② 指"神话哲学"讲座，相关内容在本书的第十六和十七讲中会涉及。——编者注

的神性统一体之际,他就会堕入再次创世的进程)。

凭借对三重神性位格的赢获,我们的考察也就自行提升到了一个更高的层次,我们甚至可以说,提升到了另一个**世界**中。在各潜能阶次中,只要它们还处在张力中,我们所见到的就只是创世进程的自然方面(我们只把这一进程视为具体之物的产生进程)。而凭着三重神性位格,另一重世界也就自行开启了,这个世界也就是神性者的世界自身,进而恰恰凭借这一点,创世进程更高的,亦即神性的意义才得以显现。也就是说,从神性来看,这一进程有**下面这种**意义:原初地仅仅在父亲那里的存在(父亲原初地把它据有为纯然的可能性),**被赋予**了儿子,进而也为圣灵所共有,儿子是从父亲那里,圣灵是从父亲和儿子那里被赋予这一存在的,圣灵所据有的仅仅是跟父亲和儿子所共有的存在,也就是那个已然被再次克服,并通过儿子被交还给父亲的存在。

以此方式,通过这一进程,完备的现实化过程,也就是神性的外显过程——即在神性中已然**永恒地**被设定的种种关系的外显——也就被赢获了。唯有如此,"神谱的"这个词才可以关联于神自身来使用。

第十六讲　论人类的规定与堕落

在之前对一神教的探究中我讲过：关于神的三重位格学说尽管是与一神教相联络的，但两者并不是一码事。现在，既然我们对各首要概念的持续展开已经切实地把我们引到了三重神性位格的学说上，那么上述联络也就明确地摆在眼前了。这一展开过程的根源或者说开端包含在神必然的全——一性这个概念（它之前仍是纯粹的哲学概念）中。从这个概念出发，我们进展到了创世的先行概念上，而我们的方法则是去指明，神之存在所包含的种种区分，如何能把自己作为未来的、唯有通过神的意愿才能被产出的存在之潜能阶次来向神呈现。如此一来，在这种情况下，一种神性中的多重性也就被把握到了，它首先是纯然潜在性的，但一旦神让这些潜能阶次运作起来，它们就会成为现实的。然而这种多重性——**在创世进程中**——仅仅是潜能阶次的多重性，而非位格的多重性。神作为创世者尽管是复数的，但并非在人数上也是复数的。也就是说，唯有在这一点上才有**一神教**①。与之相反，在创世的终点（并

---

① 或者，如果人们想在这里断言一种三一论，那么这种三一论只能被设想为撒伯里乌式的三一论。——作者原注。(撒伯里乌 [Sabellius，约 215—？]，3 世纪的基督教神学家，反对三一论，认为父亲、儿子和圣灵只是神的三重形态，而非三重位格。——译者注)

且唯有在终点),也就是在第二和第三潜能阶次通过克服对立的存在而已然实现之际,才现实地存在三重位格,但这并非三个神,因为存在,进而对存在的支配,以及据此而来的神性,并非对每一重位格而言都是殊异独有的,相反,它对每一重位格而言都是相同且共有的;因为在已得克服的外在于—自己的—存在者中才存在父亲,而儿子也同样存在于其中,进而圣灵也唯有在其中才得到实现(一些神学家总是以过度强调的方式去避免把统一体,或者如我们所说的**本质**,也可以说,神性,仍设想为三重位格之外的一个特别的实存者,即设想为**第四者**,而这种避免唯有以已经指明的方式才是可能的)。

所以我们只要从全——性的理念出发,通过纯然的进展,在创世的终点诚然就可以把握到三重位格。如果经由我们的说明,神的三一性学说已然可以理解,那么这唯有凭借对各个环节和立场的区分才是可能的,而我已经带领**各位**穿过了所有的这些环节和立场。不过在这里仍需注意的是,对在这个程度上并且到现在为止得到把握的三一性理念,还可以进行一种最终的提升,唯有通过这种提升,才能达到真正意义上(严格意义上)**基督教**的三一性学说。

接下来的内容会让**各位**更加明白这一点。

唯一的那个神,或者说那个同样存在于开端处的位格支配着使另一种存在的潜能阶次是否去**运作**的意志,这一意志就处在这一位格自身中,随着这一潜能阶次被设定,其他潜能阶次也就进入了张力,进而在创世过程中,这一位格也就现实地设定了这一切,并且自身也无须卷入这一进程中,毋宁说,它始终保持为进程之外的**原因**，这个开启着一切的位格在创世的终点，在儿子之中（也同样在圣灵之中）才作为**另**一重位格拥有自身。设定了另一种存在的潜能阶次的神，使自己本质的纯存在者现实地成为某种异于自身的他者，以便在创世进程的终点与它重新合而为一。在这种通过取消一切对抗而产生的统一体中，神性生命的那种纯粹的现实，就会像它曾经永恒且先于一切开端、先于一切现实地那样，在现实之物**中**得到重建。但之所以如此，恰恰是因为，在**最初的**统一体中——而前述的那种统一体则表现为一种得到了中介的、被重建的统一体——，父亲、儿子和圣灵，仍是完全在彼此之中的；它们不能在统一体之外被设想，也不能在**此**意义上（彼此相对的意义上）成为自立的。但基于后一种立场，这种自立性就会出现。比如说，既然《新约》中谈到了儿子对父亲的**顺从**，那么凭这一表达，儿子很明显就有一种独立于父亲的本己意志，一种独立于父亲的本己存在，至少这种存在作为一种**可能的**存在是儿子所具有的，诚然，儿子并不是主动去吸引这一存在的，但如果他**意愿**，他仍然能够吸引它。人们无法反驳说，这一点纯然只是关联于儿子的人性来讲的，因为儿子的**成**人行为也被阐述为他自己出于自由意志的自身降格①，根据这种降格行为自身来看，儿子同样也可以主动从这种降格行为中抽身出来，不去进行降格。但儿子相对于父亲的这种自由关系和这种自立性，至少在创世的终点还没有发生；在创世的终点，儿子并没有本己的存在，他还不能够独立于父亲行动，他**是**神，但仅仅在父亲之中且伴随着父亲存在，正如儿子自道，在创世期间

XIII, 339

---

① 指基督的道成肉身。——译者注

他仍然 εἰς τόν κόλπον τοῦ πατρός①，即在父亲怀抱中，他还没有从父亲之中绽脱出来并与父亲相对而立，而这一点我们在儿子的故事后面的环节里会发现。基督教的学说所讲的，并不纯然只是：神存在于三重位格中，而是恰恰相反：三重位格中的每一个都是神，也就是说，在这一点上，三重位格都被设想为彼此相对而在的自立位格。

到目前为止，对完备地把握儿子和父亲在其中得到设想的关系来说，仍需要补充一点，也就是还需要把握在其完备展开中的三一性理念。

乍看起来，三一性理念仿佛可以用在创世上，比如去假定，神性存在的各种原初形态，在创世的终点将会把自己加冕为三重神性位格（因为正如我们已经看到的，即便是父亲，也只有在创世的终点，在儿子把相对抗的存在重新翻转到父亲的**真正**存在中时，父亲才**作为自身**得到实现），比如下面这种学说，即神性的各个形态作为潜能阶次而向外翻转，呈现为宇宙的、德穆革式的力量所具有的自然本性和功效，这种假定和学说，乍看起来，当然会让那些已经习惯了平庸无奇的哲学报告的人觉得新鲜稀罕。但我首先要强调，这个插入性的学说——即关于神性形态显现为宇宙的潜能阶次的学说——虽然还有其他更早和更新的版本，但这个学说并不会表现为对通常的创世理论的削减和损害，而是表现为对它的**拓展**，表现为纯粹的**赢获**，而它的拓展方式就在于，同时给出了能把握现实的创世活动的手段，不仅如此，倘若没有关联于神之内在不

---

① 《约翰福音》，1:18。——作者原注

可见方面的宇宙性潜能阶次的概念,没有能被视为神之外部显白方面的真正意义上的"耶和华"概念①,那么不仅异教的意义和本源,而且甚至《旧约》中的许多内容,例如常常出现的神迹,都是无法说明的,尤其当《旧约》中的许多表述一方面无法完全运用到处在其理念之绝对性中的神身上,另一方面这些表述则带有太多会使人产生误会的特性,致使通常的说明方式可能会把这种表述纯然说明为人工捏造的,这时上面那两个概念就尤为不可或缺,关于这一点,我已经在关于神话的演讲中强调过了②。除此之外,我还必须强调,除了我们当然会承认的三重位格的原初本质性关系外,还有一种神学家们自己也承认的关系,他们称之为外在的、经世的(ökonomisches)三重位格间关系。这些神学家和我们的区别并不在于概念自身,而是在于我们对概念的运用。然而如果《圣经》一再地说明,一切都是**通过**儿子 (δί αὐτοῦ [通过儿子自身]) 被父亲创造的,那么凭着这一点,下面这回事情也就不言自明了,即儿子在运作**中**,也就是在创世进程中是作为中介者,作为中间概念而存在的。作为中介概念,儿子就是德穆革式的潜能阶次。他在创世中首要的功用只可能是这个**潜能阶次**的功用。唯有当他克服了一切对抗,把整个创世过程引入了预先规定的终点中,他才会再次呈现出原初的神性荣耀,但在这个时候,这一荣耀也就作为一个独立的、与父亲的荣耀相区分的位格而呈现了。刚刚强调的这一点把我们再次引回到了创世上,而我们现在也可以把刚刚赢获的立场

---

① 在希伯来语中,"耶和华"的意思是"我是",也就是说,"耶和华"是对神的活动方式的一种描述,即把自己内在的潜能阶次外显为创造性的力量。——译者注
② 参见"神话哲学",第106页。——编者注

用于其上。

　　同样属于正统神学的各种通常规定和教理的还有下面这点，即在创世过程中，三重位格不分裂地进行着运作 (opera Trinitatis ad extra sunt indivisa [在三一性的协同运作中不会分裂])。这一点肯定是正确的，但绝不能像下面这样来理解，即每一重位格做的都是同样的事，否则根据前面的那条基本原理，甚至还得假定一些不必要的东西：quod fieri potest per unum etc [所产生的东西只可能从一而来]。如此一来，这句话的意义只可能是，在创世过程中没有产生任何东西，三重位格也没有参与创世。就此而言，尽管可以说，三重位格所设定的当然是相同的东西——即相同的产物——但每一重位格参与其中的运作方式都是不同的。创世者当然是唯一的，但既然唯有在潜能阶次的张力中才存在创世者，所以在每个潜能阶次中，创世者都是作为一个他者在运作的，或者说，在父亲这个潜能阶次中，创世者是一个他者，在儿子和圣灵的潜能阶次中，也是一个他者；必须这样来设想创世者，即他在每一个潜能阶次中所做的都是不同的事，在父亲这个潜能阶次中，他作为在可被排除在外（以将之排除在外的方式作用于另一个潜能阶次）的存在中绽脱着的神，在儿子这个潜能阶次中，则是作为正在克服这个可被排除在外的存在的神，而在圣灵这个潜能阶次中，则是作为把已然产生的存在带向完成的神。因而每一重位格，或者说并未分裂的唯一神性必须作为这样一种东西存在，即在每一项事工上，每重位格所做的都是其他位格不做的事情，或者说，神性之为这重位格时所做的，是它作为其他位格时不做的事情。如此一来，人们就可以说，作为父亲的神性，或者说在父亲这个潜能阶次中的神性，给出了受造物的素材，而作为儿子的神性则把受造物的形式带入素材中，在此期间，作为圣灵的神性则作为父亲和儿子的共同意志，规定，或者说命令受造物成为它们所应是的东西，进而受造物也就由此得到完成，正如《诗篇》所说：神一命令，受造物**就站了起来**。这并不是说（正如我先前已经强调的）：受造物立在那里不动（这是通常的译法），而是说，受造物挺立了起来，它持立了起来，它不再进一步展开自己了；因为一个事物之所以持立、不再越出自己的层级之外，除了说它已然出离而现①，无须进一步的说明。不管是对受造物的持立而言，还是对它的演进和进展而言，一种意志都是必要的，而它由以持存的**那种**意志，和它由以自行向前运动的那种意志，尽管只能是同一个绝对位格的意志，但其中一个意志却并非另一个，每一个都是一种特殊的独立意志。与这种关于创世过程中三重位格内在关系的观点完全一致的，是大巴斯利乌斯②的判断，这一判断很可能是在他回溯先前提过的亚里士多德，或者毋宁说毕达哥拉斯把原因划分为 causa materialis [质料因]，causa formalis [形式因] 和 causa finalis [目的因] 的时候做出的：父亲是创世中的 αἰτία προκαταρκτική [初始原因]，**先行**进行着开启的原因，而他同样也是创世过程的素材赋予者，儿子则是 αἰτία δημιουργική [创造性的原因]，也就是在真正意义上进

XIII, 342

---

① 这里用的是 entstehen，即出现，在这个词的构成中，前缀 ent 表示出离、走出、断离，stehen 则表示站立、持立。联系这里的上下文，谢林的意思是，某物得到完成就在于能够持立不变，并不再卷入生成过程，即出离了生成过程，得到了自身固有的层级，因此把这里的"出现"译为"出离而现"。——译者注
② 大巴斯利乌斯（拉丁语为：Basilius Magnus），约330—397，也被称为圣大巴斯利乌斯，4世纪的教会领袖，被罗马公教会尊为圣师。——译者注

行着创造和运作的原因,而圣灵则是 αἰτία τελειωτική [指引着目的的原因],即进行着完成的原因。在《圣经》中,这个在创世者中必须迫切被设想的区分,已经得到了最为明确的表达,尤其是表明了这个区分具有自古及今、万世不易的确凿性:**通过儿子**,一切被**创造**,**通过他**,世界得以完成,由此,创世学说和父子关系学说处于其中的那种内亲关联也得到了表明。在此关联中,我要强调的是下面这句话(《罗马书》,11:36):**从**神出发,**通过**神且**朝向**神(εἰς αὐτόν [朝向神自身],即**朝向**作为目标的神),万物得以存在。实际上,借着这三个介词,被刻画的不是其他,正是开端(也就是**给予着**开端的原因)、手段(进行着中介的原因)和终点(进行着完成或者说得到了完成的原因),在神的统一体**中**,这三重原因必定是在不对神的本质进行任何撕裂的情况下同时存在的,这正是神的自然本性(即全——一性)。尽管我对那些想极力抹除在《圣经》中最为简明扼要的表达里所包含的一切能够导向切实理解的内容,并且尝试去把这些介词所有的区分力量取消掉的解经方法(其手段就是去宣称,这些介词在其他地方能不加区分地用在每一重位格身上的)不甚熟悉,但我至少知道,在这种解经方法中,始终被注意的仅仅是**个别的介词**,它根本就没有把这些介词放到在它们完备的彼此相继的序列中来考察。所以这种做法一方面并不是无条件真的,而另一方面,这类反例也确证了我们在这些介词中明确发现的区分。所以使徒保罗在《哥林多前书》中说:我们所拥有的唯一之神是父亲,一切**自**他而**出**,我们也**朝向**他而在。但恰恰在这个文本的另一处,父亲并没有被设想为相对的位格,而是**绝对的**位格;但如果人们可以说:万物出自父亲,**通过**儿子而**进入**圣灵,那么人们同样也可以说：如果圣灵并非另一个**神**，他和父亲同是一个神，那么万物则是出自父亲并且进入父亲。但如果在除了《哥林多前书》以外的另外一些文段里，"通过"和"朝向"这样的介词确确实实也一直用在儿子身上（比如在《歌罗西书》[1:16] 中就写道：一切都是通过他并且朝向他 [儿子] 被创造的），那这无非是对我们所做的区分的进一步确证。因为从下面这点出发，这一区分就是不言自明的：如果圣灵是父亲**和**儿子的目的因，那么儿子就是父亲最切近的目的因，而父亲把一切生产出来的**手段**就是，让一切都服从于儿子。Pater dat ei subjectum（一个主体，一个屈于其下者），cui alias nullum esset [父亲给了先前一无所有的儿子一个主体]。就下面这个情况而言，对这些介词的使用必定是相对的，即就儿子而言，一切都**出自**父亲，但就圣灵而言，一切则出自父亲和儿子(ἐχ' τοῦ ἐμοῦ λήψεται [来自他授予我的]①)，如此一来，反过来就父亲而言，一切都在儿子**之中**且正在**进入**圣灵，进而就父亲**和**儿子而言，一切都正在**进入**圣灵。如果这些介词通常**如何**被使用，就总是依**这种**关系被使用，要是在所引的文段中所有的介词真的含义全是**相同的**（但不管怎么说，前两个介词跟第三个 [εἰς（朝向、进入）] 的意思，怎么都凑不到一块去），那人们必定会觉得它们并无区分，但我要说，在这里，如果这些介词显然是有意在这个特定的序列中被设定的，那除非同时也认为享有"最深刻"和"最富思想"之名的使徒保罗在这里是在无所目的地进行重言，否则人们就不可以把这些介词视作并无区分的。

---

① 《约翰福音》，16:14。——作者原注

"一切事物出自神,通过神,而朝向神",只要做到下面这点,就算是愚笨的人也能理解这个表达,亦即把处在与父亲这个潜能阶次的特殊关联中的唯一创世者规定为父亲,把关联于儿子这个潜能阶次的唯一创世者规定为儿子,把关联于圣灵这个潜能阶次的唯一创世者规定为圣灵,在这种情况下,唯一的创世者在每一重位格之中所做的事情都是不同的,但这无损于作为创世者的神的独一性。然而在这一点上,在其他一切受造物和人类之间还存在一个本质性的区分。通过下面简短的说明,这一区分就会在我们面前得到充分地呈现。

只要在被假定的创世进程中,潜能阶次之间是彼此对立的,那么在此期间,即便是创世者,在每一个潜能阶次中都是一个他者,尽管创世者的统一性被潜能阶次间的分裂照得透亮,但这种统一性并不会自身踏入被生成之物中。只有在下面的关系中,也就是在潜能阶次彼此之间的对立和**张力**被取消的那一刻,被生成之物才获得了朝向创世者,朝向**神自身**的直接关联,现在,神自身不再纯然通过**潜能阶次**,也就是说,不再通过 radio indirecto [折射光]或者说 refracto [反射光],而是直接地,或者说作为 radio directo [直射光] 直接照射进受造物中,进而拥有了一种指向受造物的未经中介的关系。柏拉图有一番话,恰恰包含了上面这个构想,也就是说,神仅仅是有形之物的建筑师或者工匠,但父亲则与之相反,他是有位格的精神 (Geister)。在前一种情况中,所断言的是朝向事物的一种纯然间接的(经由潜能阶次的中介)关系,但在后一种情况中,断言的则是一种直接朝向受造物的关系。甚至在《创世记》中的创世叙事里,也存在一个需要强调的意义重大的区分:对于所有人类之前的受造物,《创世记》里说的是:"神说,大地要升起",也就是说,要把宇宙性的潜能阶次间纯然张力的外在进程产生出来,但讲到创造人类的时候,这些潜能阶次不再表现为宇宙性的,而是**现实地**表现为神性的位格,而这三重位格,先前仅仅是为了概念和一个更高的观点而在的;在对人类的创造中,潜能阶次获得神性的存在和得到荣耀的瞬间也就到来了,以罗欣(Elohim)① 预感着人类,他们相互耳语道:让我们照着我们的形象,我们的模子一起来创造人类,人类是我们的统一体,他在自身中呈现出与我们的相同性。也就是说,尽管一切其他受造物都是纯然的、尚未被认作神性位格的潜能阶次的作品,而人类则呈现为三重人性位格亲自造就的受造物,但如此一来,正如显而易见的那样,人类也就因此从纯然宇宙性力量所统治的王国中被挤了出来,进入了朝向创世者,也就是朝向**如其所是的**神自身的直接关系中,并借此同时也被提升为了**自由**。而后面这一点尚需更进一步的分辨。

在所有以最强的思想强力进行的哲学探究中,没有一种具有抵抗下面这些难题的**强度**(这些难题似乎是所有号称把握着**一切的体系无法克服的拦路虎**)受造物的自由——确切地说是**本真意义上的**,亦即意志的自由——如何能与不受限制的神性因果性统一? 在一切真正的宗教旨趣中,这种因果性必须得到无条件的预设,同样在一切真切伦理沉思的旨趣中,人类意志的自由也是同样要被预设的。人们几乎可以断言,新近那些矫揉造作的唯心论体

---

① 在希伯来语中,以罗欣(Elohim)是"权能"(El)的复数,《创世记》中所谓的"按照我们的模样造人"里的"我们"也就是以罗欣,谢林在这里的意思是说,以罗欣其实就是潜能阶次。——译者注

系之所以被编造出来,不过是为了绕过这些难题,或许还可以预料,依据康德对道德赋予的超乎宗教的比重,或者毋宁更确切地说,在下面这种感觉借康德之口道出自己之后,即道德自由必须先于一切地——乃至先于宗教信念地——被拯救,就可以预料到,那位紧随这种感觉而出场的哲学家①会说:自我,确切地说,每一个自我自身都是创世者。

一种无限的,亦即无限制的、并不自行包含自身的、也不给出尺度的因果性或者说引发性的力量——人们在神之中所预设的就是这种——,似乎除了一种同样无限的被动性,就容不下其他与**自己**相对并立的东西了。一种根本上**纯然**(通过意志和独一原因的力量)被产出和引发的东西,也是对它本己的存在无能为力的东西,在它所有的运动和行动中,显得只可能像是那个进行着产出的原因的盲目后果。倘若人们愈是不先行拥有创世这个概念,那么一种从人类视角出发的把握活动绝对看不透的奥秘也应愈发得到重视。不论是否能在创世这个概念自身**中**揭示出手段,人们也得愈发尝试以令人信服的方式,去扫除前面的那种矛盾(创世者的无限因果性和受造物的自由之间的矛盾)。

正如人们通常设想的那样(或者毋宁说不设想的那样,因为没有任何现实的设想能跟这里的这种设想产生联结),创世不可能从**唯一——无限**的因果性出发得到说明。若无一种原因上的多重性,一种真正意义上的,甚至还产出着素材的创世就无法设想,因为设定着素材的原因,也就是据事情而言只能设定**它**的自然,跟能够且

---

① 指费希特。——译者注

也意愿产出形式的自然,并不是同一个原因,如此一来,在创世中也就存在着两种要素,一种肯定性的,一种否定性的。我们当然必须把对素材的设定设想为一种无条件的,进而恰恰因此不受限制的活动,然而在这一点上,若无一种限制活动,也就是说,若无一种对素材的相对否定,亦即对无条件的设定性原因进行的相对否定,产生出某一特定的受造物的活动就是不可设想的。也就是说,若无原因上的多重性,那种使先前根本就**不存在**的某物由以产生的创世活动是不可设想的。我们现在已经踏上了通向下述洞见的另一条道路,即神在创世活动中自身必须是多重的,尽管并不存在多重的造物者(因为三重位格中的任何一个都不可能单独地创造某种独立于产生者的东西),也不存在多重的神,但神必定是多重的。也就是说,当作为纯然**自在**的存在者的神,通过自己纯然的意志,使自己成为在自己之**外**的存在者时,他就恰恰以此方式使自己成了创世的纯然素材或者前一开端。但倘若神不恰恰借此也让在其本质的另一形态中的**自己**(在这个形态中,神是出离了他的纯存在的独立自为存在着的神)运作起来,那他就不能作为在自己之外存在着的神存在。作为从其纯**存在**中被设定出来的神,除了亲自将那个把他排除出纯存在的东西重建到这一纯存在中,也就是克服它以外,不可能有其他运作方式。但神自身必定不仅是以前一种方式存在(也就是进行着排除活动)的神的他者,而且是后一种,亦即作为尝试再次克服那个进行排除者、把它重新带回到其自一在中的神的他者。但现在,倘若恰恰不把这个己外的、就此而言并不自行据有自身的存在者重新给予**它自己**,不把一个在它身上的**潜能阶次**产生出来(这个存在者由此也就被转化为了一个与其外在于自己的存在相对立的自立存在),那神也就不能重新把这个存在者带回到自身**中**;也就是说,在这种情况下才有某物产生,进而如果我们把创世进程设想为一个按阶次逐级实现的进程,那就会出现一个串联起各种产物的序列,然而那个已外的存在者相对于这些产物而言,实际上只表现为素材,或者说前—开端;在每一个阶次上产生的东西都是通过某个从另一个原因出发拥有它的东西来获得自立性的,也就是说,每一个产物的独立性都是相对于第一原因而获得的,每一个产物都在自身中拥有了某种东西,而这并不是从第一原因而来的;但我们也必须反过来设想,在每一个阶次上产生的东西,是通过它仍始终在自身中拥有的源自第一原因(也就是前—开端性的原因)的东西,而独立于第二原因的。如此一来,所产生的东西也就既不是第一原因也不是第二原因,它是某种全新的、先前未曾存在过的东西,它是作为真真切切的**第三者**在前两者之间出现的,它绝不单独地或者排他地专属于两个原因中的任何一个,跟两者中的任何一个都没有绝对的归属关系。但现在请**各位**设想下面的事情,即在任何一个被生成之物中,第一原因的全部力量都已然穷竭、被再次耗尽为纯粹的自—在,进而第二原因的全部力量——它正是在这种对第一原因的耗尽(再次否定)中而自行实现的——才同时得到实现,如此一来,那个原本是神的被生成之物①,也就真正**被生成的神**,它**现在如神一般**,也就是说,它也如神一般在**自由**中,因为它并没有单方面地依赖两个在创世进程中**进行着运作**的原因中的任何一个,相反,它是两个原因之间的均衡

---

① 指人类。——译者注

者、摆荡者和能自由运动者。或者在真正意义上来讲,如果我们把第三重原因,即 causa finalis［目的因］或者说进行着完成的原因(就此而言,我们直到现在都还没有单独考察过它,因为正如先前已经指明的,它并不是一个在真正意义上进行着运作的原因,反而仅仅是使整体得以封顶和完结的原因),也就是说,如果我们把这个原因补充进来,那么整个创世进程的意图在其中得以达成的这个作为最高或者说最终环节的被生成者,亦即最高的受造物,因而也就是处在两个原因的中心、自由于每一个**个别**原因的居间者,而这恰恰是因为,它同时分有了全部的三重原因,它是切切实实的第四者,是在三重原因之间的自成一体者,它仿佛被那三重原因共同守护和怀抱着,这个最高的受造物正是人类,在他最初的存在中,人类就很清楚自己是如何直接地从创世中走出来的,因而在最古老的叙事中,原初一人类就被设想为处在被神怀抱和包围的空间里,被安置在乐园中。这种古老叙事把这个空间称为"花园",而且在希伯来语中,这个词跟德语的"花园"一样,指的都是所有能使人感到平静和抚慰的被环绕起来的空间。

XIII, 348

依照这一展开,毕达哥拉斯主义者对于"四"的重视**或许**也就不言自明了,在一则著名的誓言(许多人把这则誓言说成是伪托的,但理由绝不充分)中,毕达哥拉斯主义者把"四"称为永恒涌流着的自然之源泉,因为 τετρακτύς,或者说"四"正是受造物的数字,先前①已经提过的毕达哥拉斯主义者的话是再明白不过的,这番话也被教父中的一位引用过,并且在教父们的众多格言里,这句话也

---

① "神话哲学",第157页。——编者注

闪耀出最崇高的光辉：ὑπό τοῦ θεοῦ ὥσπερ ἐν φρουρᾷ περιειλῆφθαι τό πᾶν，世界就像被一个保护装置怀抱着一样被神所包围。

但当人类在潜能阶次的这一关系中自由于三重原因，且处在它们*之间*时，人类就并非作为某种实体性的东西（因为一切实体性的东西仅仅处在潜能阶次或者原因中①），而是作为某种超实体性的东西，作为纯粹的现实而存在，也就是说，他是被设定为本质的现实，是被设定为本质的存在自身（在潜能阶次中的存在自身）的现实，进而正由于这一点，人类就与神等同；人类是**彻彻底底**如神一般的，而唯一的区分就在于，人类是**被生成的存在**。但人类并没有直接*觉察*到这一区分。而这正是因为人类自由于三重原因，所以他觉察不到作为他存在之前提和条件的这三重原因，而是如神一样，把他存在的形态仅仅视为自身的后来者，而非在先者，正因为这一点，人类就在真正意义上拥有一种朝向神的直接关系，而只有当神有意把这些形态假定为一个可以自由于**他**被假定，或者说他自身能够给出的存在之可能性的时候，这些形态才随之被神所知悉。在与神的直接关系中，人类也发现自己跟神一样，处在朝向这些可能性的自由关系中，在其中，神能够与那些向**他**呈现着自己的潜能阶次相对并立而在，但这里仍有一个区分——这是一个巨大的、本质性的区分，但人类是在对自己命运的经历中才逐渐认识到它的——，即神据其**自然本性**而言就是潜能阶次的在先者，但人类唯有就自己是那三重原因在人类中被设定入其中、在其中得到

---

① 创世过程的最终之物就是那个当它的**效力**开始持存之际，原因间的差异就会在其中全然耗尽的东西。这种效力不可能是实体性的，因为一切实体性的东西都处在三重原因中。——作者原注

保藏且不被**取消**的统一体而言,他才是这三重原因的主宰。① 当人类自由于在其差异中的三重原因,并就此而言在被立于它们**之上**时,人类的自由恰恰就在于,他能够对立于创世者或者潜能阶次而独立行事。然而正因为人类相信自己如神一般,是潜能阶次的**主宰**,所以人类也就自然而然地转而与潜能阶次相对立,以便自身能够**作为**神去存在。人类所指望的,是**仍像**处在潜能阶次的统一体中那样,在它们的分崩离析中仍同样作为它们之上的主宰而存在。但正是在一点中,存在着巨大的,乃至不可避免的迷误。人类想要做的,恰恰是神所做的,也就是把潜能阶次彼此分开、置入张力,以便凭借它们作为主宰和创世者来统治或者说行事。但作为主宰存在这一点并不是神被动接受的。唯有当神自己并不运动的时候,神才拥有超越于潜能阶次的力量(这并非现实的力量,而仅仅是一种魔力)。如此一来,正是伴随着不仅仅要等同于神(直截单纯的,在其存在之质朴性中的人等同于神)存在,而且还要**作为**神(凭借一种对"要成为神"的模糊感觉和感受)存在的意图,人类也就丧失了神的荣耀,而在此之前,人身上确确实实是具有这一荣耀的,正如使徒保罗(《罗马书》,3:23)把人类的堕落字面地描述为 ὑστερεῖσθαι τῆς δόξης τοῦ θεοῦ [损害了神的荣耀],描述为一种被褫夺的、已然失落的存在,这并不是像在通常的译法中那样,指人本应从神那里获得的荣誉被褫夺和丧失了,而是指神的**荣耀**(在潜能阶次之上的统治)被褫夺和丧失了。想要**凭借**潜能阶次而

XIII, 350

---

① 关于这一点,参见在"神话哲学导论"中对此内容在唯理论哲学内部做的平行展开(第417页)。——编者注

行与神相同之事的尝试,反倒成了一种不可收拾的倒行逆施,致使人类跌出了他相对于潜能阶次而被设定入其中的内在性,反而恰恰堕入了这些潜能阶次的外在管制之下(在最古老的叙事中,人的跌落是被这样叙述的,即人从极乐之所被驱逐了出来,进入了广袤无垠、无所环抱的旷野中)。人类现在不再**主动**掌控着潜能阶次(对人类来说,先前处在统一体中的潜能阶次是他感觉不到的,人类之前并没有感受到它们之间的对立和矛盾),但它们现在反过来掌控着人类**及其**意识;潜能阶次现在才变得能为人所感,对人类而言——并且唯有对人类而言——潜能阶次之间的对立就是**善与恶的区分**,所以在摩西的叙事中,以罗欣(Elohim)说:亚当知道善和恶是什么。也就是说,亚当曾经相信,那个是一切张力的原因和创世中克服活动之对象的本原,在他之中(在人类中)曾经被全然翻转过来了,他曾经相信,当他再次点燃这一本原,使它运作起来,使它向外翻转的时候,这个曾被交托给他保藏的本原在再次运作之际,他也同样有始终支配它的力量,就像他曾经有力量支配处在潜能阶次中的这一本原,有力量把它重新带入潜能阶次一样;亚当想,在这一本原向外翻转的时候,自己也同样会始终是它的主人,就像神在原初之一被颠倒的时候,也始终保持为这一本原的主人一样,进而以为,凭借这一本原的帮助,自己就能现实地赢获一种如神一般永恒的,亦即持续不断、不可消解的生命。亚当所想的,正如创世的叙事所说的那样,就是把手伸向生命之树,想吃它的果子,进而永生,也就是说,他想的是凭借那个本原,也像神一样开启一种永恒的、不可消解且持续不断的运动。但这个本原是**人类意识**的**根据**和基础,也就是说,唯有在这个本原保持在其自一在中时，它才臣服于人类意识之下。但如果它从其自在中绽脱出来，那么它就成了一种超越且走向人类意识之上、仿佛对它进行着撕裂和摧毁的强力，现在，意识反倒屈从于这个本原之下了。亚当所想的是，把这个本原维持在**自己**的强力支配中。但亚当并没有做到这一点，他把这个本原设定在了一切强力支配之外，使它——**一旦**它被他再次激起——成了绝对的，成了一个有自身生命的东西。作为一个被人类激起的东西，它不再是被神性设定的，也就是说，它在一种完全不同的意义上成了在神性之外者，进而也同样在一种**根本不同**于先前的创世进程的意义上，成了应**不**存在者①。

但这个本原，在其绝对性中，**其实**是与受造物相违逆的东西。因为对于受造物来说，唯有这个本原被克服，从现实进入潜能，从外在于—自己—存在被重新带入自—在—存在，一切才可能得以开启。但现在特别的地方就在于，经由人类设定的这个本原，现在成了人类及其意识的敌人，因为它正是注定在人类意识中走向消亡的。这个本原据其自然本性而言就是一切受造之物的摧毁者，进而也是人类的摧毁者，它是真正意义上的死之本原，因而死亡正是**通过**人类被带入世界中的，在人类看来，它既是外在死亡的本原，也是内在或者说精神死亡的本原。如果阻止着人类进一步**内在死亡**的正是天意，正如我们单单从人类意识（但在许多人之中**存在**的那个意识，是真正的人类意识吗？）的续存出发就能先行推论出（尽管是不完备的推论），正是天意在阻止着内在的死亡（内在的死亡不是其他，而是能够凭借一种对人类意识的彻底摧毁而带来

---

① 关于刚刚这段话，可参见"神话哲学"，第164页。——编者注

终结的彻底死亡),那么尽管天意并不阻止外部的死亡,但正如使徒所言,外在的死亡才是最后的敌人,它将会得到扬弃,而唯有通过一种全新的生命,一个把不会逝去的本质重新带回的持续前进的进程(我们接下来才会知道它的各个环节),外在的死亡才能被战胜。

XIII, 352

那个**外在于**—自己—存在的本原之前恰恰也是注定成为绝对地在—自己—之中—存在的本原。一切都会**走进**这个作为最高意识的、完全被带入自身或者说带回自身的本原。永恒的意识——一切都会被引入其中,一切过去之物都会作为环节进入其中,并由此自身获得一种永恒的持存(永恒的意识只可能把过去之物作为**环节**来拥有,而不能把它们一个个单独地来拥有)——之所以会被撕裂是因为,那个本应是它**根据**的本原,从它之中再次绽脱出来了;当下这个外部的、被撕裂的世界就出自这之中对意识的撕裂,也就是说,这个世界在任何一个处在或者被包含于**它自身**中的意识里,都没有一个内在的具有统一性的点,在**之前那种**内在性被错失之后,世界本应达乎其中的那种内在性现在就彻彻底底屈从于一种绝对的外在性了,在其中,个别之物失去了自己作为环节的位置,因而仅仅表现为偶然且无意义的。对于这个外部的世界,人类可以——并非一个人类,而是**那个**人类,那个唯一的、在我们所有人身上一直活着的人类——,我是说,人类可以自吹自擂道,自己是这个世界的开创者。在这个意义上,费希特是对的,人类(在刚刚已经说明的意义上)是世界的设定者,人类是这样的设定者,他所设定的是神之外的世界,即并非纯然在神之旁的世界,而是绝缘于神的世界;人类可以把这个世界称为**他的**。当人把**自己**设定在神的位置上，把那个本原再次唤起的时候，人类就已经设定了神之外的世界，也就是说，尽管世界**就其自身而言**其实已经被撕裂了，但这个就其自身而言被人类撕碎的世界，是一个自己的荣耀被伪装起来、与自身分崩离析的世界，这个世界已然与自己真正的未来相断离，它徒劳地追寻着自己的终点，进而不断产生出错误的纯然假象时间，仅仅在可悲的千篇一律中始终重复着自身。

通过这场招致了一个全新事件序列的灾难，我们仿佛就跟之前的事件，跟我们自己的过去相分离了，这就像恰恰由于这场灾难，整个创世过程（我们先前的过去之历史其实就包含在**它**之中）被笼罩了一层没有任何有死者能**驱散**的迷雾，就像古代的墓碑上写的，有死者都不能摆脱的迷雾。但恰恰通过这一颠覆，下面这回事情也得到了中介，即那个普遍的进程现在看起来完全被限制在人类身上了，人类现在成了中心点，一切神性力量现在都围绕着人类运动，进而同样的东西，同样的神性历史（它之前是在普遍存在这个广袤的空间中发生的），现在则在人类意识的狭窄空间里发生。

现在请**各位**注意下面的问题：到这里为止，也就是到人类的这桩行动为止，根本就没有神性之外的存在（也就是在"绝缘"这个意义上的神性之外的存在），在人类做出这桩行动之前，一切仍然是被封闭在神之中的。人们可以提出异议说，明明是我们自己把创世过程称为神的走出自己的过程。但这种说法是相对于神**必然地**存在于其中的那个存在来讲的，也就是说，神不做任何事情就存在于这个存在中。但正因为神是在创世中走出自己的神，也就是外在于永恒存在（概念中的存在）的存在者，他自身唯有以这种方式才是神,也就是成为行其事工的神,所以在这一点上,不存在任何外在于神性的东西。迄今被把握的创世过程,根本上来讲只是一种内在的、神性之内的创世过程,**相对于人类随后设定的创世过程,神性之内的创世过程**是**名副其实"理想的**(ideal)"。尽管在创世中,神越出了他的不可预思之在,但他还是把全体存在,还有被产生的存在一道封含在自己之中。就此而言,确实完全可以断言事物在神之中的内在性。与之相反,我们只**能把我们**自己所处的这个世界,仅仅认作一个外在于神的世界,我们甚至还必须要求,这个世界作为一个外在于神的世界对我们而言是**可把握的**。这一点是我们的自由感的要求,而只有在一种朝向神的**自由**关系中,这种感觉才会得到满足,而这种关系,在前面所阐述的那种神性的环抱中,是不可能存在的,我们不仅拥有那种相对于神的自由感,而且也拥有那种要摆脱这个不包含任何解救的世界的自由感,倘若这个世界就是神性的世界,那么一切想把我们从它之中解放出来和让我们独立于它的追求和努力,就都成了笑话;如果世界之外不存在另一个我们奋力趋求、能够参与其中的神性世界,那我们就不得不——不管是活得好还是糟糕——在我们所处的这个世界**中**苟活,并仅仅从这个世界**出发**来生活。能让作为科学的哲学(人们常常谴责它除了给出一种内在性的创世之外就不做其他、止步不前了)获得完满的,只有下面这种哲学,即它除了断言这个世界在神之外的存在,**还能够从神出发**去达至一种内在性的创世过程,进而也能够通过一个独立于神,但原本就是被神自己产生出来的原因来说明这种外在于神的存在。与之相应,哲学大抵难以再下决心,再去苛求绝对者自身为自己提供点什么了,因为绝对者自己已然被扭曲到了外部存在和彼此相邻存在这种无概念的恶劣形式中,此外,使这种哲学同时也陷入指责的那种假定就是,哲学所断言的只是事物在神之中的内在性,但这种指责其实已经被驳斥了,因为外在存在和彼此相邻存在这种恶劣形式仍无疑是外在于神的世界的存在形式。

第十七讲　论人类堕落的后果，神话的开端

刚刚宣讲的内容是，1)说明了人类在创世过程中的意义，2)在人类的力量中下面这回事情是以怎样的方式出现的，即在一切本应进入最终的统一体，而创世者仿佛本应在这个统一体中，从自己的劳作中解脱出来得到静息的那一刻里，人类又唤起了一种新的张力，使自身成了一个全新进程的开端。而第三点就是去追问：通过我们所假定的这个事件，在潜能阶次**之间**的关系，以及它们**与**神的关系中，发生了怎样的变化。为了在与刚刚进行的展开更明确的联络中来回答这个问题，我要简明地再把要点回顾一遍。

也就是说，如果**各位**想再次在对立中（在创世的进程中）设想三重潜能阶次，那么在**每一个**潜能阶次中，神都是一个**他者**，进而也就并不**作为**神而存在（因为作为**神**的神只可能是**独一的**神；也就是说，只要神在三重潜能阶次的每一个中都是一个**他者**，那么就此而言，对于任何一个潜能阶次来说，神都不**作为**神存在，相反，神存在于自己的神性之外），也就是说，如果**各位**想再次在这种关系中设想潜能阶次，并且把在其**向内**翻转中，或者说在其自一**在**中的第一潜能阶次称为 A，把在其**向外**翻转中，或者说在

其在—自己—之外—存在的第一潜能阶次称为B,那么第二潜能阶次所力求的(第二潜能阶次跟我也将之称为第二原因的是完全相同的东西),也就是A^2(我们之前就是这么来标示这个本原的)这个潜能阶次所力求的,或者不如说,它的事工就是一直行进到下面这一点上为止,亦即把己外的存在者,也就是B重新带入自—在中,或者说,既然这种带回不可能无所对抗地发生(因为B被克服的唯一方式跟一个意志被克服的方式是**一样的**),那么第二潜能阶次的事工就要行进到下面这一点上,也就是在B身上产生出A来,因此它的事工始终都是A=B,在A和B之间,它始终居间。而一旦在B身上A被产生出来了,那么在**这个**程度上,或者说据其**份额**来看,B就不再是**纯然的**B,而是A,B也就成了**根据**(因为被克服的东西始终都是正在成为**根据**的东西),同样,A也不仅仅是如它原初所是的纯粹的A了,而是从B出发被带回到A之中的A,也就是说,不论B是否被克服了,A始终仍以B为根据;因为第一原因并不会终止运作,进而它会不变地仍始终设定自己等于B。如此一来,A在其上由以被产生出来的这一部分B,也就**通过**这一在它身上产生的A成为自立、**对立**且独立**于B**的,它不在纯然或者排他地专属于B,因为它不再纯然是B,尽管它是B,但在它身上A被产生了出来,由此,它也就跟自己区分开了,**通过这一点**,它也就是一个不同于纯粹的B,即不同于第一原因的他者,通过在它身上产生出来的A,它就成了一个仿佛从纯粹的B中**被离置的东西**(Abgesetztes)。但如此一来,即便得到了转化的B独立于A^2,它也由于在它之中始终被设定的A而

XIII, 356

得以翻转。现在**各位**思考下面的事情，如果要说，通过这种持续翻转的进程，B 会被消耗得越来越多，那么在最终的被生成物中，整个 B 都会被穷尽，进而整个 A 就会同时成为内在且内居于其中的，在最终的被生成物身上，两个潜能阶次的运作得到了完满的实行，在这个最终者中，两者得以**静息**；这个最终者进而也就并非直截的 A，而是被设定等同于 A 的 B，也就是以 B 为根据的 A；但正由于这一点，A 也就在自己**之中**拥有 B，或者说以 B 为根据，因而 A 也就是自由的，也就是说，它相对于 A^2（第二潜能阶次）而言，拥有一种能够进行独立运动的自由，因此，尽管它是 A，但它是自由且相对于 B 而言能够进行一种独立运动的 A，也就是说，它是独立于 A 和 B、**在实体上**既不是 A 也不是 B、存在于两者间真正的第三者，就此而言，**各位**可以设想，它作为全然被翻转入 A 之中的 B，也吸引着第三潜能阶次，那么以此方式，它就此而言也是三重潜能阶次的**主宰**，不管是在潜能阶次的统一体中还是在其差异中，它都是主宰，进而凭着这一点，潜能阶次在它之中也就失去了自己的自立性，完全在它之中存在了，也就是说，在这个被三重潜能阶次共同产出的东西中耗尽了。这个东西如神一般自由于各潜能阶次，并且与潜能阶次的关系也如同潜能阶次之于神的关系。正如神并非实体性的东西，而是恰恰在与潜能阶次的对立中把自己提升为超实体性的东西，因而神只会是精神和生命，同样，人类（据其本质而言）也不是实体性的东西，相反，在本质上人类就是**生命**，并且这一生命是从神出发来谈的：我们的神在天堂里，他能创造一切他意愿的东西，**原初的**人类也同样能做到这一点。所谓的"天堂"指的就是自由,即潜能阶次的完全均衡。人类在天堂里,因为人类在潜能阶次的居间处,在自由中。但正因为自由于潜能阶次,人类也就还能把它们重新唤起和设入张力中,人类以为,这么做了之后还能够继续统治它们。可这却引发了另一种后果。因为尽管人类在并不自行运动,也不主动去吸引任何东西的时候与神相同,如果用一句过时但通常很贴切的话来描述这种情况,就可以说,人类这时处在一种尚未接纳自身的状态中,但这并不是为了**作为**神去存在(值得注意的是,正如引诱伊甸园里最初的人的蛇所说:神知道,要是有一天你们吃了这果子,那你们的眼睛就会被打开,进而会**如**神一般存在,**作为**神存在。这种**作为—神—存在**的意愿正是引发颠覆的动因)。因此就这一点来说,人类的自由其实只是一种**有条件的**自由,唯有相对于**这个位置**(也就是在潜能阶次间的居间点上)来说,人才拥有这种有条件的自由,可一旦人背离这个地方,他就会失去自由。出于这个原因,人类因而就被要求、被**命令**去把统一体保藏起来。也就是说,人类**有**一条神没有的法则。神能够把潜能阶次置入张力中,**对神来说**,他的自然本性并不会禁止他这么做,因为即便在张力中,神也始终保持为不可克服的一,他**是**已然现实绽脱、已然开始运作的潜能阶次的主宰,也是处在纯然可能性中的潜能阶次的主宰。XIII, 358
但在人类那里情况有所不同。人类是据有着 B(创世的根据)的东西,但**因为**人类唯有通过**创世的过程**,进而在创世完成之后**作为**受造物才据有 B,所以人类据有的只是**作为**可能性的 B,以便使它不成为现实的,否则人类对它的据有就会终止,进而不再是它的**主宰**。尽管这一可能性能一再地把自己向人类呈现为潜能阶次,呈现为另一种存在的可能性;但是法则自身对人类的要求是,他**不**应让 B 再次运动起来(根据《传道书米德拉什》①的说法,神对刚刚被创造的人类说:你们可得小心,不要让我的世界运动起来,不要使它动荡;因为你要是真让它动起来了,没有人(也就是说,没有人类)能够重建它,相反,你会把神圣者自身(无疑是在说弥赛亚)引入死亡,但正是这条要求人类"不要让创世的根基再次运动"的法则,向人启示出了把 B 再次置入运作的可能性;就此而言,伴随着对下面这种**可能性**的认识,即这个被交托给人类**保藏**的 B 有再次运作起来的危险,人类也就同时被赋予了关于善和恶的认识,而恶的诱惑正是借此而开始了现实地寻求被激发的契机。

人类曾经是潜能阶次的主宰,就此而言,人类要通过自己本己的行动,才能使各潜能阶次不可消解地与**自由意志**一道存在,但对神自身而言,两者的一道存在是不可消解的。而**因为**这一不可消解的统一体是人类自己的作品,所以下面这回事情就已经为人类**指明**了,即他也能够做相反的事情,禁止的法则自身也同样会成为逾矩的动因。

创世过程会行进到 B 能被设定为**可能性**为止,而创世的意图也就此达成了,但恰恰因为人类能够把已然被设定为可能性的 B 再次作为**可能性**来拥有;也就是说,人类也能再次或者说重新把

---

① 米德拉什 (שׂדרמ),在希伯来语里的意思是"释义",是犹太教中对经典的解释性文献,谢林这里引用的《传道书米德拉什》即为《传道书释义》。——译者注

它设定为 B，如此一来，创世的意图是否达成，只能看被设定在人类**意志**中的，**是**或**不是**被神所意愿的统一体了。因此，即便在创世的最后环节，我们也还是不能把创世说成已然**是**明确断然的，相反，创世既是，也不是明确断然的；也就是说，如果创世通过被设立在其中的意志，得到了永远地确证并成为不可消解的，创世就**是**明确断然的，如果情况并非如此，即如果创世不能够通过这个意志被扬弃，那它就不是明确断然的。① 简言之：在最后的环节中，统一体只是作为对人类意志预留的可能性被设定的，如果人类意愿它，它才会成为明确断然的现实。神是如此高扬被造物的自由意志，所以他把自己整个作品的命运都托付给了被造物的自由意志。

　　创世虽然已得完成，但它毕竟建立在一个能够运动的根据上，一个有力支配自身的存在物上。创世最终的产物是一个绝对的能动者，它即刻就能再次翻转，甚至在一定程度上也必定不可避免地翻转。进而当我们综观所有到目前为止所经历的环节时，我们必须说：神自身仿佛永不止息地在坚固着这个世界，通过它，神才使所有的存在都完满地走出了自己，在这个世界之中，神才拥有一个自由于**自己**的世界，一个真真切切在它**之外**存在的创世过程。因而所有到目前为止所经历的环节就是实在且现实的环节，但只要在其中没有任何逗留和停驻，它们就仍是纯然构想的环节，在**这个**世界，也就是我们现实所处的这个世界诞生之前，它们都是纯然构

B XIII, 359

---

① 可参见"神话哲学"，第 141、155 页。——编者注

想的环节。①

但对于事实自身,或者说,对于这个过渡的发生,我们暂先只是纯然假设性地谈论的。但这样绝对做不到**证明**它,也就是先天地证明它。对于事实,乃至历史这桩原初事实,人们只能说,它们**已经**发生了。一种纯然机械地,也就是借助一种一劳永逸地确立一切的机械主义而单调乏味地向前推演的哲学,当然对这种再次出现的颠覆一无所知,正如当下所讨论的那种颠覆使人类成了名副其实的第二开端,即一个全新事件序列的开端。人类由以成为一个崭新运动之动因的那个过渡,是完全可以得到说明的。人们很可能会**说**,凭借纯然**自然**的意志,这个过渡仿佛必定就会发生,

---

① 关于这一点,现在来看看我的一位听众先生以书面的方式告诉我的他的思索,在这里,并不是像他所预设的那样:"世界早就(不过这位先生没补充,到底在多少个世纪或者多少个千年以前算'早就')按照神的意志作为不可打破的统一体**已然**持存了(这样的话人们肯定就要问了,世界如此持存了**多久**呀?),但世界随后(天知道这又是多久)由于人类的意志被打破了。"要确实如他所言,那人们就可以同这位先生一样有理由强调,这既不可能先天地知道也不可能后天地知道,所以情况根本就**从来不是**这样。这位先生还对我表达了他的进一步思索:他承认,我们所处的这个世界是一种被打破的统一体,但他至少还理解不了,人们怎样能够先天地或者后天地知道,这个统一体是**被人类**打破的。对此我只能这样来说明:如果他承认,这个世界是一个被打破的统一体,那么他也必须假定这种打破有一个**原因**。这个原因不可能是**神**,因为统一体的产出者不可能也是它的打破者。如果这位先生自己不在某种程度上假定这一点,那我只好说他是个智障。但在创世的终点这个环节中,确实有一个别具一格的自由原因(因为必须有一个自由的原因似统一体被打破),这个原因就是原初的人。也就是说,如果这个原因不是神,那么根据完全合理的推理,统一体的打破者就只可能是人了。这样一来,如果这位听众先生仍然确信,统一体的打破既不可能先天地也不可能后天地被认识,那么他肯定知道有一个在神和人之外的**第三个**原因打破了统一体。根据他的看法,这第三个原因大抵就是路西法,堕天使之长。当然,要是展开过程的结果,最终会把我们引到一些古代神学家所持的类似看法上,他们也认为,这个在外部来看壮丽辉煌的世界,是由于路西法的堕落而陷入崩坏腐烂的,那我还真得在授课期间允许这种看法存在。不过到目前为止,没有任何理由支持我们联想到这种看法。——作者原注

因为它是**自然而然的**,而如果这个过渡不发生,则需要一种超自然的意志。但在这个表达中,语言用法还没有认识到任何真正意义上的必然性。试问:这种再次出现的阻碍,这种重新——从—头—开始是为了什么呢?**只要人们能够把握这个第二开端**(**人类已然使自己成了这个第二开端**),那这个问题当然就能被回答。人们可以说,这个过渡必定发生(这个世界作为其结果也在确证这一点),唯有如此,一切才会一直得到更进一步的限定,一种愈发强大的可把握性才会产生,进而一切最终都会行进至一个唯一的点上。因此,正如已经说过的,说明这个事实是可以的。但这个被假定的危机是无法得到**证明**的(后天证明除外)。自然所呈现出的外观诚然是对这一危机的见证。也就是说,在自然自身中,仍缺乏一个统一性的点;因为正如亚里士多德合理断言的,关联于自然的人类意识——就像它现在那样——是 tabula rasa [白板],是未被充满、没有本真内容的空洞形式,或者像《圣经》中的习语所说的:我们不过从昨天才开始存在,并且一无所知。但不管是在人类**精神错误**且**颠倒的**,还是在其真实不虚的种种努力中,重建意识的冲动仍一直在得到宣告,借此,意识也就把自身宣告为一个仍始终为人类所需要的东西。在我看来,讨论一下这些错误的努力也是必要的。

XIII, 361

在他的《色彩学》中,歌德树立了三个理念,即神、德性和不朽,人们也把它们称为理性的最高要求,歌德认为,这三者显然是跟与之相应的三重最高感官要求相对立的,亦即金钱、健康和长生。金钱就仿佛是地上的神,在地上无所不能,正如我们设想神在整个世界中也无所不能。健康则相应于德性或者才干,而长生则替代了不朽。如果在自身中激起,进而为永恒之故而去完善这三个崇高理念的行为是高贵的,那么为时间之故而不断以强力去占据它们在尘世的表征,似乎也完全是值得向往的。的确,这些愿望肯定会狂野地在人类的自然本性中肆虐不息,进而唯有通过最高的教化才可能得到均衡。用这种方式,歌德在这里要表达的,是他在谈到**炼金术**时候的看法。若无三重理性理念和三重更高感官要求之间一般来说极富精神的联置(神和金钱之间协调肯定也要来分有一些这种联置,而在这种联置上,上述三重性在何种程度上能被怀疑,一种想要保持长久健康的要求就已然自发地把长生的要求包含在自身中了),也就是说,若不直接采纳这种比较,人们就肯定还会说,这种迷信实际上不过是更高理念的颓落而已。遍布四处且在人类中似乎无法铲除的迷信主题,其实就是以下三条:1)在一定情况下,或者在一定条件下,人类能够通过自己**纯然的**意志,无须身体的中介,对自然施以某种直接影响——毕竟信奉魔术看起来有多古老,人类自身就有多古老——;2)当人类——一旦在一定条件下,尤其是当他自身在一定程度上得到新生,进而原初的神性自然本性在他**自身**中已得重新解放的时候——被赋予了解开自然王国身上的诅咒,把已然隐藏和消逝在**自然**中的奥秘再次翻出来,进而通过一种真正的重生,在自然**自身**中产生出一种宛如天赐般、带来解救的存在物之手段时(这一存在物也能使最为幽暗的物质重新得到澄明,使之高贵起来,进而以此方式部分地在自然中仿佛重建起黄金时代),对特别是能够通过某种有机的形质转化,或者某种真正的生育进程(那种生自自然自身、仿佛天赐的炼金药剂也就被看作这个生育过程所需要的精子),而把不显眼的金属转化为发光金属(也就是金子)的信奉也就出现了;3)信奉下面这种可能性,即恰恰通过这种炼金药剂,

身体就会一直重焕青春、免除疾病,进而使自己能够拥有无限制的高寿。这三重主题都属于同一种迷信,除了一些坚信者,还有一些精神清醒的人也被这种迷信诱导了,这些主题诚然只是些碎料和瓦砾,或者,如果人们愿意,也可以说它们是对一种现实的原初意识的晦暗记忆,这些迷信只是以此方式把这种意识再次确保下来,并且徒劳地追求它。实际上,人类与自然最初的关系就是一种**魔术**关系。魔术这个词的意思不是其他,正是力量、潜能,这两个词(根据波斯语和日耳曼语之间众所周知的亲缘性来看)其实就是一个词,最纯净的力量就是意志,因而一个人通过自己纯然沉静、没有外部运动的意愿,乃至通过不动而使某个东西运作起来的时候,他就会设想,这是以**魔术**在行事。其实先前人类是注定不需要推动自己的,他可以并通过自己纯然的,亦即无运动的、**持立于内**的意愿把自然和创世者中介协调起来。也就是说,这种迷信的第一个主题,也就是对魔术的信奉,源于这种人类与自然之间尽管原初,但实则魔术式的关系。当人类不再作为主导性的联结者,而是作为孤立的媒介处在自然和神性生命之间的时候,对自然而言,通过人类被提升到神性生命中也就不可能了,然而自然此时还不能退回到虚无中,在此之后,自然也就被迫去把自己建构为一个本己的、与神分裂的世界,既然自然已经被最终的、一切个别自然物都本应走入其中的最终统一点拒绝了,那么每一个在其自身性中、在其顽固的独立自为存在中的东西,必定都是以终止作为一个更高生命之环节的方式绽脱并得以个别化的,正如使徒所言[1],恰恰由于这一点,在其自身

---

[1]《罗马书》,8。——作者原注

性中的东西才会臣服在虚骄之下；因为既然一切个别物都意愿独立自为存在，那么它们就是虚骄的，亦即空洞无内容的。一种作为自然生命支配性本原的普遍唯我主义(Egoismus)以强力占据着自然，并首先转而对抗人类自身，人类仿佛已然被自然视为无目的的（视为对本应通过人类才可达成的目的来说无用的），进而多余的，**因此**，自然也就毫不留情地跨过了人类及其功业。如果此间在自然自身中产生了一种对于更为完满境况的渴念，一种如使徒所言的那种充满畏惧的、对摆脱仍在为过去之物劳作的企盼（在这里，自然的存在就像是对人类持久的指责，这种指责方式是在人类自身中永远不可消解的感觉，因为据其规定而言，人类本该是自然的拯救者，在这种情形下，人类自身也就被要求要去重生），那么人类还是把自然的部分重生视为可能的，以及对作为炼金术之基础的魔术的信奉也就不难理解了，而第三种愿望，也随即就与此相系地出现了，亦即通过远离自然物之中的偶然且非本质的东西，尤其是通过一种人工引发的金属分解过程，让纯粹由光构成的形体从中绽脱出来，同时也用这种方式为自己牟取私利，即去找到一种能够不朽的手段，或者说，去找到一种能让生命无限延长的手段。如此一来，上述那些对原初存在的事实（它实际上已经改变了），对另一种不同于当下的人与自然的原初关系的种种颠倒错乱的追求，也就以此方式产生了。一种就其自身而言真实的根本感觉被滥用为一种虚假和败坏的游戏。众所周知，自然的根本本质曾经被称为智慧石；炼金师甚至还把自己称为哲学家，甚至是 κατ᾽ ἐξοχήν [哲学家中的哲学家]，per ignem [操火的哲学家]。诚然，就其最高目的而言，哲学必须去重建已被撕裂的意识。但真正的哲学家会谦朴地认为，这个意识自身只能在观念上被重建为概念;即便是真正的哲学家,他的努力也只是到下面这点为止,即把相互之间已然变得完全陌生和外在的事物与现象重新结合为内在的,而只有在哲学家首先把它们把握为人类意识的要素(比如先前的先验唯心论,在自然中它只认识到了自身意识的历史),这种重新结合才会发生。这个在我的《先验唯心论体系》中作为基础,并且方法已然在其中得到发明的意图,后来在更广的范围中得到了运用,**因此**,它绝不是错误的,因为它还不是最终的、绝对最高的意图。① 据其原初意图来看,人类意识**之前**也只不过是整个自然本应由以被提升至其持存,亦即提升至其真理中的手段和媒介,因此直到现在,整个自然最终的真理仍蕴含在人类的意识自身中。Σοφός[智慧的], σοφία [智慧]这两个词的词源,最有可能就出自 σόος,亦即整全的、极乐的、无漏的。真正的哲学仅仅指向整体,进而所意愿的就是重建在其整全性和完整性中的意识。认识到自己天职的哲学家是重新联结人类意识中深深的创口,并试着以轻柔舒缓的手法使之愈合的医生。这当然是一个旷日持久的进程,并且也不是通过**一场**演讲就能轻易做成的事。可大多数人根本就没有**想**让自己得到治愈,就像那些不幸的病人,只要人们凑近他的创口瞧瞧,这些病人就会歇斯底里地大吵大闹,正因为如此,恢复才愈发艰难;包含在这种歇斯底里地大吵大闹中的,大部分都是针对更深刻的哲学的所谓论战,而这些所谓的"论战",其实都是人们从纯然**徒有其名的**哲学家,和明摆着不

---

① 参见作者在《哲学批判杂志》第一卷(第 35 页)中对这个体系的表述。——编者注。
(这里提到的《哲学批判杂志》现在可参考谢林全集历史考订版:Reihe I: Werke: Band I, 11, 1-2: Schriften 1802, frommann-holzboog, 2016。——译者注)

是哲学家的人那里道听途说来的粗鄙之见。

如此一来,真实的关系发生了新的颠倒(这一事实是由人类设定的,或者说它是这样一个**实情**,即事物的新秩序是由人类开启的)已经是另一个不同于人类原本意图的事实了,这个新的事实已经得到了充分的见证,所以哲学自身也是对它的一个见证。但现在我们亟待解决的,是更加明确地去认识这一颠倒如何被引起的**方式**,亦即这一危机的由来,唯有如此,我们才会更切近地迈向对上面三个问题的解答。

这样一来,已经得到指明的是,那个唯一的人类,正如我所说的,那个唯一的人自身,也就是生息在我们所有人中的那个人①,**曾经**诚然是**能够**把潜能阶次再次设入张力的,在这个意义上,或者说就**这个**程度而言——如果他没有**逾矩**,没有**超出**这个临界点,只是到此为止——他是如神一般的。整体的静息,和被重建的统一体的持存,正是建立在下面这一点上,即在整个自然中离心设定的本原,在人类中反倒又成了中心,被带回到其自—在中,在这种**自—在**中坚守。在其离心的存在中,神性中这个最深、最内在和最具中心性的东西在何种程度上是不安和运动的动因和根据,那么在其中心的存在中,它也在同等程度上是静息,即运动的终点和神得以安息的根据。但当它再次被激发的时候,一个新的运动,并且首先是潜能阶次间的张力也就由它设定了,因为它是把一切排除在外者(omnia excludens),因而也是把一切设入张力者。唯有在这一——首先是在人类意识中——新突现的张力和**先前**处在创世

---

① 指亚当。——译者注

中的张力之间,才存在**下面这个**巨大的差别:后者是一种神性的,即通过神性意志被设定的张力,而前者则是由人类设定的,因此人类自身在这里也就取代了神的位置,确切地说,是把自己设定在了神,即张力之原因**的**位置上,我们把这个意义上的神称为**父亲**。在这种情况下,人类也就抓起了神的权柄,人所做的,是专为神预留的事情,人自身取代了父亲的位置。因此,在之前的关系中所发生的最深刻变化就在于,当人类使**自己**成为原因的时候,父亲就好像出局了,好像从进程中被轰出去了。这个说法或许会显得有些冒失;不过就一方面来说,我现在还是得把这个关系**明确**说出来,因为只有这样,才可能指明神话和启示间的真正区别,这正是接下来要着手进行的,但就另一方面来说,通过接下来的所有内容,上述关于人类取代了神的位置的构想才会得到证实,而在《圣经》的观点和启示自身的那种一致中,这一构想会自行呈现,所以接下来它也就无须更进一步的正当性确证了。不过我首先还是想再提一提《创世记》中的叙事,也就是在人类堕落之后,神关于人说的:看亚当已经变得跟我们的那位唯一者一个样了——按照通常的译法,这处文段是说:"看亚当已经变得跟我们一样了"——,这话毫无意义,在之前关于神话哲学①的演讲中,关于这句话,我已经指明了,在语法和语言学上,除了前一种理解方法,这句话绝不可能以其他方式得到正确说明:看亚当已经变得跟我们的那位唯一者一个样了,这话还可以更确切地表达为:similem 或者 parem se fecit *uni ex nobis* [已经变得跟我们中的那位**唯一者**类似或者一样了],或

---

① 参见相关卷(即 XII 卷——译者注)第 165、166 页。——编者注

者也可以说:similem se gessit uni ex nobis［已经在做跟我们中的那位唯一者一样的事了］,因为语言用法也是允许这样来理解词义的。这里的 unus ex nobis,即神性位格中的唯一者——神性位格被理解为以罗欣,并且确实是复数,这种复多性无损于神的统一性**自身**,至少在这句话里不会引起这种误解①——人类认为自己能与之等同,或者说取而代之、行僭越 (instar cujus) 之事,人类的僭越行为不可能是其他,正是让自己成为张力的设定者,即成为拥有与**那个作为张力之原因的潜能阶次的直接关联的父亲**。但当人类以这种方式横插到父亲和儿子之间,以强力占据**生育着儿子的潜能阶次**(父亲这个潜能阶次)的时候,人类也就恰恰以此方式把儿子从父亲那里分裂了出来,进而把曾经安居在父亲之中,并已然完全在其中自行实现的儿子置入了**自己的**支配下,以此方式,**圣灵**自身也

---

① 这处文段也证明了,至少仅凭 אֱלֹהִים[以罗欣]的单数含义(根据所谓的"权能复数"这个语法,会让人以为单数含义能取代复数含义),根本不足以进行一种普遍的理解,也不足以明白这个词在所有文段中的意思。当然,我坚信——这当然是通过研究——,אֱלֹהָא 这个词原本的意思其实就是**独一**之神,确切地说,是那个绝对的至大者,整全的神,也就是最初向人类意识呈现的神。这个名称的起源肯定得追溯到上古时期,甚至可以说,这是希伯来语中最古老的名称,否则它不可能如此坚挺地一直被保留到后来的时代。但这个词在后来时代里的那种根据语法形式所具有的复数含义,不可能是从其原本的单数含义中衍生出来的,尤其在这里引用的文段和先前的文段里,情况并非如此。我**绝不赞同**那种想要在《创世记》的第一章看出一些前摩西时代,乃至前亚伯拉罕时代文献痕迹的观点。这些文献的内容跟《创世记》第一章就是矛盾的,而《创世记》第一章很明显包含着一些针对后来的一些关于神的学说,比如波斯人的学说的反题。无论如何,这些后来的学说属于这样一个时代,在其中,人类已经远离了整全的神,堕入了真正意义上的多神教,但在这个时代,在与多神教的对立中,一神论自己也已经得到了更高的展开,进而具有了精神程度更高的含义。有鉴于此,我觉得在质朴的意义上来说明所引的文段,依据语言用法来呈现它们的意思并非不自然。——作者原注。(也可参见"神话哲学导论",第161页及以下。——编者注)

就同样被撕裂了。但若无下面这一点,这个事实也不可能发生,即神性之物已然从潜能阶次中抽身而去了,只不过对人类而言,并且在与人类意识中被再次激发的本原的关系里,它们**仍是潜能阶次**。也就是说,人类所有的,仅仅仍是一种朝向潜能阶次,亦即朝向被撕裂的神,被撕裂的全——一者的关系,进而正如在先前——也就是在尚未被推动、纯粹本质性的意识中———神论对人类而言是自然而然的,所以现在对他来说,多神教也同样是自然而然的(多神教就是这一活动的意图,而不是被捏造的造作之物)。由在意识中被设定的张力开启的进程,尽管是一个**神谱**进程——因为引发这个进程的潜能阶次就其自身而言是神谱的——,但同时也是完全**外在于神的**,这个进程仍只是自然进程,而如果潜能阶次在其中仍仅仅表现为自然的潜能阶次,那我们就已然可以把这个进程认作异教或者神话的进程了。所以使徒保罗完全有理由对那些曾经是异教徒的人说:你们曾经**没有神地**存在于世界上,你们曾投入和屈从在一种把神完全排除在外的运动下,你们曾经 ἀπηλλοτριωμένοι τῆς ζωῆς τοῦ θεοῦ,全然远离神性生命。

XIII, 368

我现在来更进一步地分辨我们展开过程的进路。

如果人类把注定在他之中静息的本原(在对它的克服中,更高的潜能阶次自行实现,并且自行解放为位格)再次唤醒,那么它所引发的第一个后果自然就是,更高的潜能阶次再次被去现实化、被设定为纯然的潜能阶次了,确切地说,它们现在不再作为神性的或者相对外在于神的潜能阶次,而是作为现实外在于神的潜能阶次。尽管内在地来看,它们仍保有自己的神性意义,但外在地且在它们重新处于其中的张力来看,它们都是**外在于神的力量**。如此一来,第二潜能阶次尽管并不能终止在自身中成为位格,或者说保有对其神性的意识,但据其存在而言,它已然在神之外了,进而在人类的意识中,相对于在其中已然运作起来的、本应**不存在**的本原,第二潜能阶次又成了纯然的潜能阶次。这一点自然也适用于第三重位格,也就是同样被设定在神之外的圣灵,就现实而言,它不再是神性位格,相反,它仍只是外在于神的潜能阶次,即纯然的宇宙精神。作为这种仍只是自然的潜能阶次,它们也就是这个进程的原因,对它们的主要规定如下:1)这个进程只发生在意识中,因为在进程中才存在张力,而**意识**是从统一体中被设定出来的,进而在整个新的创世过程中,作为中心的是意识,也就是说,意识必须通过类比于原初进程的第二次进程得到治愈和恢复;2)这个进程自身是一个纯然自然的进程,跟神性自身毫无关系,甚至还把它排除在外。然而既然通过这一进程,作为神之设定者的原初意识会得到重建,那么这个进程也就可以被称为**神谱**进程,即在意识中产生着神的进程;因此即便在不考虑 B 的情况下,作为此进程之原因的各种力量也可以被视为神谱性的量。因为**就其自身而言**,也就是如其在人类意识中据其理念而言, B 是**神**的设定者,或者说,已得实现的神的意识附着于 B 上, B 是作为基体,即原初地设定着神的整个进程(创世进程)的质料,作为这样一种东西, B 也就是设定着神的质料, τό σπέρμα [种子],正如使徒中最颖悟同时也最深思的约翰所说的,**这个种子始终保留在没有犯罪的人身上**。①(所以我们就**像施洗约翰说的那样**,在 σπέρμα τοῦ θεοῦ [神的种子] 中

---

①《约翰一书》,3:9。——作者原注

拥有那个本原,按我们之前说的,它就是在神谱进程中表现为设定神的质料的本原)。众所周知,在《旧约》和《新约》中,异教和偶像崇拜都是罪,而且是 ἁμαρτία κατ' ἐξοχήν [罪中之罪]。因此,如果使徒说:设定着神的本原, σπέρμα τοῦ θεοῦ [神的种子],始终保留在没有犯罪的人身上,那么进一步的推论就是,异教,即从真神那里的堕落,其本源恰恰在于,设定着神的本原,即神谱的根据,并没有始终安居在人类意识中,而是从其内亲性或者内在性中再次绽脱并运作起来了,进而以此方式,就成了在意识中被意图重建的神性统一体的实在性原因,更间接地成了一个新的、重建着这个统一体的进程的原因,因此这个进程也就能够被称为"神谱的"。在其再次绽脱中,这个本原是神性统一体的取消者,因此也是神的否定者。但恰恰这个在其己外的存在中否定着神的东西,在被带回到其**自—在—存在**中,即自身被再次否定时,就会成为神的设定者,确切说是成为**现实的神**的设定者。即便在这里,在这个新的进程中,神**由**以创造一切的第二潜能阶次,也是在进行着中介的。也就是说,重要的事情首先在于,规定潜能阶次间的关系和这个进行着中介活动的潜能阶次的地位。如果不是那个被指派通过自己的自然本性克服和否定 B 的潜能阶次,如果它指向 B 的关联没有得到保留,如果它仿佛跟 B 一道锁闭在这个进程中、在其中苦熬,那上面那种带回活动当然就是不可能的,而人类意识也注定要遭受一种不可避免的自我毁灭了。这个潜能阶次不**能**主动拒绝去运作,这正是因为它处在人类的支配下,而人类意识如果在它之外,也必定会被消灭和摧毁,但这既不合父亲的意志,也不合这个潜能阶次自己的意志,也就是说,人类把它撕裂,跟自己一道进入必然

XIII, 370

的进程中,要是这个潜能阶次能离弃人类,它就会从这种必然性中抽身而出,但它不可能被人类释放,所以必定追随人类进入对神的异化中,自身成为外在于神的潜能阶次,只有这样,它才能进入人类意识会由以被重新带回入对神进行着设定的进程中。在这一进程中,这个潜能阶次最先具有的功能不是其他,正是它在创世中曾经有的,也就是克服对立性的本原,即凭借一种纯然自然或者说必然的运作来克服它。当这个潜能阶次如此运作的时候,它一方面把人类意识从在其中(在人类意识中)再次被提升的本原的致死支配中解放了出来,另一方面,它也使**自己**恰恰成了这个本原的主宰,进而以此方式成为异化于神的存在之主宰,并且因为它现在不仅(像在创世中那样)通过神性的运作,亦即通过父亲的运作,而且也通过**自己的**运作而存在,就此而言,它现在是**独立**的存在之主宰,所以它现在能够凭借自己所意愿的存在而开启。

由人类引发的张力使儿子从父亲中分离了出来,把儿子移置入了一个他并非从神或者父亲那儿获得的存在里,这个存在是他从人类那里**获得的**,但也正因为如此,这个存在也就使儿子**自由**于父亲。凭借这个他从人类那里获得的存在,并且在此存在**中**,作为这种外在于神的位格,他正是**人子**这重位格,正如他作为神性位格的时候是神子。这也就说明了,基督在《新约》中何以常常用"人子"这个表述自道。为了说明这个表述,人们从古到今已经花了许多心力,但**各位**自己可以看到,这个表述唯有在我们观点的关联脉络中才会获得自己完整的含义。第二位格也叫作人子位格,即ὁ υἱός τοῦ ἀνθρώπου[人类之子](我要提醒的是,在《新约》中,根据众所周知的希伯来语用法,人类也可以叫作υἱός ἀνθρώπου[人子],

但从没有被叫作过 ὁ υἱός τοῦ ἀνθρώπου[人类之子], 根本上来说, υἱός ἀνθρώπου 的意思其实就是**人类**, 最明确的一处就是《希伯来书》的2.6, 但以 ὁ υἱός τοῦ ἀνθρώπου 来单指人类的在任何地方都没有出现过), 第二位格叫作人子位格, 因为它作为有其自立性且外在于神的位格, 完全只是由人类设定的。①

但现在, **各位**肯定已经不自觉地被逼迫到了下面这个问题上: 如果世界是通过人类的行动——即作为真正意义上的僭越的原初行动——被设定的, 通过这一行动, 世界被设定在了**神之外** (extra Deum [绝缘于神]), 那下面的情况是如何出现的呢? 即尽管这个世界续存着, 潜能阶次也同样续存着, 对它们的支配权转到了人类手上, 然而它们仍然保留着自己的强制力, 也没有完全消失或者回归到虚无中, 这是为什么呢? 因为世界和对它进行着生产的潜能阶次原本就是只有通过那个在一切之中使一切运作起来的意志 (τοῦ πάντα ἐν πᾶσιν ἐνεργοῦντος) 才存在的, 要是这个意志终止运作, 那么前两者也就会终止存在。所以我对上面那个问题的回答是: 在异化已然突现之后, 这个意志尽管诚然是在继续运作的, 但它并没有因此就去**意愿**已然异化之物, 因此, 它是作为**非意志**而继续运作的, 或者像《圣经》中说的, 作为神性的愤怒而继续运作。这

---

① 在近来的哲学中, 把基督设想为原初的人, 设想为人中之人、原型意义上的人的惯例, 从康德起就开始了, 这样做的好处就是, 一方面不用再承认基督**仅仅是纯然的**人类, 而另一方面, 也仍可以把他放在超越于所有其他人类的位置上, 进而能为他赋予一种在面对他的时候, 所有人大抵都无法否认的**独一性**。然而如果在这种意义上来看, 那么"人子"这个名称反倒像是一种 titulus excellentiae [高贵的头衔], 与其表达基督的卑微, 毋宁说是在表达他的高贵。但既然基督以"人子"自道, 那么他的脸上, 必定挂着仿佛时时刻刻都可以觉察到的忧愁, 这一特质跟任何一种想要在这个表达里看出一个"高贵头衔"的说明是矛盾的。——作者原注

个彻底外在于神的世界是神性非意志的世界,就像使徒[①]明确说的那样,一切人,不管是犹太人还是异教徒,都是 τέκνα φύσει ὀργῆς [由愤怒所生的孩子],即天生就是神性的非意志的孩子,仿佛是从神性的非意志这一素材中被塑造的。神仍然在使这个世界**运作**,但并非像原初地那样运作,世界的**如此**—存在,亦即它存在的**方式**,反倒是与神对立的,也就是说,神仅仅使世界的**实体**运作,而非它的形式,就其形式而言,这是个在神之外的世界。尽管存在着这一灾难,但世界的存在,它的实体仍然保持着持存。如果神由以设定创世之根基的意志不在世界中持存,世界也不可能如此。但从神这方面来看,他的这一意志不再是意志,而是非意志(如果我们之前也把这一意志称为非意志,那么"非意志"在这里的意义跟前面是不同的:前面它表达的仅仅是,神的自由意志并不存在于其中,而它在这里对我们来说,除了是在谈论《圣经》中所说的 ὀργή θεοῦ [神怒] 外,再无其他意思)。也就是说,神是在使一个作为尽管不异化于自己的**力量**,但异化于自己的**意志**的世界运作,据神的意志来看,他反倒被世界用而弃之,仿佛自己是为了世界而存在的,神使世界运作着,但不再作为父亲,作为父亲的神被世界拒退了,而一种朝向作为**父亲**的神的关系唯有通过儿子才得以再次可能。这就是《圣经》关于神性之怒的深刻学说,而一种平面化的解释曾经徒劳地试过去解决它。在 B 之中存在,且世界由以得到续存的意志,现在是一种被人类激发、挑起和点燃的意志,它不再是原初的意志,而是从它的静息中被再次唤醒的意志。也就是说,存

[①]《以弗所书》,2:3。——作者原注

在曾经确实处在父亲力量的支配中,当存在由于人类而异化于父亲之后(即**总体**存在,因为一切存在都是向着人类而得到规划的,进而当在自身中囊括了一切事物的目的和终点的人类,从神性统一体中抽身而去之际,整个存在也就必定伴随着人类落入了异化于神的状态中),在这发生之后,父亲的力量当然就处在要收回存在本身,即收回整个存在的状况中,但倘若这种收回是直接的,那父亲当初反倒就不会意愿创世了,这种收回并不是神的直接行为,而仅仅是一种引出,所以与之相反,父亲只有在同时展望那个也被设定在神之外、被剥夺了现实神性的位格时,才意愿创世,而它的**神性并不被存在允许**,因为由于它的自然本性,这一位格被指派去寻求存在并把它带回本质中。唯有在对下面这件事情的先见和先行意图中神才会去意愿世界,即已然失落(从神中堕落)的存在注定要被这一位格重新带回。也就是说,否定着 B 的潜能阶次保持着自己朝向 B 的关联,这是合乎神性意志的,只有这样,才能克服这个违逆着神性的本原,即真正意义上只是作为神性的非意志自身的本原,进而重新与之和解,以此方式,朝向作为**父亲**的神的关系才能得到恢复。这一颠覆——人类承担着引发它的罪业——是儿子重新在由人类引发的第二次颠覆中弃置自己的荣耀、不得不进入把一切重新带回的一个新进程的原因,或者说,儿子决定在第二次创世中,把他并未离弃的人类(尽管人类其实是儿子之荣耀的**仇敌**),带回他原本注定拥有的永恒生命中。这一对儿子向神性位格荣升的再次悬置对创世本真的最终目标无损分毫,因为这一目标是自永恒以来就被先行预见和规定的。

父亲的工作单独来看只可能进行到下面这一点为止,即产生出在人类中被预见到的统一体,通过它,一切都会被闭合和完成在神之**中**,如果这个统一体被打破,那么父亲——他根本就不会进入进程,绝不会进入一个外在于神的进程——也没有能力重建它,重建唯有通过儿子才能发生,而儿子也恰恰由于这一打破作为独立于父亲的位格被设定在了他之外。因此,唯有着眼于作为自立位格的儿子,父亲(存在本来是依于他而立的)才根本上可能去意愿一个世界,即意愿一种外在于自己 (praeter se) 的存在。请各位一定要注意下面这点:单凭父亲和在他之中**被把握的**儿子(因为尽管儿子在创世的终点也会作为**儿子**得到实现,但在创世过程中,他也诚然已经一并进入了其中,作为真正意义上德穆革式的原因存在了),只有一个纯然不运动、在这个意义上属于那种永恒且不会改变的存在的世界才有可能,而现在这个属于自由的、运动的存在之世界则不可能,而这种存在才被我们视为真正**被造的**存在,因为凭着这一点,受造物才会独立于创世者,进而自由地与之相持,受造物并不在创世者之中,而是在它之**外**(也可以说 extra ipsum [绝缘于他]),即作为自由者与创世者自身相持而立。这个自由的、运动的存在的世界(这才是真正意义上的人类世界),唯有凭着儿子才是可能的,所以从这一点出发也可以说: ἐν αὐτῷ ἐκτίσθη τά πάντα,一切都是在儿子之**中**,亦即着眼于儿子被创造的 ①;在这里,ἐν(在……之中)跟 διά(通过)并不是一个意思,后一个介词经常被用来描述儿子: πάντα δι αὐτοῦ ἐγένετο,一切都是**通过**他而生成的,但在这里谈的,是儿子在创世之前首先处在父亲构想中的情形,ἐν

---

① 《歌罗西书》,1:16。——作者原注

在这里的意思是,指望儿子,而之所以是"指望"是因为,父亲预见   XIII, 375
到,那个无可避免的失落者、把自己从他这里抽身而去的东西,仍
会由于儿子的缘故而不至失落。父亲之所以创造具体的、多样的
存在,仅仅是为了能把这个存在,即他已经预见到会从自己之中堕
落和从自己这里抽身而去的存在,让渡给作为已然自立且独立于
父亲之位格的儿子,而基督的话原本就一再地在为此作证:πάντα
παρεδόθη μοι παρὰ τοῦ πατρός μου,我父已把一切让渡给了我。①
这里所说的"让渡",跟父亲在创世中把存在转交给儿子的**原初让
渡**无关,在原初的让渡中,父亲的意愿是,让原本仅仅依于自己的
存在,也成为儿子(和圣灵)的存在,也就是说,儿子在这里也是据
有着存在的,但这仅仅是在与父亲的**共有**中据有,而这个共有的存
在,并不是作为被让渡和转交给**儿子**、父亲其实不再对它有权的存
在。父亲把世界**让渡**给了被自立设定的儿子,在这一点中所蕴含
的意义就是,父亲自身——至少**直接地**——不再意愿任何出自世界
的东西了。

    如此一来,根本上来说我们现在已经区分了两个时间。1)父亲
的时间,或者说父亲的永恒时间,在这里,存在还完全被父亲掌握
着,即便是儿子也还没有被设定为自立的位格,而是仅仅存在于父
亲之**中**。2)儿子的时间;这个时间就是这个世界的整个时间;因为
在这里,一旦创世完成,灾难就登场了,所以我们可以说:儿子的时
间就是创世以来的整个时间,也就是说在这里,**自这个时间起**,儿
子就作为一个自立的位格在父亲之外存在了,而父亲也已经把一

---

① 《路加福音》,10:22;《马太福音》,11:27。——作者原注

切存在让渡给他了。如此一来,紧随这一让渡之后而发生的整个历史只不过是第二重位格的历史,而我们接下来就专门来处理它。

但即便在这重位格的历史中,即儿子的时间中,还是要区分两个时期。

也就是说,当人类落入 B 的强力支配,当神性非意志的本原变得**公开**之际——它本该停留在通过创世过程被设入其中的深渊里——,也就是说,在开端之际,在这个本原的整全力量仍未被打破且保持着强势的时候,起着和解和中介作用的位格自然就被设定在了最高的否定和限制中,处在受难的境况中,因为一切否定都是一种受难,一切对荣耀的剥夺都是一种 πάσχειν [受难],这是依照语言就可以得到指明的,正如下面这段著名的话说的 ①:如果一个环节受难,那么整体也一道受难,但同样,如果一个环节**被荣耀**,那么整体也一道欢欣,也就是说,在这里,受难是 δοξασθῆναι,即"得到荣耀"的对立面。第二位格从它依于且与父亲曾经共有的荣耀中被设定在外了,处在承受着最深痛苦的被动境况中,在这种情况下,它不再有任何空间,在人类意识中,它首先是被存在完全被排除在外的,因此它也就是**不自由的**,所以它也就并非据其意志,而是只能照其**自然本性**作为**必须**运作者而运作(它被回置到了曾经在创世的绝对开端处的地方),但正是这一受难,这个第二位格被置入其中的否定性境况,愈发地在把它的**自身**赋予着它**自己**,愈发地在把它带回到它的自身中。但第二位格首先也必须通过一种纯然自然且必然的运作过程,使自己重新成为这一非神性存在的

XIII, 376

---

① 《哥林多前书》,12:26。——作者原注

主宰，而这只有通过一个**进程**才能发生，因而在此进程中，第二位格也就只可能表现为不自由地进行着运作的潜能阶次。第二位格在其中并非据自己的意志，而是据其纯然的自然本性而运作的这个时代，就是异教时代。在《旧约》中，第二位格受难的这个时代已经得到了最明确的暗示，比如在《以赛亚书》著名的一段里。在这里，弥赛亚（这是第二位格在《旧约》中的名字，在这里，儿子也叫作受膏者，也就是自开端以来，乃至在对世界进行奠基之前，就注定成为国王和一切存在之主宰的人，因为纯然以受膏而成为国王的，还不是真正的国王，就像在撒母尔为他受膏之后，大卫还不是国王，只有在扫罗丧失了生命和王位之后，大卫才会成为国王），也就是说，在《以赛亚书》（这一卷直到现在还被那些完全固执于弥赛亚这个词的含义的人片面地解读）中，弥赛亚并没有被设想为未来的受难者，这里并没有——至少没有专断地——谈到他未来的受难，而是只谈到了他当下的受难，弥赛亚自世界开端以来就在受难，在黑暗进行统治的整个时代一直在受难（所以在《旧约》和《新约》中，这一时代也被刻画为异教统治的时代），弥赛亚被比喻为一粒尽管幼嫩，但也正在萌发生长的稻子，也被比作从在贫瘠的土地中刚刚开始绽放的幼苗（对这一阐述的其他考察我不可能在这里再追究一遍，所以请参考我关于神话哲学的讲座①）。

XIII, 377

也就是说在儿子的时间**中**，仍要区分两个时期：a) 在整个异教时代里儿子受难的时期，在这期间，儿子作为一个被存在排除在外、被移置在最高否定中的潜能阶次，必须让自己重新成为非神性

---

① 见相关卷（第 XII 卷——译者注）第 315 页及以下。——编者注

存在的主宰,而这只有在进程的终点才会发生,而在异教的整个时代里,这个进程都贯穿且续存在人类意识中。当这个潜能阶次使自己再次成为存在的主宰之际,他才会在**自由**中来观视自己,据自己的**意志**来对待这一存在,也就是说,既可以把这个存在单独地保存起来,或者重新把这个辛苦挣得和费力换来的东西交给父亲发落。如此一来,凭着这一点,即凭着第二位格所拥有的自由这一要素,新的时代开始了,在其中,第二位格再次成了存在的主宰,并能以自由的决断来对待它,也就是说,能够以自由的决断来与之交道,这才是符合**它**神性意志的事情。这个时代就是在基督教中出现的时代,这一显现的内容,就是第二位格的凭自由意志而做出的行动,而这就是启示的内容。借此,我也就同时把**各位**放到了能够在眼前初窥我们接下来整个展开过程的规模和道路轮廓的立场上了,请**各位**牢牢把握住已然掌握的线索,只有这样,各位才会跟我一起在进一步的探究中穿越迷宫,在跟随我的时候始终都能轻松得到最精准的定位。

  这样一来,通向神话哲学的过渡也同时包含在这里了,通过刚刚阐述过的历史序列,同时得到更进一步规定和从另一个方面得到指明的,正是我们先前从**普遍的**基本原理出发已然推导而得的东西,亦即神话哲学必须先行于启示哲学,亦即它在何种程度上必须先行。当神话进程的主要要素已经得到阐述,尤其是神话意识中产生着神话的原因或者潜能阶次已经得到了指明时,就足够了。但对这些原因的意识在希腊人的秘仪学说中表现得尤为突出,因此,希腊人的秘仪学说也就构成了通向启示哲学的直接过渡。

最后我还是要强调接下来涉及神话进程的一般性内容的各个要点，在这里我也同样希望**各位**能牢牢记住它们。

关联于人类意识来看，神话进程的目的不是其他，正是把人类意识重新带回到对神的设定活动中，即恰恰把人类意识重新带回人类之中，重新治愈它，**就此而言**，走在神话进程这一纯然自然道路上的人类意识，是可以得到治愈的。因此，神话这个第二进程的原因跟第一进程是相同的，只不过在神话进程中，第一进程在人类意识中又把自己重演了一遍。在创世的开端已然注定成为意识中神之设定者的那个本原，在第二进程中，会作为相同的本原穿越相同的道路，进入对神设定的活动中，而这唯有在它已然成了人类意识的本原之后才会发生。作为一个纯然在人类意识中自行发生并产生事件(ereignender)的进程，它当然只有通过各种表象或者产生各种表象才能宣告和外化自己。这些表象，即神话表象，正如所有其他假设的后果已经充分表明的，以其他方式无法得到说明，它们并不是作为虚构，也不是作为臆造，更不是作为由于某种先行启示而产生的纯然偶然之迷乱而产生的表象；相反，它们只可能被设想为受潜能阶次（处在其张力中的各潜能阶次不再拥有神性意义，而只有宇宙性的意义）和已然堕落的人类意识之强力支配的必然产物。

种种神话表象并不是从外部进入意识的，它们是一个生命进程的产物，即便这是个错误的进程，可它们如何通常都能够表现出与意识的交织，我们如何发现它们与意识交织在一起，致使整个人类的族群，宁愿被迫进行最痛苦的献祭，也不放弃这些表象？这些表象也同样不是**下述**意义上人类意识纯然偶然的内在产物，即它

XIII, 379

们仿佛是通过意识的某些**个别**活动,比如幻想,被设定的。它们是作为**实体**的意识自身的产物,因而以此方式与意识相伴生。意识的本原仿佛又被置回到了它在人类诞生之前的关系中。从我认为自己在关于神话的演讲中已经充分论证过的观点出发,下面这些事情都是完全自明的:

1) 被神话进程攫取的人类会给这些表象赋予信仰。这恰恰是因为,这些表象在其中得以产生的进程,是彻底独立于人类的思想和自由的,在**这个**意义上,这个进程是客观的,人类必定会为这些表象赋予完整的信仰,同时把它们视为客观的(正因为这一点,意识常常首先得通过一些行为得到表达,比如在米利塔女神崇拜中。① 除非思想先于行动,否则这些表象**绝非**思想的事情,它们比思想先出现,因此直接先行于思想地驱迫着人去行动)。在此进程中进行着运作的力量,或者说潜能阶次,不仅被内构为一 (eingebildete),而且也是名副其实的神谱性的潜能阶次自身;在这里存在的绝非纯然诸如人们据某种哲学的观点,就可能脑补的那种神的**理念**,而是现实的、实在的、神谱性的潜能阶次自身,它们同样也在自然中进行着运作。从这一点出发,下面这点也就不言自明了:

2) 种种神话表象——且不管它表面上有多荒谬——仍明显地与自然及其现象共处其中的那种关联脉络,已经误导了许多人把神话仅仅视为某种人为构造和完善过的自然观,把诸神视为自然

---

① 米利塔(Mylitta)女神是古代巴比伦的女神,这是她的亚述名字,所对应的希腊神是爱神阿佛洛狄忒,对应的苏美尔女神则是伊什塔尔,米利塔女神崇拜指的是古代特有的神娼行为,谢林在后面对此会有讨论。——译者注

力和自然现象的纯然位格化。这种与自然的关联，神话存在物与自然存在物共同展示的相似性，正是基于下面这点，即曾经在自然中运作的潜能阶次，和在神话中，即在意识中运作的潜能阶次，都是生产着世界的**相同潜能阶次**。

XIII, 380

神话产生在一个非任意的必然进程中，通过这个观点，对人类历史而言，一个全新的事实就被赢获了，通过这一事实，迄今为止彻底空洞、没有任何历史延伸其上的空间就被填满了，这个空间也就是最宽泛意义上的前历史时代的空间。如果问，在这个没有任何出自其中的关于某个外部事件的确凿消息流传给我们的时代里，人类在做些什么？那么对此的回答只能是：在那个寂静的前历史时代里，充满了人类心智和意识所经历的种种庞然可怖的震动与战栗，正是它们产生了或者说伴随着人类各个族群对诸神的种种表象；所以只有在神话出现之后，各族群的**外在**历史，亦即由外部事件刻画的历史，才在真正意义上开启，所以我们完全也可以补充说：在族群，或者说人类凭着已得完成的种种表象而从那个内在的进程中绽脱出来之际，各族群才会归落到历史的外在状态中；只要人类由于这一进程还在进行着内部的操劳，彻底被吸引向内部，那么人类的各种外部活动自身，比如族群的迁徙，就会只由那些内在的表象决定，就**此**而言，人类处在一种绽出的境况中，只有这样，他才会在后来从这一境况中再次绽脱出来，进入已得醒悟的历史性境况中。在对那些内在表象彻底偏执性的操劳中，人类对各种外部关系，或者说，对例如族类的分离和分裂这种外部关系毫无觉知，而是仅仅被种种内在境况决定着。

这个攫握着整个人类、穿越了整个人类的神谱进程，也如一切其他进程一样,有自己的环节。可以得到指证的是,这些环节被分派给了仿佛扮演着不同角色的不同族群。伴随着一个个不断从普遍的人类中分离出来的新族群,这个进程就会往前挪动一步或者至少半步。首先在历史之光中突显的不同族群与神谱进程的不同环节是平行的,所以每一个族群仿佛都代现了一个特别的环节。

　　因为不同族群的神话只不过是那个穿越整个人类的相同进程之产物,进而也是由于同样的原因而出现的,并且尤其因为每一个后起的族群,都在此进程停滞在之前族群中时拾起并接过它,也就是说,在先前族群的意识中已然成为当下的东西,在后起族群的意识中至少会被采纳为过去,**所以**,各族群的神话,甚至通常一些八竿子打不着,或者说彼此之间根本就没有任何外部历史联络能得到指证的神话,也都极为类似;他们在一种本真的意义上彼此**具有亲缘性**,而非通过某种彼此之间纯然外在的关联脉络被结合在一起。所以为了说明一些最为不同——不仅在空间上,而且也由于语言、性格、习俗和思想方式而相隔很远的族群的——的神话间惊人的一致,人们无须像克罗伊策①或者其他人那样假定,各种神话表象首先是在某个未知的,或许也可以称为原初族群(但正如我们先前指明的,这是个自相矛盾的概念)中出现的,然后从原初族群流传到了在那些已知族群中被视为最古老的族群那里(比如印度人,印度在现代被一些吹鼓手众多的幻想家大力吹捧,以反对那些已知族群中最古老族群所拥有的类似的崇高名誉),这些表象又从

---

① 格奥尔格·鲁道夫·克罗伊策(Georg Friedrich Creuzer, 1771—1858),德国语言学家、考古学家和神话学家。——译者注

印度人那流传给了埃及人,最后被希腊人从埃及人那学了去。所以不同族群的神话自身只不过是**普遍**神话的不同环节,亦即普遍的、生产着神话的进程的不同环节,所以就要一个个地来考察它们。神谱性的、生产着神话的进程的这些不同环节,在各个族群次第相继的神话那里都能得到指证,而这正如我们已知的那样,是神话哲学真正意义上的课题。

第十八讲　神话哲学综述

既然对神话哲学的报道对于启示哲学的奠基来说必不可少，那我现在也就按照约定，先转而对它做一番综述。对普遍神话的根据，我已经说得很清楚了。它就包含在下面这回事情中，即人类把注定在他之中得到静息的开端本原，再次置入了运作中。以此方式，原初的人类也就能够并且仿佛被诱导，把已然在他之中被带入静息的本原再次作为它自身唤醒，同样，这个一切神话的开端也在神话意识中反映着自己，不过这一点只能在这里简要地指明。开端本原在人类中已经被带回到了它的自—在中，并且据神性意图而言，它本该**寓居**在人类中，不再成为另一种存在，或者说新的存在的潜能阶次或可能性。它是 σπέρμα τοῦ θεοῦ [神的种子]，即本来**持存**在人类中的神谱之根据。但人类在自己与这一本原的对立中，瞥见了自由中的自身，一旦人类反思到了这一点，那么他把自己设想为**及物**意义上的可能性和能在者也就不可避免了。然而这个可能性单靠**自己**还做不了什么。唯有被意志击中，这个可能性才会运作起来并产生一系列后果。也就是说，在**这个**关系中——作为独立自为的自身而对自身无力的关系中——这个向人类呈现和展示着自己的可能性表现为纯然女性的。这种女性形象并非人为捏造的,而是它全然自然的形象;但这一可能性同时也表现为把意志向着自己吸引的引诱者和诱导者。意识的这个环节,即在其中那一可能性尽管还是**纯然的可能性**,但已然把意志吸引向自己了,所以这个环节在神话中就是由一个**女性**的本质刻画的。这个内在的可能性,当它内在地持存之际就等同于本质,而当它绽脱之际,就会等同于偶然之物,等同于**曾经能够**存在和不存在,但现在不再有存在或不存在之自由的东西,它现在反倒成了盲目的、无意志的,进而在**这个**意义上必然的东西,这个遭遇了颠覆,遭遇了从本质性之物到偶然之物的过渡的本原,就是希腊神话中的**珀耳塞福涅**①,毕达哥拉斯主义者早就把这个形象认作与**那个**他们将之规定为 δυάς[不定的二] 的本原相同的了。这个两可之物,首先是彻底内在的,但当它离弃了自己的本质之际,它自身随即就成为屈从于必然性和神话进程的本质了,所以它就是神话中的珀耳塞福涅。不过人们不可以想当然地觉得,珀耳塞福涅这个理念跟神话的开端自身仿佛是同时的。这一开端对于为它而惊讶的意识来说,是一个被遮蔽的开端,唯有在进程的**终点**,即在它所编制出来的东西已然开始自行松解的时候,这一开端才对意识变得明了,在这个时候,开端的本原才重新对意识**表现为**可能性,进而在人类面前把自己呈现为珀耳塞福涅,呈现为已然经历了整个进程的本原。所以我们最后才会重新回到在这里只是捎带一提的珀耳塞福涅上。

XIII, 383

---

① 珀耳塞福涅(Persephone),谷物女神德墨忒尔的女儿,冥王哈迪斯的王后,是厄琉息斯秘仪中的重要角色,谢林在后面会多次讨论她。——译者注

既然神话的这些开端,甚至神话自身仅仅是关联于启示哲学才被提到的,那我在这里或许也得对创世叙事进行一番说明,这一叙事关联的是人类所受的最初诱导。但如果不同时关联我们必须在《旧约》的整个经世过程(Ökonomie)中预设的意识境况(创世叙事所依循的也是这一境况),那我仍然无法对这个问题做任何说明。但既然我在后面的展开中才能说明经历了整个旧约秩序的意识状况,所以我在这里也只好先把起源叙事暂且撇到一边了。接下来我只想强调这一叙事中的三个要点。也就是 1)在《创世记》中,谈到了使人做出最初的逾矩行为的诱导和引诱;2)人类**直接**易受诱导的那一面被阐述为女性的;亚当说,与我为伴的那个**女人**,给了我树上的果子,我就吃了;3)进行着诱导的本原被表象为蛇。以自身为中心回旋盘绕的蛇是静息的图像,也是永恒的图像,一旦它展开身体直起身来,那就会带来败坏。所以蛇一般都被视为那个两可的自然本性 (natura anceps) 的象征,当它把自己从内部向外部翻转的时候,颠覆就由它引发了。希腊神话中的宙斯(未来时代的神,而若无珀耳塞福涅的堕落,未来时代也根本不可能存在),就是以蛇的形象接近珀耳塞福涅的。珀耳塞福涅本人被设想因禁在一座不可接近的城堡里(一种不可通达的被监禁状态)。为了引诱她,宙斯接近了她,把她从与世隔绝的状态中诱骗出来并骗走了她的贞操,使她成了能分娩出一个新进程的本原。因为从自己与世隔绝状态中绽脱的珀耳塞福涅会成为神的母亲,所以我们接下来也会看到,她也会成为神话进程的最初开端和本原。

当我们把神话进程的开端跟一切事件中的这一最初事件,即

人类意识的原初灾难结合起来的时候，我们同时也就把神话进程 XIII, 385
说明为**普遍的**命运，而整个人类历史也因此处在它的支配下。神话不是从偶然的经验性前提生长，即个别诗人，或者那些人们以为能将之归到原初时代、研究宇宙起源的哲学家的编造，也不是从纯然偶然的迷乱或者误解中生长出来的；神话由于自己最终的根源而把自己失落在了原初事实中，或者不如说，失落在了不可预思的行动中，若无这一行动，历史根本就不会存在。因为倘若人类没有重新扰动并动摇创世的根基——一切本该由之达至静息，进而达至永恒的持存——，历史，作为一个新的动荡的世界也就根本不可能被设定。若没有从原初乐园中的出走，就不会有历史，所以人类的这第一步就是真正的原初事件，唯有这个事件才使得其他事件的序列，也就是历史得以可能。

现在我们已经说明了最初的过渡，接下来就要转向神话进程自身，以及它所具有的不同却必要的环节，或者说时期，从各个在此已然次第演替而存在的潜能阶次的自然本性出发，各个环节当然可以得到**认识**，但只有在历史中一个个相继出场的现实的神话中，各个潜能阶次才能得到**指证**，以此方式，同样也可以在事实上指明，这些神话不过表现为**唯一一个**不断前进的进程的各个环节。

因而也就有了：**第一个时期** A。被假定的这个进程，除了以 B，也就是以作为无限制的、在意识中已经再次自行提升、并正因此以其强力支配意识的那个存在者的专断统治为开端，不可能以其他东西为开端。这个存在者并不是对 B 这个本原纯然的**表象**，它就是这个统治着意识的本原自身，意识陷入了这个本原自身的强力支配中，而我们所说的**这个**本原，正因为是在先者，所以也是被克

XIII, 386 服者,是注定成为现实自然之**根据**的东西。

这个从自己的静息、非存在、限制(它曾经在人类意识中被固定在这三者中)中被**再次**设定出来的本原,现在以强力占据着意识。人类的本质自身借此也就被回置到了一切自然的**开端**,乃至**先行于**一切自然的时代中。因为这个本原,单独来看,或者在其无限制状态中来看,其实是自然的**违逆者**,是一切自然的对立面,它仿佛并不愿意去知道任何关于自然的东西;但恰恰因为在其可克服性中它是自然的**根据**,如果在它不受限制的全能和排斥一切的存在中,它是一切自然的取消者,那么它也正如我们所说,是神的前导者和先行者,也是没有人类可以看见和在它面前存活,仿佛以烈火摧毁一切具体之物的神的面孔。这个本原,跟它曾经在原初意识中一样,现在也是纯粹精神性的,同时也持存着的本原,是吸引着所有其他潜能阶次的中心,它把一种仿佛魔术般的强力施加在了其他本原上,之所以说是魔术般的,是因为这个本原在这里表现为一个静息的意志(纯粹的潜能阶次);如果它现在从其自—在中绽脱出来,那么它就反倒会把那些更高的潜能阶次倒推回去,把它们排除出去,而不是去吸引它们。当它从自己的自—在,从自己的潜在状态**中**绽脱出来,它就已经失去了自己作为中心的自然本性,进而必定——既然从中心中被推了回去——现在反过来相对于紧随它的更高潜能阶次成了**边缘性的**或者质料性的(成了质料,成了 ὑποκείμενον [基体])。但这个本原的意愿并非如此,它所意愿的,是把自己宣告为精神性的东西,而不是把自己坦白为某种已然去精神化的东西,而唯有当它相对更高的潜能阶次成为**受难的**(被动的)或者说相对于更高的潜能阶次而把自己质料化,它的意愿才会实现。那么,经由这一点,这个仍然想宣告自己**为中心**、**为超质料性**的本原,和更高的、把它从中心推出去并把它降格为质料的必然性之间的斗争,就出现了。在意识中,这一斗争就是下述的这整个环节,即我们在自然的原初**生成**,或者真正意义上来说,在一切自然**之先**必须将之设想为对自然进行最初奠基的那个环节,也就是说,在这个环节中,由于那个排他的、吞噬着一切的本原,根本就不存在自然,只有在同那个意愿把它归置到自己之下的更高潜能阶次的斗争中,这一本原才会被撕裂,进而仿佛被炸裂到了个别要素中。但在这些要素中的每一个里,都继续生息着原初本原的精神,这些要素中的每一个都意愿成为中心,把自己宣告**为中心**,然而它已经被那个更高的必然性设定为边缘了。这种精神性与非精神性间的扭打,这种对最初的质料化活动所做的抵抗——在这一抵抗中,一切要素仍然保持着朝向中心,即朝向精神的趋势——,这种斗争自身仍然没有设定**现实的**自然,但通过它,朝向未来的自然的最初过渡也就产生了,而这就是**拜星**体系最初产生时的环节(大地不过是被征服的 B,而更高的星星仍是纯净的 B)。在原初精神和因为对原初精神的苛求而产生的质料化状态之间的角力中,自然的原初本原开始发挥作用,并产生了世界体系。与自然发生史的这一环节**相应的神话**意识环节,就是拜星教,把它视为人类历史上最初和最古老的宗教,是没有异议的普遍看法。我也把拜星教称为**萨比教**①,这个词来自阿拉伯语 Zaba,意思是"群",在这里

XIII, 387

---

① 萨比教 (Zabismus),公元 1–2 世纪产生于阿拉伯地区的哈兰,世界上信众最少、最古老的宗教之一。——译者注

特指星群。人们会误解,并且根本上会说:星群,接下来会跟精神王国环照的最高天空之王的王权概念等同为一,然而这个表达的真正意义已经表明,如果人们假定,可以认为拜星教这种最古老的崇拜已经认识到了天体自身,也就是星辰中躯体性的东西,那就错了。星辰那里躯体的部分并不是阿斯特拉(das Astrale),而是关联于阿斯特拉的某种偶然之物,阿斯特拉比每一种具体的躯体形式更为古老,而据其组成部分来看,星辰只能在躯体形式中显现。在大地上,我以躯体来进行推动,乃至挖掘;但所有这些躯体性的东西并不是**星辰**,星辰是超越躯体的。那种最初的崇拜仅仅关联于阿斯特拉,关联于精神性的东西,关联于群星之中真正意义上的星辰,即寓居在群星中使它们恒动的根据,这种恒动因此也就不能被视为可被感官感知的、令人感到愉悦的天体运行,比如太阳的运行,而人们通常都徒劳地想以物理的方式来说明这种拜星宗教,但这根本上来说是全然外在的。最古老的人类既不是通过直接的感官感知,也不是通过提出一些**构想**而走向天体运动的根据,即存在于天象中纯粹的阿斯特拉的;所以如果人们不假定,最古老的人类和他们所进行的崇拜,其实涉及的是生息在整体中的**精神**,是在天体可见的对抗运动中不可撕裂的一,那么拜星教也就无法得到说明,最古老的人类是通过**其意识自身**所具有的这一内在必然运动,被移置到阿斯特拉运动的本质自身中,并仿佛沉浸于其中不可自拔,进而归于那个恒动的本原**自身**中。甚至是最古老人类的生活——我就是这么讲的——及其行为举止,也跟意识的这种情况一致,因为在这个时候还谈不上有**族群**,人类还没有分裂为族群。但我们能够从前历史的生活,以及尚能从史前的浓雾中认识到的一切,都让我们相信,这个时期的人类生活并没有系缚在固定的居住地上,而是一种像群星一样四处游荡的不稳定生活,一言以蔽之,就是迁徙式的生活。这种以恒动为其精神旨归的必然性——就此而言,它也是其**意识**的法则——同时也是其**生活**的法则,进而人们也可以反过来说:作为天上游荡者的群星以某种步调穿越**以太的荒漠**(用品达的话讲),在这种步调的支配下,群星千篇一律、难以觉察地交替往复,循环不息,而最古老的人类在群星中看到的,不过是他本己生命的最高范型。对意识来说,替代真正的神的,是**天空的国王**,而在它之中,意识所拥有的仍只是真正的神的一个方面,并且即便是这个方面,也并不处在它的自—在和真理中,但意识越是仅仅抓住天空的国王,神也就越是不会彻底离开意识。诚然,人们可以在某种意义上说:人类最古老的宗教是一神教(就它至少不是多神教而言,它只能被视为独一本原宗教),但人们之所以这么说,肯定只是因为这里的一神教并没有在它的真正意义上——即就它同时也囊括真正的神的概念或者对他的意识而言,它才是一神教——被理解。拜星教中的神是片面的唯一者,正因为如此,它后来才会遭到覆灭;所以这种一神教只能被称为相对的一神教,也就是说,只有在与后来的、从对它的摧毁中走出的**多神教**的对立中,它才是一神教。但恰恰是这个独一的神,曾经也把前历史的人类维系在一起,使人不至分裂。在危机和人类分裂为族群的时代到来以前,他仍是全人类共有的神。

XIII, 389

那么,我们现在来对第一个时期的 A 做一番回顾:这个时期就是自然盲目的、在自己之外存在着的本原专制统治的时期,在这一排他的专制中,这一本原通常已经得到了否斥,但还没有被克服,而 B 已经处在与更高本原的矛盾中，在宣告着自己了。

第二个时期就是 B。在这个时期，要现实地把这个本原归置到紧随它的更高本原之下，也就是说在这里，这个本原尽管首次才能被最高的潜能阶次通达 (obnoxium)，但它已然可以被克服了。我请各位一定要区分下面的情况："才首次可被克服"，也就是说，现实的克服活动并没有借此得到设定。那个恒动的本原是**在这一归置活动之前**显现给意识的，而它现在在必然且非任意的表象范围中，则偏向作为**男性的**，作为乌拉诺斯①，即天空的**主宰**而存在。但当这一本原把自己否定为被动的东西，让自己能被更高的潜能阶次通达，把自己委身于它，至少委身为一个**可能的**克服活动——即内在化过程——的**质料**时，这个本原也就恰恰过渡到了**女性的形象中**，这并不是通过一种人为的，而是通过一种全然自然的表象过渡而发生的。如此一来，这就是天空之王 (König des Himmels) 成为天王 (Himmelskönig) 的环节，即成为乌拉尼亚②的环节。也就是说，在乌拉尼亚这个理念中，**存在着**过渡，即对神话的最初奠**基**；因为单独来看，萨比教仍是非神话的。唯有通过次第展开的多神教，神话才会出现，而在说明过程中，要优先处理的就是多神教。尽管现在天体之王已经是未来的诸神次第演替过程的最初环节，但他仍没有被设定**为**自身。单独一个环节无法构成任何次第演替

XIII, 390

---

① 乌拉诺斯(Uranos)，希腊神话中的天空之神，由地母盖亚所生，克洛诺斯和其他泰坦神的父亲，第一代神王，被克洛诺斯去势之后，生殖器掉入海中诞生了阿芙罗狄忒。——译者注
② 乌拉尼亚(Urania)，是乌拉诺斯这个名字的女性化，在一般流传的希腊神话中，这个女神被视为司掌天文学的缪斯，形象是手持天球仪。而谢林的解读不同于一般流传的神话，乌拉诺斯是第一本原的男性形象，所以它对应的女性形象就是乌拉尼亚。——译者注

过程。只有在序列中(我用 A+B+C 来表达它),它才是最初环节的 A,但只有当 B 补充进来的时候,A 才作为**自身**被设定。因此这一点也适用于萨比教,就其自身而言,它仍是一种非历史性的宗教,进而恰恰因为这一点,它也只是自身仍然非历史性(前历史性)的人类的宗教。但通向现实演替过程的过渡,首先通过乌拉尼亚得到了中介,也就是说,得到中介的是,我们接下来很快就会认识的第二个神,紧随在第一个神之后出现了。因此,我们恰恰是在最早的,也就是率先出现在历史中的**族群**的意识中发现了这一过渡,在这些族群中,古老却仍具精神性的萨比教已然把自己俯就成了一种对物质性星体的崇拜,也就是说,开始对自己物质化。在**波斯人**中仍保存着对这种最古老宗教的记忆,因此就如希罗多德[①]所言,波斯人把天体往复交替的运动作为整体来崇拜,也就是把在其中起着支配作用的精神作为最高的神来崇拜,但除了崇拜太阳,对月亮,乃至对元素(它们是被物质化的阿斯特拉)的崇拜也已经表露出来了,希罗多德说,"但除此以外,波斯人也学会了去祭祀乌拉尼亚"。也就是说,这种祭祀是某种被补充到波斯人最古老宗教上的东西,用这种方式,希罗多德确证了乌拉尼亚被赋予的地位,即她刻画了从萨比教中的首次绽脱。除了波斯人首推**叙利亚人**或者**巴比伦人**崇拜乌拉尼亚(他们被假定为历史上最古老的种群),接着是**阿拉伯人**(希罗多德是这么称呼他们的,也就是说,他们是已然从游牧生活过渡到有稳定居住地,即幸福的阿拉伯之地的定

---

① 希罗多德(Herodotos),公元前 5 世纪的伟大希腊著作家,著有《历史》一书,谢林在"启示哲学"中对他有多处引用。——译者注

居者)。在巴比伦人那里,乌拉尼亚则是以"米利塔"的名字被崇拜的。

伴随着乌拉尼亚的显现(也就是正如已经说过的,它是变得仿佛温和、恭顺和女性的最初的神),伴随着这个第二重的女性神,第二潜能阶次已然在意识中赢获了场所和空间;最初的神变化为女性神的过程,正是第二个神到达的征兆。

所以,与乌拉尼亚同时的,还有另一个对应于我们 A^2 的神的显现。在巴比伦人那里,这个神的**到来**是在人类自然本性最令人困惑且几乎无法理解的普遍习俗中得到指证的,而最先提到这一点的,也是希罗多德。所以在这样的上古时代,尤其在《旧约》中,意识从先前排他地与之相系的唯一神,向**新**神或者另一个神的过渡通常就被表象为通奸(一切排他的关系则都被表象为婚姻)。但在巴比伦,由于一种普遍的地方法,为了供奉米利塔女神,也就是为了见证自己对乌拉尼亚的虔敬,进而以此方式向那个凭乌拉尼亚被设定的第二位神忏悔,每一位妇女都要在米利塔神庙里进行公开且盛大的通奸仪式。在阿拉伯人那里,第二位的、相对更高、相对于被物质化的乌拉尼亚具有精神性的神,已经被进一步规定为乌拉尼亚之**子**了。希罗多德**在这里**已经把这个神称为狄奥尼索斯了。然而这只是一个纯然普遍的名字,即便我就是想用这个名字来称呼这个神,他并不因此就已经意味着希腊的狄奥尼索斯了,尽管它诚然只是一个**普遍的**(进而因此是一切族群**共有的**)潜能阶次,但它最终也在希腊的狄奥尼索斯中出场了。狄奥尼索斯是罗马人首先单以"巴库斯"这个著名的名字,就已经让他人所共知的**那个神**的希腊名字。但一定要避免,在这里把各种惯常的表象——由于花样百出的滥用，它们跟巴库斯这个拉丁名字联结在一起了——混为一谈。对我们来说，狄奥尼索斯不是其他，恰恰是这样的一个神，即他跟我们的第二潜能阶次相对应，而他唯一的使命就是，克服那个最初的、野蛮的、把人类设定在他自己之外的、使之与自身异化的本原，把意识再次设定在这个本原的强力支配之外。就此而言，狄奥尼索斯也是**带来解救**的神，接下来我就会这么来称呼他。在此过程中，这个神只能**以次第演替的方式**完成他在意识中的工作。所以狄奥尼索斯与那个不可一劳永逸、一蹴而就， XIII, 392
而是只能以次第演替的方式被克服本原的关系，在每一个相继的后续环节中，都是另一种不同的关系。从这一点出发，人们也就可以说明同一个神所产生的常常截然不同的各种表象，而这就是所谓的神话中的矛盾。始终存在的只是相同的神，但他在不同环节中的显现方式都是另一种。与我们的 A^2 相应的神，在他刚刚才诞生到现实中，尚**未开始运作**，即只是刚刚才**存在于此**的环节中，是另一个神，在接下来的环节中，即在他刚刚**开始**去运作的时候，又是另一个神，在后来的环节中，即他已经完成了自己运作的时候，他仍是另一个神。乌拉尼亚的时代是两个神之间仍然和平、互不影响的并立时代，在阿拉伯人那里这种情况尤甚，而希罗多德也通过明确的证言指证了这一点。但带来解救的神的使命是，现实地克服对立的本原，也就是把它再次引回到其自—在中，进而以此方式使它重新成为真正的**人类**意识的根据。所以，狄奥尼索斯首先是与先前时代野蛮的、四处游荡的生活对立的真正人类生活的神；甚至根据可能性最大的词源学考证来看，他名字的意思很可能不是其他，正是人类的主宰，即真正人类生活的主宰。然而在此期间,人类意识仍然始终依附在第一本原上,甚至**必须**紧紧把持着它,因为它毕竟是神的设定者,也因为对意识而言,神其实就**附着**在第一本原上。同样,绝不可以要求把这个本原**绝对地**——彻彻底底地——取消掉,而是只能把它扬弃为**实在的、在自己之外存在着**的本原。但意识害怕神自身也跟着这个本原的实在性一道离弃它,因而就试图对立于更高的神来宣告这种实在性。如此一来,一个新的时期,也就是**第三个**时期 C 就以此方式产生了。

这是已然普遍地变得屈从和可克服的盲目本原和正在把它带入其自—在中的本原间进行斗争的时期。但既然这一斗争是第三时期的内容,而它自身又唯有通过各个环节才能进展,所以这又产生了新的剖分。

因此,在神话进程的这第三个时期中,又可再行区分的**个别**环节如下:

第一个环节,在这里意识完完全全在抵制正在带来解救的神的运作,正因为如此,在先行环节中已然屈从的本原改头换面地——也就是与现在**进行着运作的**更高的神相对立地——又再度抬头了。之前的情况不过是已然变得屈从和女性化的神在对抗**尚未**进行运作的神。但这个本原的每一次重新抬头,都会再度显现出男性的形象。

也就是说,意识的这个环节是通过那个仍始终坚持着自己的独一性、僵化不动、拒斥着更高潜能阶次的每次来临,进而作为前者的对立面仍僵死地锁闭着自己的神来刻画的。这个严酷的、仍始终对自由怀有敌意的神,是**首先**在历史和神话进程中登场的族群,即**腓尼基人、推罗人、布匿人**的神,此外也是迦南各族的神——

比如在腓尼基人那里，他被称为巴力①（亦即"主宰"），而他原本的名字是乌拉诺斯，即天王——，但在当下的环节里，这个神作为国王，也只是在第二形态中的国王，在这种情况下，尽管他还没有承认另一个神，不允许他发挥自己的效用，但还是已经在自己的**身侧**拥有另一个神了。在迦南人那里，这个处在第二形态中的国王被称为摩洛②。在希腊神话中——在这里，这个国王是纯然的过去——，他又作为克洛诺斯③出现了。也就是说，这个神并不想给更高的、带来解救的神任何**现实**的居所。但后者——也就是带来解救的神——，正如**各位**从先前的普遍说明出发已经能够知道，只有在关系中才显现**为**神，只有在他已然现实地克服了与自己对立的本原的程度上，他才是主宰；因为只有在已然被克服者中，他才把自己现实化为神。也就是说，只要最初的神（我们现在也可以将他称为实在的神）把带来解救的神绝对地锁闭在外，那么后者就不可能**作为**神显现，相反，他只可能显现为一个神与人之间不可把握的中间存在物。他显现为处在遮蔽、否定和蒙羞中的神，他必须首先去主动赢得自己的神性。作为这种中间存在物的神我们其实

XIII, 394

---

① 巴力（Baal），在闪米特语中，这个名字本来只是一个封号，指"主人"，可以用在一切神身上。希伯来《圣经》中用它称呼腓尼基人的一些主要的神，在不同时期它可以指称不同具体的神，但无论如何，从这个名称的历史沿革中可以看出，它指的就是"独一之神一般"，这也证明了谢林在这里的看法。——译者注

② 摩洛（Moloch），流行于上古地中海东南岸地区的神，这个神名也没有实指，也是指"王"这个头衔，在《圣经·列王纪》中有提及，可以看出这个神就其实质而言，跟巴力是一样的。——译者注

③ 克洛诺斯（Kronos），第二代神王，乌拉诺斯之子，宙斯之父，被宙斯取代之后跟其他泰坦神一道被关在塔尔塔罗斯地狱里。——译者注

可以在腓尼基神话中找到，比如赫拉克勒斯[①]的腓尼基形象，在腓尼基语言自身中被称为麦尔卡特[②]。甚至希腊人的赫拉克勒斯形象要么就来自腓尼基人的赫拉克勒斯理念在史料上的流传，要么出自——更高地来看——意识的这一对应环节。赫拉克勒斯仿佛是一个先导，是狄奥尼索斯的先行显现。腓尼基的赫拉克勒斯是被设定在其神性之外的儿子，而克洛诺斯则是假的父亲，他取代了**真正的**父亲的位置，并且现在把真正的父亲彻底排除在意识之外了。克洛诺斯是被人类再次唤起的排他性本原，这个本原作为克洛诺斯，尽管不再把儿子排除在存在之外（因为通过先行的环节，儿子的存在已然成了对他而言的事实），但还是把儿子排除在了**运作**之外，把他的**王国**，也就是神性扣押了下来，如此一来，在与父亲的这种关系中，儿子不仅表现作为**奴仆**——正如《旧约》中的弥赛亚——，而且还表现为正在受难和忍耐的神之**奴仆**。在这种关系中，赫拉克勒斯是充满劳绩、满负工作和痛苦，此外还进行着不断的搏斗，尤其对人类友好的神之子。赫拉克勒斯就是以这种方式出现在腓尼基神话中的，而除了主神，即有统治地位的巴力以外，这种神话不认识比麦尔卡特更高的存在物。在希腊神话中，赫拉克勒斯的理念得到了进一步的发挥，因为在这里，在他最终在自身中克服了被强加到自己身上的有死性之后，使自己名副其实地荣升成了神。

[①] 赫拉克勒斯（Herakles），宙斯之子，希腊神话中最伟大的半神英雄，完成了十二试炼，最终荣升奥林匹斯，成了武仙座。——译者注
[②] 麦尔卡特（Melkarth），腓尼基人的主神，有时候被称为巴力—麦尔卡特，从这个名称可以看出，他确实具有谢林这里所讲的居间性质。——译者注

在先前，一个环节在何种程度上紧随天王僵死的排他性，这个环节就会在同样的程度上扬弃它，在这种情况下，这个环节仿佛融化和女性化了：在这里，通过这种被进一步规定为克洛诺斯这一形象的本原再度女性化的转变，走出意识中克洛诺斯锁闭一切的统治的过渡也就以此方式发生了。即便是克洛诺斯，也跟乌拉诺斯一样女性化了。

XIII, 395

但我们第三个时期 C 的新的、**第二个环节**也借此被设定了，正因为如此，它也就落入了新出的族群的意识中，比如在腓尼基族群的神话中，这个环节就还没有出现。这个女性的形象——正如在先前，不管是乌拉诺斯还是克洛诺斯，都过渡入了对意识而言的女性形象中——是由库柏勒①刻画的，她首先在**弗里吉亚**或者在弗里吉亚—色雷斯的部族中登场，但她后来也被这些部族移植到了希腊诸邦，最后还被传播到了罗马，不过在罗马，她始终都是一个 religio peregrine [异邦宗教] 的神。在希腊人和罗马人那里，人们可以清清楚楚地区分，什么是他们自己神话展开过程的原本产物，什么是他们从外邦获得的。正因为这一点，人们**也**就不能把已然跟他们的整个存在相伴生的神话理念从外部，比如从埃及人那里引到他们头上。

如此一来，在先前的环节中乌拉尼亚之于乌拉诺斯的关系，跟在这里库柏勒之于克洛诺斯的关系是一样的。正如在乌拉尼亚的显现中，神话得到了**最初的**奠基，同样通过库柏勒的显现，神话得

---

① 库柏勒（Kybele），弗里吉亚人信奉的地母神，对应于希腊神话中的德墨忒尔，在后面关于厄琉息斯秘仪的讨论中，谢林会对她做进一步阐发。——译者注

到了第二次奠基。

通过乌拉尼亚,次第演替的神话进程首先才得以**可能**,而凭借库柏勒,这一进程才成为**现实的**。在前者那里存在的是通向可能进程的过渡,而在这里则是通向**现实**进程的过渡,而这一过渡现在就是我们第三个时期(C)的**第三个环节**。在这个环节中才首次完备地出现了神话;现在,有三种神话落在了进展过程的这个环节点上:a) 埃及神话,b) 印度神话,c) 希腊神话。现在,为了表明这些神话如何彼此互为环节,我必须在这里插入一些一般性的提示。

XIII, 396

从到目前为止的综观出发,**各位**已经能够检验并采纳下面这点了,即神话据以得到进展的本原,也是曾经在原初意识中得到统一的各潜能阶次次第演替登场的本原,而这些潜能阶次,唯有以次第演替的方式才能再次互相统合为一。最初只有那个独一的潜能阶次,即乌拉诺斯,它排他地统治着意识。这个最初的、从一开始就排他的、不允许任何其他东西侧立身旁的潜能阶次,随后被**第二潜能阶次替代**了,而它注定要去克服前者。这种替代就是对排他性的 B 的最初胜利,即首次把它降格为根据,如此一来,我也可以把它称为最初的奠基活动,καταβολή [置基]。独一本原的**排他**统治曾存在于原初宗教中,并在萨比教中得到了呈现。从这里出发直到第二次奠基的那个环节——在其中,最初本原不再纯然是一个可能的克服过程的对象,而是会成为一个现实的克服过程的对象——,也就是直到库柏勒,或者说直到那个由这第二个女性神性所刻画的环节为止,我们只处理了两个本原。但从现在开始,**现实的**克服过程已经出现了;但开端性的本原作为整个张力的原因,在这一关系中会被带回到其自一在中,所以在此关系中,它也就再次被翻转为了它其实本应是的那个东西,即最高者的设定者,仿佛成了它的座椅和王位,而真正意义上**堪当**这个最高者的,就是第三潜能阶次。也就是说从这里开始,我们要处理的就是三个潜能阶次了,也可以说,我们处理的是潜能阶次的全体和总体。不过在进一步处理更深层的斗争,即现实的克服过程之前,我们还是得说出一些一般性的东西:整个神话进程都只是围绕着三重潜能阶次而运动的。它们是此进程中**本质性的东西**,而其他所有的都只是或多或少的偶然之物。潜能阶次是真正意义上的**原因**,是进程的引发性本原,就此而言,它们也就向意识显现为诸神,所以正如已经说过的,**它们**就是次第演替地在意识中登场的诸神,是真正**起着引发作用的本质性的诸神**。神话不是其他,正是**这些**神次第的来临。

在我们最初的时期,或者说时期 A 中,进行统治的只有独一且排他的神,我们的第二个时期 B 则是第二个神来临的时代,尽管它还不是这个神进行运作的时期,但它是狄奥尼索斯**诞生**的时期。我们的第三个时期 C,则是第二个神的**运作**时期,也就是向**来临中的**第三潜能阶次的过渡。而第三潜能阶次作为精神,唯有在作为非精神之物的第一潜能阶次被全然耗尽之际,才可能到来。但在这个时期 C 中,严苛的克洛诺斯神首先仍在拒斥着第二潜能阶次的一切作用,也就是说,在这个时候,第三潜能阶次仍不可能**来临**,在这种情况下,第二潜能阶次首先只做到了完全投身于**现实地去克服**进行着抵触的第一本原的过程。这个时期的终点就是库柏勒。如此一来,在库柏勒出现之际,**第四个时期 D**,也就是进行着现实克服活动的时期就开始了;这一时期也可以称为第三潜能阶次来临的时期。

从到目前为止的内容出发可以明白,各个潜能阶次在这个(神话)进程中是**真正**名副其实的**运作性**原因。第一潜能阶次是进行着阻碍、发挥着反作用的原因,第二潜能阶次是真正意义上进行着运作的原因,第三潜能阶次则是驱动整个进程的原因。但我们现在得把另一类神跟在真正意义上**进行着运作的**潜能阶次完全区分开,我把这类神称为**物质性的**神,关于他们,我首先要提醒的是,在神话进程中,他们只是偶然的、伴生出现的东西,因此是纯然的被产出物(θεοί γεννητοί [被生的神])。这样的神就是这么产生的。在第一个时期,排他性的本原尽管仍意图宣告自己的中心地位,但在物质性和非物质性的这场斗争中(这场斗争先行于对这一本原的全然归秩或屈从),它已然不能再如此宣告了,正如我们所言,对意识来说,这个本原会被撕裂为多重要素。基于这一撕裂,或者说,基于对独一者的这种最初的断裂,最古老意识中恒动的诸神就出现了。但众阿斯特拉神——或者如人们通常说的——众星神只不过是纯然**物质性的**,亦即**被引发出现的**神。他们是纯然物质性的神中最初的神。在紧接下来的时期,把最初本原归置于更高潜能阶次之下已经是确然的了,正如**各位**所知,这个时期单独发挥着效用的两个神,其中一个是乌拉尼亚(但她只不过是另一种形式的乌拉诺斯),另一个是狄奥尼索斯(他是只有通过乌拉尼亚才进入存在的神),正如希罗多德谈到阿拉伯人的时候明确说的:他们把乌拉尼亚和狄奥尼索斯各自单独地奉为神。物质性的诸神就出现在意识的这个时期,他们只不过是源自第一时期的星体神在意识中的残余,但他们现在也已经越来越多地过渡到了物质性的形象中,进而对意识而言,他们已经跟物质性的星体,甚至跟元素同一了。

在紧随其后的第三时期中——腓尼基神话、布匿神话等诸如此类的神话都属于这一时期——,出现了克洛诺斯和赫拉克勒斯(但 A^2,或者说狄奥尼索斯还处在不可认识的奴仆形象里,处在屈辱中,而与此同时,克洛诺斯的形象则愈发明确地在接近乌拉诺斯的形象),也就是说,在这个时期,克洛诺斯和狄奥尼索斯分别显现为运作着的神。克洛诺斯自身是无机的、跟自然的无机时代相应的神。在这个时期,无机物作为宗教崇拜的一种特殊对象,只不过是无机的物体团块。克洛诺斯缺乏生机性的特质。宗教从天上——从普遍之物的宗教——跌落到了具体之物中,跌落到了地上。即便是希腊人,看起来也经历过整个无机时代,尽管他们并不是**作为**希腊人经历过这个时代,因为只有凭借着他们特有的神话,希腊人才成为希腊人,但恰恰在他们自行分化、把自己称作希腊人之前,他们就已经经历过这个时代了。因为在这个前希腊时代中,仍存在着对崇拜 λίθοις ἀργοῖς,即粗糙未经加工的石头的回忆,而保萨尼亚斯①(Pausanias)的记载也证实了这一点。此外,在人类历史中,这个时代遗留下来的除了所谓的拜物教,再无其他,而人们正是把拜物教理解为一种对粗糙的、要么无机的、要么至少非生命的物体,比如石头、鸟爪、羽毛以及类似对象的看起来颇显愚蠢的崇拜。也就是说,当意识的**这个**环节已经过去,而某种崇拜在其中曾经是自然且必然的,并就此而言也具有某种意义时,这种崇拜才会

---

① 保萨尼亚斯(Pausanias),生活在公元 2 世纪的希腊地理学家,著有《希腊志》十卷。——译者注

显得愚蠢。同样愚蠢的还有能在印度教徒身上证实的那种偶像崇拜。因为拜物教看起来是最粗糙的，所以就可以把它视为最古老的宗教——这是当今许多著作家所倾向的看法——，但情况远非如此，我要强调，拜物教毋宁是首先从最古老宗教的环节中产生的，而从这一点出发也就清楚了，为何这些著作家的看法不靠谱。

而在紧接着的环节中，已然称为女性神的克洛诺斯，也就是库柏勒，和在面对排他性存在的傲慢强力时已然屈从的狄奥尼索斯，在意识中再次分别对立了起来（此外，即便在这种情况下，狄奥尼索斯仍始终是作为一个纯然的居间存在物，一个 δαίμων [守护灵] 而出现的，因为当他**现实地**克服了对立者时，他才是现实的神），也就是说，在这个环节中，跟先前的乌拉尼亚时代一样，现在库柏勒和狄奥尼索斯分别作为两个独立**进行运作**的神而彼此对峙，在这里，被设定的**仍**非新的物质性神，因为物质性神只有在关系中，作为已然被狄奥尼索斯转化和克服的对立本原才会出现，不过库柏勒已经有了众神的伟大**母亲**的名号，magna deum mater，也就是未来的物质性神的母亲，这些神在**现实**的克服进程开启的时候，即刻就会显现出来。也就是说，在这里，物质性神不是其他，正是实在性神现实的次第演替的**消融过程**的征兆或者现象，而实在性的神尽管并非没有进行抵抗，但仍始终愈发地在回退到其自—在中，也就是，再次使自己精神化。**这些神的世界其实是由狄奥尼索斯设定和产生的诸神的复多体 (Göttervielheit)**，在这个世界里，已经被克服和转化的排他性本原才能得到显现，而这个复多体就是狄奥尼索斯的世界。我说的是：**诸神复多体**，它必须跟复多的诸神 (Vielgötterei) 完全区分开。每一个环节中物质性的诸神所构成的只是一个诸神复多体，以及与此环节同步的多神教；而唯有精神性的或者具有引发作用的诸神，才是真正意义上复多诸神的内容，也就是次第演替的多神教的内容：之所以是次第演替的，是因为比如从**开端**，也就是从乌拉诺斯，**直到**库柏勒，实在性的神根本上来说都是**统治者**，而观念的、进行着精神化活动之神的统治，即狄奥尼索斯的统治，则持续到这个进程的终点，进而在这一终点产生且已然现成存在的世界或者复多体，最终将会被第三潜能阶次，或者说在彼此相继的诸神中的第三位统治。在这三重潜能阶次中存在的目标，即隐微的东西，是真正意义上的理智，正因为如此，神话的真正奥秘也被包含在这个目标中。神话自身首先朝向这个隐微的理智——我们将会看到的——并且在自己的终点也会达至它，而这一理智其实是**我们**已然先行具有的，因为除了神话之外，我们还站在哲学的立场上。**我们**在神话中一开始就看到了三大潜能阶次或者说原因。然而在现实的展开过程中，我们仍进展到了下面这个点上，在这里，最初的排他性本原的第二重原因或者潜能阶次，才现实地成为**主宰**。但在下面这种关系中，即当第二潜能阶次**现实地**——通过现实的克服活动——使第一潜能阶次屈于自己之下时，第一潜能阶次同时也就再次被翻转为了吸引点，或者如我们之前说的，被再次翻转为了第三潜能阶次的**设定者**。因此自这一点起，也就是自库柏勒起，第三潜能阶次就开始运作了。如果从这个时候起，神话进程仍然要穿越不同的环节，进而这些环节中的每一个都对应一种独特的神话，那么这些神话也就不再能够通过各个要素，也就是通过各个潜能阶次自身来彼此区分了。从这个时候开始，每一种神话都包含着**全部**潜能阶次。如此一来，不同的潜能阶

XIII, 400

次如何能够彼此区分,尤其是在这里,它们之间的次第相继关系又是通过什么仍然能被设想的呢?余下的唯一可能性就是,尽管单独来看,在每一种神话中都存在着潜能阶次全体,然而这一全体是否又在另一种神话中显现为一个不同的全体,就要看在其中,是两个对立本原中的一个占优,还是两者都不占优,反倒第三个占优。因为即便在进行**现实**克服活动的时期,第一本原仍始终能够宣称自己有跟第二潜能阶次相同的比重,甚至它还会宣称自己自开端以来就占优势。而可能出现的第二个环节就是,在其中第一潜能阶次仿佛被彻底征服,进而**不再有任何**能跟第二潜能阶次对立的**东西**了;可能出现的第三个环节则是,在其中,在前两者之间登场的第三潜能阶次,也让第一潜能阶次重新获得了自己的正当性,也就是再次把它置入自己的正当性,即自一在中,使之成为一切宗教意识最深的根据和根源。只有这个最终的统一体才能是全然得到了静息的统一体,正因为如此,神话进程就能够在它这里驻留持立。

如此一来,在这个最终的时期 D 中——在其中,现实的克服活动,即最终的斗争正在进行,所有潜能阶次正在汇聚——必定仍可能有三个环节,进而仍存在着三种各自也包含着**全部**要素的神话。三种在**这个**意义上完备的神话也自然就是:埃及神话、印度神话和希腊神话(因为古意大利神话、拉丁神话,甚至伊特鲁里亚神话只不过是希腊神话的近似变体,这从下面这点出发就能明白,即它们都是以相同的过去,即佩拉斯吉① 神话为前提的)。但实际上,在

---

① 佩拉斯吉人是克里特岛之外的希腊地区的早期居民。——译者注

这三种神话中,为对抗盲目本原而进行的最激烈斗争仍一直持存在埃及神话中,正因为如此,在埃及神话中,这个本原自身尽管在遭到反抗,但它仍仿佛像在垂死一击般地调动着自己的全部力量。在埃及神话中,一切都围绕着它而运动的本原,就是提丰①。他的自然本性,仍是那个吞噬着并仿佛灼烧着一切、厌恶分有而得的存在和由分离而得的自由生命,因此尤其厌恶有机生命的本原的自然本性,在这里当然无法细碎地来考证这些特质,但每个人只消仔细读一读普鲁塔克的《伊西斯与奥西里斯》②,就能相信我所言不虚。整个埃及神话不是其他,正是为反抗处在最终挣扎中的实在性本原而进行的殊死斗争。跟它对立的,是仿佛作为善神、具有更高贵神性的奥西里斯③;但胜利在一开始仍处在下面这种悬而未决的状态中,即意识被搅糊涂了,它时而感受到,这场斗争以提丰**被撕碎**告终,时而又感受到以撕碎奥西里斯告终。实际上,只有伴随着作为第三潜能阶次的荷鲁斯④的显现——根据普鲁塔克的埃及见闻,荷鲁斯跟**我们**对第三潜能阶次的规定是完全一致的,他也被称为

---

① 提丰(Typhon)是埃及神话中的恶神,形象是风暴,在一般流传的埃及神话中也被称为赛特,他与奥斯里斯争夺地上的王权,最终导致了奥西里斯的死亡和复活,以及荷鲁斯的出生,提丰这个名字也见于希腊神话,被认为是一名泰坦神。——译者注
② 普鲁塔克(Plutarch),生活于罗马时代的希腊著作家,有《希腊罗马名人传》和若干杂文传世,属于最伟大的古典时期著作家之列,极受后世推崇。谢林在这里提到的《伊西斯与奥西里斯》是普鲁塔克对于埃及神学和哲学的考察性著作,已有中译本。——译者注
③ 奥西里斯(Osiris),埃及神话中的冥王,九柱神之一,整个埃及神话中最重要的神之一,关于他的故事构成了埃及艺术、宗教和国家意识的核心,他被提丰害死以后,被妻子伊西斯复活,被做成第一个木乃伊,荷鲁斯和阿努比斯(死神)都是他的儿子。——译者注
④ 荷鲁斯(Horos),埃及的王权之神,是复活之后的奥西里斯与伊西斯之子,形象是隼头人身,同样也是埃及艺术中的核心形象之一,关于他的神话与狄奥尼索斯有许多相似之处。——译者注

τὸν ὡρισμένον καὶ τέλειον，即彻底得到完成者——提丰才被彻底剪除。埃及神话中的第四个重要形象是伊西斯①，她不是别的，正是亲切依附于神、与神联姻的意识自身，她在提丰和奥西里斯之间充满畏惧地犹疑不决，通过儿子荷鲁斯的诞生，她才得到静息。因为意识无法扬弃实在性的神自身，对它来说，只有精神性的神才能取代前者。在埃及神话的终点，作为三重潜能阶次，即作为三个在真正意义上具有引发作用的神而得到保留的是：第一，提丰，不过就他已经完全屈服在更高的潜能阶次之下、全然由奥西里斯翻转过来而言，他自身就成了奥西里斯，唯有在与奥西里斯的对立中，他才是提丰，但在他将自己实现于奥西里斯之中以后，他自身就是**奥西里斯**，进而作为已然被翻转入奥西里斯的提丰，他现在是不可见的神，是不可见王国，即冥府的主宰，是已然退回到其自—在中的神；第二个有巨大意义的潜能阶次正是奥西里斯自身，他是对提丰实行这种翻转活动的原因，是进行着运作的、纯粹**存在着的**神；第三潜能阶次是荷鲁斯，他是作为精神的现实的神，是应当存在的神，整个埃及的神话进程都围绕着他的诞生。因此，他们就是埃及神话中具有引发作用的神，或者我也可以称之为范型性的神，一定要把他们跟那些纯然偶然的、伴生的物质性神区分开。也就是说，这些物质性的神只不过是由于斗争自身而产生的，并且只存在于这一斗争**中**；这些神仿佛是仍在抽搐的肢体，是那个以克服和带回

---

① 伊西斯(Isis)，埃及神话中最重要的神之一，跟奥西里斯、荷鲁斯一道构成了埃及文化中最核心的要素，被认为是司掌魔法的女神，奥西里斯的妻子和荷鲁斯的母亲。在奥西里斯被害并被肢解后，她为复活奥西里斯走遍了埃及所有的角落，留下了许多遗迹，伊西斯崇拜后来也传到了希腊和罗马。——译者注

的方式,重新设定入自—在中的独一之神撕碎时的残肢。众所周知,埃及神话中的物质性神,是**动物灵**或者**动物神**,不必把它们看作别的,把它们看作先前的星体灵或者星体神就可以了。埃及意识的这些物质性的神借以是动物灵的那种必然性,跟**动物**在自然进程的相应终点,即它们在自然存在物王国的特定节点上借以登场的那种必然性,是同一个必然性。心无城府、纯良无惧的人在自然中所能看到的那些动物不是其他,正是刚刚开始变得**具有精神性**的盲目自然精神的种种现象①。在整个无机自然中盲目的自然精 XIII, 403
神,在某个特定的时期(这个时期甚至也可以在地球构造学上得到认识),怎样成为动物精神,进而怎样仿佛奠定了一个自己的王国(动物王国),那么埃及神话中的提丰也正是一直提升到动物精神这个层级上的自然本原自身,进而那些基于它的肢解或者分剖(或者更明确地说,διαμελισμός [解体]),基于它的裂解而在个别肢节中产生的物质性形态,也就不可能是其他,正是动物的形态。

乍看起来与埃及神话彻底对立的,是印度神话。如果说在埃及神话中,意识仍紧握着实在性的本原,并且后者不得不伴着痛苦和泪水才一步步愈发消融,把自己转化为一个精神性本原,如果埃及意识仍始终紧握着这个中心点(一切其实仍在围绕着它运动,而这个中间点之所以必须被紧紧把握住,是为了神话进程自身不至失落自己的**意义**和神谱含义),那么与之相反,印度意识是一种完全离心的、沉醉于完全的迷狂、仿佛已经失去了全部克制的意识。

---

① 但动物世界仍是这样一个自然领域,在其中,自然仿佛在嘲讽已然被制服的 B(在辱骂它),在动物世界中,B 也得蒙于它才存在的精神和感官之旁,才第一次在其本己的无意义性中显现。自然最高的反讽就是动物王国。——作者原注

在印度意识中，那个开端的本原，即整个神话进程的根据和支撑，被更高的潜能阶次完全制服，进而已经成了虚无。在印度意识中，与开端的本原对应的潜能阶次是**梵天**①，但这个神也令所有那些只晓得神话**外在**历史的人惊讶不已，而正因为如此，所以他们也就只知道把对梵天这个现象做一种纯然外在的拼接，在印度本土梵天根本就无迹可寻，既没有他的雕像也没有他的庙宇，但他就以这种不可理解的方式得到了最高的崇拜，梵天是全然的过去之神，但这里的"过去"，并不是埃及神话中作为"过去之神"的提丰（正如奥西里斯是当下之神，荷鲁斯是愈发临近的未来之神）意义上的那种"过去"，也就是说，情况并不是梵天现在也退回到了不可见的隐匿状态中，并仍始终被保藏为宗教意识最深的根据，人类伴着神圣的战栗来崇拜他，通过持续不断的牺牲来敬畏他，进而与他和解——这是对提丰的崇拜方式——，在印度的民众信仰中，梵天并不享有任何一种崇拜，他仿佛从意识中消失了，成了一个纯然**曾在的**、持立在一切与当下的关联之外的神。在意识中，在梵天的位置上进行着排他统治的是第二位神，也就是湿婆②，他作为**毁灭**之神，也正是彻底毁灭了梵天的神，通过这样一种完全无限制的、仿佛无情的运作，一种宗教意识的全然瓦解也就被引发了。尽管在印度意识中也存在第三潜能阶次，即沉思状态的潜能阶次，它作为精神进行

---

① 梵天（Brama），印度神话中的三主神之一，他的神格和地位在不同典籍中会略有变化，他的形象是四颗头的老人，代表智慧和创世的圣言。——译者注
② 湿婆（Schiwa），印度神话中的三主神之一，在佛教中被称为大自在天，是印度神话中故事最多、最精彩的神之一，司掌宇宙的节律和它的毁灭与再生。——译者注

着运作,在印度的第三个神的形象,即毗湿奴①中体现。但 1)但对印度意识来说,这三个 Dejotas [神]（梵天、湿婆、毗湿奴）并没有像三个埃及神那样,最终在**一个**宏大意识中互相统合为一个统一体;2)尽管毗湿奴有专属自己的信徒和崇拜者,但湿婆教徒并不意愿知道任何关于毗湿奴的事情,所以毗湿奴的信徒也反过来排斥湿婆;如果说最盲信湿婆的是广大群氓,那么那些更高的、因学识而高贵的阶层也同样不是毗湿奴百分百的信徒,之所以如此恰恰是因为,在印度意识自身中,毗湿奴已然失落了自己真正的前提预设（梵天和湿婆）,或者说,毗湿奴在排斥他们,而不是在自身中接纳他们,所以印度意识无法在这个精神性的潜能阶次的高度上来宣称自己,它从这里掉转为了纯然的虚构,这就产生了关于毗湿奴的种种化身的传说,它们其实根本就不再属于神话了,进而或多或少只是一些虚构。在他的众多化身之中,毗湿奴首先被作为黑天②来崇拜;整个黑天崇拜的教义不再是神话,或者说不再是神话进程的真实、自然的产物;它实际上只是一种不得体的无度幻想产生的残次品。在这里我不打算谈论印度的佛教,对于佛教,我一方面把它视为某种对真正意义上的印度宗教而言陌生异在的东西,另一方面也把它视为就其来源而言,出自某种对抗神进程的反动行为的东西,也就是说,把它视为反神话趋向的产物,这种来自最古老时代的趋向,贯穿在种种神话现象中并伴随着它们,因为我在这里

XIII, 405

---

① 毗湿奴（Visnu）,印度神话中的第三个诸神,在佛教中被称为那罗延天,司掌"维护"与"和解",传说佛陀本人也是他的化身之一。——译者注
② 黑天（Krischna）,又译奎师那,是史诗《摩诃婆罗多》中的人物,被视为毗湿奴的化身,在人间立下了许多丰功伟业。——译者注

无法考察这个趋向,所以注意下面这一点就够了,不管是佛教,还是神秘主义(这应该被视为构成印度人的另一个方面,进而也应被视为印度人的一种手段,通过它,印度人在面对一切宗教意识所面临的消解时能够试着以一种非任意的方式来自救),两者其实都使不幸的印度意识愈加迷乱,并将它带向了完结。

然而意识只有在希腊神话中才显得返回到了真正中心点的,它并没有彻底放弃正在消失的神,而是同时也把他保藏为精神性的神,进而以此方式达至了神话的真正完结。即便神话进程在印度意识中产生了危机,但这一危机并不导致重建,而是导致毁灭,所以湿婆也就仅仅显现为残忍无情的毁灭者,而非与严厉、怀有敌意的神的和解者,或者像希腊的狄奥尼索斯那样的解救者。在印度神话中,危机以迷乱告终,所以我们在这里也看到,没有任何神话进程真正意义上的结果保留在意识中,相反,既然神话进程已经告终了,那么存在的就是另一类以强力支配着印度意识的表象了;在这里,取代了真正的、自然产生的神话的,实际上是对毗湿奴和他的各种具象化身所杜撰和虚构出来的事迹,或者说,产生了一种对统一体过于异想天开的追求,在其中表现出来的,正是由于神话而完全消失和摧毁的对统一体的意识,而这种意识反倒被保存在了希腊神话中。在其中,意识在最终的环节里仍同时保藏着它过去的各个环节,相反在印度意识中,神话整体一直在分崩离析,在民众意识中,它只留下了缺乏有机统一体的个别环节,然而印度意识的更高官能攫握到了绝对虚无主义所带来的整体绝望,这一更高官能费尽心思,尝试通过把神谱演进到毗湿奴,来力求更高的精神统一体(而这正是希腊人通过神话自身就已然被授得的),以不去强制进行任何中介活动的形式，使自己能从这种绝对的虚无主义中抽离出来。

那种内在的毁灭也在印度诸神被扭曲的本质中外在地道出了自己：希腊诸神的特点就是美。我们可以说：对于正在轻柔且合法则地使自己与实在本原之强力解绑的意识而言，希腊诸神是在一种极乐至福的外观或者幻景中出现的，在其中，那个实在本原尽管正在消失，但在其消失和消融的过程中，它仍然在进行着伴随性的运作，以便能把实在性和规定性分给正在产生的诸神形象，通过这些形象，希腊诸神也就成了对必然、永恒、持存，而非仅仅稍纵即逝的各个环节（概念）的代现。希腊神话就是实在性本原的轻柔死亡，亦即它的安乐死，在其消亡流逝的过程中，这个本原仍然在自己被替代的过程中，留下了一个美丽且令人神迷的现象世界。因为希腊诸神就是现象（正如我们只把物质性诸神本身说明为神话进程的一种伴生性的偶然现象，而本质性的东西是各个潜能阶次，而诸神的复多体则只是一种产出品）。希腊诸神并非形体，他们不像现实的人那样有血有肉，他们就仿佛是**纯粹**幻想的存在物，然而对于最具实际意义的意识来说，他们仍是现实的存在物，因为他们源自一个实际的进程。在希腊诸神身上，一切动物性的东西都消失了，尽管他们超越了一切属人的东西，但根本上仍是与人类相似的存在物；他们在神话进程的历史中呈现出自然历史的各个环节，在这里，在动物王国的残酷斗争过去之后，自然本原在人类中迎来了轻柔、迷醉、真正进行着神化、仿佛对整个自然而言有着和解作用的死亡；因为整个自然在人类中才得到和解。

我们在这里的任务不可能是去深探希腊神话中整个物质性诸神

的系统。对我们来说,重要的是神话的**含义**、**意义**和其中包含的**理智**。但神话所具有的这种理智同时也是它的奥秘,而这一奥秘则静息在具有引发作用的诸神中。但现在,根据所有先前已经展开的内容不难看清,在作为张力之原因的实在性本原已经消失殆尽的瞬间中,在这个<u>瞬间</u>**中**,那些唯有<u>通过</u>上述这个本原才被彼此分立在张力中的**具有引发作用的**潜能阶次,共同托举起了这一张力,因而在意识中,各潜能阶次也就彼此直接地相互触及,在其统一体中彼此重建了。在这些重新具有纯粹精神性的潜能阶次中,最初的正是实在性的本原自身,也就是在神话进程期间在自己<u>之外</u>存在着的,但现在被重建在其自—在**中**,并恰恰借此同时被重建在其神性中的实在性神。

回转到其自—在(精神性)中的神,也正因为如此是变得不可见的神,即希腊的 Aides,或者也可以简写为哈迪斯 (Hades)。

不过,哈迪斯仍然可以用双重方式来考察。一方面是在他变得不可见的这个环节中,也就是说,在他也纯然对某个特定环节的神进行着代现,并就此而言仍属于物质性的神的时候来考察。所以在希腊神话中,哈迪斯作为第三位神,被宙斯和波塞冬安排到了地狱的深渊中。然而即便作为这样的一个神,哈迪斯仍是整个物质性的诸神复多体的根据。唯有当他在与第二潜能阶次强硬的对抗状态中被克服,也就是说,唯有当他变得不可见,与这一时刻相对应的多神教才能产生,这种多神教的巅峰就是希腊神话中的宙斯。这个诸神的复多体,或者说整个希腊的奥林匹斯(也就是宙斯自身)就坐落在哈迪斯已然变得潜在且不可见的存在上。**哈迪斯**正是诸神中已然变得不可见的神;如果他再次变得可见,那么诸神都会消失。因此《伊利亚特》中也提到了他的居所(他的住所不是其他地方,正是 locus, quo nunc est [现在所在之地]),关于哈迪斯的居所,《伊利亚特》说的是,"这是令诸神害怕的地方";因为如果哈迪斯能够叛出这个地方进而再次绽脱,那么整个外部的诸神世界就会被再次毁灭,正如在自然中,如果那个开端性的、但现在已得静息和掩盖、已然变得不可见的本原——那个自然的在先者,那个一切受造物都不可以看到其面孔,都要转而回避的东西——再次能够转而朝向自然,能够把自己翻转面向自然之际,自然和已然彼此区分开的自然存在物的整个多样性,在此情况下都会再次落入毁灭和吞噬中(这是埃及神话中令诸神惊惧的事情①)。但哈迪斯不再是纯然某个特定环节的神,相反,当他现在是**正在**消失的神的时候,他也就同时向意识把自己呈现为**一切**神中的神,即一切之中的自—在者,这个神曾经在乌拉诺斯和克洛诺斯中存在,现在则在宙斯中,即在现在已然全部展开的诸神复多体的主神中存在;简言之,意识把哈迪斯认作诸神的普遍根据,认作实在性的神本身,进而正是凭借这一点,才把他认作纯粹的**潜能阶次**,认作纯粹的原因,亦即认**作**整个神话进程的奠基者,也就是开启着这一进程的原因;意识达至了作为下述意义上的神的**普遍**概念,这个神已然贯穿在一切物质性的神中,即在他外在于**一自己一**的存在中,他成了一切物质性神的素材,就此而言,他自身也就并非个别的,而是一个普遍的神,在这种普遍性中,能够与他对立的,不可能是任何一个物质性的神,而只可能是范型性的神中的一个,即首先就是作为A^2的神。当哈迪斯已然进入了自己的普遍性,进入了自己的自—

---

① 见"神话哲学",第368页。——编者注

在之际,他也就不再把其他的潜能阶次排除在外,进而即便是其他阶次,现在也表现为本质性的、在真正意义上进行着引发的潜能阶次,相对于它们,那些外在的神则表现为纯然偶然的——伴生性的神,进而据此根本上表现为**被生成的**神(正如在我们的构想中,自然事物相对于三重原因就是如此)。以此方式就可以把握,何以恰恰在最终的分辨活动中,也就是得到完全展开的诸神复多体突然出现的时候,在希腊神话中,同时也产生了对精神性的,或者说纯粹具有引发作用的诸神的意识,也可以说:以此方式就可以把握,何以恰恰是那个对它来说,作为尽管在先、但已然被克服的境况的外部结果的东西,会自行产生出最纯粹的诸神复多体,何以恰恰是这个处在外部物质性诸神中,或者我们也可以说,处在一些外部性的神中的意识,仿佛已经解开和解救了自己,何以从内部来看,恰恰是它把自己翻转成了朝向精神性诸神的意识,而**这些**神正是纯粹的**原因**。

就此而言,物质性的诸神复多体是显白性的,而在张力已然被取消之后仍作为唯一之神的各个形象存在的精神性诸神,也就成了隐微意识的内容。

显白的诸神复多体是外在的,而隐微的诸神则是内在的,但也正因为如此,也是被遮蔽的奥秘,是神话真正意义上的神秘。如此一来,下面这回事情也就以此方式而不言自明了,即何以恰恰**伴随着**最完满的神话(希腊神话),内在性的诸神学说,也就是秘仪自身必将同时产生,何以两者,即外在的、物质性的,和内在的、精神性的诸神学说必定是同时产生的现象。但不言自明的,不仅仅是这两者的同时产生,而且还有显白和隐微两种意识**持续不断的**共存。

两者中的任何一个都不能取消另一个；显白意识始终都是伴随着隐微意识出现的，反之亦然。

现在我已经说明了，在当下的关联脉络中，我们不可能进入物质性诸神学说的细部；因为对我们来说，重要的唯有神话的含义和意义，而它们恰恰存在于秘仪中。可以说：秘仪才在真正意义上包含着说明，包含着真正的神话哲学，同样正因为如此，秘仪必定也是对这种真正神话哲学的最高确证。如此一来，基于这个理由，似乎就已经能够确证，我在当下的关联脉络中逗留在希腊秘仪上是合理的了。然而还有一个我必须补充规定的更切近的理由。迄今为止所报告的全部内容仅仅是启示哲学的预备。但既然天意要在真正的启示显现之前，首先让人类穿过纯然自然地自行产生的宗教的整条道路，既然完满的启示本身只属于特定的时代，或者正如《圣经》所言，"在时机成熟以后"，所以人类就要像已经在期待着纯然自然展开过程的终点和最高之物那样，知道启示早晚会许给我们，所以对我们来说，下面这回事情也是不可能的，即在我们认识和看到了神话的最高之物，或者毋宁说最深刻的东西——它正是秘仪学说——之前，在仍走在纯然自然神话进程道路上的秘仪学说，达到能够重建宗教意识的规模和深度之前，就能去整全地规定启示的真正含义及其与神话的区分。希腊宗教的神秘学说向来也被视作跟基督教最切近的东西，被视作在异教中跟后者最近似的东西。对于每一个已然熟习和研究过希腊秘仪的人来说，下面这回事情是不可否认的，即使徒中最有学问的那位[①]不止一次地用希

[①] 指保罗。——译者注

腊神秘的表述来暗示基督教的理念，甚至还用希腊秘仪的习语来做暗示。构成从异教向基督教，也就是向完满启示的自然过渡的，实际上就是希腊秘仪；倘若希腊秘仪的内容没有得到先行的考察探究，那么启示就不可能在它与异教的关系中得到恰当阐述，进而启示本身也不可能得到恰当阐述。

第十九讲　论神话与秘仪：德墨忒尔与狄奥尼索斯

接下来的一般反思将会用来构成朝向说明希腊秘仪的过渡。

在我们对神话本身的展开过程中，已经区分了两个有重大意义的过渡环节。其中一个环节是，实在性的本原刚刚使自己能首先被更高的潜能阶次克服，也就是把自己委身为一个**可能的**克服活动的质料。那么另一个环节就是，它成为一个**现实的**克服活动的质料。每一次这样的过渡都是由一个女性神来刻画的，第一次是由乌拉尼亚，第二次是由库柏勒。但不是还得区分出第三个环节来吗？在第三个环节中，实在的本原不再纯然是现实克服活动的对象，相反，它已然**是**被现实地克服的了，进而意识就由此立于过去——在自由的诸神复多体的出现**中**，意识感觉自己摆脱了过去并从中解脱了出来——和正**同时**在意识面前升起的纯粹精神性潜能阶次之间了。进而前两个置基环节中，意识怎样通过一个女性的神得到了代现（因为如果在进程本身中始终都有两个基本要素，即在每个环节上出现的神和与之相应的意识，那么就能注意到，在每个时期都有一个与某个神相应的女性神把自己表现为对这个神的意识。如果反思下面的内容，那么这一点是很容易看清的。在每个环节中,神都只是一个特定的神,进而作为这样的神就注定有另一个神紧随其后。但尽管在每个环节中,意识只不过是对这个特定的神的意识,然而除此之外,据其自然本性而言,意识是神彻彻底底的设定者,并且就此而言,它超出了特定的环节。意识的这种二重性在一切女性神身上都体现得很明显。盖亚①比自己的丈夫乌拉诺斯更有远见,克洛诺斯的妻子瑞亚②也比他看得更远,这两个女性神所倾向的都是未来,而对于未来,这两个男性神则不愿知道任何东西),也就是说,在第一次置基中,意识怎样达至对更高的神的承认,在第二次置基中,把自己投身于对神进行现实克服活动中的意识,怎样通过女性神得到代现,那么我们在进程的终点,当然也该期待那个立于神话和秘仪之间的意识,会以同样的方式由一个女性神得到代现。这个女性神就是**德墨忒尔**③,一方面来看,她仍然陷落在神话中,并在其中有自己的位置,但从另一方面来看,她同样也是秘仪的一个主要对象,或者说,其实就是处在秘仪中的意识所自行围绕的中心点。

德墨忒尔(罗马人称为**刻瑞斯**的跟她是同一个神),据其**首要的**概念而言不是其他,而是处在实在性的和带来解救的神之间的意识自身,它仍始终依附在前者上,但同时也已然处在由后者引发的克服活动中了。

---

① 盖亚(Gäa),希腊神话中的地母神,是众神和万物的创造之母,乌拉诺斯的母亲和妻子,有预言能力,比如曾经预言了宙斯的后代会威胁他的统治。——译者注
② 瑞亚(Rhea),盖亚和乌拉诺斯的女儿,泰坦神之一,宙斯的母亲。——译者注
③ 德墨忒尔(Demeter),希腊神话中的谷物女神,奥林匹斯十二神之一,珀耳塞福涅的母亲,在罗马被称为刻瑞斯(Ceres),在厄琉息斯秘仪中扮演着重要角色。——译者注

如果说库柏勒刻画了向现实克服活动的过渡,那么德墨忒尔就是处在现实克服活动中的意识,然而唯有就意识**仍始终**依附着实在性的神,并仿佛被它所拘捕而言,意识才**处在**克服活动之中。

下面这个问题,可以算作某种神话理论必须回答的问题之一:神话中男性神和女性神的区分从何而来?我们可以回答说:女性神要么是意识始终与之平行、与之共立和共时的神,要么是对一个更高的、正在来临的神的意识。在第一种情况中,女性神表现为妻子,在第二种情况中则表现为神的母亲。即便是德墨忒尔,我们接下来也仍会把她作为更高神的母亲来认识。但在作为波塞冬的**妻子**出现之前,她首先是作为克洛诺斯时代的诸神之一而出现的;通过这一点,她朝向更高的神,也就是朝向狄奥尼索斯的自然本性也就已经得到了暗示。因为在狄奥尼索斯仍被彻底排斥在外的时候(克洛诺斯拒斥着更高潜能阶次的全部运作),意识不可能有任何朝向神的直接关系。因此在这个时候,德墨忒尔就是波塞冬的妻子(而波塞冬则代表未来的精神之神尚有纯然物质形态的先行形象)。但在现在所谈论的时代(也就是我们等同为 D 的时期)**中**,德墨忒尔则是**直接**投身于对狄奥尼索斯进行展开、在这个时期的终点由狄奥尼索斯现实地克服的意识;在这个形象中,德墨忒尔所刻画的,是最终的、与诸神复多体的完整出现共时的置基。

XIII, 413

但现在,倘若意识并没有通过投身于诸神的复多体而同时与专断的神断绝,倘若意识不能把这个尽管并非**绝对**,但还是作为排他**存在者**的神扬弃掉,那么意识就不可能投身于诸神复多体中。但意识被一条魔咒拘禁在这个专断的神中了,而这条魔咒就源自那个最初的、不可预思的行动,而这个行动自身,直到现在都还没有被意识到。但现在,伴随着越来越无力和无能去抵抗更高神的逼近,意识本质中的**这一面**就会被意识到,也就是盲目地把持着实在性的神,而这正是它由以被实在性的神拘禁的**系带**,在这个方面得到意识以后,意识才会**首次**把它意识为纯然被招致而得的偶然方面,进而马上就在自身中把它跟**本质性的方面**区分开。对意识来说,本质性的方面就是去设定神,而偶然性的方面是去设定实在性的神。

意识会把这个把它与实在性的神扭结在一起的系带,意识为对它而言偶然的东西,这说的是:意识会把它意识为有待从自身中分殊出去的东西,进而以此方式,意识也就最终**现实地**把那个它由以被实在性的神拘禁的本原,从自身中分殊出去,也就是说,以把它**单独**设定为**独立特殊**位格的方式,将自己从这个本原之中解救出来。在德墨忒尔中,被排他专断的神所拘禁的东西,通过一种诞生,就从德墨忒尔中以**珀耳塞福涅**的形象绽脱出来了。也就是说,在这个时候,珀耳塞福涅才首先进入神话,但当意识觉察到这个对它来说直到现在自身都始终以非对象性的方式被保留和遮蔽的本原时,它在其中也同时看到了它迄今一直屈于其下的整个进程的动因;在这个时刻,即在曾经囚禁着意识的魔咒自行解开的时候,意识也就明白了开端,所以在接下来,整个神话进程的最初动因也就被称为珀耳塞福涅。但倘若在德墨忒尔中,源自过去的东西并没有被视为属于过去的,那德墨忒尔也不可能把它从自己当中分殊出来。德墨忒尔把它视为属于过去的东西,这就是说:她把它视为属于过去之神的东西;她必须把它贡献出来让过去之神掳走。也就是说,这才是冥王掳走珀耳塞福涅这个故事的真正意义,已然回退到不可见状态,退回到非—存在中,因而叫作哈迪斯①的神把珀耳塞福涅跟自己一起拉入了冥府,即过去的王国。因为意识的这个部分自然必定会追随**那个**它自开端起就受其制约的神,进而当这个神——这个曾经以排他的方式存在着的神——成了过去,那么在最终的危机中,即便是依附于这个神的意识——也就是说只要它依附于这个神——也必定会同样成为过去。

  然而现在对意识来说,这种分裂其实并不是毫无痛苦的,相反,分裂带来了致命的伤害:因此,分裂被表象为哈迪斯犯下的**掳掠**,被表象为德墨忒尔作为母亲的悲痛、哀伤,甚至恼怒,正因为如此,德墨忒尔对**那个**已经取代了排他的独一之神的诸神复多体,并不想知道任何东西——在荷马的赞美诗中,她也很明显是被这样描绘的——,但她必须首先与这个复多体和解。纯然显白的神话也就进展到**这个地方**为止了(也就是说,进展到劫掠珀耳塞福涅和她母亲德墨忒尔的哀伤和**恼怒**为止);但现在对哀伤和愤怒的母亲进行的和解与抚慰也开始了,这只有通过下面这回事情才能发生,即仿佛是作为对已然消失的神和德墨忒尔**与之一道**消失的意识的**补偿**,更高的,或者不如说最高的,取代了应不存在之神,真正意义 XIII, 415
上应该存在的神,被交付给了德墨忒尔,但这个神现在不能再踏入那个外在的诸神复多体了,因为它已经得到了封闭和完成,这个神只有在一种超出了诸神复多体的意识中,也就是在秘仪中,才有自己的位置。因此,秘仪,甚至最高和最神圣的、阿提卡人在厄琉息斯所欢庆的秘仪,首先就是德墨忒尔秘仪。

---

① 哈迪斯这个名字的希腊语原意就是"不—可见"。——译者注

我们对德墨忒尔和珀耳塞福涅的说明,诚然跟惯常的说明不同。但只要更深地考察**这样一个**状况,即德墨忒尔曾经是秘仪真正意义上的**根据**,那么人们就不可能如此轻易地对这些惯常的说明感到满意。在这些说明中,除了德墨忒尔是农业女神这一点外,没有任何东西是对的。一些人甚至基于这一点,编造出了"植物界的女神"这个笼统的概念,这简直是完全没有根据的捏造。据这些人的说法,珀耳塞福涅肯定就是被埋藏在地下的种子,以便承载萌芽和果实。**这种胡思乱想**据说还可以通过哈迪斯(冥府的神)劫掠珀耳塞福涅的故事得到说明,比如像一位向来都颇有贡献的说明者有些用力过猛(之所以用力过猛,很可能是为了给这种说明中的日常见解遮羞)地表达的那样,种子的力量必须跟大地之光(Erdenlicht)统合为一,以便果实能从种子中生发展开。这话听起来当然神秘兮兮的,因为这位说明者关于"大地之光"所想的,大抵是在大地之内被遮蔽的光,这指的应该就是哈迪斯,而这着实难猜。对于那些日常的真理——它们不可能由于一种用力过猛的表达就终止为日常的——,如果它们除了这种日常性再不包含其他任何东西,那秘仪肯定根本不可能持续数十年,更遑论两千年了。

人们长久以来都在谋求猜出秘仪中的奥秘。法国人首先提出,厄琉息斯秘仪只是一种农业活动。甚至西尔维斯特尔·德·萨西①(在对十字若望②的评注中)最终除了"秘仪可能首先只是对那

---

① 西尔维斯特尔·德·萨西(Sylvestre de Sacy,1758—1838),法国贵族,语言学家和东方学家。——译者注
② 十字若望(Sainte Jean de la Croix,1542—1591),公教改革的主要人物,西班牙神秘学家。——译者注

些最主要的自然作用（其中包括季节等等）的呈现和象征"之外，
也不知道其他任何东西。但不管是神话还是秘仪，都不可能只具 XIII, 416
有一种纯然**物理的**意义，或者毋宁说，秘仪更不可能只具有这种意
义。事情也确实如此。德墨忒尔诚然是农业的创立者和创设者，
进而首先也是作为这样的神得到崇拜的，但与此崇拜相联结的意
义，并不同于纯然的物理意义。也就是说，伴随着农业的创设而
同时消失的，还有最古老时代的那种不稳定的、类似动物的游荡
生活，取代它的是真真切切属人的、由伦常和律法巩固的生活。农
业的这种**伦常**意义就是在德墨忒尔中得到崇拜和神圣化的。这个
创设农业的神，也是律法的制定者，θεσμοφόρος [立法者]，唯有
在这个意义上，伊索克拉底①才有可能在他那段著名的话里，把农
业和秘仪相提并论②：德墨忒尔对我们的先祖充满善意，赠予了他
们两份最伟大的礼物，τούς τε καρπούς, οἳ τοῦ μὴ θηριωδῶς ζῆν
ἡμᾶς αἴτιοι γεγόνασι, καὶ τὴν τελετήν：一是果实，它是使我们能
不再像动物那样生活的原因，二是庆典（即是在厄琉息斯举行的
庆典）。也就是说，在德墨忒尔之中得到欢庆的，始终既有最古老
的、把人类设定到自己之外的宗教的消失，同时还有凭借或者说在
德墨忒尔之中，人类意识所赢获的对盲目强力的超越，在萨比教
中，这种强力仿佛以拘禁和使之着魔的方式把持着人类意识。③

---

① 伊索克拉底（Isokrates，前 436—前 338），古希腊著名演说家，曾经创立过修辞学校。——译者注
②《演讲集》，3，6。——作者原注
③ 西塞罗有段著名的话（《论法律》，II，14)是这样来表达这件事的：仿佛秘仪自身把人类从
　先前的野蛮生活中解救了出来：nihil melius illis mysteriis, quibus ex agresti immanique vita
　exculti ad humanitatem et mitigati sumus [没有比秘仪更好的东西了，因为通过它们，人类得
　以走出野蛮的生活]。——作者原注

萨比教是所有不通过农业而系于固定居住地的宗族的自然宗教。甚至在论及日耳曼人的时候(b.g. VI.)，凯撒也首先说道 (c. 21)：Deorum numero eos solos ducunt, quos cernunt, Solem et Vulcanum et Lunam［他们只把那些能直接看到的视为神，比如太阳、火山和月亮等］(凯撒据此把日耳曼人认作星体崇拜者)，基于这一点，凯撒接着说 (c. 22)：agriculturae non neque quisquam agri modum certum aut fines habet proprios［没有农业，也没有某个人私有的有数的、疆界分明的土地］。凯撒说的这些，跟塔西佗的一些报道是一致的，所以这里没有必要去深究。① 所以，纯粹的萨比教比一切真正意义上的族群更古老，也比市民社会和伴随着前两者才兴起的历史更古老。反过来也可以说，萨比教不可能跟农业，跟已然得到分配、由市民法律保护的私有财产共存。只要人类依附于普遍的、没有神庙也没有围墙把他环绕起来、仅仅等同于宇宙自身无限空间的神，那么旷野就是人类的居所，天空就是人类的屋顶；一旦人类自己转过头来离开这个神，那么对人类来说，普遍的、在他头上无尽延伸的天空就会显得过于宽阔辽远，人类也就从这个宽阔辽远之境走出，转入了亲密狭小的地方，从无限制的地方再次回到了被环绕的地方；因为在人类心中，对最初环绕和他已然从中绽脱的如神一样满足的回忆仍始终生息着。而从另一方面来看，在人类历史已经经历过市民生活的坏处之后，在历史中必定会出现那些鼓吹要以一切方式更高地展开自由的人，因为那种自由的、没有被任何限度——不管是空间的还是律法的——限制的生活，即那

---

① 可参见"神话哲学导论"，第159页。——编者注

种最早的生活,当然会让这种人觉得这是一种幸福极乐的境况,他们把这种境况描述为世界历史的黄金时代,渴望能回归并停留于其中。在之后的回忆中,克洛诺斯跟乌拉诺斯叠合在了一起——正如那些遥远的对象总是因为看起来更小而叠合在一起——,成了希腊人和罗马人所谓黄金时代的神。他们说,在萨图恩①统治的时候,田地既没有被封闭,而且也允许改画其边界(我在这里是想让大家回忆一下之前提过的维吉尔的诗句②)。只要那个尚未划分其存在的神进行着统治,只要他仍占据着存在自身并且不对它进行划分,只要他不把存在分给其他任何神,**那么**大地就还是一份所有人共有的遗产,正如殉教者游斯丁③明确说的:nihil privatae rei, omnia communia atque indivisa omnibus fuerunt, velut unum cunctorum patrimonium [任何东西都是共有且未被分割的,就像父亲的遗产为所有继承人共有]。甚至《创世记》的叙事——根据这一叙事,对固定居住地和城邦的最初构想,使人受到了混淆语言和族群分裂的惩罚——仍然显示出了对于最古老生活无拘无束状态的隐秘的亲近,在《创世记》中,人类仍更亲近那个普遍独一、据有一切的神。然而这种力求返回始终仍是与更高的展开过程同时出现的,正如许多人渴望走出我们时代的那些产生着迷乱的多样性和噪音,回到逼仄的窄处,回到中世纪的寂静中。还须一提的是,

XIII, 418

---

① 萨图恩(Saturnus),又译萨图努斯,在罗马神话中被认为是世界上最古老的神,是乌拉诺斯和克洛诺斯形象融合以后的产物。——译者注
② 见"神话哲学",第637页。——编者注
③ 殉教者游斯丁(Justin Martyr),公元2世纪的基督教护教士之一,公元165年在罗马殉教,被公教会封为圣人。——译者注

在克洛诺斯中,阿斯特拉的力量才被完全战胜;但这并不是说,凭着克洛诺斯对它的战胜,建立城邦和农业才得以开启;因为乌拉尼亚已然处于其中的那个早先的环节,之后就成了库柏勒和德墨忒尔;在后来的神话序列中,希腊人从德墨忒尔那里得出的东西,也是巴比伦人从乌拉尼亚和腓尼基人从库柏勒那里推得的。但令人总是觉得无比惊奇的是,在巴比伦人首次建立了更大的城邦之后,腓尼基人、泰尔人、布匿人,这些克洛诺斯的族群,为何再次转离了大地和农业,乘船穿越荒茫的海洋(这也是克洛诺斯式的要素),然而在此之后,在宗教完全从天上降落到地上之后,埃及人反倒紧紧抓住大地,抓住他们覆满了伊西斯的黄金之种的陆地,而正如普鲁塔克所言,这是因为他们惧怕乃至憎恨作为提丰式的要素的海洋。在克洛诺斯中,阿斯特拉式的东西,即宇宙性的东西再次重建了自己,而借由库柏勒,宗教才首次从阿斯特拉宗教中走出,**彻底**降落到了地上。所以在弗里吉亚宗教中,库柏勒被当作农业和稳定的城邦的奠基者来崇拜,而环绕在她头上城墙形制的冠冕则表明了后一个方面:

……Murali caput cinxere corona

Eximiis munita locis, quia sustinet urbeis[①].

[头上戴着有角塔的王冠,

因为牢固所筑之邦,是由她所奠定]

---

① 卢克莱修:《物性论》,II,第606行。——作者原注

依照卢克莱修①的说明,库柏勒被称为伟大的弗里吉亚之母,因为果树首先就是从那里,也就是从弗里吉亚流传开来的。当库柏勒的圣像巡游各个城邦的时候,作为市民团体标志的银和铜,就会撒在她的道路上,至于克洛诺斯,就**他自身**已然被视为过渡之神而言,在弗里吉亚神话中也有被提到,他首先把铸币,也就是市民交往和私有财产的标志,引入了城邦。库柏勒的随从们身上都被一阵玫瑰雨洒过,在他们中,有一群全副武装的人表演着流血的战舞,这标志着凭借被分割的财产,战争和不合也就随即开始了,正因为如此,最古老的铸币上就刻着被分割为有两副相分离面孔的雅努斯②(完整的雅努斯 = 和平)。但对于作为神话族群中最年轻的希腊族群来说,**德墨忒尔**才是农业的创设者。但是在最古老的宇宙性宗教的消失,和农业的引入之间之所以仍发生了一种关联,是因为在德墨忒尔中同时被崇拜的那种神性,既是为人类在大地上播撒带来滋养的果实的神性,同样也是创设秘仪的神性。

从游牧生活向农业和稳定居住地的最初过渡,向来都被所有深刻的研究者视为最大的谜团。对之进行说明仍然愈发困难的原因就在于——且不管做这种说明需要极尽辛劳——,直到今天仍然无法指证,我们所食用的任何一种谷类无可置疑地就是野生的(自发产生的)品种。倘若人们坚信,即便在神话进程**期间**,人类和自然之间有某种魔术般的关系一直续存,那么意识的某些展开过

---

① 卢克莱修(Lucretius),罗马共和国末期的诗人和哲学家,属伊壁鸠鲁学派,以长诗《物性论》闻名于世。——译者注
② 雅努斯(Janus),古罗马的门神,形象是有前后两副面孔,拉丁语和其他受其影响的语言中的"一月"就由他而来。——译者注

程和自然的某些展开过程就是平行的；或许人类本身就是由于市民的共同生活才跟这种与自然的魔术般关系彻底断开的。西班牙人阿萨拉①——鉴于他对南美人种极富精神的考察，我之前才常常跟诸位提到——在他的行记里言之凿凿地说，自己在南美洲的草原上无数次注意到，在邻近房屋，或者总的来说，在邻近所有人类会长时间居留的地方，都生长着蜀葵、蓟草以及其他这类在荒野里绝不会碰到的植物。某些植物，比如接骨木等，仿佛是跟着人类迁徙的，我们自己就能觉察到这一点，阿萨拉补充道：因为可以充分地观察到，在人类常常来来回回的某条道路上——不管是不是骑马——，短时间内就会在路沿上出现一些先前在这并不存在、在整个四周临近的区域内也瞧不到的上述那类植物；就算人们要把某块土地改造成园地，那么这里很快就会出现大量的马齿苋。阿萨拉接着补充道，人们由此就会坚信，人类和牲畜的在场在植物王国中引发了一种改变，而这一改变的后果，就是另一些全然不同于野生植物的新植物出现并替代了前者。

如果人们可以信心满满地把这种仿佛具有感染性、人类通过自己纯然的实存就能施加给植物世界的力量预设为前提，那么人们大抵还可以把希腊人，以及或多或少一切族群所收获的谷物说成是德墨忒尔或者其他某个神的恩典（甚至《旧约》中也有一处文段说，神教会了人类辨认果实），这反倒比惯常的理解还要"字面"，还要"实诚"。阿萨拉或许也能够发现——对他来说，许多事实都

---

① 唐·菲力科斯·阿萨拉(Don Felix Azara，1742—1821)，西班牙地理学家和探险家，著有《南美洲之旅》(1809)。——译者注

是活生生当下的，从这些事实出发，就能廓清一种在动物和植物王国中，在形式上逐步发生的转化和分阶段进行的样态变化——，在不同地方和不同时代，甚至在任何地方，唯有凭着人类向稳定的安居和市民社会的过渡，通过对某种现在不再能被认识的作物进行培育改良(Metamorphose)，可为人类食用的果实才会出现。

  德墨忒尔在秘仪中既没有某种纯然的物理含义，珀耳塞福涅 XIII, 421 也同样没有某种纯然的心理含义。如果人们在珀耳塞福涅这个理念中，无法忽视某种跟种子的类似性或者关联，那么这也并不一定就意味着，珀耳塞福涅**仿佛就是**一个象征，而种子则是由她象征的东西，因为把更高的精神性存在物设想为对可见的物质对象的象征，是根本没道理的；如果在任何情况下，可见的物质性的东西都是不可见者的象征，那么人们倒可以反过来说，种子是珀耳塞福涅的象征。① 除了在下述意义上，人们不可能在其他意义上把珀耳塞福涅跟种子进行比较，即基督也在这个意义上说：除非麦子落入地里死去，否则它始终只是颗麦子，但如果它死了，就会结出许多果实。因为珀耳塞福涅原本并非其他，正是意识中对神的设定活动这个纯然的**潜能阶次**；之所以是潜能阶次，是因为它恰恰也能够是自己的对立物，即神的否定者。珀耳塞福涅是这样一种原初的可能性，即根据它是彻底内在地持存，还是走出，会成为某种根本不同的东西；一旦它从自己的隐秘状态（潜能状态）中走出，它就跟种子有共同之处，即它跟种子一样，都屈从于某个进程之下。珀耳塞福涅是神之意识的种子，如果它没有从环抱自己的荚壳中破壳

---

① 见"神话哲学"，第639页。——编者注

落地,它就必定会始终**只是**种子,亦即始终都无法结果,它必须落入地里,必须屈从(某个自然进程,比如神话),这样才能结出许多果实,才能让对原初意识沉默且未被道出的认识被大声道出,才能让曾经在原初意识中纯然**潜在地**被设定的一神教,成为对意识而言当前的、得到了实现的一神教,并取代前者,不过在意识的最高的潜能阶次中,**如此**产生的一神教诚然仍始终是一种纯然自然产生的一神教;而神性地被设定的一神教唯有通过基督教才是可能的。

也就是说,神话中的珀耳塞福涅有一种彻底不同于纯然物理意义的意义,进而只有在一种比纯然物理意义更深刻的意义中,才能被比作种子。

不过被标定为希腊秘仪主要内容的,是德墨忒尔的和解——她由于女儿的被劫掠而受到了伤害——,这种伤害是由与实在性的神的分裂而损伤了意识导致的。通过先前已经引用的荷马赞美诗中德墨忒尔对厄琉息斯秘仪参与者说的话[①],就能确证这一标定:我要创设狂欢的仪式,也就是秘仪,以便你们在欢庆它的时候,持续不断地使我的心绪得到和解(ἐμόν νόον ἱλάσκοισθε [使我的心绪安宁])。然而这种和解由以完成的那个东西,尽管已然得到了暗示,但必须有待在进一步的探究中得到更恰切的论证和阐发。我们已经凭借德墨忒尔和珀耳塞福涅开启了秘仪的展开过程,因为这两者实际上是秘仪真正的主体、最深刻的潜能阶次和对秘仪本真的意识。希腊秘仪中最高的,也就是阿提卡秘仪,恰恰首先被称

---

① 见"神话哲学",第633页。——编者注

为德墨忒尔秘仪。但这些秘仪也同样叫作狄奥尼索斯秘仪。这样一来，在我们进一步推进以前，我们必须厘清狄奥尼索斯和秘仪间的关系。到目前为止，我们只把狄奥尼索斯认作一个独一无二的神，并把他规定为带来解救的、作为第二潜能阶次的神。但他跟秘仪的关系是怎样的呢？为了能厘清这一点，我必须先讲讲超越那些秘仪现象之上的普遍之物，而这些现象的原因就是**狄奥尼索斯**。

普遍来看，在古代宗教中，狄奥尼索斯的当下在场，或者说他对意识产生的效用，首先是通过一种被称作放纵丧志的狂欢来得到宣告。突然感觉自己自由于实在性的神的压迫性强力的意识，肯定会因而变得仿佛醉态蹒跚、迷乱癫狂。只有以这种方式，某种放荡不羁，乃至伴有疯狂的外部迹象的行止——这种行止尤其刻画了**最早的**、可追溯到乌拉尼亚时代的狄奥尼索斯现象——所产生的种种行为才能得到理解。尤其是所谓的萨巴兹乌斯[①]的信徒，就可以追溯到这种最早的狄奥尼索斯现象，在这些人中，通过野蛮的、冲破一切伦理制约的行为，最古老的拜星宗教的第一次没落也就得到了庆祝。这些萨巴兹乌斯信徒和狄奥尼索斯的**最初现象**间的关联通过下面这点就能明白，即萨巴兹乌斯狂欢的内容，通过罗马建城556年元老院极力弹压已经悄悄渗入罗马境内的萨巴兹乌斯信徒时所进行的调查而为人熟知，李维在《罗马史》第39卷里就记录了这件事的详情。但"萨巴兹乌斯信徒"这个名称，

[①] 萨巴兹乌斯(Sabazios)，弗里吉亚神话中司掌天空的人，后来传播到了色雷斯地区。——译者注

萨波斯(Sabos)神这个名称,"Evoë Saboi"这个节日上的口号就暗示了,这个狂欢属于从萨比教向真正意义上的神话宗教的最初过渡。这些萨巴兹乌斯信徒在希腊从未立足过,很可能最多只作为一种边缘性的祭仪在硬挺。在阿里斯托芬的一部喜剧中——西塞罗在《论法律》中也提到过①——,舞台上的萨巴兹乌斯本尊与其他被宣称为外邦番神的神一道,被从城邦里扔了出去。比如还有某些有意或者无意地把一切东西混淆在一起或者杂糅在一起的著作家,会把本该算在萨巴兹乌斯信徒身上的东西,不假思索地也直接套用在希腊的狄奥尼索斯节上;然而这些在真正意义上希腊的—民族性的,亦即被希腊民族承认的狄奥尼索斯节,跟萨巴兹乌斯信徒根本就没有任何共同之处。在神话进程的一个稍晚时期,也就是在埃及神话这个时期中,从实在性的神的强力支配中解脱出来只会部分地被感受为胜利,之所以是"部分地"是因为,埃及意识仍然在强力支配和解脱间分裂着,所以在一年中的某个时段里,埃及意识在讥讽和嘲笑提丰,在另一个时段里则以献祭来崇拜他并试着让他缓和下来②,但在埃及,既然实在性的神的这一没落还是部分地被感受为了胜利,那么它首先也通过下面这种胜利游行得到了庆祝,因为在这种游行中,阳具作为胜利的象征被吟咏,所以它也叫作"阳具游行"。阳具在这里是否可以作为对先前的神进行去势的象征,是否意味着施加在第二潜能阶次上的运作性力量的过渡,在这里可以等而视之。狄奥尼索斯的胜利,或者说带来解救的

---

① II, 15。——作者原注
② 见"神话哲学",第387页。——编者注

神的胜利通过节日游行,尤其是通过阳具游行得到了欢庆,知道这一点就够了。而且希罗多德明确地说,在希腊人那里 ἑορταί [这个节日] 和 πομπαί [这种护送仪式] 是新近才被引入的(νεωστὶ ἐσαγμέναι)①。关于狄奥尼索斯游行,希罗多德特地说道,阿密塔翁(Amythaon)之子墨兰普斯②,除了献祭的风俗和阳具游行,还传授给了雅典人狄奥尼索斯的名字。希罗多德接着说,墨兰普斯自己是从埃及人那里学到涉及狄奥尼索斯的各种习俗的,不过他随即又紧接着表明,他自己觉得墨兰普斯是从卡德摩斯③,从跟他一起去到今天所谓的彼奥提亚地区④的叙利亚和腓尼基人那里学到了关于狄奥尼索斯最多的东西。⑤对我们来说,希罗多德的见解中所蕴含的本质性的东西就是,他断言,节日游行,和以阳具来欢庆的狄奥尼索斯祭仪都**不是**希腊人**特有的**,并且是首次被引入希腊人中的。实际上,下面这种境况,即狄奥尼索斯仍然以激起迷醉和狂欢的方式作用于意识,仍然处在对立于实在性的神的全然张力中,这种意识境况属于一个比希腊意识在自身中注定呈现这种境况的那个环节更早的环节,我们甚至也正是基于这一点看到了,这类节庆在埃及已经完全成了习俗。如此一来,就算我们假定,希腊的这类狄奥尼索斯节庆首先只是对其他习俗的模仿,而希腊人要么是

---

① 《历史》,II,49,亦可参考58。——作者原注
② 墨兰普斯(Melampus),传说中的占卜师,声称自己作为先知的力量来自埃及人,能懂动物的语言,在古典和希腊化时期,有许多托名于他的占卜书。——译者注
③ 卡德摩斯(Kadmos),希腊神话中的英雄,底比斯城的创立者,希罗多德在这里用他代指底比斯。——译者注
④ 彼奥提亚(Böotien),指泛底比斯地区,底比斯城邦曾经就组建过彼奥提亚同盟。——译者注
⑤ 《历史》,II,49。——作者原注

从埃及人那里,要么是从东方的某处获知关于这些节庆的消息的,那么也绝不会跟我们先前的观点有任何抵触。但这个事实,无论如何都不可以被无度地引申,仿佛可以这样来理解,即狄奥尼索斯这个**概念**自身对希腊人而言大抵只是个纯然偶然的、从外部获得的概念。我们已经充分证明了,狄奥尼索斯这个概念是一个寓居在一切神话中的本质性概念,若无这个概念,神话根本不可能被设想,正如我们也正由于这一点指明了,即便这个潜能阶次的形态和显现方式在不同的神话中有所不同,但它仍然存在于一切神话中。狄奥尼索斯,更确切地说,那个作为实在性之神的直接克服者的神,不仅蕴含在希腊人的意识中,也以同样的程度蕴含在埃及人的意识中,它一直运作到了希腊意识的终局之刻,也同样一并运作到了印度或者埃及意识的终局之刻。不过这里的狄奥尼索斯——即处在对立和张力中的狄奥尼索斯——已经被归置在了已得完成的希腊意识之中,而整全且已得完成的狄奥尼索斯理念则超越于这里的狄奥尼索斯,正如希罗多德本人所给出的理解,他说:墨兰普斯教给了希腊人狄奥尼索斯和狄奥尼索斯游行,但他还没有把一切,或者**整体统括起来**,整体只有在后来才被完备地道出,整体(也就是狄奥尼索斯的理念)唯有在后来才以更宏大的方式大白天下。① 也就是说,单独**片面地欢庆这样一位不整全的**狄奥尼索斯,以阳具游行的方式来欢庆特属他的节日,这些都不属于狄奥尼索斯的理念,很可能只是希腊人从墨兰普斯那里学来的(其实把墨兰

---

① οὐ πάντα συλλαβὼν τὸν λόγον ἔφηνε, ἀλλ' οἱ ἐπιγενόμενοι τούτῳ σοφισταὶ μεζόνως ἐξέφηναν [他并没有把一切统括起来,是后来的一些智者使之得到完善并得到公开],《历史》,II, 49。——作者原注

普斯①理解成一个埃及人也不无道理,因为"埃及"这个词自身的意思就是"黑色的土地")。这才是希罗多德真正的意思,他注意到,希腊人同时仍为狄奥尼索斯的理念——他把这一理念认作一种远为高贵的和在文化上高级得多的理念——举行节日欢庆。但**这些**希腊的狄奥尼索斯节庆并不古老,至少全都不跟希腊人意识中狄奥尼索斯最初的实存在时间上相同,基于希腊神话包含的关于狄奥尼索斯之诞生和遭遇的内容,可以十分肯定地得出这一结论。为了把这一点分辨清楚,我得强调,根据希腊神话,这里谈的这位狄奥尼索斯是有死的凡人母亲塞墨勒②的儿子,当她从宙斯那里受孕,怀上狄奥尼索斯的时候,她身上有死的凡人部分就开始不断地消耗殆尽,从**宙斯**那里,因为只有在整个神性的复多体由宙斯设定之后,狄奥尼索斯才首次在意识自身中得到认识,或者说,他才对意识自身而言首次得到实现。尽管狄奥尼索斯是物质性神的原因,但因为他在终点才**作为**原因得到认识,所以对意识而言,他仍然比一切物质性的神要年轻,之所以会看起来如此是因为,狄奥尼索斯首先是伴随着物质性的神出现的,甚至成了宙斯的儿子之一。塞墨勒是正在亲近宙斯的意识,因而当狄奥尼索斯完全在宙斯之中自行实现之际,这一意识就耗尽了。但正是这位现在通过有死的凡人母亲之消逝而**诞生**的狄奥尼索斯,仍然**被掩藏**在宙斯的大

XIII, 426

----
① "墨兰普斯"这个名字的希腊语原意就是"黑脚",所以谢林这么说。——译者注
② 塞墨勒(Semele),希腊神话中的底比斯公主,狄奥尼索斯之母,爱慕宙斯,与宙斯的化身交媾怀上了狄奥尼索斯,赫拉因嫉妒怂恿塞墨勒要求宙斯露出真容,宙斯捺不住情人的恳求,在露出真容的瞬间把她烧死了,这时宙斯赶紧从她腹中救出了狄奥尼索斯,藏在了自己的大腿里,几个月后狄奥尼索斯从宙斯的大腿中得到了"第二次出生"。——译者注

腿中,也就是说,他仍然持存在意识的奥秘中直至最终的危机,**整全**、**完满**、真正希腊式的狄奥尼索斯理念,唯有伴随这个最终的危机才得到设定。狄奥尼索斯只能一步步地慢慢成长起来,而他过早的突显则会引发矛盾。在许多反对狄奥尼索斯的人中,首先要提的是 a) 埃多尼亚国王吕库耳戈斯 (Lykurgos),在《伊利亚特》中,狄俄墨德斯 (Diomedes) 说他:

> 甚至连强大的吕库耳戈斯
> 也没有享寿长久,
> 他曾直抗天力,
> 追打狄奥尼索斯疯狂的保姆;
> 她们都扔下了神杖,
> 因为谋杀者吕库耳戈斯
> 野蛮地用刺棒殴打她们,
> 甚至狄奥尼索斯也落荒跳水,
> 在海浪之下,忒提斯把因那人恐吓的吼声
> 畏惧战栗的狄奥尼索斯纳入怀中。①

这个故事自身绝不可能追溯到一个极古的时代。在残暴的吕库耳戈斯所处的那个时代,狄奥尼索斯还没有被承认为神,他仍处在保姆的看护下,害怕吕库耳戈斯,并在他面前落荒逃到海浪中,这一点或许可以让人想到,水被视为对僵硬的、吞噬性的,就此而

---

①《伊利亚特》,II,VI,第130行及以下。——作者原注

言狂暴的神的柔软化、女性化的最初可见表达,也就是说,水其实就已经把来临中的狄奥尼索斯掩藏在自身中了。或许仍需一提的是,根据《伊利亚特》中另一处(XXIV, 78)的说法,直通忒提斯①在萨摩斯岛和伊姆布罗斯岛(这两座岛以它们的秘仪而闻名)之间洞穴的道路沉没不见了。这样一来我们在这里也就回顾了狄奥尼索斯的过去,在那个时候,狄奥尼索斯仍还在成长并且被掩藏了起来,仿佛不敢站出来,也没有通过任何节日游行得到颂圣。b) 另一位狄奥尼索斯更早的反对者是色雷斯国王彭透斯(Pentheus),他也同样不愿承认狄奥尼索斯的神性,并且迫害狄奥尼索斯的侍女,因而遭到了狄奥尼索斯本人的惩罚(惩罚吕库耳戈斯的则非狄奥尼索斯本人)。欧里庇得斯则使彭透斯受的惩罚成了一个悲剧的主题。

狄奥尼索斯最著名的反对者是**奥尔弗斯**②,跟彭透斯一样,他也被狄奥尼索斯的狂女(侍女)撕碎了。如果我们站在奥尔弗斯的立场上,那这里的"撕碎"意味着什么,就不言自明了。奥尔弗斯是对抵制着解救之神的意识的代现,是对过去的代现,而过去与伴随着狄奥尼索斯而来临的新时代是矛盾的。但**这一**意识也由狄奥尼索斯式的多神教撕碎了。基于同样的理由,奥尔弗斯也是荷马的对立者,因为荷马本人不过是意识最全面危机的最终显现,得到完成的显白多神教就是通过这一显现而产生的。所以希罗多德在

---

① 忒提斯(Thetis),希腊神话中的海洋女神,大英雄阿基里斯的母亲。——译者注
② 奥尔弗斯(Orpheus),希腊神话中的传奇音乐家,传说他演奏的乐曲能驯服猛兽,推动木石,曾经参加了寻取金羊毛的远征,用自己的乐声镇住了赛壬的妖声,最著名的传说是下冥府救自己的亡妻,用乐声打动了冥王,但最终前功尽弃。——译者注

下面这段最为著名且常被引用的话里提到了荷马:"每一个神从何产生,或者是否所有的神早已存在,各自都有怎样的形象,**可以说仿佛在昨天和昨天之前尚无人知晓**(所以在希罗多德看来,希腊人的这种多神教是新出的)",因为他接着说,"我认为,赫西俄德和荷马生活的时代,距我不会**超过**400年,正是他们为希腊人制订了神谱"①。当希罗多德说这番话的时候,他只把下面这件事归于赫西俄德和荷马,即自他们起,并非先前根本不存在,而是仅仅不被知晓(οὐκ ἠπιστέατο [不知道])的东西(希腊语)被知晓并且众所周知了,希罗多德的这些说法,从荷马之前的秘仪来看,是十分不恰当的。希罗多德在紧挨着谈论荷马和赫西俄德的上一部分,所提到的皮拉斯基人②的故事清楚地表明了,意识在上述那个最终危机之前的境况,也就是说在那个时候,尽管一个现实的诸神复多体已然存在于此,但是那个始终仍未被彻底击败、仍始终锁闭着一切、将一切置入黑暗的本原,在妨碍着诸神复多体的殊异化过程,以及诸神彼此间现实的分辨过程。也就是说,这一本原使得对诸神的名称、尊号以及各自的能为与形象进行区分变得不可能,在这段话里,希罗多德认为荷马是做出这一区分的人,荷马本人其实只是整个神话进程最终危机的产物,正因为如此,**在荷马本人心中**,神话进程当然也就没有再被回想和纪念了,所以尽管据结果来看,整个黑暗的过去的力量仍保藏在荷马心中,但过去自身已经全然消失了。荷

---

① 《历史》,II,53。——作者原注。可参见"神话哲学导论",第16页及以下。——编者注
② 参见《历史》,II,52:"皮拉斯基人……向神呼号,但他们并不呼叫任何一个神的名字,因为他们还没有听说过神的名字……在长时期以后,他们才从埃及首先学到了其他神的名字,又过了很久,才学到狄奥尼索斯的名字。"——译者注

马之为荷马,恰恰由于在他心中,来自神话进程之深渊和奥秘的东西已然全都不再可见了,好似在他心中只有纯粹的结果出现,而过去已经不必再去回想和纪念了。而每一个生命的权力都在于,它拥有把在自己**之先**、不再能够绽脱为现实的过去排除出去的力量;生命的健康与强壮就存在于这种力量中。刚刚出生、满盈着最初快乐的生命感的孩子,对它在母腹中由以成形的过程一无所知;对看着初生孩子的人来说,当下的这幅情景把一切对进程的回忆都排除在外,而孩子则已经以一种绝妙的方式准备好去穿过这一进程了。

除非风暴、雷雨和淫雨结束,否则大地绝不会变得光泽莹润,天空也绝不会充满万道霞光,因为这个时候的大地和天空,就像被重新创造了一样,从又一次的展开过程中突显了出来。同样,在荷马身上,不管在整体还是部分中,我们都感觉到了刚刚被释以自由的人类身上清新健康的青春气息;在庞然可怖、混不成型之物被挤压出世界之后,一个有着纯粹形态的美丽世界才得以自行伸展开来,但荷马对这个世界的一切惊叹和赞美都是微不足道和空洞的,因为他深谙,要把对在那些形态中已然被克服的过去的感觉,设为这个美丽世界的基础;而这正是因为,这些形态的力量以及希腊诸神身上所附有的普遍效力都源于这一过去,由于这种普遍效力,**每一个人都必定会把诸神认识为具有普遍意义的存在物**。自从沃尔夫①摧毁了荷马**作为个体**的统一性,荷马这个人自身也就成了一桩

---

① 弗里德里希·奥古斯特·沃尔夫(Friedrich August Wolf, 1759—1824),德国古典学家和神话学家。

难题,那些发挥效用至今的概念并不足以应对沃尔夫对荷马的消解。或许正因为如此,新近的某些学者,尤其是沃斯①(Voß)就希望能重返具有个体人格的荷马,或者正如这类学者用一句借自法国人的玩笑表达的,以"炮制"一个荷马(炮制独一的荷马)的方式取代沃尔夫"炮制"的多个荷马。也许这些人觉得,对荷马进行更高的说明之所以必要就在于,万一荷马的诗歌不再被视为诗人这个唯一个体的作品,那么其他古代现象随即受到的挑战就是,现在可以认为,它们的起源完全是偶然的。荷马的诗既非一个**人**的作品,据其最终的起源而言,也不是某个个别族群**自身**的产物,人们可以说,它是人类的作品。因为尽管它的出现落在希腊人这个族群**上**,但它属于一切族群共有的神话进程最后的结果,在其中没有个别的族群,相反只有**人类**。荷马的诗恰恰属于这样一个时代,即在这个时候,希腊这个族群决断作为**这个族群自身**绽脱出来,亦即从普遍的人类中绽脱出来,也就是说在这个时候,其实还不存在**族群**,相反,存在的仍是人类,正如在特洛伊城前聚集起来的并非个别族群,而仿佛是整个人类,《伊利亚特》也一样不知道去区分希腊人和野蛮人。

如果神话进程先前的环节在根本上完全特属东方,那么在荷马这里就产生了向西方的明确过渡;人们可以说,在西方中东方被全然克服了。但对西方而言,恰恰是奥尔弗斯的晦暗形象替代了东方,他代现着东方的本原。如果在希罗多德常被引用的、讨

---

① 约翰·海因里希·沃斯(Johann Heinrich Voß,1751—1826),德国古典学家和诗人,《奥德赛》和《伊利亚特》的德语译者和研究者之一。——译者注

论那些被充作比荷马更古老的诗人段落中,**他**所指的"青年诗人" XIII, 430
首先就是奥尔弗斯,那这完全有可能是关联于奥尔弗斯的**诗**来说
的,而它在希罗多德时代就可能已经存在了。但如果所谓的奥尔
弗斯的诗是晚出的,那么这对于奥尔弗斯确实已经在抵制狄奥尼
索斯的首次显现这一点而言,并没有任何影响;这并没有证明,在
荷马的诗横空出世**以前**,就不存在一个与狄奥尼索斯相抵触的本
原了——它怎样被位格化到了奥尔弗斯的形象中,与它对立的本
原也就怎样被位格化到了荷马的形象中——,如果根据西塞罗的
一处文段①,关于奥尔弗斯,亚里士多德说,他从没有在现实中实
际存在过(也就是从来没有作为个体的人而实际存在过),那么我
们今天当然也可以在同样的意义上来说荷马。荷马是一个理念,
它在荷马之前,亦即在荷马的诗之前的时代就已存在。异教是在
自身中完成自己的,而荷马就是异教的弥赛亚(最终现象)。如果
做一种当然有些大胆的东方语言的词源学考察——我可不想对这
一点只是捎带一提——,根据这一考察,"荷马"的意思很可能就是
道出者(希伯来语是 דמרה),也就是把先前被锁闭和遮掩的诸
神复多体道说出来的人,那人们至少肯定会承认,如果纯然着眼希
腊词 ὄρφνη,即"黑暗",尤其是荷马用作"夜晚"的稳定修饰语的
ὀρφναῖος,即"黑夜般的",来看"奥尔弗斯"这个名字,那这个名字
的意思就是"黑暗","带来黑暗者"。倘若人们**也**愿意把这个名字视
为来自东方语言的,那么据阿拉伯语来看,这个名字的意思很有可
能就是"占星士"或者"秘教徒"(阿拉伯人就以"奥尔弗斯"这个名

---

① 《论神性》,I, 38。——作者原注

字来命名他们的神秘神学)。无论如何,奥尔弗斯既不是一个人,也不是一个本原。

在最早的传说中,在那些举行狄奥尼索斯祭仪的人看来,奥尔弗斯显得像是萨比教的拥护者,像是对阿斯特拉本原的代现。通过把**赫利俄斯**①(他后来被设想为阿波罗)宣为最高神,奥尔弗斯拒绝去认识狄奥尼索斯(狄奥尼索斯就是对奥尔弗斯所代现的本原进行着摧毁的潜能阶次)。他也正是因此被酒神的狂女撕碎的,也就是说,狄奥尼索斯式的陶醉迷狂战胜了意识中对之进行着阻碍的本原,尽管这个本原在进行着抵抗,或者毋宁说,恰恰由于它的抵抗,它反倒被撕碎了,也就是说被分解设定在了复多体中。但这就如同当与某个更高之物敌对对立的东西被克服,它恰恰也就反倒成了这个更高之物的肯定者和颂圣者,所以对下面这回事情没什么好奇怪的,即正如保萨尼亚斯②记叙的,在古代希腊的神庙中,奥尔弗斯像立在狄奥尼索斯像之旁,不管在哪里,甚至在狄奥尼索斯秘仪入仪者的内部圈子里,奥尔弗斯都有被提到(甚至还作为秘仪的创始人被提到),但他原本反倒是狄奥尼索斯的对立者和仇敌③,作为他仇敌的狄奥尼索斯,当然就是我们目前为止唯一认识的那个狄奥尼索斯,塞墨勒之子,正因为如此,他也被称为"底比斯的狄奥尼索斯"④,要顺带提醒的是,他还有个特有的名字叫**巴库**

---

① 赫利俄斯(Helios),希腊神话中的另一个太阳神,不同于作为宙斯之子的阿波罗,他是泰坦神许佩里翁之子,跟阿波罗有许多特质上的重合。——译者注
②《希腊志》,V, 26, 3。——作者原注
③ 可参见柏拉图:《会饮》,179 D。——作者原注
④ 因为这个狄奥尼索斯的母亲塞墨勒是底比斯的公主。——译者注

斯,所以一般巴库斯都只被理解为底比斯的狄奥尼索斯。

作为所有巴库斯式狂欢反对者的奥尔弗斯教徒,出自塞墨勒之子狄奥尼索斯刚刚开始出名的时代,在这个时候,狄奥尼索斯还处在对立和张力中,仅仅显现为先前意识的摧毁者,同时也还没有表现为更高且更具有精神性的意识的**中介者**。最终的(也就是得到了完成的)希腊秘仪会通过一种更高的和谐在自身中消解巴库斯带来的不谐,**那位**首先仅仅在对立中显现为摧毁者的巴库斯,在这种更高的和谐中,自身就已然被归置在一种更高的统一体下了。最终的希腊秘仪完完全全就是从野蛮的、被处在早期阶段的奥尔弗斯教徒抵制的巴库斯式狂欢而来的。巴库斯,也就是底比斯的狄奥尼索斯,绝非**单独地**就是秘仪的对象,但当奥尔弗斯教徒绝对地与巴库斯相矛盾的时候,他们也就以此方式同时阻碍了更高理念的展开,而巴库斯仅仅是通向这个理念的过渡。所以,一旦各种秘仪中的狄奥尼索斯理念最终克服了自身中所有的对立和矛盾,彻底消解了原初的不谐,那么通过这些秘仪,奥尔弗斯教徒就会觉得自己相形见绌,所以这个时候,他们也看到,还是有必要反其道而行之地从这些秘仪出发去组建一个隐蔽的封闭社团,去传播一些秘密的崇拜仪式,所以他们仍然只敢以 mysteria privata[私人秘仪] 的口号来自我标榜(由个别迷信者进行的私人秘仪参与仪式,这一点从泰奥弗拉斯托斯①所具有的魔性气质就能看出),在柏拉图时代,奥尔弗斯教徒很遭鄙视了,在《理想国》②中,柏拉图提到,

XIII, 432

---

① 泰奥弗拉斯托斯(Theophrasts),公元前4世纪的希腊哲学家,亚里士多德之后的逍遥派掌门,名字的意思是"说话如神一般",这显然就是有一种魔性气质。——译者注
②《理想国》,II, 364 E。——作者原注

他们带着假托奥尔弗斯、**塞勒涅**①和缪斯儿子们的书到处流窜,不仅劝服私人,而且劝服各个城邦相信,通过某种献祭,就能免受对不义行为的惩罚并得到净化,这不仅对生者管用,对死者也管用。这些人致力的另一桩事业则是占卜,柏拉图在另一处文段,也就是《普罗泰戈拉》中提到,这名智术师说:高贵的智术师技艺源远流长,但那些最初从事这些技艺的人,为了免遭嫉妒,就伪装和隐匿起来,荷马、赫西俄德以及西蒙尼德(Simonides)躲在诗的后面,另一些人,比如奥尔弗斯和穆塞乌斯(Musäos)②,则躲在秘仪和占卜的后面来从事智术。③在希腊教化达到最高程度的时代,奥尔弗斯仍仅仅是以一个戏子、一个流窜者或者一个托钵僧(ἀγύρται)和预言者(μάντεις)的形象出现的。且不论奥尔弗斯形象的这种愈发不堪,就奥尔弗斯这个人物跟某种独有的生活方式(βίος ὀρφικός [奥尔弗斯式生活])——比如持守戒律、不吃荤腥也不行血祭——特别地相联结而言,他在源头上来看还是比较值得尊敬的。希腊教化中的奥尔弗斯要素,正是在先前的阶段上构成密特拉④理念或者佛教之本质的东西,也就是说,它其实就是反神话的本原。⑤关于奥尔弗斯,贺拉斯说,他让生活在森林中的人类戒除了吃生食和杀戮的习惯,而下面的描述也完全可以用在佛陀身上:

XIII, 433

---

① 塞勒涅(Selene),希腊神话中泰坦神所生的月神,区别于作为奥林匹斯神的阿尔忒弥斯。——译者注
② 穆塞乌斯(Musäos),希腊传说中的先知和预言家,被认为是奥尔弗斯的儿子。——译者注
③《普罗泰戈拉》,316 D。——作者原注
④ 密特拉(Mithra),是公元1到4世纪流行于罗马帝国境内的秘教所崇拜的主神,在波斯、印度和希腊都可以看到这种秘教的平行现象,其组织形式类似于佛教的僧团。——译者注
⑤ 可参见"神话哲学"第11讲和第22讲。——编者注

> Sylvestres homines sacer interpresque Deorum Caedibus et victu foedo deterruit Orpheus, Dictus ob hoc lenire tigres rabidosque leones①。
>
> [森林中的初民,因为神的祭司与先知
> 奥尔弗斯,远离了杀戮和血食,
> 因此人们说他能驯服凶猛的虎狮。]

奥尔弗斯也常常名列那些移风易俗的善人之列,他尤其能通过音乐抚慰人的生活。此外,我们能够以"奥尔弗斯"这个词刻画的这整个趋向,以及针对狄奥尼索斯而出现的矛盾,根据希腊传说,都指向色雷斯。吕库耳戈斯、彭透斯和奥尔弗斯,狄奥尼索斯的这三个敌手,都是色雷斯人。在已然耗尽其创造力的异教再次愈发转向东方宗教的最终时代,奥尔弗斯学说的声望又重新提升了,它倒是跟毕达哥拉斯和柏拉图哲学的种种要素,乃至跟各种秘仪的理念联结在了一起。特别是新柏拉图主义者,他们把奥尔弗斯学说又给翻了出来,以便来专门对抗基督教。关于世界时代的种种奥尔弗斯式理论就出自这个时代,据这些理论,狄奥尼索斯会是最后一个世界统治者。我之后会回到这一点上。

现在有个问题就是,是何种理由让所谓奥尔弗斯式的奥秘跟巴库斯式的狂欢混淆在了一起?即便是热衷于把一切联结在一起的克罗伊策,除了知道对希罗多德关于埃及人所记述的一段话继续鹦鹉学舌之外,对此也一筹莫展,希罗多德说:埃及人在穿羊毛

---

① 《诗艺》,第391行。——作者原注。亦可参见"神话哲学导论",第70页。——编者注

服装的时候不可以踏入神庙,也不可以被埋葬;这种被视为禁令的行为,跟以"奥尔弗斯"的名义称呼的习俗,以及巴库斯式的(其实是埃及的)和毕达哥拉斯式的习俗是一致的。① 依据希罗多德的几个通行版本的读法,结论就是这样。但倘若这些版本都是可靠的,那么唯一能得出的结论就是,在**这一**点上(也就是穿羊毛服装的人既不可以踏入神庙也不可以被下葬),奥尔弗斯式的习俗跟巴库斯式的、埃及的以及毕达哥拉斯式的习俗是一致的。但仅凭克罗伊策无关痛痒地宣告:"奥尔弗斯式习俗甚或奥尔弗斯秘仪就是巴库斯秘仪!"这种殊为惹眼的一致性仍没有得到正当性确证。甚至犹太教士在那些一年一度庆祝与神和解的重大节日里——只有在这个时候他才被允许进入圣所——,也不可以穿除亚麻料所制的之外的服装。"因为摩西的律法上说,这是**神圣的**服装。"这样一来,羊毛服装作为从动物材料编制得来的,就被视为不神圣和不洁的了。但仅凭**这种**一致性既不能说,犹太教习俗或者秘仪也是巴库斯式的,也不能凭借同样的理由,把奥尔弗斯式的习俗即刻就说明为等同于巴库斯式的。然而在这处文段中,那些提及**巴库斯式**习俗的话,连同那些在其中谈到巴库斯式的习俗其实就是埃及习俗的话一道,只存在于一些抄本中,并且如果单看这条把两者等同起来的补注,就会让希罗多德显得像是在完全没有必要地重复他在其他地方已经详尽讨论过的东西,即巴库斯祭仪源自埃及,这就让**我觉得**,这整个文段,就它提到了巴库斯式习俗而言,并非一条真正的补注,反倒无疑只是一条纯然的讽评。在这里,根本就没有可

---

①《历史》,II,81。——作者原注

能提到巴库斯式习俗。这条讽评甚至是在暗示某个无知的人。根据已经得到了确切考察的语言用法,对受过教育的希腊人而言(希罗多德当然属于此列),βακχικά——"巴库斯式的"除了指不体面或者放纵的巴库斯崇拜以外,不可能还有其他意思;古希腊人绝不会把"厄琉息斯的"也称为βακχικά;除了奥尔弗斯式的沉思生活,和毕达哥拉斯式的教阶等级生活,再也没有什么跟巴库斯式的生活对立了。埃及祭祀除了穿亚麻布服装时绝不踏入神庙,同样也不会在不穿亚麻布服装时被下葬,这种习俗诚然具有某种奥尔弗斯和毕达哥拉斯式习俗的要素,进而跟这两种学说的精神完全一致。相反,在谈到前两种习俗的时候,提巴库斯式习俗是根本不合情理的。毕达哥拉斯对巴库斯式狂欢和属此之列的东西的拒斥程度,无疑不比赫拉克利特小(顺带一提,他是第一个提到巴库斯阳具游行的人,这就证明了,这种游行在希腊是晚出的)。奥尔弗斯通常被十分鲜明地刻画为巴库斯式狂欢的敌手,这就导致人们会把奥尔弗斯式和巴库斯式秘仪混淆起来。根本上来说,若无先前的抵触,以及只有在后来,只有在 νεωστί ἐσαγμένα [最终引入]的时候,即在狄奥尼索斯理念得到了更高展开,而先前野蛮放纵的巴库斯式的东西也就同时由此被设定了一条边界之后,真正意义上的巴库斯秘仪才进入了希腊。但巴库斯秘仪在此之后就绝不再是秘仪的一部分了,相反,它跟秘仪截然区分开,确切地说,它跟狄奥尼索斯—**秘仪**是对立的,欢庆巴库斯的节日反倒成了彻彻底底的公众节日。

XIII, 435

因此,综上所述:仍然在对立和张力中显现的狄奥尼索斯,是狂欢的激起者,他作为**巴库斯**而显现,因而并非秘仪的对象,在希腊,那些以阳具表演来为巴库斯欢庆的节日——不论是否晚出——,都是彻彻底底的公众节日,根本就没有被视为秘教节日。从这一点出发就能得出,巴库斯的节日并不属于我们当下讨论的范围。但既然我们在此期间已经不得不对这些节日进行了如此程度的说明——这恰恰是为了它们不被混淆,也是为了在这里能顺便确证许多先前的说明和断言,进一步说,是为了确证,在这些节日中出现的**那位**狄奥尼索斯,是完满的狄奥尼索斯理念的一部分(不过他通常已经被规秩为其中的一部分了)——,那么我仍要对巴库斯的这些祭仪强调一二。

如此一来,在这些祭仪中首先自行呈现的东西,就是对那个正在取消先前意识中严苛的必然性,并已然肯定了自由自然生命的神的纯粹感受。因为狄奥尼索斯所克服的那个开端的本原,在真正意义上且自在地来看,就是与自然相逆、对自然生命怀有敌意的本原。在意识中**凭借**狄奥尼索斯而发生的变化,跟我们必定会设想的变化根本上是类似的,即在荒芜空洞之存在(וה׳בָו וה׳ת)的原初境况过去之后(大地在其中曾处于它纯粹的阿斯特拉时代),具有形形色色个别种类的事物也就开始在大地上产生了。也就是说,第二潜能阶次的神——就像许多随之被颠覆的概念所呈示的那样——,根本就不是进行着吞噬的神,毋宁说,在其纯粹状态中的最初之神才是进行着吞噬的,就此而言,他并没有通过第二个神得到平静和舒缓;但作为第二潜能阶次的狄奥尼索斯,反倒是赋予着质料、肉身和肉身性持存的神。作为使意识从最初本原严苛或者说吞噬性的强力中解脱出来的神,正如之前已经强调过的,狄奥尼索斯也叫作"解脱者"(λύσιος),但这绝不纯然是在说,他是忧愁的解脱者,人们习惯说,酒能使人忘记生活的忧愁,这种庸常的关联对处在其本源中的神话而言是陌生异在的,虽然狄奥尼索斯确实也是酒的赠予者或者说赋予者,正如德墨忒尔也是种子的赠予者。德墨忒尔馈赠的果实,仿佛就相应于**公共的**、显白的意识,但酒绝非**这种**跟种子一样的公共赠品,而是包含着一种真正的奥秘,它相应于对最初实在性、物质性神的**全然**翻转,也就是对他的精神化。关于埃及人,普鲁塔克①,或者其实是恩多克索斯(Endoxos)记叙道,最初从萨姆提克法老(Psammetichus)时代起,埃及人就已经开始全民饮酒了,但在此之前,埃及人既不饮酒,也不在奠礼上以酒来娱神,因为这个时候的埃及人,毋宁把酒看作曾与诸神搏斗的泰坦之血;随着泰坦的落败,他们的血也就与大地混为一体,并生出了葡萄藤,所以醉汉是失智且愚蠢的,因为他们肚子里装满了生于大地之物的鲜血。也就是说,在这里,酒是泰坦诸神,亦即非精神性的东西(在被克服的时候)所淌出鲜血的产物。埃及人的这种观点——酒是被杀死的泰坦之血——,无论如何都证明了,酒关联于**已然屈从的**野蛮的实在性本原。酒绝非像果实那样,是自然的直接馈赠;酒是以强力榨出的汁水,它穿过某种形式的死亡而获得了精神性的生命,在这种死亡中,酒(被封存起来,仿佛作为奥秘被保藏)能得到长时间的保存,而且还能持续地守住某种特别的,甚至独一无二的风味,从葡萄藤开花的时间就能预知酒的风味,这一事实证实了酒的那种仿佛具有魔性,或者说具有精神的自然本性。也就是说,酒是已然精神化的神的馈赠,正如种食是德墨忒尔

---

① 《伊西斯与奥西里斯》,c.6。——作者原注

的赠礼，而她唯有委身于更高的神才能行此馈赠。正如种食是滋养**肉身**的果实，酒也同样是更高精神生命的激起者，作为赠礼，它唤起着被掩藏起来的极乐狂喜，也唤起着最深的生命之痛。

巴库斯游行队伍的特点就是一种幸福极乐的醉态，在其中首先表达出来的是一种痛快，而这正是意识从先前本原令人难以忍受的强力中解脱出来时的感觉。在迷醉癫狂地为狄奥尼索斯或者巴库斯进行颂圣的游行队伍中，作为巴库斯的随从出现的，首推提特洛奥伊和萨提尔①。这两者被视为按山羊模样来刻画或者打扮的人的形象；一些人把 τίτυροι [提特洛奥伊] 视为 σάτυροι [萨提尔] 纯然多立克风格的形态。不过斯特拉波②对这两者进行过区分③。布特曼④——他属于一个以最热烈掌声欢迎所有类型的幻想式说明的时代，他总是想做出一些机敏明智的说明，不过这些说明时常也会落入平庸——，把跟随着巴库斯游行队伍的萨提尔和提特洛奥伊，说明为农民或者农村人的漫画形象。令人吃惊的是，不管是他还是迄今为止其他的说明者，都对下面这件十分显而易见之事沉默不语，即萨提尔和提特洛奥伊毋宁是对 θηριωδῶς ζῆν，即类似动物的生活的呈现，而通过狄奥尼索斯，人类已经从中被解救出来了。萨提尔和提特洛奥伊所暗示的就是这一点，也就是说，他们指

---

① 提特洛奥伊(Tityroi)和萨提尔(Satyri)都是酒神的随从，形象是人类的身体，山羊的尾巴、耳朵、角和下肢，他们以懒惰、贪婪、淫荡和狂欢著名。在古希腊悲剧中扮演者重要的角色，谢林在后面会提到。——译者注
② 斯特拉波(Strabo)，公元前1世纪的古希腊历史学家和地理学家，有《地理学》17卷传世。——译者注
③《地理学》，X，3，第466页及以下。——作者原注
④ 菲利普·卡尔·布特曼(Philipp Karl Buttmann，1764—1829)，德国古典语文学家。——译者注

向最初仍然以几乎还类似于动物的方式生活的时代,甚至游行队伍里的那些次要角色身上披的鹿皮,也在暗示这一点,后来在秘仪中,这两个形象也是以同样的含义出现的。

可以视为对人类进行更高代现,或者不如说,对在人类中统治性的本原进行更高代现的,是巴库斯最忠诚的伙伴**西勒诺斯**①。他对本原**自身**进行着代现,只有完全采纳这一点,才能把西勒诺斯设想为最古老和最聪明的萨提尔之首。他就是那个自身已然变得和顺驯服、并正因此而意识到自身、以反讽的方式来看待自身的野蛮本原。因为正如普鲁塔克也提到过的,反讽就是西勒诺斯这个人物的根本特点。凭借西勒诺斯,先前的拘谨状态被彻底的无拘状态取代了,这种无拘束状态尤其表现为喜欢开玩笑。因为拘谨的人是不会开玩笑的。西勒诺斯在他原本无明的状态中是愚蠢的,并且跟巴库斯相矛盾,现在他反倒成了萨提尔中最聪明和最有经验的,甚至还曾亲历过未来,并观入着未来。在他的外在形象中,仍表现出了先前尽管过盛,但已然开始松弛衰减的自然本原。西勒诺斯的整个外部本质就是松弛缓释、减弱和疏落,正因为如此,他也被称为 χάλις [纯酒],这并不是因为这个词的意思是未掺杂质的纯酒——这是克罗伊策的说法,他就像在看两个东西那样,把名字和词语不合法地联结起来——,相反,这个名字来自 χαλάω,即减弱、萎缩,这个词根本就是特地用来描述那个在神话中正在逐渐变得顺从和柔和的自然本原的。正如萨提尔手持缠着常青藤和葡萄

XIII, 438

---

① 西勒诺斯(σειληνός),被认为是萨提尔中最古老和最有智慧的一位,司掌着森林,是酒神的伙伴和导师。——译者注

叶的长矛（也就是酒神杖）——这是和平的象征，也是以和平归化的方式征服异邦的象征（通常用在巴库斯的胜利游行上）——，西勒诺斯本人的坐骑也非战马，而是代表和平的动物：驴。正因为如此，这些特点也会让人想到《旧约》中记载的极为相似的景象：在对弥赛亚的著名预言中，神叫锡安的子民去看他们的王，骑着一头能载重的丰满母驴，谦和地（和平地）向他们走来。①

关联于西勒诺斯身上**人性**的，也就是作为普遍的本原，即自然本原而存在的**潘**②，潘也同样长着羊蹄和羊角，并且肚子上全是毛，他是一个真正的**自然神**（这个词用在这个地方才是恰当的），是现在**已然完成了变化**、静息下来的自然中的寓居者，是人类在森林的静谧和田野的沉默中，在自己周围感受到的不可见的晃荡者，正因为如此，潘首先是农人、牧人以及所有在自由的自然中从事一项孤寂营生之人的神。潘现在不再是令人害怕的神，而是变得温顺的神，正因为如此，他先前的野性仍以仿佛在打趣的反讽方式得到了呈现，而他本人也常常以自己的反讽逗乐众神。如果他变得可见，那他也是以先前描述过的样子，作为对人类友善的神而显现的，较之于恐吓人，这副样子反倒更能把人逗乐；唯有在那个其实就是潘神自己的、已然变得不可见和被避开的自然力中，他才会显现，这种自然力不会再把面孔转而朝向人类，但如果它没来由地再次转过头来了，也就是说，如果没有任何一件事情能说明它转过头来的原因，反倒只好说这是自然中不可见的普遍之物自身所激起的

---

① 《撒迦利亚书》，9:9。——译者注
② 潘（Pan），跟萨提尔形象相同，被认为是司掌森林、田地和羊群的神。——译者注

恐吓,那么正因为如此,这就叫作潘神的恐吓。但尤为特别的是,潘也被感受为渗透在整个自然中的宁静,古代人把宁静这种深邃的自然感受视为某种肯定性的东西。下面这回事情也能说明这一点,即作为潘的儿子,克洛托斯的名字就叫作"怒号"①。因为怒号和嘈杂(无疑存在着一种并非由任何可见原因而产生的所谓"潘的嘈杂")仅仅是由于某个本原的抬头或者毋宁说张力而产生的,而这个本原在其不受干扰的存在中则是寂静的原因。希腊人所具有的深刻的自然直观认识到,这种自然的寂静在正午时分达到最高,在这个时候,那个能引发嘈杂的本原能够被唤起和激起的程度最低。众所周知的事情是,在夜晚时分,声音的传播会更远、更高(这极有可能)和更快。人们早已开始尝试从下面这回事情出发来说明这个状况了,即在夜晚时分,一切由动物运动或者人类的忙活引发的嘈杂都沉寂下来了。亚历山大·冯·洪堡②在南美洲的荒野中——就算是在白天,这里被最深的寂静支配——注意到,跟在白天相比,尼亚加拉瀑布的轰鸣声在夜间能多传播好几英里远。关于这个现象,人们给出的都是些人为造作、建立在"蒸发比例"的各种偶然条件上的说明。但这样宏大的现象应该公正地得到与其宏大程度相匹配的说明。按照万物之间的类比,当然可以说,当外在的光以其光芒充满万物,内在的光——我也可以把它叫作声音的本原——也就松弛衰减进而仿佛沉睡了,与之相反,当外在的光开始

---

① 希腊语克洛托斯(κρότος)的意思就是恐吓的吼叫、怒号。——译者注
② 亚历山大·冯·洪堡(Alexander von. Humboldt),实在是名气和贡献太大不想在此简单介绍,加个注是希望读者能去关注这位伟大人物。——译者注

消失,内在的光则会愈发生机勃勃地生长,进而也就愈发容易被唤起。① 在自然中,每个人都可以轻易观察到,声音会特别在正午时分迟滞和衰减。我本人并不允许自己对其他学科的研究只满足于想去尝试尝试的好奇,所以我非得逼着自己专心做一些观察不可,在我孤寂的少年时代,我就对声音做过许多十分精确的观察,尤其是对回音,那个时候我还不知道一些后来才听说的关于回音现象的事实,比如英国的爱德华公园著名的回音现象,白天的17点和夜间的20点,连续地快速说出的词语会在公园里回荡。我在这里是想强调,潘也时而被称为回音的可人儿,时而被称为回音的丈夫。诗人当然也知道这种正午的寂静,比如埃斯库罗斯就有诗云②:

夏季的炙热,连海洋都沉默不语,
午休时刻陷入沉眠,风平浪静;

在奥斯卡(Oskar)和卡鲁特斯(Karuths)之子的死中,莪相③也以同样的方式谈到这两位英雄的墓:正午遍洒炽热光芒,寂静环覆群山之刻,正是众多山林之子常飨墓边青草之时。

也就是说,潘在正午时分午睡,而忒奥克里托斯④笔下的牧人们则因为害怕唤醒潘而吹响了笛声。

---

① 在菲英岛(属丹麦)的人可能有注意到,在1851年的6月28日的那次日食的时候,声音传播的强度更大。——作者原注
②《阿伽门农》,第566—567行(第540—541行)。——作者原注
③ 莪相(Ossian),传说中公元3世纪时的爱尔兰英雄与吟游诗人。——译者注
④ 忒奥克里托斯(Theokrit),古希腊著名诗人和学者,西方田园诗的鼻祖。——译者注

在这里，我还是想再另外谈一谈，潘是如何在希腊人那里并且关联于巴库斯出现的，也就是说我并不是要探究，在其他族群中，这个神的意义是什么，比如希罗多德就提到，在埃及人那里也有潘神，而且他本人还注意到，在埃及人那里，潘属于最古老的神，不过希腊人却反而把赫拉克勒斯、狄奥尼索斯和潘视为最年轻的神。①希腊人在何种意义上把狄奥尼索斯算作最年轻的神之一，这我已经做过说明了。

潘一旦跟巴库斯联结在一起之后，人们很快就把潘当作了狄奥尼索斯最初的童年时期的监护人，这种理念促生了许多种造型艺术品，它们当然堪入古代最迷人的造型艺术品之列，尤其是常常一再被提及的"法翁(Faun)与孩童巴库斯"②（法翁这个形象很可能出自正在发出声音的潘）。正是在这些造型艺术品的呈现中，希腊艺术才首先有机会去表达根本无害、善意的，或者像人们如今喜欢说的，适惬、无拘无束的，因而也特别接近无拘无束的童年时期、充满爱意和爱开玩笑的神之自然。

那么，关于狄奥尼索斯的随从和各个跟他关联紧密的人物，就说到这里。但正如已经说过的，这里谈的这位狄奥尼索斯并非秘仪的对象；为他而欢庆的节日是公众节日，全体民众可以无差别地参与其中。与德墨忒尔和解的也不可能是巴库斯，因为首先破坏了对神小心翼翼、胆怯畏惧的意识的正是**巴库斯**。因而巴库斯也

---

① 见"神话哲学"，第18讲。——编者注
② 这件造型艺术品出自公元前4世纪的希腊著名雕塑家普拉克西特列斯之手，现收藏于卢浮宫，在这件作品中，法翁慈父一般双手抱着幼年的巴库斯，深情地望着他，而巴库斯则伸出小手想去触碰法翁的脸。——译者注

非秘仪的内容,这是确凿无疑的;但同样确凿无疑的是,秘仪的首要对象就是与德墨忒尔的和解。那么这种和解是如何被引发,由何种秘仪内容被引发的呢?这个问题也就把我们引到了对秘仪真正内容的探究上。

第二十讲 论秘仪的仪式

现在,我们要从希腊公众的狄奥尼索斯节的快乐和明朗,走向秘仪的严肃和幽暗。

问题是:究竟什么才是秘仪的内容?大抵没有任何古典研究的问题促生出了如此之多越来越五花八门、令人咋舌的答案。特别是在最近,意见不同的派别之间展开了一场关于秘仪之本源、意义和内容的热烈争论。从我们自己的立场出发来看,没必要掺和到这个最新的论战里去。因为在这个论战中首先被争论的东西,都是诸如前荷马时代的秘仪,希腊的狄奥尼索斯学说是印度湿婆崇拜的衍生品,以及在秘仪中,是否有一种关于自然事物的哲学学说得到了报道,或者是否有一种对立于多神教的神之统一体得到了传授,对所有这类争论我们都不会有所断言。对我们来说,秘仪是**神话进程自身**的一个自然且必然的产物,秘仪产生于其中,进而也不可能先行于它。秘仪并不取消诸神复多体,但正如我们所说,秘仪包含着理智,包含着诸神复多体真正意义上的奥秘,这并非与此复多体对立、进而在它**之外**的奥秘,相反,它是把复多体自身掩藏在自己之中的奥秘。不过我们既不需要面对上面那种论战来捍卫我们的观点,也不可能有兴趣面对那些人工捏造、东拼西凑的设想来捍卫神话自然（且必然）的关联脉络——在这种自然联络中，秘仪作为神话自身必然的最终产物恰恰与神话一道立在我们面前——，我们根本就没有理由去理会这些东西，而那些东拼西凑的设想，则是沃斯、洛贝克①以及其他人从秘仪中自己捣鼓出来的，当然了，对他们渊博的哲学知识我还是得抱以应有的尊重。

我首先只考察阿提卡秘仪，我们首先要处理的就是它，所以其他的秘仪，比如色雷斯秘仪，只会在正巧提到的时候讨论，还要注意大秘仪和小秘仪（μεγάλα 和 μικρά）的区分。既然小秘仪关联于大秘仪，并且仅仅构成一种对大秘仪的预备，所以在谈到秘仪的总体内容的时候再来做这个区分，会对我们更有裨益。至于这一总体内容是如何在大小秘仪间分派自己的，接下来自然会明白。

现在特别要提醒的是：秘仪首先是某件已得欢庆的事情，是 sacra quae fiebant [神圣地完成的事情]，δρώμενα [完成的事]。也就是说，必须区分 a) 在种种秘仪中得到进行和实行的秘仪自身，b) 由此产生的认识，只有这种认识才能在真正意义上被称为秘仪学说。

诚然，秘仪与公众的或者显白的神话相对立，然而这种对立不能被设想为矛盾。毋宁说，正如已经指出的，秘仪自身仅仅是内在性的东西，仅仅是神话自身的钥匙，就像是对神话自身的最终说明。据此，秘仪的**主要过程**只可能是对神话最终危机的呈现，也就是对神话意识自身的最终危机的呈现。秘仪只不过是对这一过程的再次呈现，通过这一过程，意识才完满地把自己克服且决断为最

---

① 克里斯蒂安·洛贝克（Christian Lobeck，1781—1860），德国古典学家。——译者注

终认识。

秘仪自身仍是斗争，从下面这回事情出发就能明白这一点，即秘仪穿越了神话的一切阶段，最终作为胜利者得到了加冕。因此，它们（秘仪）的前提当然就是那个宗教本原一直续存的实在性强力，人类就是由于它被设定在自身之外，并进入了一种无知无觉的境况。秘仪包含着这些显白的神话历史，在神话哲学中，我们已经通过神话的全部环节描述过这一历史了。神话历史通过种种现实的现象（φαντάσματα）——可以这样来明确地称呼它们——仿佛在入仪的意识面前被再次生产了一遍：首先是意识在先前的各种境况中遭受的全部恐吓，接着是落入实在性本原纠缠中的殊死搏斗，最终才是完满的解救。法勒鲁姆的德米特里①说，在秘仪的引入过程中，一切都是为了营造恐吓、惊愕和战栗（καταπλήξεις τινές）。②而狄米斯提厄斯③说，当入仪者踏入充满奥秘的神庙，他首先遭遇的就是恐吓的侵袭，仿佛头晕目眩，被忧愁和从头到脚的惊愕所占据，这个时候，他既无法前进挪动一步，也找不到一条指引他走入神庙内部的道路，因为这个时候，先知忽略了神庙里发生的事，没来管他。在普罗克洛斯④对柏拉图《阿尔希比亚德》评注的第一卷中（之后我会回到这里），有这么一段话：正如在最神圣的那个秘仪

XIII, 444

---

① 法勒鲁姆的德米特里（Demetrius von Phalerä），雅典雄辩家和政治家，早期逍遥学派的成员，曾任雅典僭主。——译者注
② 《论修辞》，§ 101。
③ 狄米斯提厄斯（Themistios），东罗马帝国的政治家、修辞学家，对亚里士多德的许多著作做过评注。——译者注
④ 普罗克洛斯（Proklos），最后一位古典的希腊哲学家，新柏拉图主义的集大成者，其部分著作已有中译本。——译者注

中，恐吓（καταπλήξεις τινές [吓住某个人]）无疑要先于进入仪式，这种恐吓部分是由言辞，部分是由所展示的对象而激起的，恐吓使灵魂屈从或者说顺从于神（在这里，恐吓的目的也就同时得到了说明），他接着补充道，哲学所做的事情，也导向相同的目的，即唤起年轻人向上去过一种爱智慧的生活。① 狄奥·克里索斯托莫斯②有句话也能说明，这种恐吓之所以能被激起，一方面在于，入仪者听到了大量稀奇且令人不明所以的调声，另一方面则是通过一些μυστικά θεάματα [神秘的形象]，神秘的现象，这些形象很可能就是意识之前遭遇过的动物的形象，而意识在先前所受的恐吓就呈现在这些形象中。秘仪中的种种经过，会重新唤起在希腊人的意识**自身**中恰恰已经被克服的种种先前的境况，仿佛唤起了一场先前的东方人曾就困于其中的沉郁梦境，唤起了在意识和无意识之间进行着痛苦角力的境况，在其中，野蛮的幻想、无规则的诞生、仿佛从庞然可怖的过去中升起的畸形形象穿透了意识，令它惧怕不已。最适合来呈现，或者说最适合来重新唤起（意识与无意识之间）这种中间境况的，或许是狄奥·克里索斯托莫斯在同一处文段中提到的那种状况：入仪者处在光与暗的交替变换下（σκότος καί φῶς ἐναλλάξ [光与暗的交织]），因为那个实在性的本原越是强而有力，意识也就越是被置入幽冥晦暗中。但总的来说，如果实在性的本原仍然在宣告自己，那么它仍需经过各个环节来逐步松弛衰减，在这些环节中，这个本原一直在更高潜能阶次面前不断衰弱，哪怕在

---

① 克罗伊策编辑版，第 61 页。——作者原注
② 狄奥·克里索斯托莫斯（Dio Chrysostomos），公元 1 世纪的罗马演说家，他的名字的希腊语意思就是"金嘴"。——译者注

瞬间中也是如此;但在这一关系中,在它作为实在性的本原不断失去自己力量之际,精神就从意识的最内部,仿佛一道吞噬一切的光芒般喷涌了出来,但恰恰由于精神的这幅景象,盲目的本原仿佛陷入了疯狂,它试着去攫握住精神,并与它一道运作,不过从中产生的仅仅是混不成形的庞然可怖之物,因为它不可能有掌控精神的力量,但意识却处在瞬间明悟和随之而来更深的晦暗无明之间的中间境况中,我们之前在描述克洛诺斯时代的时候,已经分辨过了这种情况。① 所以现在在这里,这些在秘仪中出现的现象,再次确证了我们对神话意识先前的各种境况所做的说明。

但实行这种恐吓的意图,已经由刚刚所引的普罗克洛斯的话得到了传达。它会让灵魂屈从于神,进而让灵魂把自己接下来更加宁静的状态感受为更高的幸福极乐。如果我们觉得,许多这些秘仪的机制,尤其是它的心理学机制仍保持在某种晦暗中,那么这其实是由于在神话进程期间,意识一直处于其中的那个实在性强力,仍然长时间地保持着一直可被激起的状态,从我们自己的经验出发,我们无法知晓,希腊人是如何知道这种强力的,对这个与神一道盲目粘附着意识的东西,希腊人有许多种表达。比如他们把它称为 τό θεόπληχτον, τό θεοβλαβές, τό θεόπληχτον τῆς ψυχῆς, 仿佛与神一道击中灵魂的东西。在《政治学》里,亚里士多德在一处惹人注目的地方说,尽管只有个别灵魂易受某些激情的感染,但这些激情现成地存在于**一切**灵魂中。除了同情和惧怕,

---

① "神话哲学",第288页。——编者注

亚里士多德还把 ἐνθουσιασμός [热忱] 算作激情。① 我们必须在这个希腊词这儿停留一会,因为我们的德语词"热忱"通常都是在最好的意义上被使用的。但亚里士多德这段话的上下文关联表明, ἐνθουσιασμός 是在 sensu deteriori [贬义] 上被使用的,它在这里的意义,要从一种反倒对真知的意识锁闭着、不允许意识有所醒悟,因而也不允许意识自由地去屈从在更高的神之下的境况出发来理解。所以我们只得把这个词翻译为"迷神状态"。在上面提到的文段里,亚里士多德补充说:一些人屈从于这种热忱的 πάθος [心绪],"但我们看到,正是这些人,当他们听到使灵魂从狂欢中解脱出来的调声时 (ὅταν χρήσωνται τοῖς ἐξοργιάζουσι τὴν ψυχὴν μέλεσι),我们看到他们**被这些调声**,就像由服了人们给的药或者清醒剂一样,重新调适合度了(得到打理,得到平静)"。我把 τὰ ἐξοργιάζοντα τὴν ψυχὴν ἠέλη 翻译为"使灵魂从狂欢中解脱出来的调声"。不过也可以有一种更为凝练,或者也可以说简明的表达:ἐξοργιάζειν τὴν ψυχὴν 跟 ἐκκαθαίρειν τὴν ψυχὴν πρός τὰ ὅρια,即"净化被狂欢感召的灵魂"是一个意思。② 因为需要注意的是,尽管 ὀργιασμός [迷狂] 原本的意思,诚然是巴库斯式热忱的那种野蛮和无知无觉的陶醉迷狂,但 ὄργια [狂欢] 这个词也一般地用在所有秘仪上,比如那些在厄琉息斯进行的秘仪 (在一处被认为是希波克拉底所写的文段中,甚至谈到了 "ὀργίοισιν ἐπιστήμης" [迷狂的科学],这就好比我们在谈科学的秘仪,谈进入科学的进入仪

---

① 《政治学》,VIII,1340 a。——作者原注
② 柏拉图《法律》,VII,790 e 中的这个表达可以替换亚里士多德这里的意思。——作者原注

式)。同样，ὀργιάζειν [欢庆] 这个动词说的其实就是"欢庆秘仪"，也就是比如欢庆厄琉息斯秘仪。但 ἐξοργιάζειν 这个词只在亚里士多德的那段话里出现过，因此它是可疑的；然而无论怎么翻译这个词，所回溯到的事情都是相同的。即便采纳第二种含义，即亚里士多德谈的是一种他描述为许多人屈于其下的作为 πάτος[激情] 的ἐνθουσιασμός[热忱]，但这些人用神圣的、把受感召要去入仪的灵魂净化入秘仪中的调声，从这种热忱中解脱了出来，就像服了药一样。因而从这里无论如何都能得出的结论是，存在着某些调声，通过它们，有待入仪者为秘仪做好了预备，进而我们也就能够从它在秘仪**之外**的作用出发——这种作用得到了亚里士多德的确证——，推论出它所实行的**进入**秘仪的作用。亚里士多德或许不会谈到调声实行的**进入**秘仪的作用。但如果调声在秘仪之外，使表现出一种渴念或者病态的热忱狂喜者平静下来，那么不如说正是这一作用，已然把这些人领入了秘仪。

在进入仪式的开始会引起恐吓的，也就是要去镇压在意识中仍始终自行提升、与真正神性者相抵触的本原的东西，进而如普罗克洛斯所言，是使意识屈从于神的东西，很可能就是它谱就了那些神圣的调声，这就像唤起催人安眠的有魔力的歌声，使那个抵触性的本原得到抚慰和完满的静息。而这似乎就构成了通向下一个环节，即真正意义上的、被比作**死亡**的 τελετή[仪式] 的过渡（"仪式"一词的同音词 τελευτή [完结] 已经表达了死亡的邀请）。也就是说，在这里，那个使意识屈从于神话进程，进而把意识自身拽入物质世界的本原终于彻底死了。正如精神走出肉体而获得自由和解脱 (λύσις) 被称为**死亡**，意识的这种从神话进程的质料性本原中解脱或者说被解救出来，也同样可以被称为死亡。τελετή[仪式]自身不过是再次通向完满进入仪式的过渡，进入仪式的最高阶段是被描述为最高至福状态的 ἐποπτεία；所以 ἐποπτεύειν μοι δοχῶ 这句希腊习语——"我感到自己处在秘仪最终的观视，即直观着奥秘的境况中"，跟我们说的"我好像身处天堂"约莫是一个意思。ἐποπτεία 和 μύησις[进入仪式]似乎必须通过下面这回事情得到区分，即进入仪式仍始终是一种教导和劝导，仍始终是一种纯然在精神中被采纳的对内容的传达，而 ἐποπτεία 则是对神圣奥秘的切实直观。对 τελετή，μύησις 和 ἐποπτεία 这三个阶段，至少普罗克洛斯做过区分①，而赫米阿斯②在一份被西尔维斯特尔·德·萨西引用过的对柏拉图《斐德罗》的评注手稿中，则是这样来表达这一区分的：可以说，μύησις 是进入仪式的理论部分，ἐποπτεία 是入仪者自身通过各种行为已经参与其中的实践部分，赫米阿斯也把它表达为，在 ἐποπτεία 中，入仪者被置入秘仪自身中。关于这种秘仪最终观视的幸福极乐最令人惊讶注目的描述则被记载在一部残篇中，这部残篇被斯托博伊斯③编入了《文选》，并在"巴黎抄本"被归到狄米斯提厄斯名下，但维滕巴赫④要把它归到普鲁塔克名下，把它看作普鲁塔克的著作 περὶ ψυχῆς，即《论灵魂》的残

---

① 《柏拉图的神学》，L，IV，c. 26。——作者原注
② 赫米阿斯（Hermias），新柏拉图主义思想家，有一部对柏拉图《斐德罗》的评注传世。——译者注
③ 约翰尼斯·斯托博伊斯（Joannes Stobäus），公元 5 世纪的编纂家，汇编了一系列珍贵的希腊古典著作家的作品，有《文选》传世。——译者注
④ 丹尼埃尔·阿尔伯特·维滕巴赫（Daniel Albert Wyttenbach，1746—1820），德国古典学家，现代古典学研究的奠基者之一。——译者注

篇。令人惊讶注目的是下面这处文段，因为它同时也提供了对先前经过的一种概观。在这里，普鲁塔克谈到了死亡并随即引申道：在死亡中，灵魂所遭遇的，正是入仪者在进入大秘仪时所遭遇的。所以——普鲁塔克补充说——，一个词相应于由它衍生的词（因为 τελεῖσθαι，即入仪，和 τελευτᾶν，即作为死亡的完满，和 τελετή[仪式]是相应的），正如一件事相应于由它衍生的事。在进入大秘仪的过程中，首先遭遇的是长时间的盲目游荡（普鲁塔克在这里用的词 πλάναι [游荡]，跟描述德墨忒尔寻找自己的女儿，或者伊西斯寻找失落的奥西里斯时用的词是同一个）和繁复难走的道路，接着是由于某种幽暗（一种特殊的幽暗，根据先前提到的文段，这是一种由各种光影现象的交替变换而使幽暗感愈来愈强的幽暗）而出现的可疑（激起怀疑和恐吓）和徒劳（不引向任何出路）的道路。在达到终点自身之前，一切恐惧、恐吓、战栗、寒战和惊惶，都建立在这种幽暗上。但走出这种幽暗后，入仪者就会迎上一道不可思议的光，或者光辉灿烂的平原和溪谷，在这里，万物在和声中起舞，充满威严神圣的调声 (ἱερὰ ἀχούσματα) 和神性的种种显像 (φαντάσματα ἅγια)。基于此，现在作为完满者的入仪者就得到了自由 (ἐλεύθερος εγονοίς)，并以率性的狂奔表明自己得到了允释，并在举行充满奥秘的庆祝仪式时得到加冕，看到"加冕"这个词（在任何文化里，王冠都是完满和胜利的象征），谁不会想到使徒说过的：我已打过了那美好的仗，走完了整条路途，获得了信仰，此后"公义"的王冠会始终伴随着我？① 这里所谓的"公义"的王冠，也就

---

① 《提摩太后书》，4: 7。——译者注

是完成和完满的王冠;另一位使徒同样也用到过这个词:忍受诱惑的人是有福的,因为在他经受住之后,就会得到生命的王冠。① 而普鲁塔克随即又进一步谈到了神圣和纯粹的人,他说,跟前者相比,那些未得净化的活人里不曾入仪的人,如果俯瞰他们,这些人就像是在深深的泥淖和浓烟里,把自己撕得粉碎、四散飘零,进而由于对各种更高之善的不信,在对死亡的恐惧中,一切其他的恶就始终会暴露无遗。人们可以假定,这些秘仪上的过程,就外在而言,都得到了完全正确的描述,特别是其他一切描述也与之一致。但对我们来说,主导性的问题是,在入仪者那里,究竟内在地经历了什么过程,从这一过程中,他们内在地赢获了怎样的东西,他们自诩的那种幸福极乐究竟在哪一点上? 在这里要注意的是,在谈到经历了一切阶段而得到完满的入仪者时,普鲁塔克说的是,他自由了并得到了允释 (ἄφετος),这当然是指从先前的压迫和必然性中被允释。但入仪者通过进入仪式而从中解脱的那种先前的必然性,只**可能**是神话进程的必然性。也就是说,入仪者是从神话进程的必然性中解脱的。由于这种必然性,物质性的神才会出现在意识面前,反之亦然,即只要意识跟物质性的神交缠在一起,那么在它的这些种种表象中,意识就不会有自由。唯有当意识不再跟物质性的神打交道,而是与纯粹**精神性的**,或者说具有引发作用的神打交道,进而与他们共同生息,就像在其原初存在中,意识宛如在乐园中生活那样,它才是自由的;因为在乐园中——在这个人类在其中被创造,也由于自己的罪而在堕入物质世界和物质性神话进

---

① 《雅各书》,1:12。——译者注

程时走出的地方——,人类曾经在纯粹神性的潜能阶次之间被包围着,而且只跟它们打交道。所以秘仪进程使经历了整个神话进程的意识,能够以可感的、感官性的、感受性的方式,知晓自己之前的这种处在神性潜能阶次中心的位置,这种乐园般的情况(我可以这样来简称这种情况)。这并非纯然存在于构想中的极乐,毕竟真正的哲学家也可以感受到这种极乐,这是一种**切实**经验到且实际感受到的极乐。至少除此之外,我还不知道有什么其他的方式能去说明,希腊人为什么要用这些说法(这种迷狂不是纯然的假定,而是真切的云云)来谈论他们秘仪的效用。据希腊人的描述,存在着一个真正的天堂,而入仪者就身处其中。支配一切的伟大世界法则是公正的,所以正直的异教也允许有自己的天堂,尽管这并非真正的、而仅仅在主观上被感受到的天堂。跟神话一样,秘仪也并非人类的捏造。在秘仪中,过去的各个环节再次突显;这是一个实际的进程。而每一场艰辛严肃的战斗都会得到自己的和解。唯有谎言,内在的非真理,才该遭受永恒的折磨。

XIII, 451

现在看来,对上述观点的主要证明当然就蕴含在我们展开过程的**整体**中,而且随后也蕴含在我们现在才刚刚开始讨论的秘仪**学说**中,就此而言下面这点也是同样自明的,即秘仪学说的主要内容恰恰是纯粹精神性的,或者说具有引发作用的诸神。首先是经历,然后才有学说。唯有从切实的经历出发,学说才得以构成。此外我还认为,首先从柏拉图为何时而只是笼统地提到秘仪,时而把秘仪跟灵魂先于或者超越于物质的境况(柏拉图假定了灵魂在这种境况中在世界之先的实存)相比较,甚至还把它跟真正哲学家的境况相比较的方式出发,仍可为以上观点(即关于在秘仪中感受到

的极乐状态)给出一个特别的证明。比如在致德墨忒尔的颂歌中,关联于厄琉息斯净化仪式的部分就吟道:

> ὄλβιος, ὅς τάς ὄπωπεν ἐαιχθονίων ἀνθρώπων.
> 终有一死的世人啊,你们中观入奥秘的是至福的!
> 但谁若没有同样地进入死亡,没有旋即跌入阴森的幽暗,
> 他就没有分有仪式的净化;①

而索福克勒斯则在一部残篇(见普鲁塔克的引用)中吟道:

> 噢! 终有一死者,
> 何其至福,在观视中行此净仪,
> 漫步进入冥域! 在那里,唯有参与此净仪的方可活,
> 而其他所有人只有在此无福恸哀。

XIII, 452　　所以完全可以看到,他们把作为预备的秘仪中的极乐,视为与经历死亡之后得到了净化的灵魂所期待的极乐相同乃至同源的;因此,这种极乐并不伴随着肉体,也不存在于物质世界自身中,相反,唯有从中解脱、获得自由的时候,才会感受到这种极乐。② 而且在《斐多》中③,柏拉图让苏格拉底说:那些在我们之中创设净化仪式和秘仪的人 (οἱ τὰς τελετὰς ἡμῖν καταστήσαντες) 或许根本就

---

① 《荷马颂诗:致德墨忒尔》,第 480 行及以下。——作者原注
② 也可参见《刻瑞斯神庙颂诗》,486。——作者原注
③ 69 c。——作者原注

不是什么坏人,相反,他们其实早就在示意我们,谁若在没有参与秘仪并得到净化的情况下就下到了冥府,谁就会落到泥沼里 (ἐν βορβόρῳ κείσεται),而得到了净化且参与了秘仪的人,就算到了那里,也会与诸神同住,所以这一对比清清楚楚地表明,"落到泥沼里"的意思不是其他,正是跌入物质中,而"与诸神同住和交往"除了意味着与纯粹的、其中不再有任何物质性要素的原因打交道外,并无其他意思。但在冥府中,未入仪者之所以会遭遇"落到泥沼里"的命运,只可能因为,就算在**冥府**,这些人也还没有摆脱物质,相反,与诸神同住这事之所以被参与了仪式的人遇上,不过是因为他们已经通过秘仪摆脱了物质性要素,与纯粹原因一体共在了。如果我们把这一点跟先前提过的普鲁塔克的记载进行比较,那我们甚至必须假定,在秘仪自身中,参与了仪式和没参与秘仪的人所领受的不同福报以下面这种方式得到了呈现,即前者从他们漫游其中的最纯粹和纯净的光之领域,俯瞰那群在深渊般的泥沼里饱受折磨,把自己撕得粉碎,像畜生一样四散飘零的未得解脱或者净化的人。

  那么从《斐多》的这段话出发,无论如何都可以得出的结论是:柏拉图把进入秘仪的进入仪式视为摆脱纯然物质性要素的解脱之道。这一点当然也可能只被**泛泛**理解。人类生命本身就是一场物质和精神间的斗争;由于这个不可预思的过程,人类意识屈从在了神话的,亦即**在意识中不断重复的**自然进程之下,由于这个进程把人类意识回掷到了物质性进程中,所以物质本身也就获得了一个高于精神的比重。据**柏拉图**的立场来看,他把在秘仪中经历的东西,做了一种**普遍的哲学**运用,但我们得提防,把作为机制的秘仪

XIII, 453

视为只有纯然伦理意味的东西,仿佛在这些秘仪中——就像克罗伊策尤其对于厄琉息斯秘仪所以为的那样——,只有一种每个人都不得不参与其中的物质与精神间的普遍斗争得到了呈现。我们绝不可以忘记秘仪与**神话**的关联,只有在一种与神话的必然关联脉络中,秘仪才立得住脚。

秘仪的旨归,当然是为了从物质性要素中解脱,而且首先是从神话的物质性要素中解脱,而由进入仪式所达至的极乐恰恰在于,入仪者通过秘仪,摆脱了神话进程的必然性,获得了自由,进而与**纯粹**精神性诸神有了直接的交道。不过这一点不能**以下面这种方式**来理解,即仿佛在秘仪中,物质性的多神教已经被彻底取消,或者已经被说明为毫无意义的了,许多人都觉得,在秘仪中,入仪者,至少最高层次的入仪者,已经获得了对最高本质的洞见,明白了一切诸神信仰的**无意义**,秘仪同时还传达了某些说明,从中可以得出,所谓的诸神并非现实的神,只不过是对自然力或者人的神化。如此一来,在秘仪中,仿佛不仅物质性的诸神,而且具有引发作用的诸神都以此被说明为无意义的了。但对于入仪者而言,即便是物质性的诸神,也没有被彻底拒斥或者被说明为非神。否则公众的诸神信仰和奥秘学说之间的矛盾就无法设想了。我已经强调过,秘仪自身毋宁只能是对神话的**说明**,只是神话的钥匙。但人们不会把取消或者摧毁有待说明者的东西叫作说明。相反,我们得这样来设想这个关系,即物质性的诸神有两个方面,一方面它们恰恰可以被视为纯然物质性的,即缺乏真正意义上的理智,或者说对自己的**意义**缺乏真正意识的神,所以在这些神自身中,所能认识到的只有具有引发作用的诸神,或者说,把**物质性的诸神**自身认作具有引发作用的诸神仿佛伪装一般的纯然形式。在**这种**考察方式中,物质性诸神在并没有因之被取消或者被声称为毫无意义的情况下,也得到了精神化。就这一点而言,神话始终都是某种实际性的东西。秘仪也始终都把神话保持为自己的前提,最高的认识自身只能从神话中出现,既然在秘仪中,一切都是分阶段进行的,而整体也绝不会一下子就得到传达(塞内卡①明确说②:厄琉息斯不会一下子就把所有东西传达出来,这样才能为反复参与的人始终保留些东西),既然最高的阶段,即秘仪最终的观视,并非所有人都会达成,那么情况极有可能是,在某个层次上,纯粹精神性的或者说具有引发作用的诸神仍始终在物质性诸神的外壳中,唯有在真正意义上秘仪最终的观视中,具有引发作用的诸神才会直接就其自身而言地得到的显示。也就是说,神话和秘仪间根本不存在相互排斥的关系。

关于柏拉图**直接**提到秘仪学说的地方,就谈这么多,从中得出的结论无疑是:秘仪**自身**具有**下面这种**效用,即通过它们,得到净化者从泥沼中被拉了出来,被转置入了纯粹的非物质诸神,或者说以非物质的方式被考察的诸神王国中。

要进一步指明,秘仪的这种存在于把意识从纯然物质性形象的王国中,**转置**入纯粹精神性潜能阶次的王国中的效用,还得从柏拉图《斐多》中的另一处文段出发,在这里,柏拉图让在其先前境况中的灵魂,即在堕入物质世界中之前的灵魂,举行**狂欢**,也就是

---

① 卢修斯·阿奈乌斯·塞内卡(Lucius Annaeus Seneca),罗马时代著名的斯多亚学派哲学家和政治家,对基督教也有重要影响,有多部著作传世。——译者注
② 塞内卡:《天问》,VII,31。——作者原注

秘仪。既然如此,那么反过来完全也可以说,在秘仪中,必定发生了一种灵魂朝向其原初境况的重生。不过在这里无法区分,柏拉图是在何种意义上设想人类灵魂在世界之先的实存的,他是否像通常理解的那样,认为每一个个别人类的灵魂,在堕入物质世界之前,作为自身实存在对事物纯粹原型的纯粹理智直观中,或者他理解的这种"在世界之先实存"的意义是,生息在我们所有人中的那个唯一的人类,当然原初地在一切物质性的东西之外和之上,处在纯粹精神性的中心,但他又从中绽脱了出来,进而自身又归落到了物质性的进程之下(在创世过程中,他本来已经被提升到此进程之上了),这两种理解在《斐多》中无法区分,但要捎带一提的是,后一种设想部分跟古代犹太人关于初人亚当的学说,部分跟基督教学说是完全一致的:"在亚当中,我们所有人都已经犯了罪"(这句话的意思不是其他,而是说:那个犯了罪的唯一人类,生息在我们所有人之中,我们只不过是那个唯一之人的种种分支和形象)。反过来也可以说,既然那个唯一之人曾经生活在一个原型世界中,那我们肯定也曾经实存于其中。总之,在这一关联中该如何解释柏拉图的话,这里可以先放一放。但他在《斐德罗》中**提过**,在我们堕入物质世界**以前**,美还是**光辉熠熠的**,也就是说,美还没有被污损,还没有掺入物质性的东西,是在其纯粹性中或者说就其自身而言被观照的,在这个时候,灵魂伴随着喜悦的合唱,追随着至福的远景,**我们**与宙斯一道,**其他人**与另一位神一道,在对美的注视中作为入仪者,进入着堪称一切秘仪中的极乐之极的净化仪式。①(在这里,

---

① 250 B。——作者原注

我得对"**我们跟宙斯一道……**"这番话做一点评注。宙斯被视为物质性诸神的**父亲**,进而被视为把具有引发作用的诸神直接接纳在自身中的神,就此而言,他也被视为具有引发作用的诸神和物质性诸神之间的纽带,因而也一并被算在精神性的诸神之列,他被认为超出了其他物质性诸神的 δημός [领域]。宙斯是 πάτηρ ἀνδρῶν τε θεῶν τε [人类与诸神的父亲]。许多线索表明,在秘仪中有许多关于宙斯的更高说明。如果苏格拉底说的是"**我们跟宙斯一道**",那他所谓的"我们"不可能单指他自己和他的谈话者;很明显,他想说的是:我们这样注定终有一死的人类,我们这样注定踏入物质世界的人类。也就是说,在这句话里,人类被指引到作为纯粹精神世界 [纯粹精神性诸神的世界] 和物质世界的中介者的**宙斯**那里;但苏格拉底说的另一些**与诸神中的另一位同行**的人,只可能是 εὐδαίμονος χοροῦ [为神狂喜的舞者] 中的成员,在离这段话很近的上文里,他也把这些人称为极乐的精灵;因此,他们与之同行的诸神中的**另一位**,并非居于宙斯**之下**的神,而是**就其自身而言**的诸神,即纯粹理智性诸神中的一位)。所以正如苏格拉底说的,这种净化仪式被称为"最极乐的"是合理的,他说,我们把自己看作完满无瑕的人 (ὁλόκληροι [完满无缺的],也就是处在整体中,处在我们仍在其统一性中、未被摧毁的意识的整全性中,也就是处在它由于其本原——物质性本原——的绽脱而被摧毁之前) 来欢庆这个 τελετή [仪式] (ὠργιάζομεν [欢庆]——苏格拉底在这里用的是这个常用于秘仪的动词),也就是说,我们以**整全的**(或者说完满无瑕的),未染上在之后生命中操控我们的罪的姿态,来欢庆这个净化仪式,(在此欢庆中)我们所观视的不是其他,正是完满、纯净、质朴、极乐的面孔(ἐποπτεύοντες[观视],这个词其实被用于描述秘仪最高阶段。很明显,这些**纯粹**、**纯净**以及**极乐**的面孔,跟那些畸形,由各种力量间的野蛮争执激起,并恰恰由此而惊骇可怖、阴森可怕的不祥幻象相对立,这些幻象是亲历者在秘仪最终的观视之前,在对它的预备中必定会看到的,在这些幻象中,**纯然**物质性进程的各种畸形产物恰恰也得到了展示)。苏格拉底接着说,我们在**纯粹的**光辉中(ἐν αὐγῇ καθαρᾷ[在无垢的光辉中],也就是说,并非像还站在秘仪的前厅时那样,处在光与暗的斗争之间)来庆祝这场狂欢,仿佛此刻自身是一个纯粹者、还没有用肉身来标识自己者(这就像贝类被自己安居的壳吸引和牢牢束缚住)。这处文段——至少间接地——除了澄清了秘仪自身中的各个过程以外,我认为,我们还可以合理地得出下面这个特殊的结论,即根据柏拉图对秘仪的认识,作为真正极乐的秘仪最终的观视,存在于纯粹的、原型性的,仿佛仍在天堂和乐园中的意识之复活中。借由自己所用的这些表达,柏拉图把秘仪中进行的直观,比作人类在一种前物质的实存中曾与神共享的那种直观。

但在这里也需要问,究竟能如何设想,为了根据**自己的**思想方式表达最高和最尊崇的东西,柏拉图竟能用秘仪来作比喻,除非秘仪并不具有更高的内容,除非它的内容实际上是粗鄙和细琐的,而沃斯、洛贝克以及类似的说明者,都认为秘仪的内容就是如此。把**这些**对秘仪的影射强加在自己的老师身上,这似乎是一种真正的不敬,因为众所周知,苏格拉底本人并没有进入过秘仪,他也不需要参加;这一状况使苏格拉底嘴里的这些暗示变得更加无可置疑,它们所证明的,比后来的柏拉图主义者(人们完全可以相信,这些人对维持秘仪有特别的兴趣)的所有说法要丰富得多,但苏格拉底究竟可能是出于怎样的旨趣,为秘仪赋予了如此深刻的内涵呢?

柏拉图把秘仪之幸福与哲学家所得的幸福相比较的做法,可以为我们关于进入仪式之最高目的的观点给出进一步证明。我在这里还是得特地再提一提《斐多》,这部对话甚至完全可以比作亚里士多德谈到的那些调声,这些调声把灵魂送去举行最高的狂欢,XIII, 458 或者也可以说,通过它们编织出的魔乐,对死亡的惧怕(或者说,对物质躯体分崩离析的惧怕)——正如苏格拉底所言,这种惧怕在我们心中持续不断,仿佛喋喋不休——,得到了抚慰和驱逐,人们也可以把这种魔乐称为**被颠倒过来的**塞壬之歌,它不像传说中塞壬的歌声那样,把人拖入感官,而是反倒把我们从中拉起来,提升到它之上。在这一点上,在跟之前已经引用、明确谈到秘仪的文段的联络中,苏格拉底才特地进行了一番争辩①,也就当我们想愈发纯粹地 (καθαρῶς [纯净地]) 去认识某物的时候,为了能够凭借灵魂自身去看到**事情自身**,我们仿佛必须无视肉体,从这一点出发可以得出,只有在我们已经完结或者完满的时候(正如"完结"这个词暗示的,它表示"死亡",它的希腊语是 τελευτᾶν [完结],在我们德语里,它同时意味着完结、完满和死亡),才会享有我们自诩热爱的东西,也就是正确的洞见;也就是说,在秘仪中降临到入仪者身上的事情,怎样可以跟降临在濒死者身上的事情相比,那么真正的哲学家所享有的东西,或者说起码真正的哲学家——尽管常常被肉体阻碍——所**追求**的东西,也同样可以跟入仪者在秘仪中所享有

---

① 66 D。——作者原注

的东西相比。实际上,一切哲思都是灵魂从混杂之物和许多与之共生之物的不同类型作用中,向着未经混杂的质朴之物,向着纯粹原因的奋力提升,因为唯有**凭着灵魂自身**(αὐτῇ τῇ ψυχῇ)才能认识纯粹的原因,而它们也只在**纯粹的**构想中呈现自己,唯有如此,纯粹原因中的每一个才能得到**整全**、**完满**和**纯净**的认识,毕竟我们对一切衍生和混杂之物,除了具有一定程度的知识以外,还有一定程度同样大甚或更大的无知,因为我们对一切具体之物尽管一定程度上有知识,但在更大程度上其实是无知的。即便是哲学家,也是在奋力进入 αὐγήν καθαράν [纯净的光],进入未经混杂的光,根据普鲁塔克的说法,参与了秘仪并得到了净化的人是如何俯瞰那群未经净化、仿佛在泥沼里把自己撕得四分五裂而四散飘零的人,人们也就完全能以同样的方式说,进入了真正哲学的入仪者,也是这样在俯瞰那些落入纯然物质性要素中的人,这些人在任何一件事情上,都无法达至纯粹,或者说能就其自身而言被认识的原因,而是在纯然**意见**的泥坑里瞎忙活,在意见中,或多或少是有一点真理的,但绝不存在整全完满的真理。

除此之外,柏拉图暗示过,而后来的柏拉图主义者则多次阐发过的,真正的哲学和秘仪进入仪式的这种联络,或者不如说类似性,也可以从下面这点出发得到检验,即在罗马人那里,秘仪也被称为 initia。而 initia 的意思正是本原,如此一来,秘仪也就跃升成了本原和原因。我之所以要强调这一点,是为了在已经尝试过尽可能地说明了秘仪中的种种过程——quae in iis fiebant [其中发生了什么]——之后,过渡到秘仪**学说**。

第二十一讲　论秘仪的内核：狄奥尼索斯的三位一体

除了我用来论证我们关于秘仪最终观视之自然本性的观点，也就是我们关于秘仪最高目的的观点而给出的**特别**证明之外，能为这个观点的正当性给出主要证明的，当属秘仪**学说**，因为它的内容全然合于我们的观点。不过此外我还必须强调，秘仪学说绝不是抽象存在的。即便是秘仪学说，毋宁也是历史性地通过种种现实过程——即场景性的呈现——而**得到展示**的，因此，对秘仪中的"教授"活动的通常表达就是 δεικνύναι［呈现］，而对"学习"活动的通常表达则是 ὁρᾶν, 'οπεῖν, ἐποπτεύειν，即观看。在这种**展示**中，是否以及在何种程度上还包含了名副其实的所谓"学说宣讲"，这一点无法确凿地查明。但除了下面这段保萨尼亚斯讨论厄琉息斯的特雷忒女神①的话——我先前已经提过，十字若望和克罗伊策尽管也注意到了这段话，但没用在点子上——，我认为也没有更好的方式能开始展开对秘仪学说的讨论：最早的希腊人把厄琉西斯净化仪式提高到超越于一切属于虔诚（εὐσέβεια）或者宗教的东西之上，他们多高地把诸神置于英雄之上，就比之更高地看待厄琉息斯

①　特雷忒（Telete），狄奥尼索斯的女儿，对她的崇拜与夜间迎接狄奥尼索斯的舞蹈仪式有关。——译者注

净化仪式。也就是说,诸神如何高于英雄,在厄琉息斯中被崇拜的诸神,即秘仪的诸神也就同样高于其他的、神话中的诸神。尽管英雄之为英雄,必定高于人类,但他们仍然屈从于终有一死的命运,英雄也是被物质性的肉身覆盖的存在物。但诸神不仅自由于有死性,而且也自由于真正意义上的物质性肉身。所以英雄之于诸神,就如同相对—物质性的存在物之于非物质性存在物,进而就类似于保萨尼亚斯讲的其他诸神之于在厄琉息斯被欢庆的诸神,这些其他诸神之于后者,则以同样的方式**再度**表现为相对物质性的诸神,而后者之于前者则是绝对非物质性的,**纯粹**精神性的,简言之,正如我们所断言的,具有引发作用的诸神。跟这一说明,并由此跟"这些具有引发作用的诸神是秘仪—认识的首要内容"这一断言相一致的是下面这点,即色雷斯奥秘中的诸神并没有被称为 Dii [诸神],而是被称为 Deorum Dii [诸神中的诸神] (这里的"诸神"指的就是物质性或者神话性的其他诸神吗?),这个表达只可能是说, Deorum Dii 是对其他诸神(物质性诸神)**具有引发作用**的诸神。被罗马人(他们可以经常且多次地去色雷斯参加入仪仪式)称为 Dii potes 的正是这些色雷斯的神, Dii potes 并不像通常说明的那样,在不假思索的意义上指"强有力的诸神"(因为人们完全可以说 potentes,即"强有力的"是一切诸神的谓词),相反,罗马人所谓的 Dii potes 毋宁是指与物质性的显白诸神对立的,作为**纯粹潜能阶次**,纯净的力量和原因的诸神。①

---

① 这些神也被称为 θεοί μεγαλοι [大神],见马克罗比乌斯(Macrobius):《农神节》, III, 4。——作者原注

对我的**第一个**命题,"秘仪学说中的诸神,是被设想为纯粹**运作性的**、具有引发作用的,并正因此也具有精神性的诸神"所做的暂时性证明就到这里。

但如果同时在他们之间不可消解的序列和**交互关联**中来设想这些诸神自身,那么他们中的任何一个都不可能独立存在,进而都彼此互为前提,所以要是其中一个被弃置了,那么**全部**这些诸神就都会消失。这一点跟我们赋予三个潜能阶次的彼此间关系是完全一致的,它们中的任何一个单独来看——借另一种说法来说——所具有的,只会是一种本己存在的不完备性,只有**以共在的方式**,它们才是某物。对此,我得顺带提一提我在早先,也就1815年发表的关于色雷斯诸神的论著①,这部论著并没有完备地把握到色雷斯秘仪的方方面面,在那部论著里,我主要做的是对一个文段进行说明,在其中,色雷斯的主神是以秘仪中的名字被称呼的,其实我**本来是可以**做一番完备说明的,但一定程度上来说,也是因为我当时并不想把一切都说出来,不过我现在认为,在这个文本里,我仍然凭着在所讨论的东西中能够达到的最大可能性证明了,色雷斯诸神共有的名字——**众卡比洛斯**(*Kabiren*)——的意思不是其他,正是不可消解的已由净化而得到整合者,不可消解的多重者,所有这些诸神就如同唯一的一个神,或者如谚语说的,"**众人如一人**",至少较之于后来的各种进一步尝试,我更喜欢这个在许多年前就已经提出的词源学考察。

XIII, 462

---

① 指谢林1815年发表的《色雷斯的诸神》(*Die Gottheiten von Samothrake*),现收于全集第VIII卷,汉译"谢林著作集"也收录了这个文本。——译者注

最博学的罗马人瓦罗把众卡比洛斯跟罗马人的 Diis penetralibus [内在之神] 视为相同或者同一的。Diis penetralibus 是隐微的、内在的、纯然运作性的诸神,瓦罗的说法是:"qui sunt introrsus [他们是内在性的]",作为**纯粹的**原因,他们不会被任何东西穿透,因而也是一切其他诸神最内在的核心;关于这些 Diis penetralibus,瓦罗进一步说,伊特鲁里亚人把这些神称为 consentes et complices [共在者和交叠者]。这两个词表达的完完全全就是我们在"众卡比洛斯"这个名称中指明的概念,即"不可消解的关联交互者"。complices [交叠者] 这个词自不待说。不过 consentes 这个词并非源自 consentire [一致],而是像 absentes [缺席] 源自 absum [不在] 一样,源自 consum [共在]。因而 consentes 这个词就是指**共同**存在者,它们中的任何一个都不具有一种独立的存在,而是只能同生共死。我们的三个潜能阶次的关系也是如此,对于它们,我们可以完全恰当地说,它们是 complices unius ejus demque existentiae [同一实存中的共在者]。①借此,我们也就在秘仪自身中指明了整个神话源于其中的本原。但只有当这些原因最终在对象自身中被指明为已经得到了认识,一种说明才称得上得到了完成。秘仪不是其他,正是意识,也就是更高的、具有解救作用的神话意识,这种神话意识的**内容**,正如现在已经证明的,正是对我们而言作为神话源于其中之原因的各潜能阶次。

但是秘仪学说的内容不仅包括,这些具有引发作用的诸神处

---

① 见"神话哲学导论",第 293 页。——编者注

在其不可消解的关联交互中,而且也包括,他们说到底其实是作为相同的**神**,或者说相同之神次第演替出现的位格而存在的。更明确地说就是:各种秘仪学说中最高的是**下面这种**,具有引发作用的诸神不仅不可消解地统一在一起,而且他们其实是相同——我们可以说,走出自身、穿过自身、进入自身——的神,他们其实是这个唯一之神的不同形态,或者毋宁说不同环节。而意识则是以下面的方式**到达这一点**的。当盲目或者说实在性的神,被狄奥尼索斯彻底克服,被带回到其自—在中的时候,这个神也就**等同于**那个克服了他的神,进而自身就成了狄奥尼索斯,就如同在埃及意识中,被克服的提丰自身就成了奥西里斯;实在性的神只不过是第一潜能阶次的狄奥尼索斯,同样,到目前为止以"狄奥尼索斯"之名特指的那个神,其实是作为狄奥尼索斯 2(第二潜能阶次的狄奥尼索斯)而显现的。而**作为精神存在**、被视为真正意义上的终点、自开端以来就**本该**存在的第三位神,即第三重位格,通过把第一狄奥尼索斯从存在中分离出来,仿佛在存在中取代了**第一狄奥尼索斯的**位置,并把他抛在了身后,正因为如此,这第三位神只不过是第一位神的另一重形态,也就是说,他也同样是狄奥尼索斯,只不过是狄奥尼索斯 3(第三潜能阶次的狄奥尼索斯)。为了能让意识在对消失在复多体中(被克服为复多体)的独一之神的超越中得到了静息,进而也把神话进程感受为最高意义上的神谱进程,这第三位的神必须与对下面这回事情的意识同时被设定,即这个**精神性的神**,跟已然变得不可见的实体性的神,是同一个神,只不过后者恰恰在第三位神中复活了而已。唯有**如此**,狄奥尼索斯现在才是**一切**。只要张力仍然持存,潜能阶次之间就有差异。每一个潜能

XIII, 464　阶次的**殊异**存在仅仅建立在张力上；伴随着张力被取消,先前被分裂的存在现在就仍是同一的。这当然就是唯有在秘仪中才会得到完备教导的**最高**观点。真诚且极富洞见的希罗多德——这一点无人不承认——在先前提过的谈到墨兰普斯的文段中②,切切实实地看清且道出了这一点。关于墨兰普斯,希罗多德说道,是**他**教给了希腊人狄奥尼索斯（也就是第二狄奥尼索斯,即底比斯的狄奥尼索斯,或者巴库斯）,希罗多德补充说, οὐ πάντα συλλαβών, 他所教授的狄奥尼索斯并不是全部,并不是完备的整体（也就是说希罗多德知道,有某种完备的狄奥尼索斯学说）,他接着说, ἀλλά οἱ ἐπιγενόμενοι τούτῳ σοφισταί μεζόνως ἐξέφηναν, 但归结在他身上或者在他之后出现的各种崇拜方式,更为宏大地,亦即更大规模地道出了狄奥尼索斯,或者说公开了狄奥尼索斯,也就是说,这些方式道出了整全完满的狄奥尼索斯理念,依希罗多德的意思,墨兰普斯只把这个理念中的一部分,即中介性的潜能阶次,也就是第二狄奥尼索斯自身带到了希腊。

　　如果我们把这个三重性的狄奥尼索斯跟与他相对应的三个女性神,也就是（我们先前已经说明过了）与他相对应的三重意识相比较——狄奥尼索斯理念的每一个环节都与狄奥尼索斯意识中的一个环节相应,而每一个环节都由一位女性神来刻画——,那么我们也就借此拥有了在秘仪中把握到的最高学说整全完备的内容。不过,与狄奥尼索斯理念的三重环节相对应的三重女神形象,我现在先按住不表,后面再来一一举出和指明。因为唯有在已经**有了**

---

②《历史》, II, 49。或见前文第 425 页。——作者原注

完备的狄奥尼索斯理念**的情况下**,希罗多德的文段才会得到理解和厘清,其实我们还没有通过任何明确的事实来拥有这个理念自身,我们其实只是以哲学的方式对它进行了说明,因为这个理念无论如何都是我们整个展开过程的必然结论,但我们还没有以历史学的方式对它做出指证,而在这整个探究中,我始终都把做到这点当作自己的义务。所以只有在进行这种指证的时候,我才会想着去举出那三个对应的女性神。

这种历史学的指证自身所涉及的东西,我在先前暂时是这样来强调的,即就算是秘仪**学说**,也不可以抽象地阐述,而是要在本真的意义上得到**展示**。那个一切先前的张力在其中自行消解和取消的最终精神性统一体,并**不是**直接的、非历史性的、在此意义上绝对的统一体,而是一个生成的、得到了中介的、**被产生出来的统一体**,所以它作为这样的统一体,也只能以历史的方式来阐述。但这个在其中不再有任何物质性要素的纯粹精神性统一体,单单以下面这回事情为基础,即第一狄奥尼索斯从存在中被分离了出来,从外在存在再度回退到了自己的自一在**中**。所以狄奥尼索斯自身并非直接就是精神性的神,他首先进入存在,借着再次从存在中分离,进而唯有以这种方式——即唯有以间接的方式,通过历史性的中介活动——才是**精神性的**神。作为这样一个首先只有绽脱入存在,随后又变得不可见的神,必须通过一个专名得到刻画。只有作为已经得到了精神化的神,他才是狄奥尼索斯,这只是狄奥尼索斯理念的一个纯然片面的方面。在这个神仅仅被刻画为**已然变得**不可见的神时,他甚至还可以被设想为哈迪斯,唯有如此才能说明,为什么赫拉克利特说:Ἄιδης καί Διόνυσος ὁ αὐτός,哈迪斯和狄奥尼索斯是相同者。① 只有作为已然变得**不可见**的神的时候，哈迪斯才是狄奥尼索斯。但狄奥尼索斯并非彻底不可见的，而是**作为**曾经绽脱入存在的神现在不可见了。如此一来，为了能够作为**这样一个**神得到刻画，或者说为了能表达出这一方面，需要一个特别的名称。而确实也有这么个名称。第一狄奥尼索斯，即第一潜能阶次的狄奥尼索斯在秘仪中叫作**扎格柔斯**(Zagreus)，全称是扎格柔斯—狄奥尼索斯。

扎格柔斯是最初最古老的狄奥尼索斯，这一**实情**可以通过下面几点得到说明，a) 在**农诺斯**② （他自己创作的史诗就以"狄奥尼索斯"为题）那里，狄奥尼索斯常常习惯性地明确被称为扎格柔斯，尽管农诺斯本人是一位已经被基督教深深浸润时代的后古典著作家，但他对神话和秘仪极为博学，掌握着许多我们缺少的史料。在农诺斯那里，扎格柔斯通常被叫作 παλαιότερος Διόνυσος [最早的狄奥尼索斯]，也被叫作 ἀρχεγόνος Διόνυσος，即最先诞生的狄奥尼索斯，跟他对立的是 ὀψίγονος Διόνυσος [晚生的狄奥尼索斯]。扎格柔斯是最初的狄奥尼索斯，即实在性的神本身，这一实情可以通过下面这回事情得到说明，即 b) 在**海西基乌斯**③ 那里，扎格柔斯被说成是 Διόνυσος χθονίος，即地下的狄奥尼索斯，也就是不可见的、已然与存在分离的狄奥尼索斯。除此之外，在海西

XIII, 466

---

① 普鲁塔克：《伊西斯与奥西里斯》，c. 28。——作者原注（可参见"神话哲学"，第376页。——编者注）
② 农诺斯(Nonnus)，公元4世纪到5世纪的古希腊诗人。——译者注
③ 海西基乌斯(Hesychios)，公元5世纪到6世纪左右的希腊文法家，编纂了当时最丰富的古希腊语辞典。——译者注

基乌斯的残篇中,扎格柔斯已经跟哈迪斯等同视之了。① 作为早先的狄奥尼索斯,扎格柔斯 c) 是由他的出生得到刻画的。他被说成是宙斯和珀耳塞福涅之子。为了把握这一点,我请**各位**注意接下来的内容。既然对意识来说,具有引发作用的——即真正意义上神谱性的——潜能阶次恰恰**通过**神话进程的中介而产生,既然隐微意识——正如之前已经表明的——会**一再反复地**从神话进程中出现并持续地以之为前提,进而根本就不能完全挣脱神话进程,也就是说,既然这一意识**不过是**神谱进程,而对具有引发作用的潜能阶次的认识,正是通过这一进程被中介给意识的,那么对意识来说,**这些潜能阶次**自身也同样还是要通过宙斯(因为宙斯就是对神谱进程本身的表达)来产生,所以即便是扎格柔斯,对意识而言也仍然是宙斯和被他强暴的珀耳塞福涅,亦即屈从在神谱进程下的珀耳塞福涅之子,然而**下面这回事情**也同时在其中得到了表达,即在意识中,扎格柔斯的概念比宙斯的概念要年轻和晚出,它是作为最终危机的后果而在意识中产生的,在此危机之后,宙斯也就成了整个神谱进程的终点和最终的产物。但是,扎格柔斯是**珀耳塞福涅**所生的宙斯之子。因为在珀耳塞福涅中的神谱进程达至终点之后,这一进程最初的动因,也就是充满厄运的可能性也就同时得到了认识,这一可能性以不同程度过渡入或者说突入现实中(προϊέναι [前进] 这个词常用于描述珀耳塞福涅),而整个神谱进程正是通过这一可能性被设定的,一旦主观本原,即整个神话的主观**开端**在珀耳塞福涅中得到认识之后,那么珀耳   XIII, 467

---

① 见第 470 页,那里也提到了这一残篇。——作者原注

塞福涅就只能一以贯之地继续充当第一狄奥尼索斯的母亲,即他的设定者,而第一狄奥尼索斯则是神谱进程的**客观**动因,进而是在此进程的整个**走向**中有待克服的对象;同样也可以反过来说,**珀耳塞福涅**是扎格柔斯之母这一实情证明了,扎格柔斯正是**第一**狄奥尼索斯(也就是动因的给予者)。珀耳塞福涅——即**掩藏**在最初意识中的可能性——则在一个不可通达的地方,也就是她母亲掩藏她的地方,被化身为蛇的宙斯侵犯,并怀上了最早的狄奥尼索斯,而这个最早的狄奥尼索斯,跟珀耳塞福涅后来所**嫁**的哈迪斯,是同一个神。对神话意识来说,甚至对秘仪来说,这绝非人们或许会设想的那样,是一个矛盾。因为生育了扎格柔斯的**那位**珀耳塞福涅,是已经突显的珀耳塞福涅,而嫁给哈迪斯的珀耳塞福涅,是**再次**被掩藏、被带回到遮蔽状态中的珀耳塞福涅,也就是另一位珀耳塞福涅,所以珀耳塞福涅之**子**扎格柔斯并不作为哈迪斯,并不作为不可见的神存在,而是作为可见的神存在,反过来也可以说,作为珀耳塞福涅的**丈夫**的这个神并不作为扎格柔斯,而是作为哈迪斯存在。此外,珀耳塞福涅作为扎格柔斯的母亲这个说法,是秘仪学说特有的,除了"生育""诞生"这样的神话式设想,秘仪学说自身并没有其他的手段来表达自己的各种设想。秘仪并没有终止用神话语言去言说,在神话时代,神话语言对当时的意识来说是唯一可理解的语言。

综上,扎格柔斯是最初或者说最早的狄奥尼索斯这一实情,我认为已经得到了充分证明;对此也没什么好再怀疑的了。正因为这个秘仪之神显然**很少**被提及,所以对他身上所有发散传播开来的特质进行一番探寻也并非不重要。接下来我就对此略说一二。

扎格柔斯有个别名叫作 ὠμηστής，即无悯者（这个词实际上是指"吃生肉的人"，因此被引申为嗜血残忍的人，在《伊利亚特》中，这个词常被用在阿基里斯身上①，而且还补充说：οὔ σ' ἐλεήσει，他不会怜悯你）。Διόνυσος ὠμηστής [无悯的狄奥尼索斯] 似乎还有个说法叫 Διόνυσος ἀγριώνιος，即野蛮的、对人类有敌意的狄奥尼索斯。XIII, 468 后面的这个修饰语跟 ἄγριος，即"野蛮的"无疑是同义的，这个词尤其被用来描述泰坦，并让人想起最早在自由的荒野里类似动物的浪荡生活。西西里的狄奥多罗②有一段话似可补充这一点，不过对这个人，我并不想单独引用。在已经先谈过了底比斯的狄奥尼索斯之后，他说③：还要讲一讲另一位狄奥尼索斯，πολὺ τοῖς χρόνοις προτεροῦντα τούτου，在时间上，这位狄奥尼索斯在底比斯的狄奥尼索斯之前；他补充道，因为宙斯和珀耳塞福涅所生的狄奥尼索斯也被一些人称为萨巴兹乌斯。如此一来，那个古老得多的狄奥尼索斯就以此被刻画为来自萨巴兹乌斯野蛮时代的狄奥尼索斯。而萨巴兹乌斯这个神，在希腊人那里已经被称为 Διόνυσος ὠμηστής [无悯的狄奥尼索斯] 了。

ὠμηστής [无悯的] 这个谓词，对于第二狄奥尼索斯，也就是行善的、对人类友好的狄奥尼索斯根本不适用，但它完全适用于扎格柔斯，因为他无疑是一个野蛮的神，关于他，普鲁塔克在记叙狄

---

① 《伊利亚特》，XXIV，207。——作者原注
② 西西里的狄奥多罗 (Diodor von Sicilien)，公元前 1 世纪的希腊历史学家，有《历史丛书》四十卷传世。——译者注
③ 《历史丛书》，IV，4。——作者原注

米斯托克利^①的生平时说:在萨拉米海战^②之前,阿里斯提德斯^③俘虏了薛西斯一世^④的三个侄子来献祭给扎格柔斯,他们都是饰以黄金和奢侈衣服的俊美少年。先知欧弗朗蒂德斯(Euphrantides),同时还有一些其他附带的征兆,都急切地要求狄米斯托克利把这些少年献祭给**野蛮的**狄奥尼索斯并向他祈祷,**只有这样**希腊人才能得到庇佑并获得胜利。狄米斯托克利对此很是吃惊,但那群早就习惯在巨大的危险或者艰难的战斗中,更指望无力性之物而非理性之物庇佑的人,一边对神呼告着,一边把俘虏赶上祭坛,并逼迫狄米斯托克利完成献祭。这件事是一位有理性有教养的希腊著作家,莱斯沃斯的法尼亚斯^⑤讲的。有更多的理由可以说明,这个故事并非没有真实性:1)后来的一些先知^⑥则引用了普鲁塔克记载(c. 21)的派洛皮德^⑦在这件事上的反应:派洛皮德反倒拒绝这种野蛮的献祭,他说,因为诸神和人类的统治者,既**不**是提丰,也不是巨人(这种野蛮的献祭属于巨人统治的野蛮时代),而是天父宙斯。这个故事之所以有真实性也是因为,2)在希波战争期间,薛西斯一世,

XIII, 469

---

① 狄米斯托克利(Themistokles),古希腊政治家和军事家,指挥了萨拉米海战,后被放逐到波斯。——译者注
② 萨拉米海战是第二次希波战争中,狄米斯托克利率领希腊联合舰队与波斯帝国薛西斯一世指挥的舰队进行的一场海战,希腊联军在兵力处于劣势的情况下取得了胜利,成为第二次希波战争的转折点。——译者注
③ 阿里斯提德斯(Aristides),雅典政治家和军事家,与狄米斯托克利是政敌。——译者注
④ 薛西斯一世(Xerxes),波斯阿契美尼德王朝的国王。——译者注
⑤ 莱斯沃斯的法尼亚斯(Phaenias of Eresus),亚里士多德的直系学生和评注者,此外还撰写了许多历史学著作。——译者注
⑥ 所以先知之为先知(μάντεις),就是因为他们总是停留在关联于过去的最深刻预言中。——作者原注
⑦ 派洛皮德(Pelopidas),底比斯的政治家和将军。——译者注

作为非神话宗教的拥护者,蓄意摧毁了神话诸神的庙宇,我想说的是,因为在整个战争期间,希腊人似乎主要都把自己所蒙的庇佑归于更高的神,他们肯定认为,主要通过**这些更高的神**,他们才能胜过野蛮人的神,或者说,他们认为,这些更高的神作为精神性的神,能够对抗野蛮人的神(但在这些精神性的神中,扎格柔斯是与实在性的神相对应的),根本上来说,希波战争对激起希腊的宗教狂热始终都有最大的影响,埃斯库罗斯自由且深刻的宗教思想首先就能证明这一点,他本人就参加过马拉松战役,若无希波战争,他的这种思想或许就不会产生,或者说或许不会得到彰显。所以甚至普鲁塔克也记载道①,在萨拉米海战期间,一团大火从厄琉息斯升腾而起,同时还伴着巨大的声响,好像一群人合唱雅科斯的秘仪之歌,响彻整个特里亚的旷野。② 在希罗多德那里也有类似的叙述③,在对另一件事的记载中,他提到,在马拉松战役开始之前,雅典将领们差遣擅长跑步的菲迪皮德斯④去斯巴达送信,要求拉凯戴蒙人速速派兵增援,在去斯巴达的路上,菲迪皮德斯在帕特尼斯山⑤脚下的忒该亚⑥碰到了狄奥尼索斯的朋友潘,潘命令他去问问雅典人,为何对自己如此不敬,自己明明对他们十分友善,已经为他们帮了许多忙来证实自己,并且还愿意继续帮忙。在确保了城邦的

---

① 《道德论集》,c. 15。——作者原注
② 希腊地名,位于厄琉息斯的东北部。——译者注
③ 《历史》,VI,105。
④ 菲迪皮德斯(Pheidippides),雅典士兵,在马拉松战役中一共跑了42.195公里送信,最后回到雅典宣告胜利的时候力竭死去,后世的马拉松运动就是为了纪念他。——译者注
⑤ 卡吕登附近的一座山名。——译者注
⑥ 希腊小镇名。——译者注

安全之后，雅典人即刻为潘修建了一座神庙，并在此后每年举行献祭和火炬赛跑来敬奉他。在对安东尼生平①的叙述中，Διόνυσος ὠμηστής［无悯的狄奥尼索斯］就被提到过一次。这里是在说，安东尼进入以弗所的时候，女人装扮成巴库斯，而男人和小男孩则装扮成萨提尔和潘，并把安东尼唤作 Διόνυσος χαριδώτης καὶ μειλίχιος［友善且温和的狄奥尼索斯］。普鲁塔克补充道：这样的一位狄奥尼索斯，亦即行善温和的狄奥尼索斯，只是对**一小部分人**而言的，对大多数人而言，他仍是 ὠμηστής καὶ ἀγριώνιος Διόνυσος［无悯且野蛮的狄奥尼索斯］。据此来看，希腊人似乎早就习惯了把一位亲切温和的狄奥尼索斯（因为 μειλίχιος 的意思就是亲切温和）跟野蛮的狄奥尼索斯对立起来。但亲切的狄奥尼索斯并非不同于野蛮的狄奥尼索斯的另一个狄奥尼索斯，相反，两者是同一个狄奥尼索斯，起初野蛮凶残的狄奥尼索斯，后来成了温和善意的狄奥尼索斯。

我仍要提醒，在一些后来的著作家那里，扎格柔斯这个**名字**就没有再出现了。据我所知，在普鲁塔克之前，没人提过扎格柔斯这个名字，之后则有海西基乌斯提过，他把扎格柔斯说成是 Διόνυσος χθόνιος［地下的狄奥尼索斯］，最后提过扎格柔斯的是农诺斯，当然，正如已经提过的，在埃斯库罗斯的残篇中也有提到。在他的一部哲学著作②中，普鲁塔克把狄奥尼索斯称为扎格柔斯；他通常都以 Δ. ἀγριώνιος 和 ὠμηστής［无悯者和野蛮者］来标识扎格柔斯。

---

① 《道德论集》，c. 24。——作者原注
② 《论德尔斐神庙上的 E》，c. 9。——作者原注

其实我并不认为,从这一点出发就可以严格推论出,扎格柔斯这个名字是在后来的几个世纪中才被附加到这个描述语上的。因为这个描述语就是扎格柔斯的秘仪名字,进而在秘仪学说**自身**中,这个最初和最早的狄奥尼索斯无疑也是最富奥秘、最森然可怖的神,人们几乎不会愿意用他的本名称呼他,而是只用在秘仪中人所熟知的名字来称呼他。在关于神话的系列讲座中我也强调过,至少在需要诉诸秘仪和奥秘学说的地方,后来的著作家正因为是后来的,所以是可疑的或者说至少不可信的。因为甚至有许多秘仪——不仅政治性的,而且还有隐晦的宗教性的,乃至其他社团的秘仪——都并不与自己的起源同时,相反,大多数都晚于其起源,但它们也并不因此就缺少信众和知名度。然而对于**事情**来说,扎格柔斯这个特别的名字是否与更高的狄奥尼索斯学说自身同样古老,根本就不重要。我甚至也没兴趣把这个名字视为一个晚出的、在后来才被引入的名字,因为在希腊语中,根本就找不到这个名字可能的词源,相反,如果把它视为一个起源于东方的名字,那就合理得多了。也就是说,这个名字极有可能是在这样一个时代才被引入的,即与东方的各种理念一道(后来的异教完全再次转向了这些理念),东方的名字也进入了希腊秘仪,这个时代的整体氛围就是乐于在**一切**宗教中去看到共同的一。这个时候人们可能就很容易认为,把一个希腊神跟比如说一个埃及神,或者说把最早的狄奥尼索斯跟在埃及人那里同样在后来才被**如此**称呼的塞拉比斯(Serapis)说成是同一个神,是很有必要的,所以也给狄奥尼索斯加上了一个跟"塞拉比斯"一致的名字,因为在我看来,"塞拉比斯"这个名字跟"扎格柔斯"其实是可以比较的(当然,在这里要考察的只是头几个音素)。因为"塞拉比斯"(或者据另一种同样常见的发音方式,也读作"萨拉比斯[Sarapis]")很明显是由 Sar 和 Apis 统合而成的;如果想到 Sar 的时候,同时也想想闪米特语中的 Ain (拉丁转写是这样),那么 Sar 也同样可以发音为 Sagar。而"扎格柔斯"或者说**萨格柔斯**(*Sagreus*,这是清辅音开头的读法)可能就出自这种读音现象,这也就说明了,"扎格柔斯"这个名字保存着一种与其概念完全相应的含义。不过这一点完全可以先不管,因为对于我的观点而言,人们对"扎格柔斯"这个**名字**愿意怎么来想,完全无所谓,唯有事情本身,也就是这个第一狄奥尼索斯的**概念**与完满或者说完备的狄奥尼索斯学说必定同样古老,才是至关重要的。不过希罗多德已经把这个学说认作一个在他的时代之前早就被接纳的学说了,正如在希波战争时期,Διόνυσος ὠμηστής [无悯的狄奥尼索斯] 是一个普遍接受、人所共知的概念。

在后来的环节中,神话意识也始终保持着先前的环节。在其吞噬一切的排他性存在中的神的形象,仍然附着在回忆的深处。ἀγριώνιος 的神,亦即野蛮、恶意、威胁人类生命的神,指的就是这种神。但正是这个神,在后来已经服从于更高和更好的自身、已经变得温良的环节中,自身就是温和行善的欢乐使者 (μειλίχιος καὶ χαριδώτης [温和的欢乐使者]),在此关联中,他也被称为 ἰσοδαίτης,这个词无疑出自 ἴσος,即相等,和 δαίω(取其"分发"义),因此,这个神也是平均分发者,即给每个人分发属于自己的存在的神。也就是说,正是这个曾经作为单一或者说排他的存在者的神,在之后自身放弃存在,使自身成为存在的纯然**根据**时,他就成了**被分有的**存在之主宰。正如我常讲的,独一的神自身是一切具体之物的对立物,是每一个个别存在的吞噬者。为了个别之物能够生存,这个神自身必定没落。从这个被平分、被恰如其分地分给每一事物的存在来看,这个神也就被称为 ισοδαίτης [分享者]。没落中的狄奥尼索斯在这个意义上就成了存在的分发者,正如一个垂死的人会留下遗产,把它分给其他人,正因为如此,哈迪斯通常也被称为 πλουτοδοτήρ,即给予财富者,而他之后(约莫在欧里庇得斯的时代)被取用的名字则是 Πλούτων (普路同)(取代了哈迪斯这个名字),它的意思就是 πλοῦτος,即财富。第二狄奥尼索斯已经彻底现实地成了这个已经开始行善,并对丰富的,亦即多样的生命**和蔼亲切**的神(他起初只能在**张力**中伴随着独一之神显现),独一之神和第二狄奥尼索斯现在完全是同一的,所以狄奥尼索斯是在秘仪之外,即在巴库斯节上得到特别欢庆的,在秘仪中他仿佛消失,并且不再被设想为特别的神了,相反,他现在只在被克服的第一狄奥尼索斯中被设想。

但正是这个神——他作为实在性的神已经退回到过去中了——,现在放弃了作为实在性的神的自身,以便在**第三重形象**中把自己设定为**存在且持存着的**精神,即超越于转化和没落之上的精神。下面就来讨论这一点。被带回到其自—在中的实在之物是灵魂。灵魂并不意味着某种绝对的东西;否则就不会有的人拥有的灵魂多,有的人少。现在已得完满的神享有的极乐正是建立在下面这点上,即他被克服成了纯粹的**灵魂**并处在下面的关系中,即在他作为灵魂——纯粹的自—在——之际,他也就把自身设定和据有为精神。在自然中显现的,都是**这样的一类**事物,即在它们中运作和突显的,都是盲目的、在自己之外存在着的本原,或者说,这

XIII, 474 一本原是现成存在且无灵魂;但如果在这一关系中,这一本原已经变得纯净,回转到其自—在中,那么**被赋予了灵魂的**存在物就显现出来了;所以我们有理由推论出,这个全然被带回到自身、被带回到其自—在中的本原,正是我们称为**灵魂**的东西,当灵魂是整全和完满的,那么它就会结出精神的果实并在其中得到完满。就这一点而言,第二潜能阶次也就表现为灵魂和精神之间纯然的中介者。无法生产出精神的灵魂并非真正的灵魂,因而也就是不幸的灵魂;能够把自己生产为精神的灵魂,才是至福极乐的灵魂。所以,居间的潜能阶次就是灵魂在死亡中的阶梯,也就是说,它把灵魂引向带来净化的死亡。因此《新约》说:那些"在主之中"死去的是有福的,也就是说,在第二潜能阶次中死去的是有福的。

现在,完备的狄奥尼索斯理念已经在我们面前得到了展开。如果这一理念,在缺乏那些它基于其上的确凿可靠证据的情况下就被传达给了听众,那么它或许只能被视为某种根据类比被捏造出来的东西,或者为了其他的某些理念被片面杜撰出来的东西。

现在已得证明的是:1)曾经是张力之原因的那个神,自身——在被第二潜能阶次(对我们来说,直到克服活动完成为止,只有它是狄奥尼索斯)克服以后——就成了狄奥尼索斯,也就是成了地下的狄奥尼索斯,即死亡与隔离之界的主神,地下世界的主宰,这个神甚至已经被埃斯库罗斯以"扎格柔斯"这个特有的名字来称呼了,前面提过的狄米斯托克利所献祭的神就是他(后来已经强壮得多的希腊意识会拒绝进行类似这种献祭的无理要求)。还证明了:2)这个原本唯一被称为狄奥尼索斯的神,在克服了非精神性的神,达成了与自己的同一之后,现在自身作为神,如何在第二重形象中显现；这个神恰恰是在那个被克服的神中拥有自己的第一重形象的，所以那个被克服的神也被我们称为狄奥尼索斯。最初的神进行的精神性或者本真性转变过程，或者如我刚刚说明的，向着纯粹灵魂的转变过程，在秘仪中被呈现为这个神的**赴死过程**。然而除非在一个作为存在着的和持存着的更高形象中，像超越感官世界的更迭流变那样超越多样性，通过把自己保留为精神来超越自己，否则最初的神不可能以这种方式在意识面前没落消失。这第三重形象，或者说神唯有凭借它才得以完满的第三个环节，也就是第三狄奥尼索斯，即秘仪中的**雅科斯**(*Jakchos*)，这是狄奥尼索斯的第三个名字。

最初最早的狄奥尼索斯不同于第二狄奥尼索斯，对这一点没什么好再怀疑的，我们援引的所有著作家也都明确断言了这一点。在阿里安①的《亚历山大大帝远征记》中②，他也如是说道：秘仪中的雅科斯颂歌**不是**唱给底比斯的第二狄奥尼索斯的，而是唱给另一位狄奥尼索斯的。但这第三位狄奥尼索斯也很明确地被设想为，第一狄奥尼索斯在其中以一种更高形象再次复活的狄奥尼索斯；第三狄奥尼索斯**因而**与第一狄奥尼索斯是一体的，但同时也与之有所区分。据这种关系来看，第三狄奥尼索斯既能作为他自身与第一狄奥尼索斯一并存在，也能被设想为一个与之不同的他者，要通透理解古人表面上看似矛盾的话，必须盯紧这重关系。因为这种表面上的矛盾，在一些文段中，雅科斯跟扎格柔斯一样，都被认

---

① 卢修斯·弗拉维乌斯·阿里安(Lucius Flavius Arrianus)，罗马时期的希腊历史学家和哲学家。——译者注
② II, 16。——作者原注

为是珀耳塞福涅的儿子。然而十字若望的话：suivant la tradition générale，据**普遍**流传的说法，第三狄奥尼索斯是珀耳塞福涅的儿子，其实是不对的。**他**之所以会这么想，不过是因为他从一开始就把第一和第三狄奥尼索斯彻底混淆了，进而把他们当成了同一个，这个问题，克罗伊策多少也遇到过。所以十字若望举了**许多**谈到了扎格柔斯是珀耳塞福涅之子的文段来证明，雅科斯也是珀耳塞福涅之子。但倘若扎格柔斯和雅科斯确实是同一个形象，那么根本就不会有两个狄奥尼索斯了。但可以说，除了有**三个**狄奥尼索斯，根本就没有任何其他**普遍**流传下来的说法。甚至西西里的狄奥多罗也在一处文段①中说：一些人教导说，只有唯一的一位狄奥尼索斯，但另一些人说，有三位狄奥尼索斯，我没听说过有人说有两位狄奥尼索斯，而是要么只有一位，要么有三位。那些只知道一位狄奥尼索斯的人，要么是那些同时知道经历了三重形象的不过是同一位神的人；在这个意义上他们当然可以说，只有唯一的一位狄奥尼索斯，**要么**他们很可能——根据狄奥多罗惯用的那些消息源的情况来看——就是那些只欢庆显白的、公开的狄奥尼索斯的人，也就是说，这些人只知道底比斯的狄奥尼索斯。但秘仪中的雅科斯不仅跟底比斯的狄奥尼索斯，而且还跟扎格柔斯有所区分，这一实情可以根据下面这点得到说明，即雅科斯确确实实没有作为珀耳塞福涅之子被提到，而是作为德墨忒尔之子被提到，根据这一点，我们现在又被引回到德墨忒尔那里了。

------

①《历史丛书》(*Bibliotheca historica*)，II，16。——作者原注

在《苏达辞典》①里，对"雅科斯"这个词的说明是：ὁ ἐπί τῷ μαστῷ Διόνυσος，在母亲怀里的狄奥尼索斯。这位把雅科斯抱在怀里的母亲，就是**德墨忒尔**，这一点可以从卢克莱修的文段中得到说明，在这里②，德墨忒尔的形象——至少间接地——被刻画为 mammosa ab Jaccho，即在给雅科斯喂奶的德墨忒尔。为什么雅科斯要以在母亲怀里的婴儿形象示人，这一点接下来再说明。从与雅科斯的这重关系出发，德墨忒尔也被称为 κουροτρόφος，即孩子的哺育者。同样，在农诺斯那里，雅科斯和扎格柔斯也从未被混为一谈，在他的狄奥尼索斯史诗的结尾（第48卷）一段里，这一点得到了最为明确的叙述：马拉松的宁芙③们，围着刚出生的婴儿雅科斯跳圆圈舞；厄琉息斯这个地方临近马拉松战场，我已经提过，根据普鲁塔克的记载，在萨拉米海战的时候，有一团大火从厄琉息斯冲天而起，雅科斯的秘仪之歌同时从这里响彻四野，希腊人崇拜雅科斯，μέθ' υἱέα Περσεφόνεια καὶ Σεμέλη μετὰ παῖδα，是排在珀耳塞福涅之子（扎格柔斯）**之后**和塞墨勒之子（底比斯的狄奥尼索斯）**之后**的，进一步来说，他们崇拜次生的狄奥尼索斯的方式是献祭，而崇拜第三位出生的雅科斯的方式，则是合唱吵吵嚷嚷的赞美诗（καί τριτάτῳ νέον ὕμνον ἐπεσμαράγησαν Ἰακχῷ）。相反，其实还有 XIII, 477 一些文段确实把扎格柔斯和雅科斯弄混了，因为雅科斯其实就是

---

① 《苏达辞典》，也称《苏达辞书》，是10世纪末由拜占庭学者编纂的一本百科全书式的辞书，以希腊语写成，收录了三万多条辞目。——译者注
② 《物性论》，IV, 1161。——作者原注
③ 宁芙（Nymph），希腊神话中的次神，被认为属于精灵，是出没于山林、原野、泉水和大海的仙女，一般是美丽的少女形象，酷爱歌舞，是深受历代艺术家喜爱的形象。——译者注

在**另一重**形象中复生和复活的第一狄奥尼索斯。所以关于其中一个说的,对另一个也有效。在之前提过的阿里安的文段里,就包含了一例这种混淆:明明已经跟底比斯的狄奥尼索斯细致区分开的雅科斯,又被当成了珀耳塞福涅和宙斯之子。不过大多数人对下面两则注释提供的**确凿**证据所知甚少,其一是对阿里斯托芬的注释,其二是对品达的注释。在对阿里斯托芬的《蛙》(第326行)的一则注释中,有这样的话:一些人说,雅科斯是另一位(这里并没有提雅科斯是另一位"谁",上下文的关联反倒是在要求去设想"雅科斯是珀耳塞福涅的另一个儿子"),但另一些人说,雅科斯跟狄奥尼索斯是**同一位**。对品达的第七首奥林匹亚颂歌的注释同样也说:珀耳塞福涅所生扎格柔斯,据**一些人**看来,就是雅科斯——这里只是说"一些人"——正如已经说过的,这里的"一些人"可能在某种意义上是对的,甚至了解得更恰当,因为雅科斯实际上不过是扎格柔斯的另一重形象,或者如另一**些**文段(我把这些文段留待之后说明)中提到的关系明确表达的,扎格柔斯不过是在雅科斯中复活了。出于相同的理由,即**因为**在扎格柔斯中实存的其实是雅科斯,这种混淆首先就出现在一则最著名的神话故事中,也就是狄奥尼索斯被泰坦撕碎而死的故事,这个故事时而被用在扎格柔斯身上,时而又被用在雅科斯身上,根据一些人的说法,他被泰坦撕碎这个故事跟埃及的奥西里斯被撕碎的故事一模一样,根据另一些人的说法,比如从西西里的狄奥多罗的一处文段来看①,与第三狄奥尼索斯对应的神,甚至被认为是**荷鲁斯**,因为他也在泰坦的攻击下殒

---

①《历史丛书》,III,62。——作者原注

命了，不过被撕碎的其实是提丰。在普鲁塔克①那里，被撕碎是奥西里斯（但他谈的是提丰），在农诺斯②那里则是扎格柔斯，相反，在亚历山大里亚③的记叙中，被撕碎的是雅科斯。总而言之，撕碎狄奥尼索斯的故事引发了文本考订上的怀疑和讨论，我认为，至少在这里，这种文本考订问题没有必要涉及。

跟埃及神话观点的这种惊人一致性可能引发的问题就是，是否撕碎扎格柔斯的故事，并不是埃及神话观点以众所周知的路径传遍希腊之后，才被引入秘仪的。西西里的狄奥多罗谈到狄奥尼索斯，确切说是谈到宙斯和珀耳塞福涅所生的狄奥尼索斯的另一处文段，也会激起另一种怀疑：ὃν Ὀρφεὺς κατὰ τὰς τελετὰς παρέδωχε διασπώμενον ὑπὸ τῶν Τιτάνων，即据奥尔弗斯的故事来看，奥尔弗斯在净化仪式上也被泰坦撕碎了。如此一来，奥尔弗斯在这里成了一个重要的角色，因此，这仿佛是在说，被泰坦撕碎这个神话，是由奥尔弗斯教徒引入秘仪的。而下面的第三则证据则会激起进一步的思索。在庇西特拉图 (Peisistratus) 统治时期，在雅典住着以占卜预言谋生的奥诺马克里托司 (Onomakritos)，他的主要业务就是对穆塞乌斯的预言进行解释。④ 从前面所引的柏拉图《理想国》的文段中⑤，**各位**可以知道，柏拉图时代的奥尔弗斯教徒做的也是这种事。因此，奥诺马克里托司也是一个奥尔弗斯教

---

① 《伊西斯与奥西里斯》，c. 72, c. 73。——作者原注（可参见"神话哲学"，第 368 页。——编者注）
② V，564 行。——作者原注
③ 提图斯·弗拉维乌斯·克莱门 (Titus Flavius Clemens，150—约 215)，基督教神学家，早期教父，亚历山大里亚学派的代表人物。——译者注
④ 希罗多德：《历史》，VII，6。——作者原注
⑤ 本书第 432 页。——作者原注

徒。他本人在早年间曾作为先知常常侍奉庇西特拉图之子西帕克斯(Hipparchos)。但后来有人识破他对穆塞乌斯的预言添油加醋、极尽歪曲；这就促使西帕克斯把他逐出了雅典。他随即又跟另一个被流放的人混到一起，共同去了波斯，拥戴薛西斯一世为王，并怂恿他去对付雅典人，这些事情在这里没必要多讲。保萨尼亚斯也提过奥诺马克里托司的这些所作所为。① 保萨尼亚斯说，荷马是第一个把泰坦引入史诗中的人，因为他把他们视为一群住在塔尔塔罗斯②的**神**，而在《伊利亚特》的 XIV 卷，第 278 行也可以读到赫拉的誓词：

赫拉高呼所有在塔尔塔罗斯之下，
人称"泰坦"诸神的名号发誓。

但从荷马那里接过"泰坦"这个名称的，或许就是奥诺马克里托司，因为他在吟咏狄奥尼索斯狂欢的时候，把泰坦当作让狄奥尼索斯本人受难的神(τῷ Διονύσῳ τῶν παθημάτων ἐποίησεν αὐτουργούς[使狄奥尼索斯本人受难])。保萨尼亚斯的这一报道，或许能轻易说明狄奥多罗的文段。也就是说，正是奥诺马克里托司的这首颂诗——他极有可能就是以穆塞乌斯(Musäos)的名义(穆塞乌斯跟奥尔弗斯基本上是同一个人)使这首诗人尽皆知的(此外，保萨尼亚斯可能还认为——**在这里**必须提一提这个状况，因为

---

① 保萨尼亚斯：《希腊志》，II，c. 37. §. 3。——作者原注
② 塔尔塔罗斯(Tartaros)，希腊神话中的地狱，是宙斯流放克洛诺斯和其他泰坦神的地方。——译者注

他在许多其他场合都提到了——,奥诺马克里托司都是以穆塞乌斯的名义使这些颂诗广为人知的)——也就是说,很可能正是这首被奥诺马克里托司佯称奥尔弗斯所做、吟咏狄奥尼索斯被泰坦撕碎的颂诗,引起了那种以为这个故事完完全全是奥尔弗斯教的故事,是由奥尔弗斯引入秘仪的看法。不过,后来的一些新兴人物对此文段做了另一种使用,他们想从相同的文句推论出,狄奥尼索斯被泰坦撕碎的整个故事首先是被奥诺马克里托司捏造出来的,因为在另一方面,这个人是作为捏造者和骗子而闻名的,所以对于后来那些根本上只想在秘仪中看到通过**欺骗**捏造出来的私货的人(比如沃斯就是这么说的)来说,这一点正是他们希望看到的事情。然而在保萨尼亚斯看来,奥诺马克里托司本人并没有对狄奥尼索斯受难的故事进行捏造,相反,他只是把泰坦引入了这个故事里,确切地说,泰坦亲自(亲手)让狄奥尼索斯受难这个说法来自奥诺马克里托司。保萨尼亚斯只是想提醒,奥诺马克里托司只是把这个撕碎的故事**荷马化了**,也就是**神话化了**而已。但奥诺马克里托司似乎绝不是唯一一个以神话史诗的方式吟咏这个撕碎故事的人。这个故事看起来反倒是一个在神话和史诗中得到了相当普遍加工的素材。至少普鲁塔克① 联系奥西里斯被撕碎而死的**埃及神话**故事说:在希腊人那里,不仅巨人和泰坦(或者泰坦的恶行)的故事被吟咏,同样被吟咏的,还有克洛诺斯的某些恶行,乃至狄奥尼索斯的逃跑(很可能就是在泰坦面前夺路而逃),以及德墨忒尔的漂泊寻觅(也就是去寻找失落的神),所有这些都逃不开奥西里

XIII, 480

---

① 《伊西斯与奥西里斯》,c. 25。——作者原注

斯和提丰这两个神话要素（也就是说，都逃不开奥西里斯和提丰的故事情节），以及其他所有人都可能耳熟能详、被反复叙述的神话故事。因而就这个故事而言，普鲁塔克说的是 μυθολογουμένοις，也就是每个人都可以听到的神话故事，在其中被吟咏的，就有狄奥尼索斯的逃跑，以及巨人、泰坦以及其他克洛诺斯势力对他的迫害。因此，狄奥尼索斯被撕碎的故事绝非**独属**秘仪的素材。不过，这个故事也进入了秘仪，在其中出现了，因为在讲了刚刚所引的文段之后，普鲁塔克旋即说道——仍然是关联于类似的埃及神话观点——："但在秘仪的节日中被遮掩起来的，或者说在秘密的净化仪式中未曾道明，以及从未被大众见过而流传下来的东西，**也具有完全同样的性状**"，也就是跟埃及的传统有同样的性状。如此一来，这也就说明了，狄奥尼索斯受难的故事不仅在诗歌中为所有人吟咏，而且同时也很可能在某些秘仪中得到了场景性的呈现，由于这些秘仪是在夜里欢庆的，所以它们也被称为尼克特利（Nyktelien）①。在其论著 *de Ei apud Delphos* [论德尔斐神庙上的 E]② 中，普鲁塔克这样谈到了狄奥尼索斯：他的受难被转化为了气、水、土和岩石，又进一步被转化为植物和动物，简言之，他的受难就是被转化为多种多样的自然存在物，这被设想为撕碎，即 διασπασμός [撕成碎片] 和 διαμελισμός [肢解] 的一种方式；不过经历了这种受难的神，既被称为狄奥尼索斯，也被称为扎格柔斯和尼克特利俄斯

---

① 意为"夜晚的"。——译者注
② c. 9。——作者原注

(Nyktelios)①,甚至伊索戴忒斯 (Isodaites)②,这都是同一个名字,我已经说明过了。(或许把 διασπασμός [撕成碎片] 解释为转化入自然是奥尔弗斯教的一种看法,普鲁塔克的这段话里就有提到。)

但如果有人要断言,埃及的奥西里斯神话对希腊秘仪中所呈现的狄奥尼索斯受难有所影响,**秘仪里**存在着某种从埃及舶来的东西,那么尽管我并不会即刻就承认这一点已经**得到了证明**,但我也并不会出于下面的理由来反驳它,即我通常并不会承认,神话概念是从**某个**族群被移植到另一个中的。也就是说,我立场鲜明地反对那种纯然外在的神话传播观,因为若是取这种观点,人们就会把神话概念视为纯然偶然的东西,正因为如此,这些概念也就难以产生第二次了。但对我们来说,这些神话概念都是必然概念,我们就是从这一点出发来说明神话概念间的一致性的。但归根到底,伴随希腊秘仪的还有另一些性状。它们尽管就存在于神话进程的**序列**中,并且完完全全伴随着神话进程,但这些性状仍然是伴随着自由而展开的,进而无疑不可能一蹴而就,反而只能逐步成形。这一情况尤其适用于去理解诸如神话剧上的**外部**安排,比如从净化仪式之前到进入秘仪自身的整个过程中,都会有对神话的场景性呈现。这些外部的安排,据事情的自然本性来看,只可能一步步地得到最终的完满成形。

对意识来说,神话最终必然且并非任意的危机,就是对神话进程所拥有的**原因**的一种启示,但在对这一启示的**解释**和更加深

---

① 酒神的别名之一,意为"夜行者"。——译者注
② 同为酒神的别名之一,意为"被均分者"。——译者注

刻的理解中，已然有相当程度的**自由**思想参与其中了，单从多次引用过的希罗多德的文段出发就可以说明这一点，希罗多德把那些使神话学说最终完满成形的人，使它在自己整全的范围中被道出的人，刻画为 σοφιστάς [智者]，即有智慧或者有思想的人。甚至在先前引用过的《斐多》的文段中，柏拉图谈到那些设计秘仪的人时，也是作为个别具体的人提到的 (οἱ τάς τελετάς ἡμῖν καταστήσαντες[那些为我们设计了仪式的人])。如果单看秘仪的外部安排和场景性呈现，希腊人很可能总是在向埃及人借鉴。我始终立场鲜明地反对，并且会继续反对的仅仅是下面这点，即那些**概念**和**事情**自身，比如希腊人意识中的狄奥尼索斯概念只是偶然的，为了表明我的立场，我就把这一点自身延伸为了第一、第二和第三狄奥尼索斯的概念。

XIII, 482

对希腊秘仪学说中的这个彻彻底底最为晦暗的方面，亦即对在其中所呈现的狄奥尼索斯受难与死亡的故事，我还得另外做一个最后的说明；到目前为止，我们处理的只是那些能把总体观点统合起来，并能使之得到了解的个别要素。无论怎么设想这个秘仪中的**特殊**部分，无可置疑且根据先前的考证来看无可争议的**实情**就是，在秘仪中被教导的是狄奥尼索斯的**三重性**，它被标以扎格柔斯、巴库斯和雅科斯这三个名字。最后一个名字又把我们引回第一个上，因为雅科斯和扎格柔斯被视为同一个神，并且在一定程度上被完全混淆了，而笼统来看，之所以会发生混淆可以通过下面这点得到理解，即在任何情况下，终点又会等同于开端，并且在真正意义上，终点自身不过是被设定出来和被固定的开端，与此同时，开端其实也只是尚未**作为**自身被设定，并因而受制于一种颠覆、一个进程,即一个重归过程的终点。即便是以纯然形式性的方式,或者辩证法的方式,根据**各位**从许多范例中得知的概念序列,第三者也都会再次拾起最初者;就此而言,第三者其实就是被重新发现的最初者,但它现在**是作为**自身得到保存和固定的最初者,正如雅科斯也同样被设想为被重新发现和得到了重建的扎格柔斯。

神谱进程建立在三个环节上,a) 非精神性的本原,b) 对前者进行否定,因而相对具有精神性的本原,c) 由通过对非精神性本原的否定而设定的精神性本原。为了使这一进程能被觉知为最高意义上的神谱进程,这**三**个环节不仅必须不可消解地关联交互,而且也必须要被觉知为同一个神的不同环节。在这**所有**环节中**被认识**为相同者的,就叫作狄奥尼索斯,或者说,狄奥尼索斯是三重形象的共有名称,而神正是以贯通这三重形象的方式在意识面前产生并**生产**出自身的。不过这些形象中的每一个同时也是通过一个独有的名称得到刻画的,现在我们就来分别认识他们。

但由于我们到目前为止只是在他与这种三重性的关系中来考察雅科斯,所以在已然完成了这种考察之后,我们现在必须进一步地来考察他自身,尤其必须在他与**德墨忒尔**的关系中来进一步考察。

什么是德墨忒尔? 正如**各位**已经知道的[①],德墨忒尔就是在实在性之神和解救之神中间动摇不定的意识,她两者都依附。但她最终必须取消自己与实在性的神的纽带。德墨忒尔本质中被实在性的神把持的部分,必定会与实在性的神一道进入被掩藏遮蔽的

XIII, 483

---

① 见本书第 412 页,亦可见"神话哲学",第 629 页及以下。——编者注

状态。但从这一刻起,这位女神的悲痛就开始了,这一悲痛就仿佛是被遗留下来的空洞、未得充满的意识。德墨忒尔寻找女儿,因为**她寻找**的就是那个最初唯一的、排他的、充满着她整个意识的神;在德墨忒尔面前,诸神的复多体取代了最初的唯一之神,由于这个复多体,德墨忒尔觉得自己受到了损害,因为她在其中只看到了已然失落的唯一之神的残余,德墨忒尔想要做的就是把诸神复多体重新聚集和联结为统一体。即便是带来解救的神(第二狄奥尼索斯)也不能治愈德墨忒尔;因为正是这个神作为原因,使存在现在被分有在了**多**之间。所以悲痛的德墨忒尔仍一直指望着女儿的复归,她仍然拒绝承认自己的女儿是哈迪斯的伴侣,是他的妻子,她同时还向宙斯和所有奥林匹斯诸神抱怨自己的遭遇。德墨忒尔不**能够**终止作为神的设定者去存在,因为这就是她身上无法摧毁的东西;只有把德墨忒尔本质(珀耳塞福涅)中的偶然之物,也就是把吸附在她本质上的东西跟她分离开之后,她才会像现在这样显现为**本质性的**神之设定者;但对德墨忒尔来说,在哈迪斯和带来解救的神在第三个神中得到联结以前,她都不会把他们中的任何一个认识为神,唯有在第三个神中,她才把最初的、对她而言精神性的、但已然成为非**存在者**的神,作为现实存在着的神来拥有,除非德墨忒尔放弃与实在性的神的排他关系,除非她在此行为中已然成了第三个神的**设定者**,即分娩他的潜能阶次,也就是他的**母亲**,否则她就不会得到静息,第三个神也就是作为自身存在着的、超越于一切复多体的精神,在其中,复多体再次成为精神性的一,而精神也就拥有和把握到了作为隶属自己的**环节**的复多体自身。但为了实现完满的静息与和解,下面这回事情必须同时伴随着意识发生,即这个精神性的唯一者(德墨忒尔所成为的就是它的母亲),跟那个实在性的或者说实体性的唯一者,是**相同者**,或者说,**这个精神性的神**,就是那个德墨忒尔在最初排他地一心侍奉和依附的神,他只不过是以消失在精神性的唯一者中的方式再次复苏和复活了;秘仪中的关系所呈现的就是**如此**,从这一点出发就能说明,根据普鲁塔克①的说法,在埃及和希腊秘仪中都以完全一致的方式呈现出,在最初之神消失和没落 (ταῖς φθοραῖς καὶ τοῖς ἀφανισμοῖς) 之后,紧接着的就是他的复活和重生 (ἀναβίωσις καὶ παλιγγενεσία)。即便是在西西里的狄奥多罗通常含混不清的记叙中,仍然可以认出下面这一构想,即第三潜能阶次不过是得到重建的第一潜能阶次,因为他说,凡人所生的或者说被泰坦撕碎的狄奥尼索斯从德墨忒尔中彻底重得新生。②而另一条线索是,雅科斯的诞生才在真正意义上使德墨忒尔得到了安慰与和解,这是德墨忒尔的叙事中一处令人容易忽视的特征,当德墨忒尔的一位侍女提醒她,她又能分娩,又能做母亲了(也就是做雅科斯的母亲),听了这话,悲伤恼怒的德墨忒尔,才头一回又露出了舒朗的神色。这一叙事特征是通过一种在德墨忒尔节上无论如何只能算是外部表演的行为得到暗示的。因为秘仪同样**也**有其公开的或者说显白的一面。在秘仪上举行的各种流程或者仪式里,有一部分是完全公开的;所有人都可以参与其中,所有人都可以看到,不过也并不是所有人都明白其意义。在这里,各种内在的关系只能以象征的方式被暗示。这种象

---

① 《伊西斯与奥西里斯》, c. 35。——作者原注
② πάλιν ὑπό Δημήτηρ ἐξ ἀρχῆς νέον γεννηθῆναι[最初的狄奥尼索斯从德墨忒尔中得到了重生],《历史丛书》, III, c. 62。——作者原注

征性的暗示也就是**下面这种**行为,关于这种不体面的行为,在亚历山大里亚提到过的、假托奥尔弗斯所撰的诗句里有所描写,非洲的教父阿诺比乌斯①费了很大的力气把这些诗句译成了当时还颇为粗鄙、可能会使那些品性纯良的教父们怒不可遏的拉丁语诗。此外,在对这些节庆最初的安排中,肯定包含着下面这种旨趣,即在其中也要为大众安排一些东西,一些会让大众满意和开怀的东西。从这个方面来看,除了我们先辈的所作所为,还没有什么能给秘仪的安排带来更大的侵害,正是他们,在**曾经的那些时代**里,把在基督宗教中欢庆各种最高秘仪,跟与群众的恶搞搅和在一起的嬉闹游行捆绑在一起,或者说,把后者放到前者中,我们的先辈们无疑以为或者觉得,必须这么做,或者至少**可以**这么做,因为人类的心绪大抵承受不了长时间的单调,就每一种严肃的情绪或者紧绷来说,一种能起缓解作用的对立情绪总是必要的,在并非自愿地获得这种严肃情绪的时候,人大都自觉地知道要以**损耗**这种片面严肃的方式,去谋得这种对立情绪,因此,除了作为表面上做做样子或者外部表演的严肃和崇敬之外,必定还得有一些令人开怀和嬉闹的东西,甚至一定程度上还得是一些滑稽的东西,来让人忍受严肃。恰恰在这种表面上的外部表演中——当它跟某种快乐的狂欢结合在一起的时候——,宗教感的内在确凿性和确信,即那种全然得到了静息,对不可侵犯、不会被任何东西置入怀疑、自身能经受住自己的对立面、为真正意义上的秘仪所有的那种信念,也就得

---

① 阿诺比乌斯(Arnobius),基督教的护教教父之一,享盛名于戴克里先皇帝时期,受柏拉图和卢克莱修的影响很大。——译者注

到了表达。但提供这种内在确凿性和静息的,恰恰是伴随着雅科斯之显现的宗教感所获得的最终开解。著名的雅科斯颂歌其实就是那种感觉到现在已经一劳永逸,而非仅仅暂时从实在性之神的压迫性强力中解脱出来的心绪之爆发。唯有从这种欢呼中,神自身才得其名号。沃斯认为,雅科斯这个名字可能来自希伯来语 הִי(即简写的 הָיהִי),这纯粹是脑子不灵光。希腊语的动词 ἰάκχω 或者 ἰάχω① 对应的德语词不是其他,正是欢呼、叫喊,而名词 ἰαχή 的意思则是欢呼、叫喊,ἴακχός [雅科斯],确切地说,ὁ μυστικός ἴακχός 首先指的是吟咏第三狄奥尼索斯的欢呼颂歌,接下来才指这个神自身。既然已得解脱的心绪只有跟雅科斯一道才能发出畅快的呼喊(完全可以回想一下基督教中的类似表达:比如在圣灵,即第三潜能阶次中的欢乐),那么唯有凭着第三狄奥尼索斯这个理念,狄奥尼索斯理念自身才得到了自己完满的规定和整全的展开。并非像据到目前为止的演讲(演讲只能一步步来)可能看起来的那样,比如说就算没有第三狄奥尼索斯的理念,第一狄奥尼索斯的理念也能完满且真实地存在。只有在第三狄奥尼索斯,即如今作为精神而存在着的狄奥尼索斯在此之际,第一狄奥尼索斯才会退回到其自—在中,进而成为 Διόνυσος χθονίος,即不可见的、被掩藏起来的狄奥尼索斯。出于相同的理由——因为只有凭着雅科斯,在其**全部**潜能阶次中的整全之神才在此——,也就可以理解,何以神的整个历史在一定程度上是作为雅科斯的历史和命运被讲述的。

XIII, 486

---

① 这两个词的读音都是"雅克",谢林在这里是说雅科斯这个神的名字来自动词"欢呼"的名词化。——译者注

但在德墨忒尔得到了和解之后,她进一步的情形如何呢?

在德墨忒尔放弃了实在性的神,通过第三狄奥尼索斯(她就是他的母亲)得到了和解和静息之后,现在她**彻底**归属于第二狄奥尼索斯,从现在开始,她就可以被看作坐在第二狄奥尼索斯身旁的人(πάρεδρος[侍坐者]),跟他享有同样的尊荣。但既然狄奥尼索斯是在宙斯中得到代现的复多体的原因,那么德墨忒尔也借此与复多体和宙斯和解了,我们可以说,德墨忒尔现在代现的是得到了静息(在复多体和实体性的独一之神的没落之上而得到静息)的神话意识。但德墨忒尔**原本**是处在实在性之神和带来解救之神**之间**的意识,正因为如此,**第三狄奥尼索斯的潜能阶次或者说种子**,就已然蕴含在这一意识中了。也就是说,根本上来讲,德墨忒尔是狄奥尼索斯三重形象**共有的**潜能阶次,她原本就是主观的**本原**,或者说,对暂时还没展开的狄奥尼索斯之理念的意识(尽管这一意识最初只是实体性的意识)。当德墨忒尔把在她之中归属于实在性之神的东西,也就是珀耳塞福涅,从自己身上剔除出去之际,对此理念的展开也就开始了,而当德墨忒尔把在她之中归属于第三狄奥尼索斯,也就是**作为精神**而**存在着**的神的东西从自己身上剔除出去之际,这一展开也就**完成**了,德墨忒尔自身就是**以此方式**彻底处在两个神之间,并由此能与第二狄奥尼索斯平起平坐,这一点正是在παρεδρία[侍坐者] 这个词中得到表达的。因而德墨忒尔也就凭着这一点获得了自己最终的规定。

也就是说,实在性的神怎样跟女性的潜能阶次——即珀耳塞福涅——相对应,德墨忒尔现在怎样进一步地跟第二个神相对应,与第三狄奥尼索斯,或者雅科斯相对应的第三个女性潜能阶次**也就以**

同样的方式被要求。但既然三重狄奥尼索斯只不过是对相同之神三重**环节**的代现，那么三个女性神也同样不过是相同的**意识**的三重环节，这一点正好可以通过下面这回事情说明，即跟第一以及第三狄奥尼索斯相对应的女性神，就是德墨忒尔的孩子，也就是独一的**原初**意识的**孩子**。因为在各个环节彼此分辨或者说划分**之前**的原初意识，就是德墨忒尔，而对狄奥尼索斯的特殊意识则是在划分之**后**才有的。独一的、起初尚未展开的意识（因此我们称之为原初意识），跟神把自身划分到三重环节中一样，现在也同样把自己划分到了三重环节中。在把其他的两个环节从自身中剔除出去之后，德墨忒尔自身也就保持为与其中一个，也就是中介性的环节相对应的潜能阶次而逗留在原地了，反过来说，为了保持作为上述这种形象的德墨忒尔，为了保持作为与复多体，进而与第二狄奥尼索斯相一致的意识而逗留在原地，德墨忒尔必须把在她之中与第三狄奥尼索斯相对应的东西（也就是在她之中**存在着的**第三狄奥尼索斯的潜能阶次），通过雅科斯的诞生而设定在自己之外。与雅科斯同时诞生的潜能阶次，就是**科瑞**（Kore），正如珀耳塞福涅是哈迪斯，或者说已然消隐的狄奥尼索斯的伴侣，科瑞也同样是雅科斯的伴侣。科瑞之于珀耳塞福涅，正如雅科斯之于扎格柔斯。只不过她是在更高的潜能阶次上复活、回归处女形象的珀耳塞福涅。正如这个名字明确表达的，科瑞就是在高处的、在天堂里的珀耳塞福涅①，相反，珀耳塞福涅只是地下的或者说在低处的科瑞。"科瑞"这个名字的意思不是别的，正是少女、处女。但"科瑞"这个名字尤其特指她作为 κοῦρος

XIII, 488

---

① "科瑞"这个名字也包含"满足"的意思。——译者注

Ἴακχος，即作为小男孩雅科斯的伴侣。秘仪中最高的庆典正是雅科斯与科瑞的联姻。在厄琉息斯秘仪举行的第三天就会搭起巨大的婚床，这正是为已然被神充满、满是喜悦的意识和满是喜悦的神之间的联姻而打造的。这幅与神联姻的图景源自最古老的时代，《旧约》中就充满这种意向，如果可以说，最神圣的东西必须伴以亵渎的反衬，那么即便教会也可以叫作基督的新娘。这一在秘仪中举行的仪式叫作 ἱερός γάμος，即神圣的联姻，一切都通过它得以完结，意识也通过它彻彻底底地脱离了神话进程的必然性，进而对意识来说，一个全新的，但仅仅在秘仪最深的奥秘中作为纯然之未来而被设想的世界也就开始了。

根据已经说明的关系，科瑞就是在高处的、在天堂中的、充满喜悦的珀耳塞福涅，而珀耳塞福涅则相反，她只是在地上的科瑞，根据这一关系，对下面这回事情也就不会感到奇怪了，即就跟扎格柔斯和雅科斯一样，科瑞和珀耳塞福涅也一样会被混淆，所以我请**各位**千万不要搞错，不要把比如克罗伊策的阐述拿来跟我的相提并论，比如他甚至把在高处的科瑞设想为死之女王，或者把独属珀耳塞福涅的东西也归给科瑞。还需一提的是，**这种**混淆的账完全得算在那些新兴人物的头上，因为古人对这一区分是清清楚楚的。在造型艺术品中，人们尤其可以看到，德墨忒尔和科瑞共同陪伴着雅科斯，科瑞和雅科斯就是德墨忒尔的快乐与骄傲之源。所以保萨尼亚斯在描绘阿提卡①的一座藏有许多雕塑的德墨忒尔神庙时，一开始就提到：αὐτή τε καὶ ἡ παῖς δᾷδα ἔχων Ἴακχος[她怀里抱

---

① 《希腊志》，II，4。——作者原注

着作为孩子的雅科斯]。雅科斯的火把可能就意味着婚礼上的火把,或者说,婚礼上的火把就是对在雅科斯中兴起的新时代的普遍象征。同样,在罗马人那里也可以发现,利柏尔(Liber)[1]和利柏拉(Libera)[2]也共同陪伴着刻瑞斯(Ceres)[3]。在一处著名的文段里[4],西塞罗说明了利柏尔和利柏拉这两个名字的意思。从这段话中可以看到,利柏尔和利柏拉实际上就是对希腊名字 κοῦρος [小男孩]和 κόρη [科瑞/小女孩]的翻译。雅科斯就是利柏尔,即德墨忒尔的小男孩,科瑞就是利柏拉,也就是德墨忒尔的小女孩。西塞罗的原话是:quod ex nobis natos liberos appellamus, idcirco Cerere nati nominati sunt Liber et Libera, quod in libero servant, in libera non item[刻瑞斯所生的两个子女叫利柏尔和利柏拉,利柏尔这个名字来自我们对"小男孩"的称呼,这种命名法适用于利柏尔,但不适用于利柏拉]。这话的意思很明显:因为我们把我们所生的叫作 Liberos (孩子),所以刻瑞斯所生的就叫作 Liber (小男孩)和 Libera (小女孩),这两个词都是"孩子"的单数,这种语言用法,在 liber (也就是小男孩)这个词中仍有保留,但在 libera 这个词中是不常见的,也就是说,除了特指利柏拉女神,libera 没有再被用来代称小女孩。实际上,用单数 liber 来代称小男孩在《学说汇编》[5]中至少就已经出现了,在西塞罗的时代,这一做法在口语里或许就

---

[1] 罗马神话中的酒神,原意为小男孩。——译者注
[2] 罗马神话中的果实女神,原意为小女孩,对应科瑞或者珀尔塞福涅。——译者注
[3] 罗马神话中的谷神,对应德墨忒尔。——译者注
[4] 西塞罗:《论神性》, II, 24。——作者原注
[5] 公元6世纪东罗马帝国皇帝查士丁尼下令汇编的一部法学家的学说摘录,共有五十卷。——译者注

已经使用极广了,不过用 libera 来代称小女孩则不常见。完全无法理解,这一如此清楚的文段竟能被人误解,致使**这种**经过了许许多多抄本确证的读法,被另一些人颠倒黑白、信口雌黄说:这种命名方法适用于利柏拉,不适用于利柏尔。这些人或许是**以下面的方式来**设想的:谈到科瑞的时候人们完全只是在谈 Libera,而没有谈到雅科斯,因为倒不如说,Liber 这个称呼总的来说是用来称呼塞墨勒的儿子的(或者说其实是刻瑞斯和塞墨勒共同的儿子)。通过下面这点就可以驳斥这种说法,即正是在许多**历史学**文献中,用以称呼**那位**狄奥尼索斯的,恰恰是 Liber,比如李维就说过①:ad aedem Cereis, Liberi Liberaeque [去刻瑞斯、利柏尔和利柏拉的神庙],又在另一处说过:supplicatum ad Cereris, Liberi Liberaeque fuit [已经向刻瑞斯、利柏尔和利柏拉做了祷告]。同样,塔西佗也说过②:aedem dedicavit Libero, Liberaeque et Cereri juxta Circum maximum [在大竞技场边上,有供奉利柏尔、利柏拉和刻瑞斯的神庙]。同样可以看到,利柏尔和利柏拉的名字,甚至偶尔还有刻瑞斯的名字会出现在比如墓碑的铭文上,死者想通过这一方式见证自己参与过进入秘仪最高阶段的进入仪式,即便在另一个世界,死者也期待着这三个神赐予的更高福报。而众所周知,雅科斯被呈现得最多的与**科瑞**结合在一起的形象,则主要见于出土的那些彩绘花瓶,因为秘仪作为进入仪式,被认为对死后的生命,也就是对死后与精神性诸神相交道的生命,也同样有效。

---

① 《罗马史》,III, 55。——作者原注
② 《编年史》,II, 49。——作者原注

如此一来，我们已经从男性神和女性神这两个方面对作为奥秘的三重性做了完备的展开。相同的环节，在男性神这方面是由扎格柔斯、巴库斯和雅科斯这三重形象呈现的，同样，在女性神的形象中，则呈现为珀耳塞福涅、德墨忒尔和科瑞。

而这种其统一体中的三重性，就是在希腊最神圣的秘仪中极乐至福所直观与把握的最高对象。

第二十二讲　秘仪与希腊精神

现在我要回到我从一开始就确立起来的命题上,根据到目前为止的演讲,我可以把这一命题假定为已得证明的:秘仪中的诸神就是附着在意识中的神话进程之原因,在意识屈从于外在的诸神复多体之际,这些正因此而处在危机**中**的原因,也就作为内在之物**持立**驻留了下来。

意识必定会把自己以原因性的诸神的样态所获得的那种认识,视为已然为自己所得的更深刻,并就其自身而言隐微的认识,进而坚信它是神圣的。就此而言,秘仪并非人工造作的东西,并非人工捏造出来的东西,因为在其中得到保藏和维护的认识,是一种就其自身而言内在的、被掩藏起来的认识。

但如果下面这点是断然明确的,即秘仪对认识而言是一个结果,并包含一种学说,进而绝非外在的祭仪、洁净仪式、清洁仪式以及其他可以如此来设想的东西,那么首先得令人信服的就是,这种认识也不是某种狭隘的,进而纯然特殊的认识,比如关于纯然物理意义的认识。在能够去设想这种认识的内容其实是一种被遮掩起来的形而上学之前,一种关于世界之产生的先验学说肯定已经存在了。实际上,在秘仪中得到认识的原因不是其他,正是能够生产出世界的**普遍**原因；这种关于世界产生的一般性学说，因而也就仿佛被直接地掩藏在秘仪学说之后；如此一来，把这种学说如其所是地指明出来，也就并非难事了，在普鲁塔克时代，他自己就已经这么做过，但后来的人做得更多，尤其是新柏拉图主义者。但在关于各个潜能阶次的秘仪中，是否已经有了这种对先验的、哲学式的世界说明的普遍运用，这一点至少还无法得到证明；就算它有必要得到证明，那也不再是我们的探究范围内的事；我们只能就秘仪学说作为已然先行的神话进程的必然产物而言来考察它，但这并不是说，我们仿佛就可以把秘仪学说逼迫到晚近的那些在一定程度上尽管可能，但已经是以科学的方式进行的解释中了。

神话意识处在整个进程的走向中，在此意识中发生的，跟在自然中已然发生的是相同的。就此而言，在一定程度上可以说：神话是一种观念的或者观念式的外壳，它是按照自然的历史写就的，这种说法和我们先前的表达是同义的：神话只不过是在更高潜能阶次上重演的自然史。这片迷雾——我可以这样来说神话——或者说，这层外壳确实**十分**柔软，很容易打破，这就致使新近的一些研究者，把神话强行移植到某个普遍的领域上，尤其是要把神话说明为世界的生产过程自身。但在神话中起支配作用的是**纯粹的**宗教意义，所以也可以说，在神话中并没有某种笼统哲学的空间。

目前唯一确凿无疑的是：秘仪被设想为普遍的宗教。希腊人自己也没有再把秘仪视为某种他们所特有的宗教，而是把秘仪的内容视为真正普遍的宗教，视为世界宗教，比如西塞罗谈到厄琉息斯的时候说（这话毋宁是他从一位更古老的诗人那里引用来的）：Eleusis sancta et augusta, ubi initiantur gentes orarum ultimae [神圣的厄琉息斯地位卓越，地上所有的人都要去那里参与秘仪]。秘仪诸神诚然是作为**普遍**且**最高**的原因，据此也是作为最高和真正普遍宗教的内容得到认识的。

除了最开始提到的纯然的物理观点之外，对秘仪内容最狭隘的观点或许就是，把它设想为一种纯然的**道德**。秘仪当然包含着某种道德，每一种深刻的、能把灵魂回置其位、能自身圆融的学说，总是具有道德的效用。除非种种道德理念跟秘仪只能在短时间内彼此维系，否则它们不会在秘仪之外得到普遍的传播。一旦哲学家们公开讲授完全类似的道德学说，秘仪就必定会从**这个**瞬间开始终止。无论如何，首先被抛出来的问题始终肯定是：即便是哲学也**不**可通达的秘仪，究竟可能拥有怎样的源泉？为了使自己即便在哲学已然强有力展开的时代，在苏格拉底、柏拉图和亚里士多德已然声名赫赫的时代，仍能守住自己的价值，秘仪必定有其特有的源泉。

然而就算现在表态说，秘仪的意义是一种纯粹的宗教意义，也还是得提防，把这种说明又限定在个别**教条**上，比如灵魂不死的教条。刚刚关于道德的各种理念已经强调过的东西，对于这一点也是部分有效的。在何种程度上，灵魂的不死——不仅是一般意义上的不死，而且还有在秘仪仍享有崇高声望的时代里对未来生命之境况的关切——成了哲学研究的对象，单凭柏拉图的《斐多》就足以证明了。着眼于死后的续存本身，着眼于在死后世界里等待着罪大恶极者的**惩罚**（柏拉图《法律》中的一处文段[①]明确把这个说

[①] IX，870，D. E。——作者原注

法作为秘仪学说来引用),同样,着眼于在死后世界里,等待着虔敬者的奖励,在这些观点上,秘仪跟哲学的学说是完全一致的。入仪者在秘仪学说中所感受到的极乐,明确地被说明为未来会拥有的极乐之范型。正如已经表明的,这种极乐首先就在于摆脱物质的系缚,而在一定程度上,惩罚或许就在于重返物质世界中,或者无法从物质世界中解脱,从所引的柏拉图的文段中可以推论出——正如已经说过的——,根据秘仪中流传下来的说法,自己负有属血气之罪的,必定要被驱逐回地上,以便在那里忍受相同的惩罚。进入秘仪的进入仪式(负有蓄意所犯的血气之罪的人,则进入秘仪无门,除非在色雷斯进行告解)被视为保证即便在冥府也能极乐生活的最稳靠手段。秘仪仿佛预先就假定了,眼不可观,耳不可闻的东西,唯有死人可知。根据假托柏拉图所作的对话《阿克西俄科斯》(*Axiochos*)① 中的说法,在进入仪式中,入仪者会被任命为仪式队伍的队首,προεδρία,希腊人甚至普遍地认为,只消通过秘仪,对死亡的恐惧就会得到完全的平息,所以在刚刚提到的那部对话里,甚至还谈到了赫拉克勒斯和狄奥尼索斯(在这部对话里,狄奥尼索斯仍是作为半神这样的居间存在物,而不是作为神而被设想的):他们下到冥府的胆气,就是通过厄琉息斯净化仪式获得的。不过,即便是这种关于死后境况的学说,在秘仪中也不过是对**普遍**学说的补充,而这种关于死后境况的学说之所以在哲学家那里成了一种纯然唯理论的学说,正是因为它包含了某种肯定性的内容。那么,普遍的学说又是什么呢?答:不是其他,正是宗教意识的历史,或者

XIII, 494

---

① 371 D。——作者原注

客观的表达就是,把自己从原初非精神状态克服和神化到完满的精神化活动的神之历史。如此一来,秘仪最终的内容当然就是彻底精神性的,并且同时具有唯一性的神(这个神绝不纯然就是 A^3,相反,这个神的根据[potentia ultima(最终的潜能)]是纯粹的自在,进而正因为如此,这个神也是 A^3)。但正是这个得到了完满精神化的神,先前曾盲目地存在着,单就这一点来看,他也穿越过盲目的存在,在其中忍耐着一切必然之物,并最终从这一盲目的存在中分离,也就是说,这个神并非直接就是绝对的,相反,只作为从盲目存在中分离的神,他才是精神性的神。因此,这一(关于精神性的神的)学说在秘仪中也就并非作为学说,而是**作为**历史,进而作为历史,只能通过现实的过程得到呈现。所以,秘仪中的一项无可置疑的内容,肯定就是呈现在穿越盲目存在的过程中的**神之受难**。

既然整个神话进程就建立在对盲目存在着的神,或者不如说,对**作为盲目存在者**的神的逐步克服上,那么这一**受难**也就并非秘仪偶然的内容,而是必然的内容,正如我们一开始就指明的,秘仪恰恰只可能是神话自身内在的隐微历史,或者说,恰恰只有在秘仪中,神话才意识和把握到自身。就此而言,之所以不需要对先前觉察到的埃及与希腊习俗间的一致性感到惊讶,就是因为在整体上来看,埃及和希腊的神话都不过是对意识中相同环节的呈现(希腊这个环节恰恰曾经也是埃及式的,而埃及则是希腊意识自身较早的环节)。至于印度,它的神话图景已经完全偏离了神话进程的中心,所以举不出什么跟埃及和希腊的神话学说类似的东西。把希腊神话直接地跟印度神话来比较,这是一种最不幸的想法,但看到埃及和希腊宗教之间有某种自然的血亲关系则绝不是误认;希腊的神话图景把**埃及**神话这个环节重新纳入了自身中。① 奥西里斯的受难(一旦已经认识到了贯通在仅仅作为三重环节的三重形象中的神之统一性,那么受难也会呈现为唯一之神的受难,而非个别的神的受难)在埃及是公开的公共宗教的一部分。埃及人(希罗多德就是这么记载的②)在赛易斯圣域(Sais)的轮形池上——在邻近的地方还可以看到奥西里斯的方尖碑——呈现神**受难的场景**(δείκηλα τῶν παθέων αὐτοῦ [对他经历的事情进行再现]),希罗多德说,埃及人把这称为秘仪。希罗多德——他清清楚楚地看到了埃及人的这种隐秘欢庆与某些希腊狂欢间的同一性——因此补充道:尽管我大体上知道,埃及人的这一秘仪跟什么有关,不过我仍然不得不注意到,有一种神圣的沉默笼罩其上。正如我们所见,在希腊,诗人们——但只是那些纯然奥尔弗斯教的、绝没有获得过真正普遍影响力的诗人——把狄奥尼索斯的命运强行用作神话的素材,并在诗中以荷马的手法对之进行发挥。然而正如已经说过的,这些奥尔弗斯教的诗作绝没有获得过大范围的,或者说普遍的传播,它们只是口耳相传,始终停留在奥尔弗斯教徒自己的圈子内部,在普鲁塔克和保萨尼亚斯的时代,这些诗作才首次获得了一种全新的重要性。如果这些诗作把受难呈现为被泰坦撕碎,那么在此为这一构想提供根据的可能就是,由于神自己的自然本性

XIII, 496

---

① 尤其可以用下述方式来凸显希腊秘仪学说和埃及的阿蒙(埃及神话中的太阳神——译者注)学说间的类似性:狄奥尼索斯 1= 处在张力中的神,狄奥尼索斯 2= 彼此分离中的神,狄奥尼索斯 3= 重获统一性的神。——作者原注(可参见"神话哲学",392 页。——编者注)
② 希罗多德:《历史》,II,170,171。——作者原注

中泰坦性的要素，他注定受难。因为正如先前强调的①，τιτᾶν [泰坦] 这个词源于 τείνω，τιταίνω，即**紧张**。但一切张力的原因是第一狄奥尼索斯，因而他也是一切泰坦性要素的原因和本原。就此而言也就并非不可设想，泰坦的强力，尤其是克洛诺斯，何以在秘仪中被呈现为亲自参与了狄奥尼索斯的受难和死亡；在这个场景里，抽象地来想，克洛诺斯就是物质性之神（把自己否定到物质化活动中的神）的抑制者，并凭着这一点在进行着撕碎。扎格柔斯较之于他，就成了已然顺从的神，或者说克洛诺斯之于扎格柔斯，就等同于提丰之于（被撕碎的）奥西里斯。或许在先前所引的文段中，保萨尼亚斯要借机提及奥诺马克里托司只是由于提到了荷马，以便借此暗示，奥尔弗斯教的诗人并不是从秘仪中借用的泰坦，而是从荷马那里拿来的。跟在埃及的赛易斯圣域的轮形池上一样，盛大的狄奥尼索斯节也极可能是在雅典的利姆奈 (Limnai)② 欢庆的，而神的历史则以盛大的悲剧场景来呈现。利姆奈是雅典的一处近郊，它很有可能是以坐落在那里的池沼得名的。所以，那种场景性的呈现似乎总是需要一块水面。我们先前已经看到了，狄奥尼索斯（第二狄奥尼索斯）是怎样在野蛮的吕库耳戈斯面前遁入水中的。利姆奈是**最古时期**的雅典的一部分，修昔底德对此有所说明③，他说，在忒修斯④——他接管了各个毗邻雅典的小城邦自己

---

① "神话哲学"，第618页。——编者注
② 一座位于伯罗奔尼撒半岛拉科尼亚地区的希腊村庄。——译者注
③《伯罗奔尼撒战争史》，II, 15。——作者原注
④ 忒修斯(Theseus)，传说中的雅典立邦之王，他有许多著名传说，比如解开米诺斯迷宫等等。——译者注

的议会和政府,并由此迫使他们把雅典认作中心——规划雅典之前,也就是说,在忒修斯扩大雅典城邦的规模之前,雅典卫城及其南部区域,就已经构成了雅典城。修昔底德是从下面这点出发来证明这点的,即神庙中的一部分就坐落在卫城自身上,而另一部分则首先是照着刚刚提到的地方在城里另建的。他把其中的一座神庙称为 Διόνυσος ἐν λίμναις [利姆奈的狄奥尼索斯神庙],他说,人们在这里供奉狄奥尼索斯,而古老的狄奥尼索斯节则在安特斯特里昂月(Anthesterion)① 的第十二天欢庆。如此看来,这座神庙属于雅典城最古老的部分,进而在那里欢庆的庆典无疑也属于雅典最古老的时期。修昔底德明确地把这一庆典称为古代的狄奥尼索斯节(它欢庆的对象就是最早的狄奥尼索斯)。这一庆典,连同在勒拿湖② 畔同样在夜间欢庆的庆典③,共同展现了希腊意识最古老最黑暗时代的烙印。这些庆典看起来仍像是直接从神话进程中走出的,也就是说,仍显得像是神话进程的开端性危机的产物。而已经跟这些庆典相分离,并与之不同的厄琉息斯庆典,则已然属于一个更晚并且教化程度更高的时代了(就像是神话的一个更晚且更高的环节)。在这些庆典上,显然也有 σοφισταί [智者] 的身影,希罗多德说他们更全面地地道出了狄奥尼索斯的理念,或者说,使这一理念大白天下。关于最初、最古老的神之死的设想,起源于对实在性本原之没落**最初的**印象和最早的战栗。这种设想所具有的必

XIII, 498

---

① 古希腊历法中的每年第二个月。——译者注
② 曾经存在于伯罗奔尼撒半岛南部的一个湖区,由许多喷泉、湖泊和沼泽组成,著名特产为九头蛇许德拉。——译者注
③ 保萨尼亚斯,II, 37。亚历山大里亚:《劝勉诗》(*Protrepticus*),22。——作者原注

然性究竟有多深刻,可以通过另一种向着最黑暗的古代倒退的宗教传统得到指明。在**伊特鲁里亚**多神学说的平行表达里,卡比洛斯神的三兄弟取代了三重狄奥尼索斯,关于这三兄弟,一则 ἱερός λόγος [神圣的传说](流传下来的神话)记叙道,其中的两个共同杀害了第三个①。十字若望,以及如今还以他为圭臬的克罗伊策,都以自己的私货对此补充说:他们杀害的是**最年幼**的兄弟。但在那些我们从中得知这则流传下来的神话的文本中,并没有一个字提到过这点。文本里只记载了,兄弟中的两个杀害了第三个。但第三个在这里并不就意味着据年龄来看的第三个,就算是如故事记叙的那样,兄弟中的两个在分割遗产的时候占了第三个的便宜,也不能得出结论说,这第三个兄弟就是最年幼的。两个卡比洛斯神兄弟杀害的这第三个,显然是**最年长的**,他在其他流传下来的神话——希腊神话——的说法中,就是屈从在第二和第三狄奥尼索斯之下的扎格柔斯。在这则神话故事中,没有任何要素不允许把遭受了杀戮之死的神解释为最年长的。不过可以确证这一观点的,还有下面这回事情,即两个兄弟同时还把被杀害的兄弟身上男性的部分,保存在了一个圣箱里,并把它带到了伊特鲁里亚。在先的神要被后来的神去势,年长的神要被年轻的神去势,情形向来如此。按尤里乌斯·费尔米库斯②的记载,在帖撒罗尼迦,人们通过崇拜血手来纪念这第三位神遭受的杀戮之死。这一点跟我们所设想的扎格柔斯的受难故事是完全一样的,只不过这个神受难时的形

---

① 亚历山大里亚:《劝勉诗》,16。——作者原注
② 尤里乌斯·费尔米库斯·马特尔努斯(Julius Firmicus Maternus),公元4世纪前后的古罗马基督教作家与占星家,有《数学》《恒星的能力和影响》等著作传世。——译者注

象残忍至极,但这个形象无疑也是非常古老的。在雅典,专为秘仪发展起来的悲剧则在另一个地方——表面看来,在希腊,悲剧是面向公众上演的,然而它的手法仍然是象征性的——对此进行了呈现,然而悲剧并不呈现神自身的受难,因为人们不敢公开上演它,而是把神的受难呈现为某个人物的受难。至少希罗多德记载过 XIII, 499
西锡安的居民在早先时代以悲剧歌队来纪念他们的国王阿德拉斯托斯(Adrastos)的受难①,狄奥尼索斯则反倒**不**受他们的崇拜。也就是说,阿德拉斯托斯在这里很明显取代了受难之神的位置,下面这回事情也能说明这一点,即希罗多德补充说,后来狄奥·克里斯提尼(Kleisthenes)把用来纪念阿德拉斯托斯的歌队给了狄奥尼索斯。但阿德拉斯托斯这个名字自身——我可以不把它视为一个历史上真正存在的人名——在构词上大有讲究,所以它可以透露出原本神话观念的吉光片羽。这个名字让人想到涅墨西斯②的别名阿德拉斯忒亚(Adrasteia)。涅墨西斯的这个别名很可能就出自阿德拉斯托斯。这一点,连同之前已经提过的③,后面再来解释。如果要把"阿德拉斯忒亚"像通常那样理解为不可逃脱者、不可避免者,那么Ἄδραστος [不可逃脱者/阿德拉斯托斯] 对于这个其实并非凭意愿设定、实际上只是神话进程中不可避免的 conditio sine qua non [必要条件] 的神而言,确实是一个恰当的名字。如果把Ἀδράστεια [不可避免者] 理解为这样一种力量,即它相当于并非

---

① 《历史》,V,67。——作者原注
② 涅墨西斯(Nemesis),本义为"报应",希腊神话中的复仇女神,别名为"阿德拉斯忒亚",即"无可逃避之人"。——译者注
③ "神话哲学",第146页。——编者注

发生者 (τό ἄδραστον)，正因为如此，也相当于本应不发生者（这个意思通常也就蕴含在 α 这个表示"缺乏"的前缀中，比如人们说的 ἀβίωτος βίος[日子过不下去]），那么阿德拉斯托斯的意思就是应不存在者，即充满厄运、带来灾难的不祥人物。但这样的一个人物，其实**就是**那个只要他是实在性的，即注定没落的神。把神的历史——如果它并没有被发展为秘仪——转换为人的历史，这并非寻常之事，这要么是不敢把诸神作为受难者来展现，要么一定程度上也是为了填满最古时期的历史空白。所以罗马历史以之为开端的雷穆斯 (Remus)、罗穆卢斯 (Romulus) 和努玛 (Numa) 的故事①，显然像我之前已经说明的那样②，不是其他，正是卡比洛斯神三兄弟的故事降格为人类的版本。从名字构词中的小化形式③来看，雷穆斯明显被刻画为年长的（根据元音音节的量可以推论，Remus 就等于 Removus，即阻碍者、对抗者），而罗穆卢斯则被刻画为年幼的。

如此来看，秘仪的主要内容诚然就是在其三重潜能阶次中得**到了统一**并且在（在张力被取消之后）一切潜能阶次中都具有相同精神性的神，但神的这一精神性不能抽象地呈现，而是只能作为一种与存在的分离得到呈现。因此，场景性表演的内容必定就是神的行动、受难以及最终的死亡。所以真正意义上秘仪之奥秘绝无任何可能只是一种所谓得到了提纯的有神论，而我们时代所理解的有神论，只是一种剥去了一切历史性要素、纯粹唯理论的有神

---

① 这三位是罗马的开国之祖，李维和西塞罗对他们的事迹均有记载。——译者注
② "神话哲学"，第 609 页。——编者注
③ 一种语法现象，指在名词构词中增加能体现"幼小"这一特性的词缀。——译者注

论。在秘仪中必定存在着**某种**坚固不易、经得起考验、吸引力无有减损、跟所谓日益增长的"文化"不可同日而语的东西；这样的东西只可能是真真正正的**历史**，而非某种纯然所谓普遍宗教的学说，这种学说最多只会把秘仪跟哲学家课堂上稀松平常的东西混为一谈。由此，在哲学已经得到了长期的成熟发展，在以最强烈热情投入的希腊研究已经有所收获之后，不断地从哲学家的课堂上把自己区分出来的东西，正是其中的**历史性要素**，而历史性要素则来自一个原初事件 (Urereigniss)，一个原初的意外 (Urvorfall)。我能做的，就是依据**我的整个**理论，把秘仪学说中历史性的特质和内容保持住，而我的理论与古今一切其他的秘仪解释，尤其与新柏拉图主义者的解释间的区分，就在这一点上，而新柏拉图主义者最常遭到的批判，就如我常常强调的，总是来自对他们几乎一无所知的人。根据我们的说明，在秘仪中，一切都是事实，一切都建立在某个自始至终如同在一部悲剧中不断被向前推进的事件上。在新柏拉图主义者那里，秘仪中的一切都是反思和教理；在我们这里，一切都是事情自身。珀耳塞福涅不仅对我们而言**意味着**一个本原，相反，她就是**本原自身**，是一个现实实存的存在物，我们只是把这一本原虚设为"珀耳塞福涅"，这一做法也同样可以用在其他所有神身上。现在，请**各位**反过来听听新柏拉图主义者的说明。根据他们的说法，珀耳塞福涅自身并非实存者，至少不是特定的个体，相反，她是人类灵魂本身；她被哈迪斯劫持则是一种关于灵魂跌落的表象，即当灵魂离弃上层领域，自行跌入物质王国，并跟肉体统合为一时的表象。珀耳塞福涅并非真的就是死者的女王，相反，所谓的"死者"反倒应被理解为自然中已然僵死、没有生机的事物，而为它们赋予灵魂的,就是珀耳塞福涅,哈迪斯之所以要强夺她,正是为了让 τά ἔσχατα τῆς φύσεως [远离生命之源的东西],即物质世界最底层的部分不至于得不到赋灵。如此来看,这只是一种纯然的寓意说明,然而**我的**说明的特质恰恰就在于,不管是在秘仪中还是在种种神话表象中,都断言了一种一以贯之的特质。

而且根据我们的观点,把秘仪真正意义上的奥秘设想为一种**一神教**(从瓦伯顿①开始,就有人这么做)是尤其不可能的,这种一神教,只是抽象和否定意义上的、在如今只被单单拎出来理解的一神教,这种一神教之所以是**抽象**意义上的,是因为这是一种绝对非历史性的一神教——而在秘仪中得到传达的神之统一性,是一种得到了**历史性**中介的统一性——而它之所以是**否定**意义上的,是因为这种一神教概念并不包含对多神教的克服,而是仅仅把它排斥在自己之外。在秘仪中得到传达的神性统一性,作为一种得到了历史性中介、经历过神性复多体的统一性,不可能是一种跟多神教绝对对立的统一性,它反倒要以多神教为前提。在许多不同的时期,尤其是从英国的瓦伯顿主教《摩西的神圣使命》一书问世起,人们都假定,秘仪真正意义上的奥秘就存在于关于神之统一性的学说中,这就是秘仪要让入仪者——至少是最高层次上的入仪者——所相信的东西,神话中的诸神只不过是人类的发明,要么根据欧赫迈罗斯的说明②,诸神只是被神化的人,要么根据另一种更

---

① 威廉·瓦伯顿(William Warburton, 1698—1779),英国著作家、文学评论家、格格斯特主教,编辑了蒲柏和莎士比亚的作品。——译者注
② 欧赫迈罗斯(Euhemeros),古希腊神话作家,提出诸神是被神化的人类英雄或伟大人物的第一人。——译者注

为冰冷的解释,诸神只是对自然力的人格化。这种观点尽管表面上看来可以说明秘仪何以是秘仪,也就是说,何以在它真正意义的内容上,存在如此巨大的奥秘。但始终无法把握的一点是,与这种秘密教化机制——人们就是这么看待秘仪的——并立和共存的公开神话的诸神信仰,何以能持续存在这么长时间。根据人类事物通常人尽皆知的进程就可以断言,在短时间内,两者中的任何一个——要么是公开的诸神信仰,要么是秘仪——或许都已经在希腊大地上消失了,然而它们——就算只从秘仪很可能得到最后一次发展的时代算起——却至少持续并行存在了500年,在此期间,并不存在一者取消另一者的情况,也不存在或许表面上看起来那样的一者危害到另一者的情况。①

在一种纯然**否定性的**、不包含对多神教的克服,而是只把它排斥在外的一神教中,秘仪学说不可能持续存在。同样,基督教也并不是通过**这样的**一神教战胜异教的。如果在秘仪中有一种一神教得到了传达,那么这种一神教只可能是那种把诸神复多体自身作为通向认识自己的**道路**,并恰恰因而将之确立起来的一神教。诸神复多体的兴起就是实在性或者实体性的独一者的没落;但伴随着这个实在性的独一者的没落,精神性的独一者,即自由的神兴起了。如此一来,一神教之所以是秘仪的内容,仅仅是由于在秘仪中,诸神的历史成了**唯一之神**的历史,因而诸神的历史也就**不再被说明成**或者说明**为**虚构,而是反倒被说明成**真理**。诸神的历史正是在秘仪中呈现的唯一之神的历史里得其真理的。表面上看起来

XIII, 502

---

① 见谢林本人的《论色雷斯的诸神》,第28页。——编者注

是诸神历史的,内在来看其实就是穿越了许多不同环节的唯一之神的历史。

从唯一之神的这一历史出发,才会衍生出所有其他在秘仪中得到传达的东西。在这一历史中,同时也有跟灵魂不朽学说相伴随的伦理学说。人类生命所具有一切痛苦和一切难以克服的东西,神也得经受;所以人们说:没有一个入仪者是悲伤的。因为谁要是会对人生所共有的种种不幸生出抱怨,谁就已经把整体的宏大命运,和神亲自走过的不可逃避之路视为荣耀了。关于悲剧,亚里士多德说,它通过同情和畏惧——当然,悲剧是在一种宏大崇高的意义上激起这些情绪的——使人从这些普遍的苦难(它们其实是人关联于自身或者他们个体的命运而感受到的)中解脱出来并得到净化,而这种功能仍可以在更高的尺度上用来描述秘仪,因为在其中呈现的,正是超越于一切人类的同情与畏惧范围之上的诸神之受难。同样不可否认的还有下面这点,即希腊悲剧自身就出自吟咏狄奥尼索斯受难的悲剧歌队,下面这回事情也能说明这一点,即上演悲剧的戏台一直都建立在狄奥尼索斯特别护佑过的地方,而大型的悲剧只在狄奥尼索斯—秘仪中上演,也就是说,正如希腊悲剧自身的起源在秘仪,那么同样,亚里士多德很有可能是在用秘仪所实行的效用来断言悲剧的类似效用,因为他在前面引用过的文段中,讨论为参与狂欢而预备的乐曲时,描述的那幅**具有净化作用的**图景,跟悲剧的场景如出一辙,他说:这些乐曲的作用正如 κάθαρσις [净化]。

通过到目前为止报道的内容,参照古人的记载,我认为,在秘仪中始终得到传达或者呈现的东西,已经得到了通盘的把握。但仍有某些东西并没有随着这些一并得到说明，也就是说，还有一种所谓的外部状况，但它仍直接是某种内在情状的前提，这种状况就是秘仪切实地在其中得到保藏的形式上的绝对奥秘。秘仪诚然包含了神话中的隐微要素，但只是在**下面这种**意义上的包含，即正如人们在把哲学演讲区分为显白的和隐微的同时，并没有因此在它们之上又建立起一种牢不可破的**外部**奥秘。秘仪包含着神话的奥秘，但无法理解为什么秘仪自身因此就是绝对的奥秘，而像诸如强夺珀耳塞福涅，她跟哈迪斯的联姻，德墨忒尔的恼怒与和解，诸如所有这些得到公开吟咏，在脍炙人口的所谓"荷马史诗"中详尽讲述的故事，则是愈发不可理解的。精神性的、**纯然**理智的诸神——我们把他们称为具有引发作用的诸神——是**普遍地**为人所共知的，正是这样的诸神，作为 Dii potes [有力量的诸神]，作为**纯粹的潜能阶次**（与具体的诸神相对立）的诸神，就**叫作**主神，即不可消解地统一在一起的神。① 在其殊异形象中的三重狄奥尼索斯尽管是秘仪之神，但他们就其自身而言绝不是不为人知的；比如说，当雅科斯的颂歌从远方响起之际，每个人都可以听到，甚至在戏台上，比如在他自己的喜剧里，阿里斯托芬也不怕让入仪者的歌声被听到，而在索福克勒斯的《安提戈涅》中，那个著名的歌队明明白白地就是在咏唱塞墨勒之子狄奥尼索斯，即作为唯一神的雅科斯。如此一来，这如何谈得上奥秘呢？这样一来，哪怕是雅科斯和科瑞，也只是那些数不胜数的**形象化**呈现的对象而已。但即便是能被视作最高奥秘的内容，即神的受难与死亡，即便是这一内容——我们

XIII, 504

---

① 见"神话哲学"，第609页，以及"神话哲学导论"，第293页。——编者注

从先前引用过的普鲁塔克的文段中可以看到这一内容——每个人都可以凭兴趣来听人吟咏,尽管这样的内容很可能只存在于奥尔弗斯教徒的诗作里,但教徒们也并非就因此不受追捧。另一方面,雅典人的宠儿阿尔基比亚德①,并不是因为被控告一夜间打翻了整个雅典的赫尔墨斯石柱像才遭到民众的仇视,反倒其实是因为他在自己家里欢庆秘仪;而当埃斯库罗斯似乎要把属于秘仪中真正奥秘的某些东西——我们不知道是什么——公开之际(其实只是不小心提到的),他只能在面对民众突然爆发的**怒火**时,逃到狄奥尼索斯祭坛的舞场那儿寻求庇护——这种群情激愤是以一种十分明确的公众**感觉**,也就是一种十分明确的奥秘为前提的。在被带到法庭上的时候,埃斯库罗斯之所以走运逃过一劫,是因为救他的既不是他在马拉松战役中被见证的英勇,也不是他和他的兄弟在那里身被数创,而是他对自己从未入仪的声明。尽管某位已经多次提到的、不愿意承认秘仪中有任何值得沉默或者道出的东西的饱学之士认为,埃斯库罗斯可能把秘仪中的合舞带到了戏台上,席勒和撒迦利亚②也这样东施效颦,前者把告解和圣餐仪式带到了戏台上,至于后者把什么带到了戏台上,我就不知道了。但这位饱学之士却对**传说**和具体的言辞只字未提。洛贝克也是如此。③然而在他本人所引亚历山大里亚的克莱门的文段中,

---

① 阿尔基比亚德(Alkibiades),雅典杰出的政治家、演说家和将军,后遭流放而亡。——译者注
② 鲁道夫·撒迦利亚·贝克尔(Rudolph Zacharias Becker, 1752—1822),德国教育家和著作家。——译者注
③ 克里斯蒂安·洛贝克(Christian Lobeck):《神话考》(*Aglaopham*)(出版于1829年——译者注),第82—83页。——作者原注

有这样的话：τά μυστικά ἐπί σκήνης ἐξειπών [在戏台上公开的秘仪]，而亚里士多德的评注者尤斯特拉图斯 (Eustratios) 也提到了埃斯库罗斯的这一遭遇，他说：埃斯库罗斯激起了民众的厌恶，因为他 περί Δημήτηρ λέγων τῶν μυστικωτέρων περιεργότερον ἅπτεσθαι ἔοικε，即因为他在谈论德墨忒尔的时候，似乎冒失地触及了秘仪的最高奥秘。

渎神，也就是公开秘仪的内容要受到死亡的惩罚；然而这还不够，渎神的惩罚还得加上抄没财产，但即使这样也还不够；对渎神者，甚至还要在青铜板上刻下铭文，让这个亵渎者被世代铭记，永受后人的咒骂，以使来者千万小心警醒，这种行为至少持续到了雅典民众被罗马人征服、被迫实行他们的律法的时期。但贺拉斯① 也说：

    Vetabo, qui Cereris sacrum
    Volgarit arcanae, sub isdem
    Sit trabibus, fragilemve mecum
    Solvat phaselon.
    [谁泄露了刻瑞斯的秘仪
    我就决不允许他和我住在同一个屋檐下，
    或者和我一起出发。]

伊索克拉底在他的一篇讲话中说，要是有人觉得可以违反秘

---

① 《颂诗》，III，第二首。——作者原注

仪的法则，或胆敢废除 δημός，即民主制度——这一点是更要紧的——，那么得诸神庇佑的城邦通常都会震怒。也就是说，违反秘仪的法则是国家层面上的**最高**犯罪。但所有这些都不妨碍，有一些秘仪中的事情、人物、行为、习俗，乃至一些言辞被随处提到。在引用出自秘仪学说的警句，"未入仪者在冥府会陷在泥淖里，而入仪者则与诸神同住"的时候，柏拉图并不害怕被指控渎神。而许多教父，比如亚历山大里亚的克莱门，对秘仪的各种过程、格言和言辞都非常精通，然而他们构造的基督教科学是否出自现实的进入仪式，就没法证明了。如此一来，我们迄今在"秘仪学说"这个名目下了解到的一切，就其仅仅在秘仪中流传而言，诚然是一种奥秘学说，但这并没有说明秘仪自身何以是严格的奥秘。在秘仪中，肯定存在着某些绝对禁止公开的东西。这种真正意义上的奥秘从没有在任何地方被吐露过。所以无论如何，秘仪肯定包含着某种跟公开的宗教体系、公开的诸神信仰相对立，乃至相**矛盾**的东西，否则还要秘仪做什么呢？而另一方面，秘仪中也不可能包含某种直截取消公开信仰的东西，否则秘仪不可能跟公开信仰并立和共存那么久。这种并存的矛盾和非矛盾，自身似乎就是最高的矛盾。或者反过来说：在秘仪中，肯定存在某种能够跟公开的宗教体系**相容**，但也不能取代它位置的东西。前面这一点（也就是跟持续存在的诸神信仰相容）之所以必然，是因为如若不然，两者就无法共存；而第二点之所以必然，是因为若非如此，秘仪自身就会成为公开的，进而排挤掉诸神信仰。那么这一矛盾该如何得到协调呢？

尽管我们之前已经分辨清楚了关于三重狄奥尼索斯的学说，而且我认为，这一学说已经无可置疑地得到了指明；但在此过程中,我们还没有把一个不可忽视的方面清清楚楚地端出来。诚然,作为相同之神三重环节的三重潜能阶次,在最终的意识中得到了统一,进而在此程度上是**共时地**、同时地设定在意识**中**的。但这三重环节之间的关系,作为**次第演替出现的**潜能阶次间的关系,并没有由此取消。其中一个狄奥尼索斯甚至明确被称为最早的狄奥尼索斯,而另一个则被称为最年幼的、最晚出生的狄奥尼索斯。但并非仅此而已;相反,它们的那种**同时性**存在也很有可能被无视,在这种同时性存在自身**中**,第一狄奥尼索斯被设想为过去时代的潜能阶次和主宰,第二狄奥尼索斯则被设想为当下的潜能阶次或主宰,而第三狄奥尼索斯则被设想为未来时代的潜能阶次或主宰。在秘仪中,对当下和未来的构想,也同样不可避免地是与关于过去的构想共存的。野蛮、怀有恶意的狄奥尼索斯的主宰被设想为过去,被设想为对一个早先的、现在不再存在的时代的主宰,这是必然的。但当下也同样必然地属于第二狄奥尼索斯。因为当下已经被外在的物质性诸神复多体充满了,而这其实就是第二狄奥尼索斯的创造(我得再提一下①波利克里托斯②的雕塑,它出自希腊教化和意识最盛的时代,它所呈现的,要么是带有狄奥尼索斯特征的作为物质性诸神复多体之主神的宙斯,要么是带有宙斯特征的狄奥尼索斯)。因此当下之为当下,也就属于第二狄奥尼索斯。第三狄奥尼索斯尽管**曾经存在**于隐微意识中,但他在其中只能作为未来之神,作为未来而非**当下的**主宰存在。但既然第三狄奥尼索斯被

---

① 上一次提,见"神话哲学",第642页。——编者注
② 波利克里托斯(Polykleitos),古希腊著名艺术家,对艺术实践归纳整理出了一部著作《规范》。——译者注

规定为尚未**进行主宰者**，即被规定为未来的主宰，那么由此而同时产生的构想就是，甚至第二狄奥尼索斯，以及恰恰因而仅仅与之**共存**、在他之中存在，同时凭着他被设定的诸神世界，即甚至第二狄奥尼索斯和凭着且通过他才一直持存的诸神世界，也注定要回退到过去之中，注定也要在作为最终主宰的纯粹精神性的神面前消失。意识在先前已经见证了，狄奥尼索斯之前的古老诸神世界，即泰坦的世界，堕入了塔尔塔罗斯的黑暗中；意识同样也相信，即便是这个狄奥尼索斯的诸神世界，也会同样伴随着那个自身并非最终，进而作为当下之主宰也恰恰因此把未来设定在了自己之外的神而消失。

这种关于一个仍在迎面到来之中的**第三位**世界主宰，以及一种伴随着他而正在来临的精神性宗教的学说——**正是这种学说才把意识从神话进程的结果中完全解救了出来**——，这种学说唯有跟公开的信仰体系，跟公开的诸神信仰体系才会**相容**，因为这种学说把这一体系承认为**当下**的体系，并且也不可能想到，要排挤掉这个体系或者自己取而代之，因为这种学说很明确地**只把**自身视为未来的体系，视为一个仍在迎面到来之中的时代的体系。

如此一来，让入仪者保持缄默的正是这种未来性，对这种知识，人们甚至宁可保持沉默，把它悄悄藏于心中，并在主宰着**当今**的诸神面前把它掩藏起来，人们在最高程度上敢于通过形象化的呈现展示在眼前的东西，并非就是敢用话语让耳朵信服的东西，所以在秘仪中，只有纯然的观视，ὀρεῖν [观看]，纯然的展现，δεικνύναι [呈现]，所以最高的庆典就是纯然在夜间的庆祝活动。在其中，也就是在这种其最高奥秘就是一种尚未**存在**、**未来**才存在的宗教的夜间庆典中，秘仪的情形完全如同后来遭到打压和迫害、就此而言仍然属于未来的教会，它只敢用夜间仪式在地下的逼仄之处和墓穴里举行自己的宗教狂欢（许多教父本人也用了这种来自基督教秘仪的表达）。在从这种夜间的迷醉中走出、再次迎来天光之际，入仪者肯定会愈发——仿佛愈发亲切地——再次转而崇敬当下的诸神，即天光下的诸神，所以秘仪并没有损减人们对这些神的尊奉与忠信，反倒还提高了他们。**各位**也都亲自看到了，这种观点如何解开一切难题，甚至还顺带使其中一些得到了把握，尤其是对诸神的忠信，因为通常肯定会认为，希腊民众（绝不仅仅是思想家）的自由精神无论如何都是超越于这种忠信之上的。**秘仪之为奥秘**，并不单在于下面这一被坦白说开的事情，即秘仪能呈现出那种普遍的战栗与惊惶，而能够填满这种战栗和惊惶的，似乎只有在罪中的死亡和因对此罪责的铭记而受到的永恒诅咒。秘仪之为奥秘，更有可能是对某种对未来世界、对当下诸神将面对的没落的暗示，这种奥秘是作为另一种更加不为人所理解的奥秘而存在的（比如根据希罗多德①**完完全全**按照埃斯库罗斯的原话所引的说法：珀耳塞福涅和阿尔忒弥斯②其实是同一个女神，在埃斯库罗斯的遭遇里，他可能就是没忍住把这件事说了出来才挑起了众怒，所以这件事的导火索是埃斯库罗斯提到了两个女神之间的这种同一性——克罗伊策和其他一些人就是这么认为的），这种奥秘无疑是一种彻底不同的且更为深刻的奥秘，埃斯库罗斯可能暗示的就是它，而这

XIII, 509

---

① 《历史》，II，156。——作者原注
② 阿尔忒弥斯（Artemis），希腊神话中的月神与狩猎女神，奥林匹斯十二主神之一。——译者注

也是导致民众冲他发火的原因。只消想想他借普罗米修斯之口①，以辛辣的反讽回应俄刻阿诺斯②富有同情心的女儿们所组成之歌队时的说辞，就可以认为，埃斯库罗斯也已经把握到了那种对未来世界、对诸神世界所将迎来的没落的暗示：

> 你们大可向永恒的主宰恳求、呼告和谄媚；
> 对宙斯，我没什么可问的。
> 他所统治的，不过是这个短短的时代，
> 随他去吧。他的统治不会长久，
> 诸神的统治不会长久。

XIII, 510

而在宙斯的仆人赫尔墨斯因为这番话前来审问普罗米修斯之际③，埃斯库罗斯也借着他的口回应道：

> 你倒像个诸神的狗腿子，满是高傲！
> 你的话里全是虚骄。
> 你们的新主子统治必**短**，
> 你们的城堡都不用去攻占。
> 难道我没见过，
> 两代统治者相继从里面被赶出来？
> 我肯定会看到，

---

① 《被缚的普罗米修斯》，第936行及以下。——作者原注
② 俄刻阿诺斯（Oceanus），希腊神话中的泰坦神之一，大洋之神。——译者注
③ 《被缚的普罗米修斯》，第952行及以下。——作者原注

还会有第三个更加狼狈地迅速垮台。

如果这番话不是直接在秘仪的意义上有所指，埃斯库罗斯怎么敢在意识根本就没有超出宙斯及其诸神世界的公众面前说这些呢？

对希腊人来说，他们自己越是在神话之中拥有那些仍未绝对地过去，而是**仅仅对当下而言存在**，也就是仍始终具有某种效用的过去诸神，也就越发不难把公众神话意识中的诸神设想为纯然当下的诸神。所以索福克勒斯[①]让俄狄浦斯在他死亡的瞬间（也就是他挣脱出事物的当下秩序的瞬间），向着奥林匹斯（在这里很可能等同于乌拉诺斯）和盖亚呼告。

即便是那种回归种种最古老宗教的努力——这甚至在罗马帝国时期也存在——，也只是在宣告对那种一切族群（整个人类）所共有的宗教的寻求。如果当下和过去重新合一，那么当下也就作为自身得到了克服，而人也就把自己提升到了普遍宗教的王国中。

[①]《俄狄浦斯在科罗诺斯》，第1654—1655行。——作者原注

第二十三讲　秘仪的未来指向：未来之神，向启示的过渡

XIII, 511

在整个神话进程在其中告终的最终意识里，三个具有引发作用的潜能阶次得到了统一并且**同时**被设定。但这种同时存在，或者说这种统一性，恰恰因为是一种被产生、被生成的统一性，所以并不妨碍三个潜能阶次把自身规定为**次第演替的**，也并不妨碍它们把自己同时把握为开端、中点和终点。尽管作为过去的结果，进而据此也作为**当下**意识的直接内容，外在的、显白的诸神复多体仍驻留在意识中，但已然与诸原因相亲熟的意识已经越过了当下，观入了未来之中；也就是说，意识已经看到了**下面这个**时代，在其中，第三狄奥尼索斯将会像现在进行着统治的第二狄奥尼索斯一样，统治一个新的世界，这个世界会伴随着作为**最终**主宰的第三狄奥尼索斯而兴起，在它面前，当下的世界自身将会黯然失色、回退为一个新的阴影世界，或许可以把这个世界跟斯堪的纳维亚的诸神之永夜学说相比较，或者也可以跟沉郁深思的伊特鲁里亚的类似神话理念相比较。

借着希腊意识的这一最终的构想——它愈少被道出，就愈深地沉入希腊人意识的情志中——我认为，完全为希腊特质所特有的东西，才得到了说明。我以此特指的，是那种明明白白贯穿在希

腊人整个宗教生活中深深的悲剧气质,这种意识能让希腊人在肆
意狂欢之际注意到,所有这些光辉终会暗淡,这整个假象的美丽世
界终会沉寂,并会在一种更高的、真实无伪的明晰性面前消失。这
一构想说明了那种在希腊人最杰出作品,尤其是造型艺术作品中
满溢的仿佛甜美毒药般的忧愁,在这些作品中,那些最高的优雅和
生机自身,仿佛被人生此在痛苦且不可克服的有限性浸满,就像是
在静静哀叹着生命的苦短。这种**隐秘的**痛苦仿佛让希腊人的各种
造型活动所共有的那种美得到了美化,变得高贵和神圣,**这种痛苦**
也是一张幸运符,我们看到,它始终在以不可抗拒的力量吸引着许
许多多天资迥异、行业悬殊的人。这种混入希腊的各种宗教感受
中的悲剧要素,正是源自这个中心点,而被置入其中的希腊人,就
处在他为了当下而屈从的感性宗教,和仅仅在未来被展示给他的
纯粹精神性宗教之间。但正是这个中心点,在对通过某种不可把
握的过去而在希腊人那里产生的宗教之全部依赖中,为他们提供
了一种无限的自由,凭着这种自由,希腊人就不会**单单只**屈从于他
总体宗教意识的两个方面中的任何一个,凭着这种自由,希腊人随
即就开始把矛头指向**神话**宗教自身,以自由的反讽来揶揄它,而这
种自由感的独立来源,正是那种精神性的、仅仅在隐秘的净化仪式
中得到传达的宗教。从来没有任何一个地方的宗教压迫比希腊更
少。希腊人可以对他们诸神间的关系、品性,尤其是道德品性自由
地表达看法;也没人被迫去参加秘仪;不管是苏格拉底还是伊巴密
浓达①,都不会因为没有入仪就遭到指控,而且只要不亵渎秘仪中

XIII, 512

---

① 伊巴密浓达(Epaminondas),底比斯将军和政治家,领导底比斯脱离了斯巴达的控制,重整了
希腊版图,创立了新的城邦同盟,被西塞罗称为希腊第一人。——译者注

真正意义上的奥秘,反感秘仪的人也可以无拘地亲自表达自己的这种反感,甚至还可以吐槽秘仪中一些人所共知的细节。只有在当下仍进行着统治的诸神面前,未来的、**带来绝对解救的**宗教才不可明言,不可以跟公共生活相抵触,也不可以被充作闹事的借口;因为公共生活,和与之完全**共存**的城邦,都建立在那些被假定的诸神对当下而言不可侵犯的实在性上。公开秘仪的奥秘之所以被视为对城邦自身的攻击,就是出于**这个**原因。

但现在要紧的是,是否我们所构造的前提自身——尽管不是通过直接证据,因为在提过的各种状况中,没办法指望以能把握的方式找到直接证据,但是——仍通过间接的指示离确凿无疑更近了一步。

就此而言,首先要探究的无疑就是,是否三个具有引发作用的潜能阶次实际上已经被设想为了**世界的**主宰。如果这一点能够得到指明,那么自然而然的结论当然是,这些潜能阶次被设想为**次第演替**的主宰。在"主宰"这个概念中已经包含了下面这点,即每一个时代只能有一个唯一的主宰。如果第一潜能阶次会退回到它的自一在中,进而成为过去,那么在它之后做主宰的只可能是第二个。但这第二个潜能阶次就其自身而言只是中介性的,它并不是为了自己去争抢就其自身而言的主宰地位,才去克服第一潜能阶次,而是为了把这一地位交给第三个潜能阶次。但当第三个潜能阶次成为主宰之际,就拥有了一种与第一潜能阶次相区分的要素,即它并**非**把其他的两个排斥在外,而是把它们纳入自己的**把握**之下;如此一来,凭着第三潜能阶次,或者说在它的统治下,真正的全——一体也就同时得到了设定,也可以说,这个真正的全——一体就是现实得到完成的诸潜能阶次中主宰性的潜能阶次,也是使伴随着最初张力而让自己向神话进程敞开的意识，再次得到完结和完满静息的统一体。也就是说，实际上要紧的事情就是去指明，三重狄奥尼索斯切实地被设想为了世界的主宰。所幸确实存在对这一点的确切证明。因为在秘仪诸神中，有三个神总是被共同提起的神，他们并没有被称为 θεοί [诸神]，而是被称为 ἄνακες[众主宰]。希腊人不会在没有一种特别概念的情况下就有一个特别的名称。ἄνακες 这个词可以被视为 ἄναξ[主宰] 的古代复数写法，在别处被写成 Anaktes 的跟它是同一个词。如**各位**所知，ἄναξ 是国王的和君主的头衔，这一点只要读过荷马的人都知道。当然，这个词多少也被用来描述其他神，但主要还是特指宙斯，正如众所周知的，宙斯通常被称为 Ζεύ ἄνα, δωδωναῖε[多多那的主宰宙斯]，而颇值得注意的是，阿波罗也在一些时候也干脆被称为 ὁ ἄναξ[主宰]。但还存在着一种诸神的三重性整体，它们共有却独特的名字就是 ἄνακες，正如色雷斯诸神共有的名字是 Κάβειροι[卡比洛斯]。这些神也就由此被刻画为君主本身，也就是世界的君主，世界的主宰。

但是，这个名字所特属的，究竟是哪些神呢？我们首先来听听保萨尼亚斯怎么说，在对著名的阿姆菲萨城的洛克里安这个地方的描述中，他说：阿姆菲萨人欢庆的那种净化仪式 (τελετή)，叫作少年 Anaktes 净化仪式。但这些少年或者小孩子形象的 Anaktes 究竟是哪些神，其实众说纷纭，不过有些人说，他们是双子神狄俄斯库里 (Dioskuren)，另一些人则说是卫士神库里特 (Kureten)，但大多数自认为对此有所了解的人都说，他们是卡比洛斯①。**各位**多

---

① 《希腊志》, X, 38, II, 22。——作者原注

少也知道,这些不同的说法之间根本就没有差别。不过我仍想就双子神狄俄斯库里这方面来特别地说明一下。双子神狄俄斯库里(διος κουροῖ[两个小孩子]①,即宙斯的两个少年或者小孩子)的意思就是,两个始终共同出现、不可分离的少年,他们的名字是卡斯托尔 (Castor) 和波吕克斯 (Pollux);狄俄斯库里只有两个,因为他们是两兄弟,他们使那第三个,确切说是最早的那个消失了,或者说把他杀死了;作为较年轻的两兄弟,他们的形象也就被塑造成了少年。也就是说,狄俄斯库里这个概念源自卡比洛斯,但很早就已经过渡到民众信仰中去了,并且在其中转化成了卡斯托尔和波吕克斯这两个英雄人物,荷马史诗中就提到过这两人。赛克斯都·恩皮里科说:双子卡斯托尔和波吕克斯一直都颇受崇拜,他们老是被视为神,跟神混为一谈。但如果有人反过来断言,这对人物原本是荷马史诗中的两个凡人英雄,后来才被等同为一对卡比洛斯神兄弟,对这种观点,我懒得反驳,我只会把它视为对我们的展开过程而言不必要的说法而将其搁置。无疑,这对人物被视为两个不可分离地被统一在一起的卡比洛斯,并且尤其被设想为 θεοί σωτῆρες,即带来解救的神,因此他们的形象首先就是乐于助人的领航员,所以也被称为 fratres Helenae lucida sidera[海伦的兄弟,闪亮的双子星],因为在风暴平息之际,桅杆顶端像星光一般的小火苗,直到今天都被认为是来自双子星的祝福,并仍被称为圣埃尔默之火,这些火苗被看作双子神狄俄斯库里所显的神迹。那些把 Anaktes 说明为卡比洛斯的人,无疑是对此最了解的人,因为他们

---

① "狄俄斯库里"这个名字就是由 διος[两个]、κουροῖ[小男孩]组成的。——译者注

为 Anaketes 赋予了最普遍和全面的名称,狄俄斯库里只不过是卡比洛斯中的两个,而库里特也不过是有某种特定职守的卡比洛斯。库里特是在宙斯诞生的时候,看护、庇护、环立并环抱在他周围的潜能阶次。也就是说,ἄνακες 一般而言就等同于具有引发作用的诸神,但 ἄνακες 这个理念已经是卡比洛斯的一种更高形式了。**卡比洛斯**就是 Anaketes 或者 Anakes,这一点也可以从下面这回事情得到说明,即亚历山大里亚把入仪了卡比洛斯秘仪奥秘的人,称为 'ανακτοτελέσται [主宰的同行者]。

但尤为重要,乃至首先要提的一点是,在厄琉息斯被欢庆的作为 ἄνακες 的神也被称为国王、统治者,这一点也可以从下面这回事情得到说明,即厄琉息斯神庙的一个部分就被称为 Anaktoron[主宰之殿]。在对伯里克利生平的记载中,普鲁塔克描述了被波斯人焚毁的厄琉息斯神庙的重建(希罗多德,IX, 65),他把这座神庙在整体上称为 τελεστήριον [泰勒斯台里昂神庙],但把它的一个部分称为 ἀνάκτορον[主宰之殿]。不过根据海西基乌斯和尤斯塔西乌斯[①]的记载,Anaktoron 或者 Anaktorion(这是这个词通常的发音)这个名称的真正含义,恰恰就是"圣地"。

然而,关于 Anakes 最富意味、最重要的著名文段(正是这段话让我们知道了各个 Anakes 的**名字**),当推西塞罗《论神性》的 III. 21,我现在把这段逐字念一遍:Dioscuri etiam apud Grajos multis modis nominantur. *Primi tres,* qui appellantur Anaces Athenis, ex

---

[①] 安条克的尤斯塔西乌斯(Eustathius of Antioch),公元 4 世纪的安提阿大主教,基督教神学家。——译者注

XIII, 516　Jove, rege antiquissimo et Proserpina nati, Tritopatreus, Eubuleus, Dionysus. [狄俄斯库里神在希腊人那里同样也有许多不同的称呼,他们中最初的三位(注意这里的数字三)被称为雅典的 Anaces(可以看到,这三个 Anaces 原本属于阿提卡神话,而 Anaces 是他们的阿提卡名字),是神王朱庇特和普洛塞庇娜①最古老的血脉,即特里托帕特瑞乌斯(Tritopatreus)、欧布勒乌斯(Eubuleus)、狄奥尼索斯。] 在这里,西塞罗是从狄俄斯库里神出发的,他说:最古老的狄俄斯库里神(primi [最初的])就是这三个。普鲁塔克随即又把这三个神跟**下面的两个**做了区分,即朱庇特和勒达(Leda)的两个儿子,卡斯托尔和波吕克斯。不过他说,最初的和最早的,还是那三个在雅典被称作 Anaces,由最古老的君王宙斯和普洛塞庇娜所生的神。但这种读法在这里是可疑的。因为许多手稿只有"由君王宙斯"。"最古老的"这个词或许是关联于下面这点来用的,即在这个文段里,西塞罗对这三个作为主宰的神也有所区分,即有一个最早的、一个后来的和一个最年轻的。也就是说,西塞罗似乎是想说,Anaces 是最古老天神的儿子,也就是那个要回溯直到最古老时代的朱庇特神的儿子。具有引发作用的潜能阶次在神话语言中——即便是秘仪学说,也始终都在用神话语言——就被称为宙斯的儿子,这一点我已经说明过了。所以 Anaces 被称为普洛塞庇娜的儿子也没问题,尽管第一狄奥尼索斯,也就是扎格柔斯实际上是珀耳塞福涅的儿子。既然谈论的是一种秘仪学说,那我们就没必要指望,西塞罗在所有的次要规定上也能做到完完全全地准确。

---

① 珀耳塞福涅的罗马名字。——译者注

普洛塞庇娜这个名字在这里之所以是首先值得注意的，不过是因为它暗示了朱庇特这个主宰年代何其久远，而且普洛塞庇娜的出身何其幽暗不明。事关宏旨的其实是那三个被提到的名字：特里托帕特瑞乌斯、欧布勒乌斯、狄奥尼索斯。最后一个名字表明了，我们可以借着这些名字做怎样的研究定位。著名的希腊学家提比略·赫姆斯特维斯 (Tib. Hemsterhuis) 基于一些我还搞不清其证明效力的理由就妄称，特里托帕特瑞乌斯这个读法是不对的，该读特利托帕托雷斯 (Tritopatores)，克罗伊策也采纳了这种妄断。并且"三父神"①似乎只是 Anaces 的另一个名称。但因为在西塞罗讨论三个 Anakes 的时候，还有另外两个名字，即欧布勒乌斯和狄奥尼索斯，所以赫姆斯特维斯进一步猜测，**扎格柔斯**这个名字是很奇怪的，不符合这里三个神的名字规则。然而或许无须怀疑，欧布勒乌斯正是对扎格柔斯的替换。海西基乌斯就明确说过，εὐβουλεύς ὁ ἀΐδης [不可见者欧布勒乌斯]。甚至其他的一些评注和旁证也证明了，欧布勒乌斯就是第一狄奥尼索斯的名字，也就是说，第一狄奥尼索斯在这里不需要被明示。因为作为野蛮且无悯之神的扎格柔斯，与在对他进行克服的过程中作为仁慈者哈迪斯的（哈迪斯的这一形象就被叫作 εὐβουλεύς [欧布勒乌斯]）——在其他地方他就是这么被称呼的——，恰恰是同一个神。值得注意的是，在这里，扎格柔斯在 Anakes 中的名字是欧布勒乌斯。这就证明了，这三个神在其中被规定为君主，即 Anaces 的那个概念，具有一种最高的综括作用。正是在扎格柔斯就是欧布勒乌斯这一点中，蕴

---

① 在西塞罗的文段里，Anaces 直接被理解为"雅典三父神"。——译者注

含着对最高的、得到了完成的统一体的暗示。也就是说，在这三个名字里，欧布勒乌斯的意思是第一狄奥尼索斯，狄奥尼索斯是第二狄奥尼索斯，所以特里托帕特瑞乌斯也正是第三狄奥尼索斯自身，正如这个名字已然指明的，甚至只有通过这个名字里包含的"特里"(Tri) 这个前缀①，他作为**第三个**君王才得到了标识。如果阿提卡秘仪中的三个狄奥尼索斯被视为三个主宰或者君王，那么从这一点出发，结论自然就是，这三个神是作为**次第相继**的主宰，也就是不同时代的主宰被设想的。而 Ἄναξ [Anaces] 所指的始终都是最高的主宰。但最高的主宰向来只可能是唯一的。因此，在唯一的理念中被统一起来的三个最高主宰，必定是三个次第相继的主宰。由此，秘仪本身也就呈现为进入着客观领域的突围，所以直到现在对意识来说只具有主观意义的东西，同时也显现为**世界历史**。

　　但是，难道在厄琉息斯的节日习俗里，就没有下面这种指示吗？在其中实际上被欢庆的——据我们的前提来看必定也是——就是第三狄奥尼索斯，尽管他并不作为已然得到实现的当下之主宰，但仍是作为**未来的**世界主宰被欢庆的。这样的指示当然是存在的。**各位**只消回想一下，第三狄奥尼索斯，也就是雅科斯，是以德墨忒尔怀中**孩子**的形象被展示和呈现的。为什么是作为孩子，作为婴儿呢？没别的意图，就是为了把他刻画为还没长大、仍然是未来的世界主宰。正如之前已经提过的②，在帕莱内斯特的宙

---

① 这个前缀就是"三"的意思。——译者注
② 本书第294页，以及"神话哲学"，第681页。——编者注

斯神庙里，雅科斯以孩子的形象被福尔图娜抱在臂弯中，这一造型的意义不是其他，正是为了把雅科斯标识为还没有长大，但不可避免地在未来将会来临的世界主宰。同样，我们也见过——只要他还是一副稚嫩，还没变得成熟强壮的形象——还在嗷嗷待哺，或者还在友好地照料着他的潘神臂弯里的第二狄奥尼索斯形象。无论如何，这些象征的意义始终都是相同的：在一幅最新发现的庞贝城的壁画上体现得淋漓尽致，而这一壁画的理念则源自希腊最美好的那个时期（我们已经在我的一部论著里对此做了专题性的说明①）。

秘仪上用的簸箕是雅科斯游行中的主角，关于它有许多相当搞笑的说明，比如有人会认为，簸箕的意思或许是，要像从谷粒中筛出秕糠一样，从入仪者里把未入仪的人筛出来；根据莫鲁斯·塞尔维乌斯·诺拉图斯②对维吉尔③的注释，簸箕或许是在暗示，入仪者会在秘仪中得到净化，正如谷物通过簸箕被筛净。这一象征跟农业的创设绝对没有任何关系，因为雅科斯是另一种更高和更具精神性的善举的开创者。但众所周知的是，孩童雅科斯自己就躺在簸箕里，因为这个簸箕，雅科斯本人也就有了一个名字叫作 λιχνιτης [摇篮中的婴儿]。所以簸箕也就是由此被刻画为孩子的雅科斯的**摇篮**。如果**各位**问我，为什么要选簸箕当摇篮，那我实际

---

① 见"神话哲学"的附录。——编者注（也就是全集 XII 卷，第 675—688 页，《论新发现的庞贝城壁画的含义》。——译者注）
② 莫鲁斯·塞尔维乌斯·诺拉图斯（Maurus Servius Honoratus），公元 4 世纪前后的古罗马拉丁文语法家和注疏家，对诗圣维吉尔的三部诗作《埃涅阿斯纪》《牧歌集》和《农事诗》做了大量注疏并以此扬名。——译者注
③《农事诗》，I，166。——作者原注

上除了下面这点，也不知道该如何回答：即便是雅科斯，也得通过这一点被标识为和平之君，而簸箕就是为和平而努力的图景；但同时由此得到刻画的，还有雅科斯不显眼的诞生，也就是说，他还没有作为他所应是的而显现，进而通过一种乍看起来不可思议，但根本上看来还是很自然的倒错性预述（Prolepsis），簸箕也就关联于后来那个更高、更富神圣性的诞生故事而演变成了马槽①。

对作为孩子的雅科斯的另一种十分惯常形象的呈现方式是，他被一根有球顶的权杖环绕着，这根权杖预示着未来的世界主宰，球的含义就是地球，而权杖的含义则自不待言。不过在这个形象中，还可以觉察到生命的一种进展。这种进展越来越大，或者说孩子一直在长大，他未来对世界统治的日子也越来越近，而下面这回事情也暗示了这一点，即在厄琉息斯秘仪的第六天（即所有节庆中最盛大的那一场），雅科斯就以**男孩**的形象出现，他头戴桃金娘花冠（它象征着最完满的和平时代，而月桂和橡树则与之相对地象征着战争，之前提过的庞贝城壁画所暗示的，就是野蛮的原初时代），以隆重盛大的排场，在节庆的欢呼声中，从雅典的凯拉米克斯出发被迎往厄琉息斯。通过这个游行仪式，即向着厄琉息斯的进发，雅科斯也就同时作为**来临者**得到了刻画，所以我下面这番作为结论的断言，也是没有问题的：甚至"厄琉息斯"这个名称也在刻画"来临"和"未来"，或者用古代节日庆典上的话来说，就是在刻画神之神工（Kunst）与**来临**。只消改变一下 ἔλευσις [到来] 这个词的重音，它的意思就成了"来临"，进而这个意思也就转入了它的名词

---

① 指耶稣诞生的故事。——译者注

Ἐλευσίς[厄琉息斯]中。我不否认,"厄琉息斯"之所以得名,跟德墨忒尔首次来到这片土地的故事有关,但既然德墨忒尔的到来并没有得到欢庆,那我就不得不考量,厄琉息斯作为"到来之地"并不只有一种纯然公开的意思,而是意味着真正的ἔλευσις,即雅科斯的来临和未来,所以厄琉息斯秘仪的最高对象不是其他,正就是神的**来临**。因而雅科斯在秘仪中也被呈现为未来的、尚在迎面而来的时代之主宰,这一点我认为已经**足够**明显了,在这些事情中,这一点也始终都能得到同样明显的证明。

如果我可以把刚刚提到的事实之结果假定为已得证明的,即三个狄奥尼索斯被设想为次第相继的世界主宰,那么其结论自然就是,雅科斯是最终的主宰,是尚且未来的时代之主宰。正因为如此,从这个时代,即从第三个时代来看,雅科斯就是最神秘的主宰。他在一种前所未有的**意义**上超出了神话意识。最初的主宰,就其被克服和回退到其自—在中而言,等同于哈迪斯,因而就他被设想为狄奥尼索斯这一点而言,诚然也就不再是物质性的神,而是纯粹具有引发作用的神,即等同于A^1的纯粹潜能阶次;但既然他原本仍是物质性的神,并且只有通过再次被克服才成为纯粹的**潜能阶次**,所以他仍然在物质性的诸神,即纯粹神话性的诸神,也就是**以宙斯为代表的克洛诺斯之子**中占有一席之地;但是在这种情况下,他还不是狄奥尼索斯;哈迪斯等同于狄奥尼索斯这一点,始终只属于隐微的知识。作为**那个**物质性的神,他是神话中的哈迪斯,作为这个纯粹的潜能阶次,他是秘仪中的哈迪斯。但另一个神,即第二狄奥尼索斯,尽管始终保持为纯粹的原因,但他仍然是作为对独一者进行着翻转或者转化的原因,而就此一并踏入物质性诸神的领域,也就是说,他就是诸神复多体自身的原因。就他**自身**并不成为物质性的神而言,他并没有被神话意识,即对神话性诸神的意识排除在外;他参与构造了神话意识并进入其中,正如荷马史诗中提到的,在过去,他是作为尚且稚嫩、害怕,同时也才刚刚开始长大、需要被照顾的神而出现的。但**伴随着**诸神复多体的完成,他就变得强壮和成熟了。不过第三狄奥尼索斯也要在物质性诸神**之后**才被设定,较之于他,诸神复多体是一种过去,是某种已然在此存在的东西,是某种在他之先、充满着当下的东西。如此一来,当第三狄奥尼索斯要在诸神复多体的彼端并且在它之后才会被设定之际,较之于那个已然存在于此并且已经完全长成的复多体表现为**孩子**的形象,他因而也就表现为较之于这一复多体才**在来临之中**的将来者。也就是说,雅科斯不再出现在神话意识自身中,他超出了神话意识,进而**单单**属于那种内在的隐微意识,而这一意识正是通过被设定到自己之外的诸神复多体而使自身摆脱于它,获得解救的。所以**雅科斯**首先是秘仪中的狄奥尼索斯,正因为如此,他也被称为厄琉息斯的 κατ' ἐξοχήν[卓异者]。只有在秘仪中,第三狄奥尼索斯将在其中**进行统治**的时代才会得到展示。在秘仪的第六天,他就已经长成了小男孩,被载歌载舞地迎往厄琉息斯,而真正意义上对秘仪的最终观视,就是在这一天降临的。

在我看来,作为秘仪庆典之**对象**的,也就是雅科斯的统治或者荣耀,在《安提戈涅》著名的合唱里已经得到了明确刻画,在合唱的结尾,歌队吟唱道:跟你的女伴,众蒂亚女神 (Thyiaden) 一起出现吧,在狂野无拘的热情欢呼中,在夜的时分,让歌队的合唱为你,作为主宰的雅科斯欢庆, σέ μαινόμεναι χορεύουσι, τόν ταμίαν

Ἴακχον[为你跳起疯狂的圆舞,主宰雅科斯]①。尽管这里的 ταμίας 一词的意思一般都不出"管理员""管家""经营者"的范围,但在荷马史诗里,这个词是用在全然的主宰者,即用在进行着管理和统治的人身上的。所以在荷马史诗里,宙斯就叫作 ταμίης πολέμοιο ἀνθρώπων,人间战争的管理者;而在品达那里,昔兰尼的主人和主宰叫作 ταμίης κυράνας。但在这里(在索福克勒斯的歌队合唱里)所指的,是雅科斯未来的荣耀,下面这回事情可以说明这一点,即在歌队合唱中,所指涉的主语自始至终都是底比斯的狄奥尼索斯,所以除了下述说法,歌队的台词几乎不可能有其他说明:女伴们为你欢庆,底比斯的狄奥尼索斯,你将**成为**你现在还不是的**主宰**雅科斯。ταμίης 这个词在这里并没有明确特指主宰或者君王,后文的状况可以说明这一点。跟 ταμίης 完全平行的一个词是 αἰσυμνήτης [审判],它的意思原本是:把自己共享给某个人的人,所以也就引申出了诸如格斗比赛的裁判这样的意思。但它的动词的意思直接地就是统治,比如在欧里庇得斯那里就有 αἰσυμνᾶν χθονός,即统治大地的说法,而亚里士多德则把那些最古老的国王称为 αἰσυμνήτας②。而保萨尼亚斯则在他对阿哈伊亚 (Achaia)③ 的描绘中提到过一座神庙,在那里被供奉的是一尊锁在圣柜里的(隐秘的)狄奥尼索斯像,这个**神**的本尊被称为一个 αἰσυμνήτης。这个地方的人之所以感谢这位神,因为他终止了这里之前要给阿尔忒弥斯女神献上一对童男童女的年祭。在这个城邦(帕特雷)里,

---

① 《安提戈涅》,V,第 1151—1152 行。——作者原注
② 《政治学》,III,9。——作者原注
③ 《希腊志》,VII,18 及以下。——作者原注

还有一座狄奥尼索斯神庙，其中有**三尊**他的雕像，在狄奥尼索斯节那天，这三尊雕像会被人载歌载舞地迎到判官神庙去，因为作为判官/主宰的第三狄奥尼索斯尽管是三位中的一位，但他同时也是把一切统合为一、把三重狄奥尼索斯把握在自己**之下**的狄奥尼索斯。

所以，我们自然而然地希望能够从秘仪的创立者，因而还有进入秘仪的入仪者对未来时代所形成的各种设想出发，为我们自己构造一个概念出来。但下面这一点也是同样可以理解的，即我们至多只能对此进行猜测。然而只要这一猜测，跟那些我们先前通过种种事实漫长且宏大的序列得到了充分保藏，直至成为信念的本原并立在**必然**的关联脉络中，那我们其实也就可以知足了。所以如果要问第三位宙斯该如何被设想，那我就要提请各位关注下面的思考。

我们已经看到了，真正意义上的多神教在人类中产生的方式根本不是其他，正是在最为暴烈和痛苦的斗争中产生的，进而意识也与这种力量一道，死死附在最初的、尽管错误的统一体上。意识对多神教感受到的痛苦，只有在下面这种条件下才能得到完满和解，即意识把多神教自身把握为**纯然的**过渡，把握为某种为了能使一种更好的、使整个意识再次得到神圣化的宗教得到实现，而本应起服务作用的东西，这种宗教早已在未来的更高层次和意义上重建了那种统一体（而这个统一体在过去也早已在一种更深且现在已然被放弃的意义上统一过人类的历史）。如此一来，下面这回事情无疑是可以假定的，即秘仪所指向的那种未来宗教，会是一种**普遍的**、把现在由于多神教而分裂不和的整个人类再次统一、再次聚拢、再次融通起来的宗教。由于神话性的多神教，各个族群分崩离析了；神话宗教**就其自身而言**是一种不整全的局部宗教；而在一切神话之彼端的，则是就其自身而言普遍的、把一切族群统一起来的宗教。还要一提的是，约莫在4世纪中叶，罗马皇帝瓦伦提安尼一世(Valentinian I)要禁止夜间的庆典活动，因为它们会诱发许多不体面的事情，而当时驻希腊的罗马执政官波拉特克塔图斯(Prätextatus)——根据佐西姆斯[①]的证言，他是一个在所有德性上都出类拔萃的人——让皇帝改变了观点，他说：这条法令会让希腊人觉得日子过不下去，他的原话是：τοῦτον τόν νόμον ἀβίωτον τοῖς ἕλλησι καταστῆσαι τόν βίον，这就是说，如果他们要被禁止举行那种依据他们的习俗最神圣的、**维系着人类**的秘仪(τά συνέχοντα τό ἀνθρώπειον γένος ἁγιώτατα μυστήρια)，那这条法令就会使希腊人的生活成为一种荒芜绝望、悲惨无趣的生活。这一观点让厄琉息斯秘仪苟延到迪奥多西大帝(Theodosius)统治的时期，厄琉息斯秘仪在这个时候被彻底废除了。也就是说在这个时期，秘仪不再被声称为希腊人独有和特有的宗教，而是被声称为普遍的、统一着整个人类的宗教了，正如已经引用过的西塞罗的文段中所说：Omitto Eleusina illam sanctam et augustam, ubi initiantur gentes orarum ultimae [神圣的厄琉息斯地位卓越，地上所有的人都要去那里参与秘仪]。

  所有的宗教中都有一种 spes temporum meliorum [对更好时代的期盼]，甚至在基督教中也有一种千禧主义，即对基督会作为

XIII, 523

[①] 佐西姆斯(Zosimus)，公元6世纪前后拜占庭帝国时期的著名历史学家，有多卷关于古罗马历史的著作传世。——译者注

可见的主宰降临并以其神圣的权柄统治大地,克服一切抵抗和邪恶力量的千年王国的期盼。即便是得到了完成的异教——它在自己的宗教习俗和仍始终在进行的痛苦献祭之压迫下痛苦地呻吟,而这些献祭就是多神教强加到这些习俗中的——,即便是希腊异教也通过秘仪而获得了这种期盼的慰藉,所以我们还是得在秘仪中来探寻异教之所以能长期续存的主要原因,同样,与基督教抵触最甚的那些秘仪,也是基于同样的原因而长期存在的。

曾被设想为开端的、人类曾经不分彼此的黄金时代,也该再次成为人类的终点。在各个族群和各种语言中,都有对人类分裂的命运的深刻感受,还需一提的是,普鲁塔克引用过一种来自波斯的学说①来显示这种感受的特点:恶神阿里曼②被彻底取代和消失的时代就要来临,大地上将迎来众生的平等,幸福且说着同样的话的人类,将会被唯一的生活和唯一的法规团结起来:ἕνα βίον καὶ μίαν πολιτείαν ἀνθρώπων μακαρίων καὶ ὁμογλώσσων ἁπάντων γενέσθαι。众所周知,《旧约》中有类似的关于弥赛亚的预言:"一切山洼都会被填满,一切起伏不平的山谷都要被削平,崎岖的要成为平坦,弯曲的要变得直顺"③,而施洗约翰在他对犹太民众的讲话里又把这番话重复了一遍。这里的"山谷"当然就是指引发着分裂的各种障碍,但更重要的是 εἷς βίος [唯一的生活],μία πολιτεία [唯一的法规],尤其是 ὁμογλώσσια [说同样的话] 这些表达,也就是

---

① 《伊西斯与狄奥尼索斯》,c. 47。——作者原注
② 阿里曼 (Ahriman),又称安哥拉·曼纽 (Angra Mainyu),波斯琐罗亚斯德教中的恶神,万恶之源,善神阿胡拉·马兹达 (Ahura Mazda) 的对头。——译者注
③ 《以赛亚书》,40:4。——译者注

说所有人都期待,在阿里曼完全失势消失之际,会出现全人类共同的语言。而 ἑτερογλωσσία [喧闹纷争] 也就被视为是那个使一切不得统一的本原,即阿里曼做的好事。我不需要去提醒,在基督教正式踏入世界、成为世界性宗教的历史关口,何以圣灵降临节的奇迹仿佛是必需的①,语言这种天赋,正如通常设想的那样,具有**下面这样的**效用,即由语言分裂为不同族群而说着不同方言的人类中的每一个都相信,能够在**自己的**语言中听到全人类相同的话语(Rede)②。

所以我现在也不惮于公开宣称,秘仪最终的内容不过就是对多神教的一种全然克服,一种从中彻彻底底的解脱,所以一神教首先在**下面这种**意义上才存在,即有一种整个人类共有的宗教,作为**未来的**、肯定早已在来临之中的宗教得到了展示。当然,尽管这种宗教无法达到真正的宗教自身,但它可以达到将真正的宗教视为未来宗教的程度。除了对他自己的未来感兴趣,和对他个人的境况感兴趣——尤其对自己所期待的此生之后的境况感兴趣——之外,每一个更好的人的最高兴趣,莫过于自己整个族类的未来。要是有人对下面这两个问题始终无动于衷,那他肯定就会显得不关心人类:整个历史走向哪里?整个族类注定要面对的最终境况是怎样的?所谓当下,只是一个各种现象始终复返的可悲轮回吗?所以,如果不会生出这些仿佛包含着某种启示一般的关于人类历史之**未来**的想法,那肯定就会对秘仪的观点十分满足、止步不前。

---

① 在这一天,圣灵降临使众门徒突然会说一切人类的方言。——译者注
② 见"启示哲学导论",第108页及以下。——编者注

如此一来,如果现在要对所有的东西做一番综括,那么可以说,德墨忒尔秘仪和狄奥尼索斯秘仪在厄琉息斯秘仪中**得到了统一**。狄奥尼索斯秘仪就是德墨忒尔秘仪自然且必然的终点。在其最高潜能阶次中的狄奥尼索斯就是整个秘仪学说的目标和最终意义,而德墨忒尔只是秘仪学说的**开端**。也就是说根本上来讲(也是为了最普遍地结束我们的考察),秘仪关联于**过去和未来**;正因为如此,秘仪才是秘仪。一方面来看,厄琉息斯的净化仪式关联于各潜能阶次,它们被视为已然回退到过去**的**幽暗中、为事物的当下秩序奠定基础的万物之开启者。整个珀耳塞福涅学说就尤其属于这一方面。而净化仪式的另一个更高方面则关联于宗教意识和人类自身的未来;在其最高潜能阶次中的狄奥尼索斯学说,即第三狄奥尼索斯被欢庆为未来之世界主宰的学说,就属于这一方面。德墨忒尔一方面是珀耳塞福涅的母亲,另一方面也是雅科斯的母亲,她自己就构成了中心点和过渡。所以秘仪首先当然就意味着德墨忒尔秘仪。如果处在开端与终点之间、并与两者有所关联的诸神,是首先与有真正历史性意义的当下时代相关联的神——他们作为狭义上的**历史性**诸神,首先也是史诗中的神,是直接介入人类生活,插手人类事务的神——,如果秘仪中的诸神与之相反,首先是过去与未来之神,如果他们一方面复返于过去的黑夜中,另一方面又飘荡在未来的幽暗里,因而并不属于生活在当下之中、并与之共生的民众的普遍日常意识,如果这些神在通俗的、为了大众能普遍理解而创作的诗歌中很少出现或从未出现,那么从这一点出发,在不需要任何特殊的意图,因而也无须假定任何先行意图的情况下,就可以把握上述结论。在所有的时代中,人们都注意到,诗人所追求的都是尽可能地得到**最广泛的**偏爱,为此他们通常会把深刻的东西撇到一边,或者尽最大努力地少去碰它。而荷马史诗是如此脍炙人口,以至于正因为如此,它几乎不可能被视为某个个体的作品。但荷马史诗也绝没有把秘仪诸神从它的内容范围中排除出去,甚至还悄悄保留了一些主神外的别神,或者以间接捎带的方式提及他们,比如被宙斯放逐到塔尔塔罗斯的克洛诺斯;在赫西俄德那里,提到的别神则多得多,所以那些吟唱荷马史诗的歌者觉得,碰到他就是得绕着走。

我们还是得回到秘仪上来,我最后对"秘仪"这个名称再提醒一二。在希腊,秘仪叫作 τελεταί [仪式],也叫作 τέλη,即 τέλος [终点] 的复数;而 τελεῖσθαι 的意思则是"入仪"。如果猜想,正因为秘仪展示了终点,或者说展示了**未来的**完满,所以它被称为 τελεταί [仪式],那么如此命名法,难道不是太随意了吗?情况很有可能就是这样,因为大秘仪原本就是单独命名的,而小秘仪只有借助 τελεταί [仪式] 这个辅助概念才得到命名。

但秘仪既关联于开端和过去,也关联于终点和未来。所以秘仪的罗马名称 initia [开端/本原] 只表达出了 τελεταί [仪式] 的另一个方面,这难道不是自然而然的想法吗?正如在雅典,小秘仪只是借提喻而被称为 τελεταί 的,那么在罗马,大秘仪很可能也是以同样的方式被命名为 inita 的。小秘仪和大秘仪间的区分,实际上看起来完全符合上面这种说法;小秘仪就是大秘仪的 inita,而大秘仪则是小秘仪的 τελετή [终结仪式]①。似乎在小秘仪中,首先

---

① 作者对 initia 这个名称在罗马秘仪中的意义的说明,参见本书第459页,似乎应该以那里的暗示为准。——编者注

只有珀耳塞福涅学说得到了的展示，相反，第三狄奥尼索斯未来的荣耀在大秘仪中，确切地说在秘仪最终的观视中才得到展示。一般而言，小秘仪都被规定为大秘仪的预备仪式。普鲁塔克就提到过下面这句颇有见解的话：τὸν ὕπνον εἶναι τὰ μικρὰ τοῦ θανάτου μυστήρια［睡眠是死亡的小秘仪］。①

对于参与小秘仪这件事，所有的希腊人都不会在意社会等级和教育程度的区分，也不会认为它们构成了某种准入资格；所以小秘仪甚至对外邦人或者野蛮人也是开放的。至于从小秘仪到大秘仪的过渡如何发生，对获得进入秘仪之进入仪式资格的人又有怎样的要求，是否存在参与小秘仪和大秘仪的间隙，如果有，这个间隙是怎样的，这些问题我都在此略过。因为我要探究的并不是秘仪的外在部分，而是要尽可能地让内在的部分被看到；外在的部分画几张秘仪流程图就能解决。

还要一提的是，人们要怎样全面地评判我们已经报告过的、在其**每一个**断言和说明中始终得到种种事实的论证和指证——我自信我已经充分做到了这一点——的观点，那么至少也同样要承认，我们的观点并没有在秘仪中假定和预设，任何不通过纯然自然且必然的演化过程（这一演化过程不包含任何人为捏造的东西）就能从原初萌芽中出现的东西，而神话也是从相同的萌芽中展开自己的。

在我们的探究过程中，可能最容易混淆且许多人已经混淆的一点是，**奥尔弗斯教理念**的混入，在晚出的一些著作家那里，这一

---

①《慰妻书》，c. 12。——作者原注

点尤其明显,而且也能得到更充分的理解。据我们之前为奥尔弗斯赋予的立场来看,即他仿佛是荷马的对头,奥尔弗斯式的科学和思想方式从一开始就跟显白神话是对立的。从公众神话的方面来看,这自然也就促使对希腊大众的思想方式向来无所影响的奥尔弗斯教徒,尽最大可能地尝试去亲近秘仪。不过对于秘仪的内核自身,他们还是无从影响(我对此深信不疑,而且我相信这一点已经在细节上得到了指证)。秘仪是从神话自身的自然展开过程中产生的。而神话是以**下面的方式**自然而然地走向秘仪的,即后来会变得显白的东西,一开始恰恰是隐微的。比如在相当长的时间里,多多那的宙斯崇拜都是隐秘的。但是当意识使自己摆脱那个在此程度上仍纯然内在,进而混乱的复多体,把它从自己之中设定出去,并在此之后才第一次把它跟自己分辨清楚的时候,纯粹的**原因**,即纯粹的本原仍然保留在意识中,这是朝向一直续存的隐微意识质朴且必然的过渡过程,而朝向秘仪的过渡也是以此方式发生的。秘仪作为一个已然先行的进程必然且自然的产物,会始终从这一进程中反复产生,进而在自身中拥有一种极富生机和具有自身性的,仿佛某种来自外部的影响就能在本质上激起它的驱动力。所以奥尔弗斯分子所能影响到的,只不过是对秘仪的内容,尤其是对其过程所做的一些解释和说明。神谱进程当然同时也是宇宙演化的进程。后者就蕴含在前者中。对奥尔弗斯教徒来说,揭开这层雾纱并不难,所以他们就把秘仪中纯粹的神谱设想延伸到了普遍的宇宙演化观点中。在毕达哥拉斯的教团四散解体之后,许多毕达哥拉斯的门徒都佯称自己是奥尔弗斯教徒,这就导致了这种奥尔弗斯式的秘仪说明越传越广。

因此，必须与那些被认作是对秘仪纯粹且纯然哲学上的意义所做的奥尔弗斯式解释保持距离，所有源自秘仪而为人所熟知的东西，始终都要尽可能地重新回溯到它在神话中的根源上，以便能够找到它纯粹的真正内容，进而避开下面的这种并非**完全**没有道理的指责：由于混淆和未经批判的运用，冒出了许多五花八门的秘仪说明，各种说法和说明的可信度之间也天差地别。

但正如希腊秘仪是神话真正的终点，那么同样，只有在秘仪成为已得把握的秘仪之际，它也才是神话**哲学**的真正终点。我的主张就是，唯有在秘仪中，神话进程才得到真正的**完结**。因为每一个生命——尽管内在地看，必定常常会误入迷途，然而绝对地看，每一个生命都是偶然的——唯有以下面的方式才会得到真正的完结，也就是把自己本己的终点、自己的死亡把握在自身中。所以人类当下的生命只不过是人类总体生命的一个部分；但唯有以下述方式，当下的生命才能获得整全，进而以此获得对自己的把握，即人要把生命的终点——并非只是像动物那样**惧怕**它，而是——把它认作**必然的**起终之点 (Ausgang)①，并同时把对这一必然终点的洞见跟**未来**概念联结在一起。在秘仪中，神话意识看到了自己本己的终点，看到了自己完满的死亡，但在神话意识已然尽可能地认识到了未来，并能够去呈现它的时候——就如同**我们**在此生中也能够预见到未来生命的情状——，它也就恰恰凭着这一点预见到了另一个全新的时代。也就是说，这种对自己必然终点的意识才把

---

① 在德语里，Ausgang 同时有"起点""终点"和"出路"的意思，谢林在这里是指死亡是一个过渡性的完结并开启的时刻，故如此翻译。——译者注

神话生命带向了完结，并为后者五花八门、层出不穷的各种形态投下了一道善意的、带来和解的阴影，这道阴影也让我们能够拥有与希腊人相同的所感所思。不是在喧闹中，也不是在巴库斯游行队伍野蛮迷醉的乐趣里，而是在希腊人意识到神话表象的实在性必 XIII, 530
定倏忽即逝，意识到它们必定短暂的**同时**也意识到了他们自己的严肃黑夜里，一道崭新的奇异光亮才刺破如深渊一般笼罩一切的黑夜，在这些夜晚的死寂和这些想法的严肃中，才蕴含着神话的和解，就此而言，神话的和解在它自身之中才是可能的。但我们现在也恰恰借此到达了神话的边界，在这里，通向真正绝对和解的过渡是一个直接可能的过渡。那些在其纯然外部的自然关系中引发并说明了神话进程的原因，在其更高的位格性关系中也是说明着启示的原因。但为了能够把握启示，这些对启示进行着说明的本原必须已经在**独立于**启示的情况下得到了认识（否则就是循环），并且如果在通常的阐述方式中，启示信仰不能够完满地，甚或根本不能够为自己进行奠基，那么其原因恰恰就在于，启示对自己之外的东西一无所知，甚至对自己的**对立面**也一无所知。启示从中出发来对自己进行把握的那些本原的实在性——我请**各位**一定要注意这一点——，已然在独立于启示的情况下，经由神话这个宏大的现象，对我们而言确凿无疑了。所以神话哲学要放在启示哲学之前。

人名索引

（说明：条目后面的页码是指德文版《谢林全集》的页码，即本书正文中的边码，因本卷内容全部集中在第 XIII 卷，故只给出页码。）

A

Achilles 阿基里斯 467

Adam 亚当 350，351，366，384，455

Adrasteia 阿德拉斯忒亚 499

Adrastos 阿德拉斯托斯 499

Aeschylus 埃斯库罗斯 440，469，470，474，504，505，509，510

Ahriman 阿里曼 524

Alexander the Great 亚历山大大帝 475

Alkibiades 阿尔基比亚德 504

Amythaon 阿密塔翁 424

Antonius 安东尼 470

Apollo 阿波罗 430，514

Aristides 阿里斯提德斯 468

Aristophanes 阿里斯托芬 423，477，504

Aristotle 亚里士多德 216，223，299，342，361，430，446，447，457，493，503，505，521

Arius 阿里乌斯 328，331

Arnobius 阿诺比乌斯 485

Arrianus 阿里安 475，477

Artemis 阿尔忒弥斯 509，521

Augustus 奥古斯都 195

Azara, Don Felix 阿萨拉 419，420

B

Baal 巴力 393，394

Bacchus 巴库斯 391, 431, 433, 434, 435, 437, 438, 441, 464, 470, 473, 482, 490, 529

Basilius Magnus 大巴斯利乌斯 342

Brahma 梵天 403, 404

Buttmann, Philipp Karl 布特曼 437

C

Caesar 凯撒 416, 417

Castor 卡斯托尔 514, 516

Condillac, Étienne Bonnot de 孔狄亚克 298

Ceres 刻瑞斯 489, 490, 505

Cervantes, Miguel de 塞万提斯 199

Christus 基督 182-184, 195, 196, 314, 323, 325, 329-332, 336, 371, 375, 421

Chrysostomos, Dio 克里索斯托莫斯 444, 445

Cicero 西塞罗 423, 430, 489, 492, 515, 516, 523

Clemens, Titus Flavius 亚历山大里亚的克莱门 478, 485, 505, 506, 515

Creuzer, Georg Friedrich 克罗伊策 381, 433, 438, 453, 460, 475, 488, 498, 509, 516

D

David 大卫 376

Demeter 德墨忒尔 411-416, 418-422, 436, 437, 441, 449, 451, 476, 480, 483-490, 504, 505, 517, 519, 525

Demetrius von Phalerä 法勒鲁姆的德米特里 444

Descartes 笛卡尔 243, 245

Diodor von Sicilien 西西里的狄奥多罗 468, 475-479, 484

Diomedes 狄俄墨德斯 426

Dionysius Areopagita 阿雷帕吉塔的狄奥尼修斯 323, 333

Dionysus 狄奥尼索斯 391, 392, 394, 397-399, 405, 411, 413, 422-427, 430, 431, 433, 435-437, 441, 442, 460, 463-484, 486-488, 490, 494, 496-499,

503-505, 507, 508, 511, 513, 516-522, 525, 527

Dioskure 狄俄斯库里 514-516

E

Elohim 以罗欣 344, 350, 367

Endoxos 恩多克索斯 436

Epaminondas 伊巴密浓达 512

Eubuleus 欧布勒乌斯 516, 517

Euhemeros 欧赫迈罗斯 501

Euphrantides 欧弗朗蒂德斯 468

Euripides 欧里庇得斯 427, 473, 521

Eustathius 尤斯塔西乌斯 515

Eustratios 尤斯特拉图斯 505

F

Faun 法翁 441

Fichte 费希特 245, 292, 352

Fortuna 福尔图娜 294, 517

G

Gaea 盖亚 412, 510

Goethe 歌德 231, 314, 361

H

Hades 哈迪斯 407, 408, 414, 415, 465-467, 473, 483, 484, 488, 501, 504, 517, 519, 520

Helen 海伦 515

Helios 赫利俄斯 430

Hemeros 荷马 414, 422, 427-430, 432, 442, 478, 479, 496, 504, 513, 514, 520, 521, 526, 528

Heraclitus 赫拉克利特 434, 465

Herakles 赫拉克勒斯 394, 398, 441, 494

Hera 赫拉 479

Hermes 赫尔墨斯 504, 510

Hermias 赫米阿斯 448

Herodotos 希罗多德 390-392, 398, 424, 425, 427-430, 433, 434, 441, 464, 469, 472, 481, 495-497, 499, 509

Hesiod 赫西俄德 427, 428, 432, 526

Hesychios 海西基乌斯 466, 470, 515, 516

Hipparchos 西帕克斯 478

Hippokrates 希波克拉底 447

Horaz 贺拉斯 432，505

Horus 荷鲁斯 401-403，477

Honoratus, Maurus Servius 诺拉图斯，莫鲁斯·塞尔维乌斯 518

Hume 休谟 298

Humboldt, Alexander von 洪堡 439

I

Isis 伊西斯 401，418，449

Isodaites 伊索戴忒斯 481

Isokrates 伊索克拉底 416，506

J

Jachos 雅科斯 469，475-478，482-484，486-490，504，517-521，525

Janus 雅努斯 419

Jehovah 耶和华 270，277，301，340

St. Jean de la Croix 十字若望 415，460，475，498

Johannes 使徒约翰 329，369

Johannes, Vorläufer 施洗约翰 524

Jupiter 朱庇特 516

Justin 游斯丁 417

K

Kabiren 卡比洛斯 498，499，514，515

Kadmos 卡德摩斯 424

Kant 康德 244，245，345，

Karuths 卡鲁特斯 440

Kepler, Johannes 开普勒 277

Kleisthenes 狄奥·克里斯提尼 499

Kore 科瑞 488-490，504

Koronos 克洛诺斯 393-395，397-399，408，412，413，417-419，480，496，520，526

Krishna 黑天 404

Krotos 克洛托斯 439

Kurete 库里特 514，515

Kybele 库柏勒 395-397，399，400，411，412，418，419

L

Leda 勒达 516

Leibniz 莱布尼茨 244, 314, 315

Lessing, Gotthold Ephraim 莱辛 314

Libera 利柏拉 489, 490

Liber 利柏尔 489, 490

Livius, Titus 李维 423, 490

Locke 洛克 298

Lobeck, Christian 洛贝克 443, 457, 505

Lucretius 卢克莱修 419, 476

Lykurgos 吕库耳戈斯 426, 427, 433, 497

M

Maternus, Julius Firmicus 马特尔努斯,尤里乌斯·费尔米库斯 498

Maya 摩耶 294

Melampus 墨兰普斯 424, 425, 464

Melkarth 麦尔卡特 394

Mithra 密特拉 432

Moloch 摩洛 393

Moses 摩西 270, 350, 434

Musäos 穆塞乌斯 432, 478, 479

Muse 缪斯 432

Mylitta 米利塔 379, 390, 391

N

Nemesis 涅墨西斯 499

Newton 牛顿 291

Nonnus 农诺斯 465, 466, 470, 476, 477

Numa 努玛 499

Nyktelien 尼克特利俄斯 481

Nymph 宁芙 476

O

Oceanus 俄刻阿诺斯 509

Oedipus 俄狄浦斯 510

Onomakritos 奥诺马克里托司 478, 479, 496

Orpheus 奥尔弗斯 427, 429, 430, 431, 432, 433, 434, 435, 478, 479, 481, 485, 496, 504, 528, 529

Osiris 奥西里斯 401，402，403，449，463，477，480，481

Oskar 奥斯卡 440

Ossian 莪相 440

P

Pan 潘 438-441，469，470

Parmenides 巴门尼德 223，224，227，238，242，247

Paulus 使徒保罗 186，196，323，326，343，329-332，350，368

Pausanias 保萨尼亚斯 398，431，460，461，478，479，489，496，514，521

Peisistratus 庇西特拉图 478

Pelopidas 派洛皮德 469

Pentheus 彭透斯 427，433

Pericles 伯里克利 515

Persephone 珀耳塞福涅 383，384，414，415，421，422，466-468，475-478，483，487，488，490，500，501，504，509，516，525，527

Petrus 使徒彼得 329，334

Phaenias of Eresus 法尼亚斯 468

Pheidippides 菲迪皮德斯 469

Pilatus 彼拉多 195

Pindar 品达 388，477，521

Planck，Gottlieb Jacob 普朗克 196

Plato 柏拉图 223，224，226，241，275，276，287，288，294，302，304，344，432，433，444，448，451，452，453，454，455，457，459，478，481，492，493，494，500，506

Plutarch 普鲁塔克 401，418，436，438，449-452，459，468-471，476，477，480，481，484，492，496，504，515，516，524，527

Pluton 普路同 473

Pollux 波吕克斯 514，516

Polykleitos 波利克里托斯 507

Poseidon 波塞冬 407，413

Prätextatus 波拉特克塔图斯 523

Proklos 普罗克洛斯 444，446，447，

448

Prometheus 普罗米修斯 509，510

Proserpina 普洛塞庇娜 516

Psammetichus 萨姆提克 436

Pythagoras 毕达哥拉斯 292，342，348，433，434，528

R

Rea 瑞亚 412

Remus 雷穆斯 499

Romulus 罗穆卢斯 499

S

Sabazios 萨巴兹乌斯 423，468

Sabellius 撒伯里乌 337

Sabos 萨波斯 423

Sagreus 萨格柔斯 472

Samuel 撒母尔 376

Sarapis 萨拉比斯 472

Saturnus 萨图恩 417

Satyri 萨提尔 437，438，470

Schiller 席勒 505

Seilenos 西勒诺斯 438

Selene 塞勒涅 432

Semele 塞墨勒 425，426，431，476，490，504

Seneca, Lucius Annaeus 塞内卡 454

Sextus, Empiricus 塞克斯都·恩皮里科 514

Shiva 湿婆 404，405，442

Simonides 西蒙尼德 432

Siren 塞壬 458

Sokrates 苏格拉底 452，456-458，493，512

Sophokles 索福克勒斯 451，504，510，521

Spinoza 斯宾诺莎 242，244

Stobäus 斯托博伊斯 448

Strabo 斯特拉波 437

Sylvestre de Sacy 西尔维斯特尔·德·萨西 415，448

T

Tacitus 塔西佗 417，490

Telete 特雷忒 460

Themistios 狄米斯提厄斯 444，448

人名索引　429

Themistokles 狄米斯托克利 468, 474

Theodosius 迪奥多西大帝 523

Theokritos 忒奥克里托斯 440

Theophrasts 泰奥弗拉斯托斯 432

Titan 泰坦 436, 468, 477-480, 484, 496, 508

Theseus 忒修斯 497

Thetis 忒提斯 426, 427

Thukydides 修昔底德 497

Thyia 蒂亚 521

Tib. Hemsterhuis 赫姆斯特维斯 516

Tityroi 提特洛奥伊 437

Tritopatores 特利托帕托雷斯 516

Tritopatreus 特里托帕特瑞乌斯 516, 517

Typhon 提丰 401-404, 418, 423, 463, 469, 477, 480, 496

U

Urania 乌拉尼亚 389-392, 395, 397-399, 411, 418, 422

Uranos 乌拉诺斯 389, 393, 395-399, 408, 412, 417, 510

V

Valentinian I 瓦伦提安尼一世 523

Varro, Marcus Terentius 瓦罗 302, 462

Virgil 维吉尔 417, 518

Visnu 毗湿奴 404-406

Voltaire 伏尔泰 179

Voß, Johann Heinrich 沃斯 429, 443, 457

W

Warburton, William 瓦伯顿 501

Wissowatius 维佐瓦提乌斯 315

Wolf, Friedrich August 沃尔夫 429

Wyttenbach, Daniel Albert 维滕巴赫 449

X

Xerxes 薛西斯一世 468, 469, 478

Z

Zacharias, Rudolph Becker 撒迦利亚 505

Zagreus 扎格柔斯 465-472，474-478，481，482，488，490，496，498，516，517

Zeus 宙斯 384，407，408，426，455，456，466-469，477，478，483，486，507，509，510，513-517，520-522，526，528

Zosimus 佐西姆斯 523

主要译名对照

A

a posteriori 后天地
a priori 先天地
Abgrund 深渊
Ableitung 推导
absolut 绝对的
Absolute das 绝对者
actus 现实
Actus 现实
Akt 行为
Allheit 全体
an sich 自在，就其自身而言
Anderes 他者
Anfang 开端
anfangen 开启，开始
anheimfallen 归落

Ansicht 观点
aufheben 取消，扬弃
Auseinandersetzung 分辨
auslegen 解释
ausschließen 排除，排斥

B

Befreiung 解救，带来解救
begreifen 把握
Begriff 概念
behaupten 断言，坚守
bei sich 自依，依于自身
besetzen 据有
bestätigen 确证
Bestimmung 规定
Beweglichkeit 动荡

Bewegung 运动
beweisen 证明
Bewußtsein 意识
Beziehung 关联
Bleibende 持存不变者
bloß 纯然的

C
Ceremonie 祭仪

D
darstellen 阐述,呈现
Darstellung 阐述
Daß 实情,如此实情
Ding 事物
Dreieinheit 三一性
Dialektik 辩证法
Denken 思想
Dasein 此在,实存
Differenz 差异,差别
Dogma 教义,教条

E
Eigentlich 真正意义上的,本真的
Eigentümlich 特有的
Einerleiheit 一样性
Eine das 一体,一体者
Eingeweiht 入仪者
Einheit 统一体,统一性
Empirismus 经验主义
einfach 质朴的
Eweige das 永恒者
empiristisch 经验性的
Empiristiche das 经验性之物
Etwas 某物,某事
erweisen 证实
Existierende 实存者
endlich 有限的
Endliche das 有限者
Einkleidung 外装
einsetzen 创设
eintreten 突现,踏入
Einweihung 进入仪式
Element 要素
Elohim 以罗欣
Ende 终点
Entstehen 产生
Entwicklung 展开过程

Erkenntnis 认识
erklären 说明
Erzeugniß 产物
esoterisch 隐微的
etwas 某物
exoterisch 显白的

F
Formelle das 范型性要素
für sich 独立的，自为的

G
Gedanke 构想
Gegenstand 对象
Geist 精神
Gelassenheit 泰然让之
Gengensatz 对立，对立物
Gengenteil 对立面
genus 类
Geschehen 发生事件
Geschichtliche das 历史性要素
Gewalt 强制
Gott 神
Grund 根据

Grundlage 根基
Göttervielheit 诸神复多体
göttlich 神性的
Göttliche das 神性者，神性之物
Göttlichkeit 神性

H
Herr 主宰
hervortreten 绽脱

I
ideal 观念的，理想的
Identität 同一性
Kategorie 范畴
Ich 自我

K
Können das 能够
Könnende sein das 能在者
Kraft 力量

L
lauter 纯净的
leer 空虚，空洞

Leben 生命, 生活
logisch 逻辑性的, 逻辑的

M

Macht 力量, 强力
Materie 质料, 物质, 材料
Mehrheit 多重性
Mittel 手段
mittelbar 间接
Möglichkeit 可能, 可能性
Moment 环节
Monotheismus 一神教
Moral 道德
Müssende sein das 必在者
Mysterien 秘仪
Mythologie 神话

N

Natur 自然, 自然本性
Natürliche das 自然的东西, 自然之物
Negative das 否定性的东西

negative 否定的
nicht sein Sollende das 应不存在者
Nichts 无, 虚无
Notwendigkeit 必然性, 强制

O

Objekt 客体, 对象
Offenbarung 启示
Orgiasmus 狂欢

P

persönlich 位格的
Persönlichkeit 位格
Posterius 后来者
Phallos 阳具
Polytheismus 多神教
positive 肯定的
potentia 潜能
Potentialisierung 潜能阶次化
Potentialität 潜在性
Potenz 潜能阶次
Prinzip 本原
Prius 在先者

Prozeß 进程

Q
Quelle 源泉

R
rational 唯理论的
rationalisieren 唯理论化
Rationalismus 唯理主义
real 实在的
Realität 实在性
Recht 权力,正当性
Rechtsfertigung 确证正当性
reell 实际的
Reich 王国
rein 纯粹的
Repräsentant 代现

S
Sache 事情
Schluss 推论
Schöpfung 创世,创造
Seiende 存在者

Selbst 自身
selbstisch 自身性的
Selbstlosigkeit 无自身性
setzen 设定
sittlich 伦理的
Sollende sein das 应在者
Spannung 张力
Spannung 张力,紧张
species 属
Stoff 素材
Streit 争执
substantiell 实体性的,实质性的
Substanz 实体
Supernaturalismus 超自然主义
suspendieren 悬置
System 体系

T
Tat 行动
Tatsache 事实
Theosophie 神智学
transtiv 及物的
transzendent 超越的

U

Überexistierende 超实存者

Übergang 过渡

Übernatürliche das 超自然的东西，超自然之物

Überseiende 超存在者

übersinnlich 超感官的

überwinden 克服

unbedingt 无条件的

unendlich 无限的

Unendliche das 无限者

ungeheur 庞然可怖

unmittelbar 直接的

Unnatürliche das 非自然之物，非自然的东西

Unterschied 区分

Untersuchung 探究

unterwerfen 屈从

unvordenklich 不可预思的

unvordenkliche Sein das 不可预思之在

Urheber 开创者

Ursache 原因

Ursein 原初存在

ursprünglich 原初，原本

V

verbinden 联结

verknüpfen 结合

vermitteln 中介

Vernunft 理性

Verstand 知性，理智

verursachend 具有引发作用的

Voraussetzung 前提，前提预设

Vorgang 过程

Vorstellung 表象，设想，观点

Verhältnis 关系

W

Was 什么，所是

weiblich 女性的

Weisenheit 本质

Wesen 本质，存在物

wesentlich 本质性的

Wesentliche das 本质性要素

Widerspruch 矛盾

Wille 意志
wirken 运作
Wirkliche das 现实之物
Wirklichkeit 现实, 现实性
Wissen 知识
Wissende 知识者
Wissenschaft 科学
Wollen 意愿
Wahrheit 真理
Wahre das 真的东西

Z

Zabismus 萨比教
Zeugung 生育

Ziel 目标
zufällig 偶然的
Zufällige das 偶然之物, 偶然的东西
Zufälligkeit 偶然性
Zukunft 未来
Zukünftige das 未来者, 未来之物
Zusammenhang 联络, 关联脉络
Zusammennehmung 统括
Zusammensetzung 统合
Zusammenstellung 并置
Zustand 境况
Zweck 目的
Zweiheit 二重性